Linux
Administration

Dans la collection *Les guides de formation Tsoft*

J.-F. BOUCHAUDY. – **Linux Administration. Tome 2 : administration système avancée.**
N°12882, 2ᵉ édition, 2011, 504 pages.

J.-F. BOUCHAUDY. – **Linux Administration. Tome 3 : sécuriser un serveur Linux.**
N°13462, 2ᵉ édition, 2012, 512 pages.

J.-F. BOUCHAUDY. – **Linux Administration. Tome 4 : installer et configurer des serveurs Web, mail et FTP.**
N°13790, 2ᵉ édition, 2013, 400 pages.

R. BIZOÏ. –**Oracle 12c Administration.**
N°14056, 2014, 576 pages.

R. BIZOÏ. –**Oracle 12c Sauvegarde et restauration.**
N°14057, 2014, 360 pages.

R. BIZOÏ. – **SQL pour Oracle 12c.**
N°14054, 2014, 412 pages.

R. BIZOÏ. – **PL/SQL pour Oracle 12c.**
N°14055, 2014, 336 pages.

Autres ouvrages

R. HERTZOG, R. MAS. – **Debian Wheezy.**
N°13799, 2014, 540 pages environ (Cahiers de l'Admin).

I. HURBAIN. – **Mémento UNIX/Linux.**
N°13306, 2ᵉ édition, 2011, 14 pages.

C. BLAESS. – **Shells Linux et Unix par la pratique.**
N°13579, 2ᵉ édition, 2012, 296 pages (Collection Blanche).

C. BLAESS. – **Développement système sous Linux.**
N°12881, 3ᵉ édition, 2011, 1004 pages (Collection Blanche).

C. BLAESS. – **Solutions temps réel sous Linux.**
N°13382, 2012, 1004 pages (Collection Blanche).

P. FICHEUX. – **Linux embarqué.**
N°13482, 4ᵉ édition, 2012, 540 pages (Collection Blanche).

Linux
Administration

Tome 1

Les bases de l'administration système

Jean-François Bouchaudy

Troisième édition 2014, deuxième tirage 2017

EYROLLES

TSOFT
10, rue du Colisée
75008 Paris
www.tsoft.fr

ÉDITIONS EYROLLES
61, bd Saint-Germain
75240 Paris Cedex 05
www.editions-eyrolles.com

À mon épouse Béatrice
et à mes enfants
Thomas, Alice, Catherine et François,
Mon amour le plus profond

Avant-propos

Présentation de l'ouvrage

Aujourd'hui, il n'est plus besoin de présenter Linux. Même les non-informaticiens le connaissent et certains l'utilisent à titre personnel. Dans les entreprises et les administrations, il est encore peu présent sur le poste de travail, mais il envahit de plus en plus de serveurs…

Et les serveurs doivent être administrés. C'est le sujet de ce livre, qui se limite ici à l'administration de base, c'est-à-dire aux tâches essentielles : l'installation, la gestion des utilisateurs, la gestion des applications et des disques, la sauvegarde…
Les autres aspects de l'administration : l'administration avancée, la sécurité ou l'étude des services comme Apache et Samba feront l'objet d'autres ouvrages. En effet, ce livre est le premier de toute une collection dédiée aux différents aspects de l'administration Linux.

Il existe de nombreux ouvrages sur Linux et son administration ; en quoi ce livre est-il original ?

D'abord, il se veut manuel de formation. À ce titre, chaque module est divisé en deux parties : une partie « cours » et une partie « ateliers ». La partie « cours » se divise elle-même en théorie et savoir pratique (commandes, fichiers…). Les ateliers ne sont pas une accumulation d'exercices, mais plutôt une séquence cohérente d'actions que le lecteur doit effectuer. Non seulement ils illustrent le cours mais ils représentent un savoir concret ; certains ateliers peuvent être considérés comme des « recettes pratiques d'administration ». Les ateliers sont regroupés en « tâches » ; certaines sont essentielles d'autres optionnelles. Ils sont qualifiés par le mot « complément ». On peut sauter ces dernières en première lecture.

Ensuite, ce livre va à l'essentiel. Les parties « cours » sont synthétiques tout en restant intelligibles et cohérentes. Ce parti pris est également présent dans les rubriques « pour en savoir plus », qui renvoient le lecteur à des références Internet ou livresques. Seules les références essentielles et pérennes ont été retenues.

Volontairement, ce livre privilégie le mode commande. Le système Windows a habitué l'utilisateur et l'administrateur à tout résoudre par des clics dans un environnement graphique. Ce mode existe sous Linux, mais n'est pas celui utilisé par l'expert. Le mode commande (mode texte) est plébiscité par l'ensemble des administrateurs Linux. Pourquoi ? Tout simplement parce qu'il est plus puissant, intemporel et même, à l'usage, plus simple. Ce mode permet l'administration complète d'un système Linux à distance avec une liaison inférieure à 9 600 bauds ! Le mode commande est primordial dans l'approche automatisée de l'administration grâce à l'écriture de scripts shell. Il permet également une administration indépendante des distributions.

Ce livre ne se limite pas à une distribution particulière. Certes, pour les ateliers, il a bien fallu en choisir. Nous avons opté pour Red Hat et Debian, qui sont les deux distributions essentielles dont la plupart des autres dérivent. Dans les parties « cours », la rubrique « *Les particularités des distributions* », indique les commandes, les fichiers ou les aspects propres à une distribution particulière. Il a fallu faire un choix : seules les distributions Red Hat, Debian, Ubuntu, SUSE et Mandriva sont mentionnées.

Ce livre se veut le plus intemporel possible. Heureusement, depuis quelque temps (depuis la sortie de la version 3.0 du noyau Linux pour être plus précis), les évolutions concernent surtout l'interface graphique ou les applications end-user qui ne sont pas l'objet de cet ouvrage. Si de nouvelles commandes apparaissent avant une prochaine édition de cet ouvrage, le lecteur trouvera sur le site www.tsoft.fr (cf. plus loin) de nouvelles rubriques sur ces sujets.

Public

Le public visé par ce livre est très large car nous traitons l'administration de base ; les ateliers forment une sorte de recueil de « recettes pratiques d'administration ». Il n'est donc pas destiné à des experts. Toute personne amenée à effectuer l'exploitation ou l'administration de serveurs Linux peut tirer profit de la lecture de ce livre.

Support de formation

Ce support convient à des formations sur l'administration de base d'un système Linux d'une durée comprise entre trois et cinq jours. L'idéal est de quatre jours. La durée peut être écourtée ou allongée en fonction des modules et ateliers traités ainsi qu'en fonction du niveau des participants.

La société Tsoft peut fournir aux organismes de formation et aux formateurs des « manuels instructeurs » complémentaires destinés à aider le personnel enseignant.

Guide d'autoformation

Ce livre peut être également utilisé en tant que support d'autoformation. L'élève doit disposer d'un ordinateur qui sera dédié à Linux (on le reformate complètement). Si le module concernant l'interface graphique n'est pas abordé, une configuration minimale suffit.

Certifications

La certification LPI (Linux Professional Institute), indépendante des distributions, est reconnue, parmi d'autres, par SUSE et IBM. L'ouvrage est une bonne préparation aux deux premiers niveaux du programme LPIC. Nous invitons les lecteurs à se renseigner auprès du LPI : http://www.lpi.org.

Un livre dynamique grâce à Internet

Le site www.editions-eyrolles.com fournit des annexes à cet ouvrage.

Le noyau Linux et les distributions Linux vont peut-être évoluer plus rapidement que cet ouvrage. Le site www.editions-eyrolles.com proposera le cas échéant des compléments sur ces évolutions.

Pour télécharger les annexes ou compléments, il vous suffit de taper le code **14082** dans le champ <RECHERCHE> de la page d'accueil du site puis d'appuyer sur <Entrée>. Vous accéderez ainsi à la fiche de l'ouvrage sur laquelle se trouvent les liens vers les fichiers à télécharger.

Table des matières

PARTIE 1
MANUEL DE RÉFÉRENCE

Progression pédagogique I-7

1 INTRODUCTION **I-9**
Présentation de Linux I-10
Comment administrer le système I-14
La documentation I-16

2 L'INSTALLATION **I-19**
Installation I-20

3 LES COMMANDES **I-23**
L'arborescence des fichiers I-24
Les attributs des fichiers I-26
Les commandes I-27
Le shell I-29
L'éditeur vi I-32
La commande find I-33

4 LA LECTURE DE SCRIPTS SHELL **I-35**
L'exécution de scripts I-36
Les variables I-38
Les instructions de contrôle I-40
Les sous-programmes I-43

5 LES UTILISATEURS ET LES DROITS **I-45**
La sécurité multi-utilisateur I-46
La gestion des utilisateurs I-47
Les droits I-50

6 LES DISQUES ET LES SYSTÈMES DE FICHIERS **I-55**
Les disques I-56
LVM – Les éléments clés I-60
Les systèmes de fichiers I-62
Les liens I-66

7 LA SAUVEGARDE I-67

Vision générale de la sauvegarde I-68

La commande tar I-70

La commande cpio I-72

La commande pax I-73

8 LES APPLICATIONS I-75

La gestion des processus I-76

Crontab I-80

Le service Syslog I-82

Syslog-ng I-85

Rsyslog I-86

9 INSTALLER DES APPLICATIONS I-87

Installer des applications I-88

L'installation à partir des sources I-89

Les paquets Red Hat I-91

Les paquets Debian I-93

Mises à jour et dépendances I-95

L'environnement APT I-99

L'environnement YUM I-104

10 L'ARRÊT/DÉMARRAGE I-107

Les grandes étapes du démarrage I-108

Boot SV : init I-110

Boot SV : Les RC (les services) I-112

Init – Upstart I-114

L'arrêt I-115

Init – Systemd I-116

11 LE RÉSEAU I-119

TCP/IP et Linux I-120

Configuration TCP/IP traditionnelle I-125

Le Network Manager I-128

Les services réseau I-129

Les services INETD I-131

Le pare-feu local I-134

Les utilitaires réseau I-136

Les commandes SSH I-138

12 L'IMPRESSION I-141

Les spools d'impression I-142
Le système CUPS I-143

13 L'ENVIRONNEMENT GRAPHIQUE I-147

X-Window I-148
Les connexions graphiques I-153
KDE I-156
Gnome I-158

14 LA SÉCURITÉ I-159

Introduction à la sécurité informatique I-160
La sécurité de connexion I-163

15 ANNEXES À TÉLÉCHARGER I-165

Annexe A : Les commandes POSIX 2 ....
Annexe B : bash – Bourne Another SHell ....
Annexe C : sh - Le shell POSIX ....
Annexe D : ksh – Le Korn shell ....
Annexe E : awk – Le processeur de texte ....
Annexe F : Sed – Éditeur en mode flot ....
Annexe G : Les principaux fichiers d'administration ....

PARTIE 2
ATELIERS RED HAT

Red Hat - Introduction II-1
Red Hat - L'installation II-7
Red Hat - Les commandes II-9
Red Hat - La lecture de script shell II-19
Red Hat - Les utilisateurs et les droits II-27
Red Hat - Les disques et les systèmes de fichiers II-37
Red Hat - La sauvegarde II-51
Red Hat - Les applications II-57
Red Hat - Installation des applications II-71
Red Hat - L'arrêt/démarrage II-81
Red Hat - Le réseau II-91
Red Hat - L'impression II-105
Red Hat - L'environnement graphique II-113
Red Hat - La sécurité II-119

PARTIE 3
ATELIERS DEBIAN

Debian - Introduction III-1

Debian – L'installation...III-7

Debian - Les commandes III-9

Debian - La lecture de scripts shell III-19

Debian - Les utilisateurs et les droits III-27

Debian - Les disques et les systèmes de fichiers......................................III-37

Debian - La sauvegarde...III-51

Debian - Les applications III-57

Debian - Installer des applications III-71

Debian – L'arrêt/démarrage III-83

Debian - Le réseau...III-91

Debian - L'impression...III-105

Debian – L'environnement graphique...III-113

Debian - La sécurité III-121

INDEX..I-1

PARTIE 1
MANUEL DE RÉFÉRENCE

Progression pédagogique

1) Introduction
2) L'installation
3) Les commandes
4) La lecture de scripts shell
5) Les utilisateurs et les droits
6) Les disques et les systèmes de fichiers
7) La sauvegarde

8) Les applications
9) Installer des applications
10) L'arrêt/démarrage
11) Le réseau
12) L'impression
13) L'environnement graphique
14) La sécurité

Introduction

Le lecteur connaîtra les principales caractéristiques du système d'exploitation Linux. Il connaîtra le nom des principales distributions Linux et les différentes stratégies d'administration du système. Enfin, il connaîtra les principales sources d'information.

L'installation

Le lecteur aura installé un système Linux. Il connaîtra les principales étapes de cette opération. Il saura où trouver les guides d'installation officiels.

Les commandes

Le lecteur connaîtra les principales commandes en mode texte du système d'exploitation Linux, ce qui lui permettra de copier, lister, détruire des fichiers, etc. Il connaîtra aussi les principaux caractères du shell et saura éditer un fichier avec l'éditeur standard vi.

La lecture de scripts shell

Le lecteur saura lire un script shell, par exemple les scripts de démarrage des applications. Il sera également capable de modifier légèrement des scripts.

Les utilisateurs et les droits

Le lecteur saura gérer les comptes des utilisateurs et leurs groupes. Il saura également utiliser et positionner les droits sur les fichiers.

Les disques et les systèmes de fichiers

Le lecteur saura comment les fichiers d'un système Linux sont associés à l'espace disque. Il connaîtra les principales commandes pour préparer les disques et organiser lui-même l'espace disque.

La sauvegarde

Le lecteur connaîtra les principales stratégies de sauvegarde d'un système Linux. Il saura utiliser la commande tar pour réaliser toutes les sauvegardes sortant de l'ordinaire ou éventuellement pour réaliser la sauvegarde journalière.

Les applications

Le lecteur connaîtra les principales caractéristiques d'un processus et il saura les gérer. En cela, il saura gérer les applications qui en fait ne sont que des processus. Il saura également programmer des tâches périodiques et gérer les journaux de bord des applications et du système.

Installer des applications

Le lecteur connaîtra les différentes formes sous lesquelles se présente un logiciel à installer : source, paquet (Red Hat, Debian…). Surtout, il saura installer une application sous ces différentes formes.

L'arrêt/démarrage

Le lecteur comprendra comment un système Linux démarre. Concrètement il saura paramétrer le niveau de démarrage du système (mode maintenance, multi-utilisateur en mode texte ou graphique). Il saura également changer de niveau ou arrêter le système en cours d'utilisation. Il aura surtout appris à activer automatiquement les services et à les gérer (arrêter/démarrer) manuellement.

Le réseau

Le lecteur saura configurer et tester un système Linux en réseau. Il saura également configurer un service réseau activé par `inetd/xinetd`. Il aura appris à utiliser les principaux utilitaires réseau pour se connecter à un système Linux distant ou pour échanger des fichiers avec lui. Enfin, il sera conscient de l'importance d'utiliser des protocoles sécurisés.

L'impression

Le lecteur connaîtra le fonctionnement de l'impression sous Linux. Il saura ajouter une imprimante et un pilote d'impression.

L'environnement graphique

Le lecteur comprendra le fonctionnement de l'interface graphique de Linux. Il connaîtra les différents environnements offerts. Il saura paramétrer un système en tant que serveur de connexion graphique ou en tant que terminal graphique.

La sécurité

Le lecteur connaîtra les principaux risques qu'encourt un système Linux. Il saura y faire face, notamment en ce qui concerne la sécurité de connexion.

Unix et Linux

_Linus Torvald,
  Richard Stallman_

GNU, GPL

Red Hat, SUSE, Debian

Man, HOWTO

Introduction

Objectifs

Après l'étude de ce chapitre, le lecteur connaîtra les principales caractéristiques du système d'exploitation Linux. Il connaîtra le nom des principales distributions Linux et les différentes stratégies d'administration du système. Enfin, il connaîtra les principales sources d'information.

Contenu

Présentation de Linux
Comment administrer le système
La documentation

Présentation de Linux

Linux est un OS

Linux est un système d'exploitation, en abrégé un OS (Operating System). Un OS est du code qui sert d'intermédiaire entre les applications composées de processus (process) et le matériel (Hardware). Ses fonctions sont limitées mais cruciales :

- Gestion des processus : allocation d'un processeur à un processus, allocation mémoire et échanges de données entre processus.

- Gestion des périphériques : écriture ou lecture de données vers ou provenant d'un composant matériel.

- Gestion des fichiers : lecture ou écriture de données à partir d'un fichier, verrouillage d'un fichier, gestion des répertoires, ...

Les caractéristiques d'Unix et de Linux

Le système Linux est avant tout un système d'exploitation Unix. Il possède donc ses caractéristiques :

- Système multitâche, multi-utilisateur.

- Les fichiers sont répartis dans une arborescence de fichiers et de répertoires.

- Le shell et les commandes en mode texte forment l'interface de base du système.

- Le noyau (kernel) est responsable de la gestion des ressources système.

- Système ouvert : les applications s'appuient sur une API normalisée en langage C pour accéder au noyau.

Définition : API = Application Programming Interface = bibliothèque de fonctions.

Les Unix-like

Il existe des centaines de systèmes Unix, voici les plus connus :

- AIX (IBM).
- Solaris (Oracle).
- HP-UX (HP).
- BSD (de l'université de Berkeley).
- Mac-OS-X, IOS [l'OS de iPhone] (Apple).
- Android (Google).
- Linux (Linus Torvald).

Remarque : Linux n'est pas le seul système Unix en Open Source fonctionnant sur PC. Il y a aussi le système Free BSD.

Histoire d'Unix et de Linux

Le système Unix a été créé par Ken Thompson et Denis Ritchie en 1969 dans les laboratoires de la société ATT. Ses concepteurs voulaient créer un système d'exploitation portable. Ils ont créé le langage C pour ce faire. Unix est le premier système basé sur une API écrite dans un langage évolué et non en assembleur. Comme ATT avait le monopole des télécommunications aux USA, Unix a d'abord été distribué en Open Source, la commercialisation de produit en dehors du monopole étant interdite.

Ultérieurement, Unix a pu devenir un produit commercial, ATT ayant perdu son monopole. En 1984, Richard Stallman crée en réaction le GNU (Gnu is Not Unix). Cet organisme avait pour volonté de développer un système compatible Unix, mais libre. Cet objectif n'a pas été atteint. Par contre le GNU a développé une alternative à la plupart des commandes Unix, en particulier le compilateur C (GCC=Gnu C Compiler). Il a développé également la licence GPL (Gnu Politic Licence) qui spécifie qu'un logiciel y adhérant sera ad vitam æternam en Open Source.

Open Source (logiciel libre en français) signifie que les utilisateurs du logiciel sont libres d'utiliser le programme, d'en étudier le fonctionnement, de l'améliorer, le modifier, publier ces améliorations (l'accès libre au code source est donc requis), de redistribuer des copies, gratuitement ou non, sous quelque forme que ce soit. En toute rigueur, le terme Open Source correspond maintenant à une licence de logiciel obéissant à une définition très précise établie par l'Open Source Initiative, organisation vouée à la promotion du logiciel Open Source créée en 1998 à Palo Alto.

En 1991, Linus Torvald, un jeune étudiant de l'université d'Helsinski, publie dans un forum Internet son système Linux. Linux est un système dérivant de Minix (un des nombreux systèmes Unix). L'originalité de Linux est qu'il est publié en Open Source sous licence GPL et qu'il a été conçu pour les processeurs Intel 80286, ancêtres des Pentium. Rapidement, via des échanges sur Internet, de nombreux développeurs vont aider Linus à améliorer son système.

Les versions de Linux

Les versions actuelles sont numérotées 3.x depuis 2011. Elles succèdent à la version 2.6 sans raison majeure. Antérieurement à cette version, les numéros pairs correspondaient aux versions stables et les numéros impairs aux instables. Beaucoup de systèmes Linux en production utilisent encore les versions 2.4 et 2.6

Les distributions Linux

Linux n'est en fait qu'un noyau Unix. Ce noyau est un code résidant en mémoire qui accomplit toutes les tâches primitives des applications conçues pour Unix : la gestion des processus, la gestion des fichiers et des périphériques.

On ne peut rien faire avec un noyau. Les sociétés ou les particuliers utilisent en fait une « distribution Linux », c'est-à-dire le noyau Linux agrémenté des commandes Unix GNU, de logiciels complets comme Apache, d'outils d'administration et d'une procédure d'installation.

Les principales distributions

- Red Hat, Fedora, Oracle Linux et CentOS

- Debian et Ubuntu

- SUSE et OpenSUSE

Les autres

Knoppix, Mandriva, Slackware, Gentoo, Damn Small…

La société Red Hat développe deux distributions : Fedora qui est gratuite et Red Hat Enterprise qui est commerciale. La version Fedora contient des bugs. C'est une sorte de version béta de l'Enterprise. Les versions Red Hat sont très utilisées en entreprise notamment parce qu'elles ont l'agrément de sociétés produisant du matériel ou du logiciel. Par exemple, les versions d'Oracle ne sont certifiées que pour Red Hat. La distribution CentOS reprend les sources de la version Red Hat et les recompile. Elle est donc totalement compatible avec elle, mais elle est gratuite. Évidemment, elle n'offre pas de support. Il en est de même d'Oracle Linux qui est un autre clone des systèmes Red Hat.

La distribution Debian est 100% libre. Elle est développée par une fédération de développeurs. Elle est très stable, mais un peu en retard en ce qui concerne le matériel reconnu.

La distribution SUSE a appartenu à Novell. Récemment, Novell fut racheté par Attachmate, qui se sépara de SUSE. Ainsi, SUSE est de nouveau une société à part entière. Elle a très bonne réputation et elle est très simple à administrer grâce à l'outil yast. La version OpenSUSE est gratuite, par contre les versions SLES (SUSE Linux Enterprise Server) sont payantes.

La plupart des distributions dérivent de Red Hat ou de Debian. Par exemple, Knoppix et Ubuntu dérivent de Debian.

La distribution Ubuntu est particulière : elle est gratuite mais son support est payant.

Le savoir concret

Les commandes

`uname -a`	Affiche notamment la version du noyau.
`lsb_release -a`	Affiche la distribution et sa version.
`cat /etc/issue`	Idem, mais le contenu est modifiable. Ce fichier est affiché avant la connexion.

Pour en savoir plus

Internet

Le site officiel de Linux (abrite le noyau Linux)
http://www.kernel.org

Quelques sites importants
http://www.linux.com
http://www.linux.org
http://www.linuxfoundation.org/

Lea-Linux, un site français dédié à Linux
http://www.lea-linux.org/

Une présentation de Linux
http://fr.wikipedia.org/wiki/Linux

La liste des distributions Linux
http://distrowatch.com/

Internet – Les sites des principales distributions

Le site officiel de la distribution Red Hat
http://www.redhat.com

Le site officiel de la distribution Fedora (téléchargement…)
http://fedora.redhat.com

Le site officiel de la distribution CentOS (téléchargement…).
http://www.centos.org/

Le site officiel de la distribution Oracle Linux (téléchargement…)
https://wikis.oracle.com/display/oraclelinux/Home

Le site officiel de la distribution SUSE (téléchargement…)
https://www.suse.com/fr-fr/

Le site officiel de la distribution Debian (téléchargement…)
http://www.debian.org

Le site officiel de la distribution Ubuntu (téléchargement…).
http://www.ubuntu.com/

Livre

Le système Linux, par Matthias Kalle Dalheimer, Matt Welsh, chez O'Reilly (2008)

Comment administrer le système

La théorie

L'administrateur root

Pour administrer le système, il faut se connecter au système sous le nom root. Ce compte privilégié a tous les droits sur le système.

Remarque : une autre approche, plus professionnelle mais plus complexe, est d'utiliser la commande sudo. Elle autorise un nombre restreint d'utilisateurs à exécuter des commandes avec les prérogatives de root. C'est la technique utilisée par défaut sur les systèmes Ubuntu.

Stratégies d'administration

Les tâches les plus simples d'administration peuvent être accomplies via un outil fonctionnant en mode graphique, Web ou mode texte plein écran.

La totalité de l'administration peut être réalisée via des commandes en mode texte. C'est l'approche CLI (Command Line Interface), à l'opposé de GUI (Graphical User Interface) qui utilise l'interface graphique.

Les outils d'administration sont propres à chaque distribution. Quelques outils, en particulier Webmin, existent pour les principales distributions.

Le mode commande texte

La plupart des actions de gestion d'un serveur Linux peuvent être accomplies grâce à des commandes en mode texte. Ces commandes peuvent être activées en local à partir de la console d'un système fonctionnant en mode texte ou dans une fenêtre terminal sous l'environnement graphique ou à distance via une liaison sécurisée SSH. Les commandes en mode texte sont facilement scriptables et permettent ainsi d'automatiser l'exploitation.

Le savoir concret

Les outils d'administration

Webmin	L'outil web d'administration multidistribution.
linuxconf	Autre outil d'administration multidistribution.
system-config-*	Ensemble de commandes permettant l'administration d'un système Red Hat.
setup	Outil texte Red Hat qui rassemble quelques commandes system-config-*.
yast	L'outil texte ou graphique d'administration de SUSE.
drakconf	L'outil d'administration de Mandriva.

Quelques commandes en mode texte

date	Affiche la date et l'heure système.
who	Affiche la liste des utilisateurs connectés.
who am i	Affiche le compte sous lequel on est connecté.
cal	Affiche un calendrier.
uname	Affiche le nom du système et la version du noyau.
id	Affiche l'identité de l'utilisateur (on peut en déduire ses droits).

`su`	Permet de changer d'identité.
`sudo`	Exécute une commande avec les privilèges d'autrui (root…).
`passwd`	Change le mot de passe de l'utilisateur courant.
`exit`	Met fin à une session shell.
`script`	Enregistre la session dans un fichier texte.

Pour en savoir plus

Le manuel en ligne

cal(1), uname(1), id(1), su(1), passwd(1), date(1), who(1), script(1)

Internet

Philosophie de l'administration système (chapitre du guide d'administration Red Hat)
https://access.redhat.com/site/documentation/en-US/Red_Hat_Enterprise_Linux/4/html/
Introduction_To_System_Administration/ch-philosophy.html

Webmin
http://www.webmin.com

Linuxconf
http://www.solucorp.qc.ca/linuxconf/

La documentation

La théorie

Les différentes sources d'information

man   La commande Unix pour afficher une page de manuel.

info   La commande Gnu pour afficher une page de manuel.

Howto   Document traitant d'un sujet d'administration particulier.

Quickstart   Guide de démarrage rapide sur un sujet particulier.

FAQ   Les questions les plus fréquentes, issues des forums.

Doc   La documentation des paquets (/usr/share/doc/<le_package>/).

Guides   Les guides d'administration des distributions.

Astuce : utiliser dans la fenêtre d'un moteur de recherche (google…) un terme (en anglais) sur lequel on désire de l'information (printing, backup…) et lui accoler un des mots suivants : howto, quickstart, FAQ, documentation, guide, introduction…

Le manuel (man)

Le manuel, affiché par la commande man, est divisé en sections, dites sections de référence :

Section 1   Les commandes utilisateur

Section 8   Les commandes d'administration

Section 5   Les fichiers d'administration

Section 4   Les fichiers périphériques

Section 6   Les jeux

Section 2   Les appels système

Section 3   Les fonctions bibliothèques

Section 7   Divers

Le savoir concret

Les commandes

man   Affiche une page du manuel.

apropos   Synonyme de la commande « man –k ».

whatis   Idem.

La commande man

man <chapitre>   Affiche une page de manuel.

man <section> <chapitre>   Idem, on précise la section.

man –k <mot_clé>   On recherche toutes les pages associées à un mot-clé.

Remarque : la section 1p renvoie au manuel des commandes Posix (ISO).

Focus : exemples d'utilisation de la commande man

a) Manuel de la commande `cal` (celui du GNU et ensuite le manuel ISO)

```
$ man cal
$ man 1 cal    # idem
$ man 1p cal
```

b) Le manuel du fichier `/etc/passwd` (appartient à la section 5)

```
$ man 5 passwd
```

c) Les pages ayant un rapport avec un mot-clé

Remarque : la section est indiquée après le nom du chapitre.

```
$ man -k password
chage (1)               - change user password expiry information
chpasswd (8)            - update passwords in batch mode
cracklib-check (8)      - Check passwords using libcrack2
```

Les variables d'environnement

MANPATH   Liste les répertoires (séparés par « : ») où il faut rechercher les pages de manuel.

Remarque : la notion d'environnement sera étudiée ultérieurement.

Les particularités des distributions

Red Hat (RHEL 4,5,6)

`makewhatis`   Crée ou met à jour l'index des commandes.

SUSE, Debian, Ubuntu, Red Hat (RHEL 7)

`mandb`   Recrée l'index du manuel.

Debian

Le paquet `debian-reference` contient le manuel de référence d'un système Debian.

Ubuntu

Le paquet `ubuntu-serverguide` contient un guide d'administration du serveur.

Pour en savoir plus

Le manuel en ligne

man(1), makewhatis(8), whatis(1), mandb(8)

IMPORTANT ! Dans une référence à une page de manuel, on précise toujours la section entre parenthèses.

Internet

La documentation Linux (Howto, Guide, man, FAQ, Linux Gazette…)
http://www.tldp.org/

Les FAQ
http://www.faqs.org

Le man en français
http://www.linux-france.org/article/man-fr/

Internet – La documentation officielle des distributions Linux

La documentation Fedora
http://doc.fedora-fr.org/wiki/

La documentation Red Hat
https://access.redhat.com/site/documentation/en-US/

La documentation Debian
http://www.debian.org/doc/

La documentation Ubuntu
https://help.ubuntu.com/

La documentation SUSE
https://www.suse.com/fr-fr/documentation/

La documentation Mandriva
http://doc.mandriva.com/index-fr.php

Internet – Les guides d'administration des distributions Linux

Le guide d'administration de Red Hat Enterprise (RHEL 2,3,4,5,6 et 7)
https://access.redhat.com/site/documentation/en-US/Red_Hat_Enterprise_Linux/

Le guide de référence Debian
Ce n'est pas un simple guide d'administration, il traite aussi de la présentation de Debian, de son installation, de la configuration du système, de la programmation.
http://www.debian.org/doc/manuals/debian-reference/

SUSE Linux Enterprise Server 11 Reference Guide
https://www.suse.com/fr-fr/documentation/sles11/

OpenSUSE
http://activedoc.opensuse.org/

Ubuntu 12.04 LTS, le guide d'administration des serveurs
https://help.ubuntu.com/12.04/index.html

2

L'installation

Objectifs

Après l'étude du chapitre, le lecteur aura installé un système Linux. Il connaîtra les principales étapes de cette opération. Il saura où trouver les guides d'installation officiels.

Contenu

Après un rapide survol des grandes étapes, l'installation est traitée dans l'atelier.

Installation

La théorie

Les grandes étapes de l'installation :

Démarrer à partir d'un « live-cd »

On charge en mémoire un mini-système Linux, le plus souvent à partir d'un CD-Rom
« bootable ». Le mini-système est composé d'un noyau et d'un système de fichiers, le tout en
mémoire. La procédure d'installation commence.

Préparation des disques

La préparation des disques consiste en leur partitionnement et en leur formatage. Le
formatage installe un système de fichiers dans une partition. Il faut aussi initialiser (on dit
aussi formater) l'espace de swap qui est une extension disque de la mémoire.

L'installation des applications

L'installation du système et des applications, sous forme packagée, est l'étape qui prend le
plus de temps. On peut choisir d'effectuer une installation minimum et de reléguer à plus
tard l'installation des autres applications.

L'installation du chargeur

Le chargeur est le logiciel qui prend en compte la première phase du démarrage, c'est-à-dire
le chargement du noyau. Sous Linux, le chargeur le plus usuel permettant un démarrage à
partir d'un disque dur est Grub.

Autres configurations

Lors de l'installation, il faut également paramétrer la langue, le clavier, la souris, la date et
l'heure, le fuseau horaire, le niveau de sécurité, le mot de passe de l'administrateur et le
réseau.

Particularités des différentes distributions

L'installation d'un système Linux est sans doute l'aspect de l'administration qui varie le plus
d'une distribution à une autre. Il faut lire le manuel spécifique de sa distribution et de sa
version.

Pour en savoir plus

Howto

Installation-HOWTO

Install-Strategies

Internet

Le manuel d'installation de Fedora (7,...20)
http://docs.fedoraproject.org/en-US/Fedora/20/html/Installation_Guide/

La documentation Red Hat (versions ...5,6,...) : installation, release-notes...
https://access.redhat.com/site/documentation/en-US/Red_Hat_Enterprise_Linux/

Le manuel d'installation de Red Hat Enterprise 7 (beta)
https://access.redhat.com/site/documentation/en-US/Red_Hat_Enterprise_Linux/7-
Beta/html/Installation_Guide/index.html

Le manuel d'installation de Red Hat Enterprise 6 (RHEL 6)
https://access.redhat.com/site/documentation/en-
US/Red_Hat_Enterprise_Linux/6/html/Installation_Guide/index.html

Le manuel officiel d'installation de CentOS 5.2 (copie du manuel Red Hat RHEL 5.2)
http://www.centos.org/docs/5/html/5.2/Installation_Guide/

Le manuel d'installation de Debian (de la version stable courante)
http://www.debian.org/releases/stable/installmanual

Le guide d'installation d'OpenSUSE
https://fr.opensuse.org/Portal:Installation

Les guides d'installation de SUSE (SLES 11)
https://www.suse.com/fr-fr/documentation/sles11/

Le guide d'installation d'Ubuntu 12.04
https://help.ubuntu.com/12.04/installation-guide/index.html

Le guide de la prise en main de Mandriva commence par l'installation
http://wiki.mandriva.com/en/Docs/Installing_Mandriva_Linux

3

/usr/local/bin

ls, cp, rm

>>, *, ?,~,#

PATH

:wq

Les commandes

Objectifs

Après l'étude du chapitre, le lecteur connaîtra les principales commandes en mode texte du système d'exploitation Linux, ce qui lui permettra de copier, lister, détruire des fichiers, etc. Il connaîtra aussi les principaux caractères du shell et saura éditer un fichier avec l'éditeur standard vi.

Contenu

L'arborescence des fichiers
Les attributs de fichiers
Les commandes
Le shell
L'éditeur vi
La commande find

L'arborescence des fichiers

Le savoir concret

Les principaux répertoires

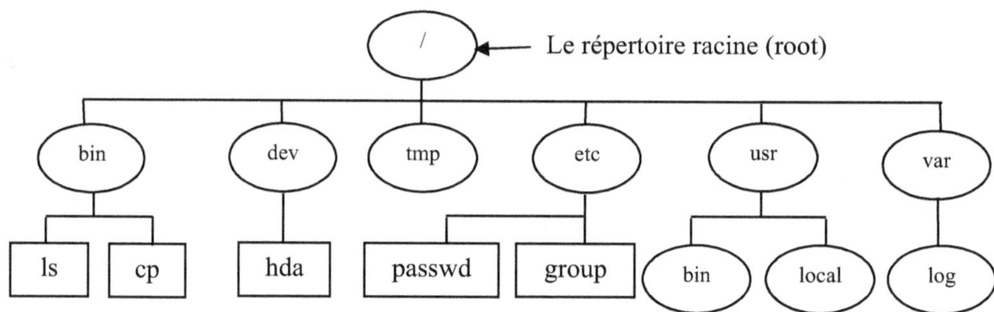

Fig. L'arborescence de fichiers

`/bin/`	Le répertoire contenant les principales commandes (ls, cp…)
`/boot/`	Le répertoire contenant les fichiers de démarrage (vmlinuz…)
`/dev/`	Le répertoire contenant les fichiers périphériques (console, hda…)
`/etc/`	Le répertoire contenant la configuration du système (passwd…)
`/home/`	Le répertoire contenant les répertoires de connexion des utilisateurs
`/lib/`	Le répertoire contenant les bibliothèques
`/mnt/`	Répertoire permettant des montages temporaires de FS
`/opt/`	Répertoire contenant des applications (alternative à /usr)
`/proc/`	Répertoire d'interface avec le noyau
`/root/`	Répertoire de l'administrateur
`/sbin/`	Répertoire contenant les commandes d'administration
`/tmp/`	Répertoire contenant les fichiers temporaires
`/usr/`	Répertoire contenant les applications, les bibliothèques des utilisateurs
`/usr/bin/`	Répertoire contenant d'autres commandes
`/usr/local/`	Répertoire contenant les logiciels libres en Open Source
`/var/`	Répertoire contenant des fichiers résultant de l'exploitation
`/var/log/`	Répertoire contenant les journaux de bord

Les chemins

Un chemin indique, pour une application, l'emplacement d'un fichier dans l'arborescence.

Chemin absolu : un chemin absolu part de la racine et commence par « / ». Par exemple :

`/var/log/messages`   Le fichier messages est dans le répertoire `log`, qui lui-même est dans le répertoire `var`, qui lui-même est directement sous la racine.

Chemin relatif : un chemin relatif indique l'emplacement d'un fichier à partir du répertoire courant.

`messages`	Le fichier /var/log/messages si le répertoire courant est /var/log/.
`./messages`	Idem.
`log/messages`	Le fichier /var/log/messages, si l'on est dans le répertoire /var/.
`../messages`	Le fichier /var/log/messages si l'on est dans le répertoire /var/log/httpd/.
`../log/messages`	Le fichier /var/log/messages si l'on est dans le répertoire /var/spool/.

Remarque : dans ces chemins, « . » et « .. » représentent respectivement le répertoire courant et le répertoire père (le répertoire hiérarchiquement supérieur).

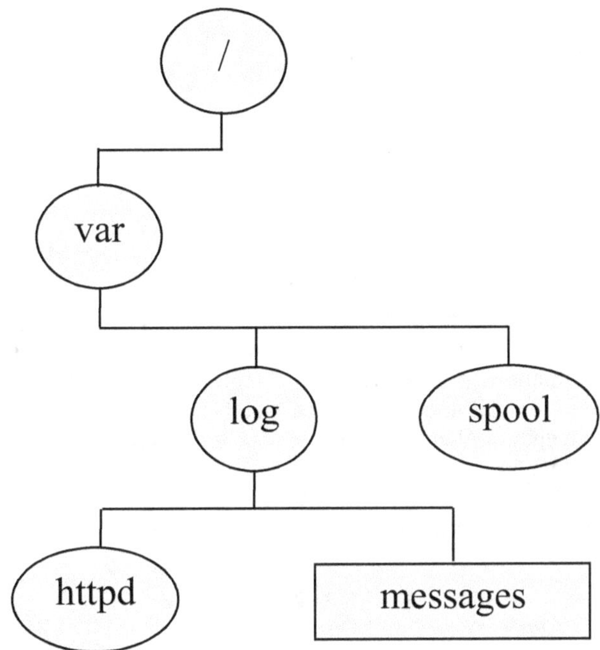

Fig. Les chemins

Les commandes

`tree`	Affiche une arborescence de fichiers sous forme d'arbre.
`find`	Recherche des fichiers dans une arborescence.
`ls -R`	Affiche le contenu d'une arborescence de fichiers.

Pour en savoir plus

Le manuel en ligne

tree(1), find(1)

Les attributs des fichiers

La théorie

Les principaux attributs d'un fichier

Le type du fichier (cf. ci-après)

Les droits

Le propriétaire

Le groupe

La taille

Les dates de dernière modification, de création et de dernier accès

Les types d'un fichier

Ordinaire (-)

Répertoire (d)

Périphérique (c, b)

Lien symbolique (l)

Fichier IPC, tube et socket (p, s)

Un fichier ordinaire est composé de zéro à plusieurs octets. Un fichier lien symbolique permet d'accéder à un autre fichier. Le nom du fichier lié apparaît derrière une flèche dans la commande `ls`. Les fichiers IPC (Inter Process Communication) permettent la communication entre applications. Notamment, les fichiers sockets (appelés socket Unix) peuvent remplacer les sockets réseau (socket TCP) lorsque le client et le serveur se trouvent sur le même poste.

Focus : la commande ls

```
$  ls -l le_fichier
-rw-r--r--  1 root bin 153 Jul 23 20:21 le_fichier
```

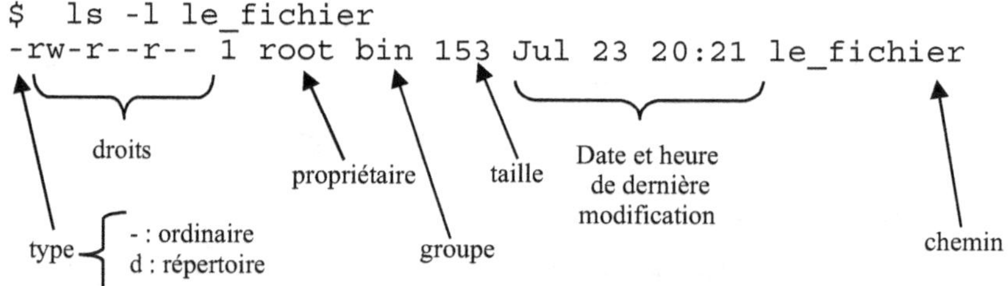

Fig. Voir les attributs de fichiers avec ls –l.

```
[root@linux1 ex]# ls -l
total 8
-rw-r--r--  1 root bin  136 Feb 27 12:06 le_fichier
lrwxrwxrwx  1 root root   11 Feb 27 12:07 passwd -> /etc/passwd
crw-r--r--  1 root root 4, 2 Feb 27 12:08 perif
brw-r--r--  1 root root 4, 2 Feb 27 12:08 perif2
drwxr-xr-x  2 root root 4096 Feb 27 12:06 repertoire
srwxr-xr-x  1 root root    0 Apr 11 10:56 socket
prw-r--r--  1 root root    0 Feb 27 12:08 tube
```

Les commandes

Le savoir concret

Les commandes de gestion de fichiers et de répertoires

`ls`	Liste les fichiers d'un répertoire, affiche les attributs d'un fichier.
`cp`	Copie un fichier.
`rm`	Supprime un fichier.
`mv`	Déplace ou renomme un fichier.
`ln`	Crée un lien.
`pwd`	Affiche le répertoire courant.
`cd`	Change de répertoire.
`mkdir`	Crée un répertoire.
`find`	Recherche un fichier.
`cat, more, less`	Affichent le contenu d'un fichier.
`file`	Affiche le type d'un fichier.

Utilitaires

`grep`	Recherche de chaînes dans un fichier.
`sort`	Trie un fichier.
`tail`	Affiche la fin d'un fichier.
`head`	Affiche le début d'un fichier.
`wc`	Affiche le nombre de lignes, de mots et de caractères d'un fichier.

Focus : exemples d'utilisation des principales commandes

a) Lister les fichiers du répertoire courant.

```
$ ls
```

b) Lister les fichiers du répertoire courant avec leurs attributs.

```
$ ls -l
```

c) Lister des fichiers du répertoire /tmp.

```
$ ls -l /tmp
```

d) Idem, mais liste également les fichiers cachés (qui commencent par « . »).

```
$ ls -la  /tmp
```

e) Copier un fichier, la copie est présente dans le répertoire courant (cp src dst).

```
$ cp /etc/passwd  password
```

d) Copier des fichiers dans un répertoire (cp src ... rep_dst).

```
$ cp /etc/issue /etc/group  /tmp
```

e) Se déplacer dans le répertoire /tmp, afficher le répertoire courant et détruire les fichiers précédemment copiés. Enfin, revenir dans son répertoire de connexion.

```
$ cd  /tmp
$ pwd
/tmp
```

```
$ rm issue group
$ cd
```

f) Renommer un fichier, déplacer un fichier dans /tmp.

```
$ mv password pass
$ mv pass  /tmp
```

g) Afficher le type de contenu d'un fichier.

```
$ file  /bin/bash
```

h) Créer un répertoire dans le répertoire courant.

```
$ mkdir  sous_rep
```

i) Afficher page par page un fichier, le résultat d'une commande.

```
$ more /etc/services
$ ls -l /etc | more
```

Pour en savoir plus

Le manuel en ligne

ls(1), cp(1)..., ls(1p), cp(1p), ...

Internet

Wikipedia – Les commandes Unix (la version anglaise liste les commandes POSIX (ISO))
http://fr.wikipedia.org/wiki/Commandes_Unix
http://en.wikipedia.org/wiki/List_of_Unix_utilities

Linux-France : Les commandes fondamentales de Linux
http://wiki.linux-france.org/wiki/Les_commandes_fondamentales_de_Linux

Les commandes de base du GNU
http://www.gnu.org/software/coreutils/manual/

Livre

UNIX Utilisateur, par A.Berlat, J-F Bouchaudy et G. Goubet chez Eyrolles (2003)

Le shell

La théorie

Le shell

Le shell, ou interpréteur de commande, est le logiciel que vous utilisez à tout instant. Il vous permet d'activer des commandes, soit de manière interactive, soit de manière programmée (sous forme de scripts). La principale difficulté du shell est qu'il utilise une multitude de caractères spéciaux.

Sous Linux, le shell usuel est le bash. Il est compatible avec le shell ISO (sh).

Les scripts

Un script est une procédure de commande écrite en shell. La session d'un utilisateur peut être paramétrée par des scripts qui sont exécutés automatiquement en début de session.

Le savoir concret

Les caractères spéciaux

La redirection de fichier : >,>>,<,|

Les jokers : *, ?, [...]

La protection des caractères spéciaux : '...' , "...", \

Le référencement de variable : $

L'interprétation de commandes : `...` (anti-quotes)

La séparation des commandes : saut_de_ligne, ;

La séparation des arguments : espaces et tabulations

Début de commentaire : #

Le répertoire de connexion : ~

Autres caractères : {...}, (...), &...

Remarque : il faut connaître l'ensemble des caractères spéciaux pour savoir s'il faut les protéger ou non (cf. le paragraphe sur leur protection).

Les redirections

> fichier	Redirige la sortie standard (STDOUT) d'une commande dans un fichier.
>> fichier	Idem, mais l'écriture se fait en fin de fichier au lieu d'écraser le fichier.
< fichier	Redirige l'entrée standard (STDIN) d'une commande à partir d'un fichier.
cmd1 | cmd2	Redirige la sortie standard d'une commande (cmd1) en tant qu'entrée standard d'une autre commande (cmd2).

Les jokers

*	Une suite quelconque de caractères quelconques dans un nom de fichier.
?	Un caractère quelconque dans un nom de fichier.
[...]	Un des caractères compris entre les crochets, dans un nom de fichier.

La protection des caractères spéciaux

\	Annule la signification du caractère suivant.
'...'	Annule la signification de l'ensemble des caractères compris entre les quotes.
"..."	Idem, mais les référencements de variables sont effectués ainsi que l'interprétation de commandes.

ATTENTION ! La bonne utilisation des caractères de protection est un important challenge de la maitrise du shell. Protéger un ou plusieurs caractères signifie que le shell n'interprète pas ces caractères. En conséquence, ils sont transmis directement à la commande en cours. Le problème est le suivant : un caractère doit-il être interprété par le shell ou par la commande ? S'il doit être interprété par la commande, il doit être entre quotes !

L'interprétation de commandes

`cmd`   ou $(cmd)

Des arguments d'une commande peuvent être générés par une autre commande. Il suffit de mettre celle-ci entre anti-quotes. Une autre syntaxe utilise des parenthèses. Elle est plus récente (et donc moins usuelle) mais elle est plus claire à la relecture.

Les variables d'environnement

HOME	Le répertoire de travail (répertoire de connexion).
PATH	Les chemins des répertoires où sont recherchées les commandes (séparés par des « : »).
ENV	Le chemin d'un script déclenché pour toute instance de shell, par exemple, dans celui associé à une fenêtre de terminal.

Les scripts de démarrage du shell bash

/etc/profile	Script de démarrage commun à l'ensemble des utilisateurs.
~/.bash_profile	Script de démarrage spécifique à un utilisateur.
~/.profile	Idem, mais standard (ISO). Il n'est pris en compte que si le fichier ~/.bash_profile n'existe pas.
$ENV	Script déclenché pour toute instance du shell ISO, y compris le shell de connexion.

Remarque : le shell bash est compatible avec le shell sh (ISO). Cette compatibilité est améliorée si on déclenche le shell sous le nom /bin/sh (qui est le plus souvent un lien sur le shell bash ou le shell dash).

Les commandes

whereis	Recherche l'emplacement d'une commande.
alias	Crée un synonyme d'une commande.
unalias	Supprime un alias.
\cmd	Interprète la commande cmd et non pas l'alias de même nom.
type	Affiche la nature d'une commande (externe, interne, alias...).
sh	Le shell standard (ISO), lien sur bash, ksh ou dash.
bash, ksh, dash, csh, zsh...	Quelques shells.

Focus : exemples d'utilisation des principaux caractères spéciaux

a) Utilisation des jokers.

```
$ ls  -l  *.pdf  # les fichiers se terminant par l'extension "pdf"
$ ls -l [0-9]*   # les fichiers commençant par un chiffre
$ ls -l *.?    # fichiers avec une extension composée d'un caractère
```

b) Les caractères de protection : détruire un fichier dont le nom contient des espaces.

```
$ rm il\ fait\ beau
$ rm 'il fait beau'
$ rm "il fait beau"
$ rm "$LOGNAME est mon nom" # le caractère $ est interprété
```

c) Les redirections.

```
$ ls -l > liste # liste des fichiers copiées dans le fichier liste
$ date >> liste # la date s'ajoute à fin du fichier liste
$ more  < liste # affiche le fichier liste page par page
$ more liste # ici, le fichier est donné en argument
$ ls -l /etc |more
```

Focus : la variable PATH

Une commande est recherchée dans un des répertoires définis par la variable PATH.

a) Afficher la variable PATH.

```
$ echo $PATH
/usr/local/bin:/bin:/usr/bin
```

b) Activer une commande sans utiliser le PATH : on utilise son chemin (absolu ou relatif).

```
$  PATH=     # on détruit la variable PATH
$  ls
bash: ls: No such file or directory
$  /bin/ls
$  cd  /bin
$  ./ls
```

c) Définir le PATH (le PATH minimum), augmenter le PATH.

```
$  PATH=/bin:/usr/bin
$  PATH=$PATH:/usr/local/bin
```

Remarque : la définition du PATH est temporaire (elle est liée à la durée de vie du shell). Si on veut la rendre permanente, il faut l'inclure dans un fichier de démarrage (`~/.profile` ou `~/.bash_profile`).

Pour en savoir plus

Le manuel en ligne

sh(1p)

Internet

Utilisation du shell bash
http://casteyde.christian.free.fr/system/linux/guide/online/x3679.html

L'éditeur vi

Les éditeurs disponibles sous Linux

L'éditeur le plus usuel sous Linux est vim. Il est compatible avec vi, l'éditeur standard (ISO) des systèmes Unix. C'est un éditeur en mode texte. La connaissance d'un éditeur de ce type est indispensable si l'on travaille sur un serveur (le mode graphique y est généralement absent).

La plupart des distributions Linux offrent également l'éditeur nano, qui est très simple à utiliser, ainsi que l'éditeur emacs qui est très puissant mais réservé aux développeurs. Sous les systèmes possédant une interface graphique, on peut utiliser gedit ou kedit.

Les commandes fondamentales de vi

←↓↑→

ou h, j, k, l	Déplacement dans les quatre directions.
i	Insertion avant le curseur.
a	Insertion après le curseur.
J	Jointure de la ligne courante et de la ligne suivante.
x	Suppression du caractère courant.
dd	Suppression de la ligne courante.
u	Annule la dernière modification.
:q!	Abandon.
:wq	Sauvegarde et sortie de l'éditeur.

Remarques :

1) Les commandes d'insertion (a, i) basculent l'utilisateur dans le mode insertion. On sort de ce mode par la touche d'échappement (Escape).

2) Les commandes :wq et :q! apparaissent en bas de l'écran. Il faut les valider.

Pour en savoir plus

Le manuel en ligne

vim(1), vi(1p)

Internet

Wikipedia –vi
http://fr.wikipedia.org/wiki/Vi_(logiciel)

Debian Tutorial (Obsolète) – Editeurs (vim, emacs)
http://www.debian.org/doc/manuals/debian-tutorial/ch-editor.html

Livre

Précis & Concis : L'éditeur vi de Robbins, chez O'Reilly (2000)

La commande find

La théorie

La commande `find` recherche des fichiers dans une arborescence. Par défaut, elle n'affiche que le chemin des fichiers trouvés en fonction des critères de recherche donnés. Elle peut également exécuter des commandes sur chacun des fichiers trouvés.

Le savoir concret

Les principaux critères de sélection

`-name fic`	On recherche les fichiers dont le nom est fic. Il est possible d'utiliser des jokers, mais ils doivent être entre quotes.
`-type t`	On recherche les fichiers d'un type particulier (f pour fichier ordinaire et d pour répertoire)
`-size taille`	On recherche les fichiers ayant une certaine taille. Par défaut la taille est indiquée en blocs de 512 octets. Il est possible de spécifier un suffixe (c pour octet, k pour kilo-octets, m pour mega-octets et g pour giga-octets).
`-group g`	On recherche les fichiers appartenant au groupe g.
`-user u`	On recherche les fichiers appartenant à l'utilisateur u.
`-perm d`	On recherche les fichiers ayant les droits d.
`-mtime n`	On recherche les fichiers modifiés il y a n jours.

Remarque : quand un argument est numérique (exemple celui de –mtime), il peut être précédé de « + » ou « - », pour indiquer un seuil minimal ou au contraire une valeur maximale. Ainsi « -mtime +5 » signifie que l'on recherche les fichiers modifiés il y a au moins cinq jours.

Les critères d'action

`-print`	Affiche le chemin des fichiers trouvés (par défaut).
`-exec cmd {} \ ;`	Exécute la commande cmd pour chaque fichier trouvé.
`-ok cmd {} \ ;`	Idem, mais avec demande de confirmation.

Les opérateurs

`-a`	ET (par défaut).
`-o`	OU
`!`	Négation
`\ ( ... \)`	Une expression entre parenthèses (elle doit être mise entre quotes).

Pour en savoir plus

Le manuel en ligne

find(1), find(1p)

Internet

Find
http://www.grymoire.com/Unix/Find.html

```
LANG=fr_FR

export LANG

echo $LANG

$1,$2, $#, $*, ||, &&

if ...then ...else...fi
```

La lecture
de scripts shell

Objectifs

Après l'étude du chapitre, le lecteur saura lire un script shell, par exemple les scripts de démarrage des applications. Il sera également capable de modifier légèrement des scripts.

Contenu

L'exécution de scripts
Les variables
Les instructions de contrôle
Les sous-programmes

L'exécution de scripts

La théorie

Un script shell est un programme écrit en shell. Concrètement, c'est un fichier qui contient des commandes externes et des commandes internes. Les commandes externes sont des binaires exécutables (*binaries*), par exemple /bin/ls, ou bien d'autres scripts écrits en shell ou en un autre langage de script (Perl, Python, Ruby, ...). Les commandes internes, par exemples cd et « . », sont des commandes internes du shell (Built-in).

Par défaut, quand on exécute un script shell, un nouveau processus shell est activé. Il exécute en séquence les commandes présentes dans le script, sauf si on a utilisé des commandes internes comme if ou while qui organisent l'ordonnancement sous forme d'alternative ou de boucle.

Les commandes sont normalement exécutées en séquence, car le shell attend leur terminaison avant d'activer la commande suivante du script. Il est possible d'exécuter une commande en tâche de fond (background). Dans ce cas, le shell passe tout de suite à l'exécution de la commande suivante.

À chaque commande, le shell interprète certains caractères qui éventuellement vont la transformer. Ensuite le shell exécute la commande correspondant au premier mot et passe les autres en arguments.

Sous Linux, on utilise le shell Bash du GNU, qui est, comme le Korn-Shell (le standard des systèmes Unix), compatible avec le shell standard ISO.

Le savoir concret

Les commandes

sh, bash	L'interpréteur shell (le shell standard, le Bash).
ksh, csh	D'autres interpréteurs shell (Korn-Shell, le C-Shell).
.	Exécution d'un script sans activation d'un nouveau processus shell.
eval	Recommence la phase d'interprétation.
wait	Synchronisation du shell par rapport aux tâches de fond.
$ ((...))	Évalue une expression arithmétique.

Quelques caractères spéciaux

#	Débute un commentaire.
;	Séparateur de commande (comme le saut de ligne).
&	Séparateur de commande, mais la commande est exécutée en tâche de fond.
'...'	Exécute la commande mise entre les anti-quotes et ainsi génère dynamiquement des arguments pour la commande courante.

Autres caractères spéciaux :

*, ?,[..],\,',`, ", <,2>,>>,<<,|, ;,&,(...),{...},~, #, $

Les scripts de démarrage

/etc/profile	Le script de démarrage commun à tous les utilisateurs.

`~/.bash_profile`	Le script de démarrage du shell Bash propre à un utilisateur.
`~/.profile`	Le script de démarrage ISO. Il est exécuté si le fichier ~/.bash_profile n'existe pas.
`$ENV`	Script déclenché pour toute instance de shell standard (ISO), y compris le shell de connexion.

Particularités des distributions

Debian, Ubuntu

/bin/sh correspond par défaut au shell dash.

Red Hat, SuSE

/bin/sh correspond par défaut au shell bash.

Pour en savoir plus

Le manuel en ligne

bash(1), dash(1), sh(1p)

Internet

Le shell Bash (le site officiel)
http://www.gnu.org/software/bash/manual/bash.html

Bash Guide for beginners
http://www.tldp.org/LDP/Bash-Beginners-Guide/html/index.html

Advanced Bash-Scripting Guide
http://www.tldp.org/LDP/abs/html/
http://abs.traduc.org/abs-3.1-fr/

Livre

UNIX Shell, par A. Berlat, J-F Bouchaudy et G. Goubet, chez Eyrolles (2002)

Les variables

La théorie

Notion de variable du shell

Une variable shell est une case mémoire associée à une instance de shell (un processus). La variable est identifiée par un nom et sa valeur est une chaîne de caractères.

Quand vous activez un script, vous activez une instance de shell (sauf si ce dernier est activé par la commande « . »). La conséquence est que cette instance possède son propre espace mémoire et donc ses propres variables.

Notion de variable d'environnement

Quelle que soit l'application (une simple commande comme `ls` ou un service réseau comme Apache), elle possède un espace mémoire dit d'environnement. Cet espace est fait de variables d'environnement qui, comme les variables du shell, ont un nom et une valeur sous forme d'une chaîne de caractères.

La particularité de cet espace est d'être hérité de processus père en processus fils : une application reçoit en effet une copie de l'environnement de l'application qui l'a activée. Il est très facile de modifier l'environnement du shell (et même de manière permanente via `~/.bash_profile`) et ainsi de paramétrer de manière transparente n'importe quelle application.

Le savoir concret

Les commandes

`Nom=valeur`	Création d'une variable.
`set`	Affiche l'ensemble des variables.
`env`	Affiche uniquement les variables d'environnement.
`unset`	Détruit une variable.
`export`	Met une variable du shell dans l'espace d'environnement.
`echo`, `printf`	Affichent un message, une variable.
`read`	Lecture d'une variable au clavier.

Les caractères spéciaux

`$`	Référence une variable.

Les variables

Les paramètres :

$0	Le nom du script.
$1, $2…	Le 1er paramètre, le 2e…
$#	Le nombre de paramètres.
$*, $@	L'ensemble des paramètres.

Les variables d'environnement

PS1	Le prompt.
PATH	Le chemin d'accès aux commandes.
HOME	Le répertoire de connexion de l'utilisateur courant.
LANG	La langue.

Astuce : si l'on désire un comportement standard des commandes et des scripts, il est préférable d'employer l'anglais. La commande « export LANG=C » provoque son utilisation.

Pour en savoir plus

Le manuel en ligne

bash(1), echo(1), printf(1), env(1), environ(5)

Les instructions de contrôle

Le savoir concret

L'alternative

if	liste_de_commandes
then	
	liste_de_commandes
else	
	liste_de_commandes
fi	

Contrairement à la plupart des langages de programmation, le test qui suit le `if` n'est pas une expression logique mais une commande. Si le code retour de la commande est 0, le test est considéré comme vrai, sinon il est considéré comme faux. Par exemple une alternative commençant par `if mkdir un_rep` exécuterait la liste des commandes derrière le `then` si la création du répertoire `un_rep` réussit, et la liste des commandes derrière le `else` si la création du répertoire échoue. La branche `else` est optionnelle.

La boucle while

while	liste_de_commandes
do	
	liste_de_commandes
done	

La liste de commandes comprise entre `do` et `done` est exécutée tant que la dernière commande derrière `while` renvoie un code retour 0.

La boucle for

for variable **in** suite_de_mots	
do	
	Liste_de_commandes
done	

La liste de commandes comprise entre `do` et `done` est exécutée autant de fois qu'il y a de mots derrière le mot-clé `in`. À chaque tour de boucle, la variable indiquée derrière le mot-clé `for` prend comme valeur chacun des mots qui suivent le mot-clé `in`.

Si le mot-clé `in` et les mots ne sont pas présents, on boucle sur les arguments du script ($*).

Le choix multiple

case mot **in**	
Modele-1)	
	liste_de_commandes
	;;
Modele-2)	
	liste_de_commandes
	;;
...	
esac	

Une expression case remplace une expression `if` ... `elif` ... `elif` ... `else` ... `fi`. Elle est à la fois plus claire et plus puissante. Le mot qui suit `case`, le plus souvent un référencement de variable, est comparé aux différents modèles. La liste de commandes, qui suit le premier modèle qui correspond, est exécutée. Dans les modèles on a le droit aux jokers *, ?, [...]

ainsi qu'au tube « | » qui signifie « ou bien ». Une expression case est souvent utilisée pour créer un menu.

Les opérateurs && et ||

cmd1 **&&** cmd2

Est équivalent à

if cmd1 **; then** cmd2 **; fi**

cmd1 || cmd2

Est équivalent à

if cmd1 ; then : ; else cmd2 ; fi

La commande test

L'alternative if ou la boucle while est suivie d'une commande interprétée comme un test. La commande test permet de réaliser des tests génériques comme comparer des chaînes ou tester l'existence d'un fichier.

Syntaxe de la commande test utilisée avec if :

if test liste_d_options **; then** .... **; fi**

if [liste_d_options **] ;then** ... **; fi**

Quelques options :

-f fichier	Vrai si le fichier *fichier* est un fichier ordinaire.
-d fichier	Vrai si le fichier *fichier* est un répertoire.
-e fichier	Vrai si le fichier *fichier* existe (fichier, répertoire, ...).
ch1 = ch2	Vrai si les deux chaînes sont identiques.
ch1 != ch2	Vrai si les deux chaînes sont différentes.
n1 -gt n2	Vrai si le nombre n1 est plus grand (greater than) que n2.
n1 -lt n2	Vrai si le nombre n1 est plus petit (less than) que n2.
n1 -le n2	Vrai si n1 est inférieur ou égal à n2.
n1 -ge n2	Vrai si n1 est supérieur ou égal à n2.

Les opérateurs booléens :

! option	Vrai si l'option est fausse.
opt1 -a opt2	Vrai si les deux options opt1 et opt2 sont vraies.
opt1 -o opt2	Vrai si l'une des options opt1 ou opt2 est vraie.

Autres commandes

:	Renvoie toujours vrai.
break	Sort d'une boucle.
continue	On passe à l'itération suivante dans une boucle.
exit	Termine un script (un shell), permet de renvoyer un code retour. exit 0 # OK (bonne terminaison) exit 1 # Erreur (de même que toute valeur de 1 à 255)
let	Introduit une expression arithmétique (commande interne).

`expr`   Introduit une expression arithmétique (commande externe).

Variable

?   Code retour de la dernière commande exécutée.

Focus : l'arithmétique

`: $((n=n+1))`

Correspond à l'incrémentation de la variable n.

Remarque : l'expression $((...)) doit être incluse dans une commande, si besoin la commande « : » (qui ne fait rien).

Les sous-programmes

La théorie

Un sous-programme est un bloc d'instructions prédéfinies que l'on appelle ensuite autant de fois que l'on veut dans un programme. En créant des sous-programmes, on crée en quelque sorte de nouvelles commandes.

En shell, il y a principalement deux catégories de sous-programmes : les scripts et les fonctions. En effet, un script est un sous-programme : il peut très bien être activé par un autre script.

La grande différence entre une fonction et un sous-programme de type script est qu'une fonction ne génère pas l'activation d'un nouveau processus shell. La conséquence évidente est que les variables d'un script sont visibles et modifiables par l'ensemble des fonctions du script. Inversement, une variable créée dans un script est invisible des scripts qu'elle active.

Le savoir concret

Définition d'une fonction

```
Nom_de_la_fonction ()
{
                liste_de_commandes
}
```

Appel d'une fonction

```
Nom_de_la_fonction  liste_de_paramètres
```

Remarque : les paramètres sont récupérables dans le corps de la fonction par les variables traditionnelles $1, $2..., $* et $#.

Commande

`return`   Permet de sortir d'une fonction et de générer un code retour.

Les utilisateurs et les droits

Objectifs

Après l'étude du chapitre, le lecteur saura gérer les comptes des utilisateurs et leurs groupes. Il saura également utiliser et positionner les droits sur les fichiers.

Contenu

La sécurité multi-utilisateur
La gestion des utilisateurs
Les droits

La sécurité multi-utilisateur

La théorie

Sur un système Linux, une application accède aux fichiers avec des restrictions. Par exemple, un serveur Apache ne peut transmettre une page Web que s'il a accès en lecture aux fichiers correspondants. Cette approche, appelée « sécurité multi-utilisateur », repose sur les concepts suivants :

- L'existence d'une base de comptes utilisateur et d'une base de comptes groupe d'utilisateurs.

- Le fait qu'un fichier possède des droits précisant les utilisateurs et les groupes qui sont habilités à y accéder.

- Une application en cours d'exécution est associée à un compte utilisateur et à des comptes groupes, ce qui détermine ses droits d'accès aux fichiers.

- Les services (applications activées automatiquement par l'administrateur) sont associés à des comptes grâce à leurs fichiers de configuration.

- La connexion d'un utilisateur, le « login », détermine les droits de son shell et, par héritage, les droits de toutes les applications qu'il activera par la suite.

- L'administrateur (root) a tous les droits sur le système. Il peut créer des comptes et accéder à l'ensemble des fichiers sans restriction. Il peut déléguer une partie de ses prérogatives à certains utilisateurs.

Dans les chapitres suivants de ce module, on va décrire la gestion des comptes utilisateur et groupe ainsi que les droits sur les fichiers. Les modules suivants (les applications, le démarrage du système et la sécurité) apporteront des compléments sur la gestion des services, le login et les applications.

La gestion des utilisateurs

La théorie

Le concept de compte

Chaque utilisateur d'un système Linux est inscrit dans une base de données locale ou dans un annuaire réseau : NIS, LDAP comme l'AD (Active Directory). Un compte utilisateur représente aussi bien une personne (Pierre, Paul…) qu'une application (Apache, Postfix…).

Caractéristiques d'un compte utilisateur

- Login : c'est le nom de l'utilisateur (ou de l'application).
- Mot de passe : il est utilisé lors de la connexion pour authentifier l'utilisateur.
- UID : ce numéro identifie l'utilisateur (« User IDentification »).
- GID : ce numéro spécifie le groupe principal de l'utilisateur (« Group IDentification »)
- Commentaire.
- Répertoire de connexion.
- Shell : ce logiciel, le plus souvent un véritable shell, est activé en début de session en mode texte.

IMPORTANT ! L'UID 0 est réservé. Toute application ayant cet UID a tous les droits sur le système. C'est l'UID de l'administrateur root.

Caractéristique d'un compte groupe

- Le nom du groupe.
- GID : ce numéro identifie le groupe.
- Un mot de passe : cette valeur n'est jamais renseignée.
- La liste des membres en tant que membres secondaires, ce qui exclut les comptes dont c'est le groupe principal.

La gestion des comptes

La gestion des comptes (création...) est une prérogative de l'administrateur (root).

Le savoir concret

Les fichiers

`/etc/nsswitch.conf`
    Ce fichier indique dans quels annuaires locaux ou réseau sont recherchés les comptes.

`/etc/passwd`   Ce fichier contient la base locale des comptes utilisateur.

`/etc/group`   Ce fichier contient la base locale des comptes groupe.

`/etc/shadow`   Ce fichier contient les mots de passe locaux et leur durée de vie.

Les commandes

```
useradd, usermod, userdel
```
Ajout, modification, destruction d'un compte utilisateur local.

```
groupadd, groupmod, groupdel
```
Ajout, modification, destruction d'un compte groupe local.

```
passwd
```
Modifie le mot de passe d'un compte.

```
chpasswd
```
Change un mot de passe de manière scriptable.

```
id
```
Affiche les identités d'un compte (local ou non).

```
chsh, chfn
```
Modifie le shell, le commentaire d'un compte utilisateur.

```
getent
```
Affiche les données d'un annuaire (passwd, group, shadow).

```
pwck, grpck
```
Vérifie la syntaxe des fichiers passwd et group.

Focus : la structure des fichiers passwd et group

```
root@linux1 ~]# head -5 /etc/passwd
root:x:0:0:root:/root:/bin/bash
bin:x:1:1:bin:/bin:/sbin/nologin
daemon:x:2:2:daemon:/sbin:/sbin/nologin
adm:x:3:4:adm:/var/adm:/sbin/nologin
lp:x:4:7:lp:/var/spool/lpd:/sbin/nologin
```

Chaque ligne du fichier passwd décrit un utilisateur. Les champs sont séparés par deux
points (« : »). La dernière ligne décrit l'utilisateur lp : son uid est 4, son gid est 7, le
commentaire contient la chaîne lp, son répertoire de connexion est /var/spool/lpd et son
shell est /sbin/nologin (ce qui signifie que l'on ne peut se connecter à ce compte).

```
[root@linux1 ~]# head -3 /etc/group
root:x:0:root
bin:x:1:root,bin,daemon
daemon:x:2:root,bin,daemon
```

Chaque ligne du fichier group décrit un groupe. La dernière ligne décrit le groupe de nom
« daemon » : son GID est 2 et ses membres sont les comptes root, bin et daemon.

Focus : la commande useradd

La commande useradd permet de créer un compte utilisateur. Ses principales
caractéristiques peuvent être précisées.

```
[root@linux1 ~]# useradd -u 1001 -g lp -G news,mail -c vampire -d
/usr/dracula -m -s /bin/bash dracula
```

La commande précédente crée le compte utilisateur dracula. Son uid est 1001, son groupe
principal (son gid) est lp, il fait partie également des groupes news et mail (en tant que
groupes secondaires). Le champ commentaire contient la chaîne vampire. Son répertoire de
connexion est /usr/dracula. Ce répertoire sera créé (option -m). Son shell est le shell
Bash.

Les particularités des distributions

Red Hat

```
system-config-users
```
Outil graphique de gestion des utilisateurs.

```
passwd
```
L'option --stdin permet de changer un mot de passe en automatique.

```
useradd
```
L'option –m est par défaut.

SUSE

`yast` L'outil général d'administration permet de gérer les utilisateurs.

`useradd` L'option –m n'est pas par défaut. Il faut l'indiquer pour créer le répertoire de connexion.

`chpasswd` La commande passwd permet de changer en automatique les mots de passe via l'option `--stdin`, mais on peut aussi utiliser la commande suivante qui attribue le mot de passe pass à l'utilisateur paul :
```
echo "paul:pass" | chpasswd -c blowfish
```

Debian, Ubuntu

`useradd` L'option –m n'est pas par défaut. Il faut l'indiquer pour créer le répertoire de connexion.

`adduser,deluser`
Ajoute, supprime un utilisateur, respecte la charte Debian.

`addgroup,delgroup`
Ajoute, supprime un groupe, respecte la charte Debian.

`passwd` La commande Debian ne connaît pas l'option `--stdin`. Si l'on veut créer un mot de passe en automatique, on peut utiliser la commande usermod avec l'option –p, par exemple :
```
usermod -p $(mkpasswd --method=sha-512 guest) guest
```

Pour aller plus loin

Le manuel en ligne

useradd(8), usermod(8), userdel(8), groupadd(8), groupmod(8), groupdel(8), passwd(1), chfn(1), chsh(1), adduser(8), adduser.conf(5), deluser(8), addgroup(8), delgroup(8).

La page useradd est la plus importante. Elle décrit notamment comment paramétrer les valeurs par défaut des caractéristiques d'un compte, ainsi que la technique pour créer des profils utilisateur.

Howto

Le User-Group HOWTO

Internet

Gestion des comptes utilisateur (RHEL 6)
https://access.redhat.com/site/documentation/en-US/Red_Hat_Enterprise_Linux/
6/html/Deployment_Guide/ch-Managing_Users_and_Groups.html

Debian - Managing User Accounts (obsolete)
http://www.debian.org/doc/manuals/system-administrator/ch-sysadmin-users.html

Les droits

La théorie

Les catégories d'utilisateurs

Lors de l'accès à un fichier, le noyau Linux considère trois catégories d'utilisateurs :

Le propriétaire du fichier (user ou u).

Les membres du groupe (group ou g) auquel est affilié le fichier.

Les autres utilisateurs (other ou o).

Pour chaque catégorie, il existe trois droits d'accès, dont la signification dépend de la nature du fichier : ordinaire ou répertoire.

Les droits pour un fichier ordinaire

Le droit de lecture (read ou r) permet de lire les octets du fichier.

Le droit d'écriture (write ou w) permet d'ajouter, supprimer ou modifier des octets.

Le droit d'exécution (execute ou x) permet de considérer le fichier comme une commande.

Remarque : le droit d'exécution ne doit être utilisé que pour des binaires résultants d'une compilation ou pour des scripts.

Les droits pour un répertoire

Le droit de lecture (r) permet de connaître la liste des fichiers du répertoire.

Le droit d'écriture (w) permet de modifier le répertoire : créer ou supprimer des entrées dans le répertoire.

Le droit d'accès (x) permet d'accéder aux fichiers du répertoire.

IMPORTANT ! Le dernier, le droit d'accès est le plus important. Sans lui une personne n'a aucun accès aux fichiers présents dans le répertoire, quels que soient leurs droits.

Le sticky bit

Ce droit, réservé à root, s'applique à un répertoire et corrige une bizarrerie du système. Par défaut, un répertoire accessible en écriture à un ensemble d'utilisateurs permet à l'un d'entre eux de détruire les fichiers d'un autre utilisateur. Avec le `sticky bit`, il faut être propriétaire d'un fichier pour avoir le droit de le détruire.

Les droits d'endossement (SUID, SGID) pour un exécutable

La philosophie des droits d'endossement est d'augmenter les privilèges des utilisateurs. Par exemple, le droit Set-UID (SUID) sur un binaire exécutable permet à l'utilisateur de l'application correspondante d'avoir les mêmes droits d'accès que le propriétaire du binaire. Le droit Set-GID (SGID) permet, lui, d'endosser les droits du groupe auquel est affilié le binaire.

Exemple : Le fichier `/etc/shadow` n'est en théorie accessible qu'à root. Or, tout utilisateur à accès en écriture à ce fichier lorsqu'il change son mot de passe grâce à la commande `/usr/bin/passwd`. L'explication réside dans le fait que cette commande, détenue par root possède le droit SUID et donne de fait à tous les utilisateurs les mêmes droits que root.

ATTENTION ! On vient de le constater, les droits d'endossement sont pratiques. Il n'en demeure pas moins qu'ils sont dangereux. La sécurité dans ce cas ne réside plus que dans le code même de l'application.

Le droit SGID pour un répertoire

Lorsque l'on crée un fichier, il est automatiquement affilié à son groupe courant, qui est par défaut son groupe principal. Si l'on crée un fichier dans un répertoire qui possède le droit SGID, son groupe sera identique à celui du répertoire. La conséquence est que l'ensemble des fichiers du répertoire appartiendra au même groupe, ce qui est intéressant pour un répertoire accessible à plusieurs personnes.

Le droit de modifier les droits, le « by-pass » de root

Le droit de modifier les droits est un droit inaliénable du propriétaire du fichier. Ce dernier peut également modifier le groupe auquel est affilié le fichier, à condition d'être membre du nouveau groupe.

L'administrateur (root) peut également changer les droits ou le groupe de n'importe quel fichier. Il a aussi un accès sans restriction, on dit qu'il a un « by-pass » sur l'ensemble des fichiers, quels que soient leurs droits.

Un fichier appartient par défaut à celui qui le crée. L'administrateur peut modifier le propriétaire d'un fichier.

Le savoir concret

Les commandes

`ls -l`	Liste les caractéristiques d'un fichier, dont les droits.
`chmod`	Modifie les droits d'un fichier.
`chgrp`	Change le groupe d'un fichier.
`chown`	Change le propriétaire d'un fichier.
`umask`	Fixe les droits retirés automatiquement lors de la création d'un fichier.
`cp -p`	Copie de fichiers avec conservation des attributs.

Les droits en octal

Octal	*Signification*	
4000	SUID	endossement
2000	SGID	
1000	Sticky-bit	
400	read	
200	write	user
100	execute	
40	read	
20	write	group
10	execute	
4	read	
2	write	other
1	execute	

Les droits sont mémorisés sur disque sous forme de bits. C'est la raison pour laquelle beaucoup de commandes utilisent la vision octale des droits. La valeur 751, par exemple, est égale à 400+200+100+40+10+1. Elle signifie donc tous les droits pour le propriétaire (user), les droits de lecture et d'exécution pour le groupe, et d'exécution pour les autres.

Focus : la commande ls -l

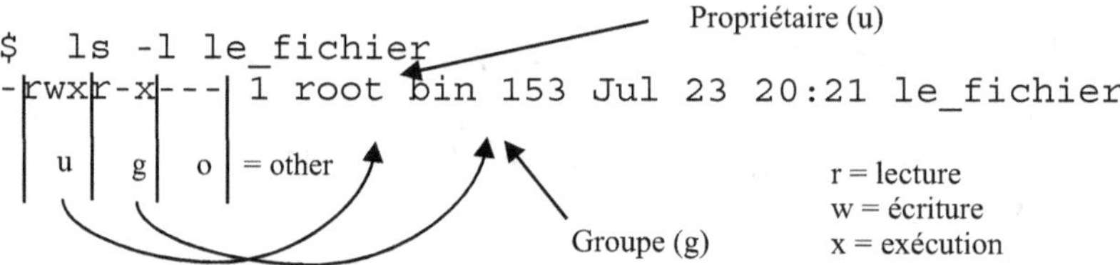

Fig. Voir les droits avec la commande ls –l

La commande `ls -l` liste les caractéristiques d'un fichier. Derrière le type du fichier, neufs caractères indiquent les droits. Ils sont répartis en trois groupes de trois caractères. Le premier spécifie les droits du propriétaire, le deuxième ceux des membres du groupe auquel est affilié le fichier, le dernier indique les droits des autres utilisateurs. L'absence d'un droit est indiqué par un « - ».

`rwxrwxrwx`	Toutes les catégories (u, g, o) ont tous les droits (r,w,x).
`rwxrwx---`	Les autres n'ont aucun droit.
`rwx------`	Seul le propriétaire a tous les droits (r,w,x).
`rwxr-x--x`	Le propriétaire a tous les droits, le groupe a les droits de lecture et d'exécution, les autres n'ont que le droit d'exécution.
`r--r--r--`	Tout le monde a le droit de lecture.
`rxwrwxrwt`	Le sticky-bit est positionné, mais aussi le droit x pour les autres.
`rwxrws--T`	Le sticky-bit est présent, mais pas le droit x pour les autres. Le droit SGID est présent ainsi que le droit x pour le groupe.
`--s--s--x`	Les droits SUID, SGID et les droits d'exécution sont présents.
`rw---S---`	Le droit SGID est présent mais le droit x pour le groupe est absent.

Remarque : les droits s et t sont en minuscules s'ils masquent un droit d'exécution. Ils sont en majuscules dans le cas contraire.

Focus : la commande chmod

La commande chmod a pour premier argument la modification des droits. Elle peut s'exprimer en octal ou de manière symbolique.

```
[root@linux1 tmp]# chmod 444 toto
[root@linux1 tmp]# chmod ug+w toto
[root@linux1 tmp]# chmod u+w,g+w toto
```

Dans l'approche symbolique, la modification se divise en trois groupes :

Les catégories : u, g, o. L'absence de catégorie ou la lettre « a » indique tout le monde.

Un opérateur : +,-,=. Plus et moins indiquent l'ajout ou le retrait de droits. Le signe égal indique que l'on fixe les droits sans référence aux droits antérieurs (comme en octal).

Les droits: r, w, x, s, t (et « - » dans le cas de l'utilisation du signe égal).

On peut mettre plusieurs modifications symboliques séparées par des virgules.

Pour aller plus loin

Le manuel en ligne

ls(1), chmod(1), chmod(2), chgrp(1), chown(1), umask(1), getfacl(1), setfacl(1),

ls(1p), chmod(1p), chgrp(1p), chown(1p), find(1), find(1p), test(1p)

Remarque : les commandes `setfacl` et `getfacl` permettent de gérer les ACL (listes de contrôle d'accès) que l'on n'a pas traitées dans ce chapitre. Elles permettent de ne pas se limiter aux trois catégories : propriétaire, groupe et autres, et de fixer des droits pour d'autres utilisateurs et d'autres groupes.

Internet

Wikipedia – Les permissions (droits) Unix
http://fr.wikipedia.org/wiki/Permissions_Unix

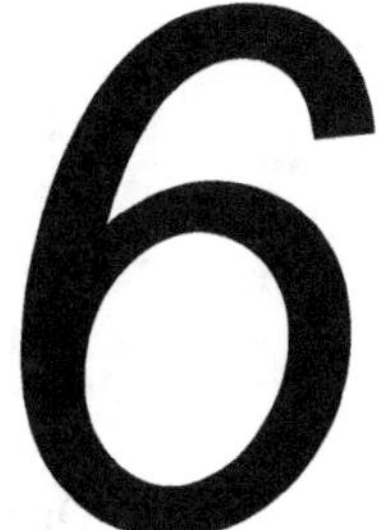

Les disques et les systèmes de fichiers

Objectifs

Après l'étude du chapitre, le lecteur saura comment les fichiers d'un système Linux sont associés à l'espace disque. Il connaîtra les principales commandes pour préparer les disques et organiser lui-même l'espace disque.

Contenu

Les disques
LVM – Les éléments clés
Les systèmes de fichiers
Les liens

Les disques

La théorie

Le stockage physique

En final, les données rémanentes sont stockées sur des disques. Sous Unix et donc sous Linux, les périphériques sont vus comme des fichiers spéciaux réunis dans l'arborescence /dev. Depuis plus de soixante ans, les disques sont mécaniques. On les appelle HDD (Hard Disk Drive). Depuis quelques années, ils sont concurrencés par les SSD (Solid-State Drive) qui sont conçus à partir de mémoire flash.

Vision physique d'un disque HDD, cylindres et secteurs

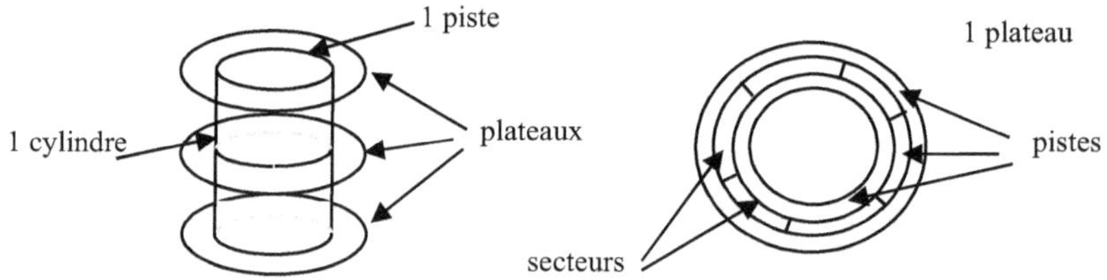

Fig. Cylindres, pistes et secteurs

Un disque HDD est physiquement composé de plateaux ayant chacun deux faces. Sur chaque face, il y a un certain nombre de pistes concentriques. Chaque piste est composée d'un certain nombre de secteurs. Un cylindre correspond à l'ensemble des pistes (une par face) que le bras de lecture/écriture peut lire sans se déplacer. Un secteur a habituellement une taille de 512 octets. En résumé, l'espace disque est fait d'un certain nombre de secteurs.

Partitionnement, table des partitions, le MBR

Un disque peut être utilisé dans sa globalité ou bien il peut être partitionné. Une partition peut être considérée comme un petit disque. Le disque de démarrage doit être obligatoirement partitionné. La table des partitions, appelée aussi « Label », décrit le partitionnement (emplacement et taille des partitions).

Sur les PC Intel, il y a deux formats de partitionnement :

- MBR (ou MSDOS)
- GPT

Le format MBR

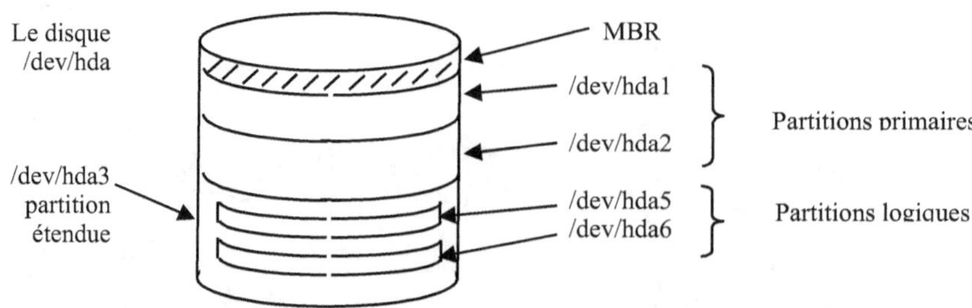

Fig. Les partitions

À l'origine sur les premiers PC, le nombre des partitions était limité à quatre. La table des partitions correspondante était stockée complètement dans le MBR (Master Boot Record), c'est-à-dire le premier secteur, qui comprend également le code du chargeur primaire (primary loader). Ultérieurement, une des quatre partitions primaires peut avoir le type « étendu ». Dans ce cas, elle contient une suite de partitions, appelées « logiques », chaînées les unes aux autres.

Le partitionnement MBR est associé historiquement au BIOS (Basic Input Output System). Ce dernier correspond au logiciel embarqué sur les premiers PC Intel.

Le format GPT

Actuellement, les PC récents sont équipés d'un nouveau logiciel embarqué (on parle de Firmware) appelé UEFI (Unified Extensible Firmware Interface). Ce dernier est associé à un nouveau format de partitionnement, le GPT (GUID Partition Table). Ce format permet de créer jusqu'à 128 partitions. Elles sont décrites dans un en-tête de 34 secteurs en début du disque. Une copie existe également en fin du disque.

Le partitionnement GPT permet notamment de gérer des partitions sur de très gros disques (d'une taille supérieure à 2 To). On peut l'utiliser sur un système BIOS pour un disque de données.

Caractéristiques d'une partition MBR

En plus d'être primaire, étendue ou logique, une partition possède les caractéristiques suivantes :

L'emplacement de la partition. Cette adresse est exprimée soit en CHS (Cylinder-Head-Sector) soit en LBA (Logical Bloc Address). La technique LBA, qui indique l'adresse d'un secteur (et non d'un cylindre) est utilisée dans les BIOS modernes.

Un drapeau qui indique si c'est la partition active.

Le type (tag) qui spécifie l'utilisation de la partition. Le type 83 indique un système de fichiers Linux, 82 un espace de swap Linux et le type 5 indique une partition étendue. Les partitions Windows NTFS ont le type 7, les partitions LVM ont le type 8e.

Caractéristiques d'une partition GPT

Une partition GPT peut avoir un nom. Son emplacement utilise le format LBA. Le tag est remplacé par le type de contenu (le format du système de fichiers). Une partition peut aussi posséder des drapeaux.

Utilisation d'une partition

Une partition peut abriter :

- Un système de fichiers, c'est-à-dire une arborescence de fichiers.
- Un espace de swap, c'est-à-dire une extension de la mémoire.
- Un espace disque dédié à une application, par exemple Oracle.

Le savoir pratique

Nom des disques

Les disques SCSI sont nommés comme suit :

`/dev/sda`　　　　Le 1er disque.

`/dev/sdb`　　　　Le 2e disque.

Etc.

Les disques IDE commencent par le préfixe hd, par exemple /dev/hda.

Remarque : les disques SATA, USB, ... sont gérés normalement via le pilote SCSI.

Nom des partitions (partitionnement MBR)

Pour un disque, les partitions sont nommées comme suit (par exemple pour le disque sda) :

`/dev/sda1`	La 1re partition primaire.
`/dev/sda2`	La 2e partition primaire.
`/dev/sda3`	La 3e partition primaire.
`/dev/sda4`	La 4e partition primaire.
`/dev/sda5`	La 1re partition logique (à l'intérieur de la partition étendue).

Toutes les partitions primaires ne sont pas forcément présentes. Une (et une seule) partition primaire peut jouer le rôle de partition étendue (type 5).

Les commandes

`fdisk`	L'outil de partitionnement des disques utilisant le format MBR (msdos).
`sfdisk`	Commande de partitionnement scriptable.
`parted`	Commande de partitionnement, permet de conserver les données. Supporte différents formats (msdos, gpt...).
`gparted`	Forme graphique de la commande précédente.
`cfdisk`	Commande de partitionnement en mode texte plein écran.
`partprobe`	Informe le système que les tables de partition ont été modifiées.

La commande fdisk

La commande `fdisk` permet de :

- Afficher la table des partitions (commande p).
- Ajouter une nouvelle partition (commande n).
- Détruire une partition (commande d).
- Créer une table de partition vide, pour un nouveau disque (commande o).
- Changer le type d'une partition (commande t).
- Mettre/enlever le drapeau partition active (commande a).

Pour sortir de l'utilitaire, on a le choix entre la commande w (write), qui valide les modifications, et la commande q (quit) qui annule les changements. Si l'on travaille sur le disque système, il est nécessaire de redémarrer pour une prise en compte des modifications.

Quand on crée une partition, on a le choix, selon les cas, entre créer une partition primaire, étendue ou logique.

La commande parted

La commande `parted` permet de :

- Afficher la table des partitions (commande `print`).
- Créer une table de partition vide (commande `mklabel`). On doit indiquer le format (msdos, gpt, ...).
- Ajouter une nouvelle partition (commande `mkpart`). La commande permet également le formatage de la partition (on indique alors le format : ext4, xfs, ...).

- Détruire une partition (commande `rm`).

Pour sortir de l'utilitaire, on utilise la commande `quit`. La commande `help` liste les commandes. La commande `help <cmd>` affiche l'aide sur la commande cmd.

Particularités des distributions

Red Hat

Les commandes `cfdisk` et `gparted` ne sont pas fournies.

Ubuntu

`gparted` est une commande graphique de partitionnement qui permet de conserver les données. Elle est présente sur le CD-Rom de la version Desktop. Pour s'en servir, on utilise la distribution de manière « live » (en mémoire, sans l'installer), et on redémarre après le partitionnement.

Pour en savoir plus

Le manuel en ligne

fdisk(8), sfdisk(8), parted(8), cfdisk(8)

Internet

Format des partitions
http://fr.wikipedia.org/wiki/GUID_Partition_Table
http://fr.wikipedia.org/wiki/Partition_de_disque_dur

Red Hat (RHEL 6) : gestion des partitions
https://access.redhat.com/site/documentation/en-US/Red_Hat_Enterprise_Linux/6/html/Storage_Administration_Guide/ch-partitions.html

Disque dur
http://fr.wikipedia.org/wiki/Disque_dur

Disque SSD
http://fr.wikipedia.org/wiki/Solid_State_Drive

LVM – Les éléments clés

La théorie

Intérêt de l'approche LVM

Un système de fichiers (FS) est normalement installé dans une partition d'un disque dur. En conséquence, un FS ne peut dépasser la taille d'un disque et il est difficile de l'étendre. Il faut sauvegarder les données, repartitionner le disque et enfin restaurer les données. L'approche LVM (Logical Volume Manager) est plus souple. Avec cette approche, un FS est créé dans un volume logique. Ce dernier peut s'étendre sur plusieurs disques et on peut l'agrandir, ce qui permet ensuite d'élargir le FS.

Les concepts de base : VG, PV, LV

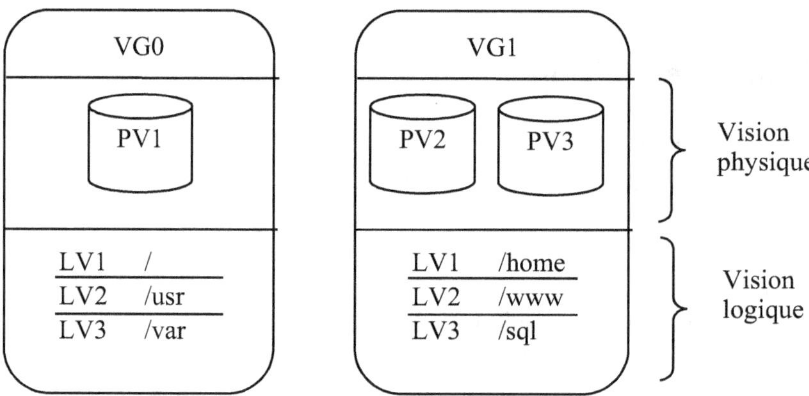

Fig. VG, PV, LV

Un volume logique (Logical Volume ou LV) est l'espace disque abstrait utilisé par l'administrateur à des fins système, principalement en tant que conteneur de FS.

Un volume logique est créé à l'intérieur d'un groupe de volume (Volume Group ou VG). Ce VG est un ensemble de volumes physiques (Physical Volume ou PV). Un PV est un disque physique ou une partition d'un disque physique.

Ainsi, l'espace disque est réparti en VG. Chaque VG a deux aspects :

- Un VG est un ensemble de PV (aspect physique).
- Un VG est un ensemble de LV (aspect logique). La plupart abritant des FS.

Le principal avantage de l'approche LVM est son aspect dynamique :

- Dynamisme des LV : tant qu'il reste de la place dans un VG, on peut étendre ses LV.
- Dynamisme des VG : l'ajout de PV à un VG augmente la place libre du VG.

Remarques :

1) Le fait d'agrandir un LV n'agrandit pas automatiquement le FS associé. Il faut réaliser cette opération séparément par la suite.

2) Rapetisser un FS (et son LV associé) ou un VG est possible. Mais ces opérations sont plus complexes et doivent être évitées. Le plus simple est d'agrandir les LV petit à petit.

Le savoir concret

Les principales commandes LVM de gestion de PV

`pvs`   Liste les PV.

`pvcreate`   Crée (formate) un PV, c'est-à-dire écrit un en-tête sur le PV.

Les principales commandes LVM de gestion de VG

`vgcreate`   Crée un VG. On spécifie un ou plusieurs PV.

`vgdisplay`   Affiche la liste des VG et leurs caractéristiques. L'option –v permet de visualiser la liste des LV et des PV de chaque VG.

`vgs`   Liste les VG.

`vgextend`   Agrandit un VG : on lui ajoute un ou plusieurs PV.

Les principales commandes LVM de gestion de LV

`lvcreate`   Crée un LV.

`lvs`   Liste les caractéristiques d'un LV.

`lvextend`   Agrandit un LV. Il faut ensuite agrandir le FS.

Les principales commandes de gestion d'un FS

`mkfs`   Crée un FS, qui occupe par défaut la totalité de l'espace disponible.

`resize2fs`   Modifie la taille d'un FS ext2/ext3.

Pour en savoir plus

Le manuel en ligne

lvcreate(8, lvextend(8), lvs(8), pvcreate(8), pvs(8), vgcreate(8), vgdisplay(8), vgextend(8), vgs(8), resize2fs(8)

Howto

LVM-Howto

Internet

Red Hat (RHEL6) : Le LVM
https://access.redhat.com/site/documentation/en-US/Red_Hat_Enterprise_Linux/6/html/Storage_Administration_Guide/ch-lvm1.html

Le LVM
http://www.lea-linux.org/documentations/index.php/Leapro-pro_sys-lvm

Les systèmes de fichiers

La théorie

Notion de FS, de montage

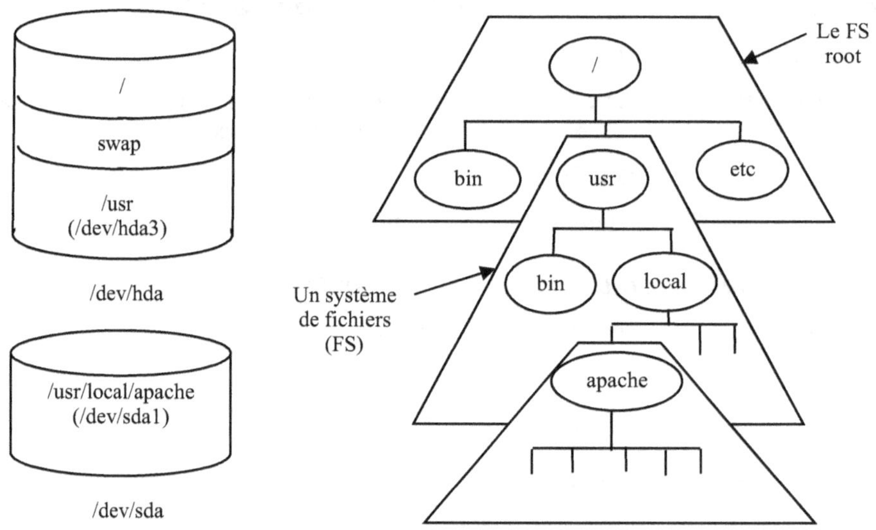

Fig. L'arborescence des FS

L'arborescence globale, celle vue par les applications, est composée d'un ou plusieurs systèmes de fichiers (File System ou FS).

Chaque FS correspond à une arborescence de fichiers gérée comme un tout. Typiquement, un FS est stocké dans une partition, un volume logique ou un disque complet. Mais un FS peut également être stocké dans un CD-Rom, une clé USB, en mémoire (c'est le cas pour un live-cd), ou même dans un fichier ordinaire.

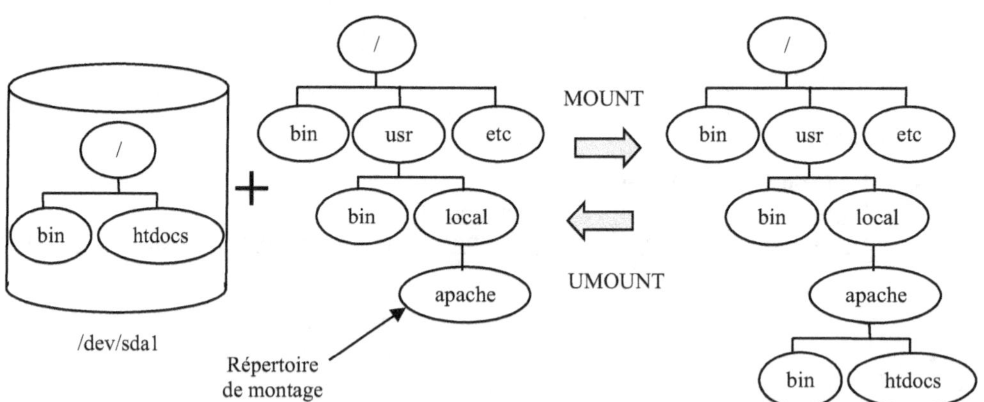

Fig. Le montage de FS

Les fichiers d'un FS ne sont accessibles que si le FS est activé, on dit « monté ». Le montage d'un FS implique d'associer la racine du FS à un répertoire, dit répertoire de montage. Le démontage d'un FS rompt cette association. Le FS root est monté automatiquement par le noyau lors des premières phases du démarrage. Les autres FS peuvent être montés ultérieurement, de manière automatique ou manuelle.

Tables système, inodes

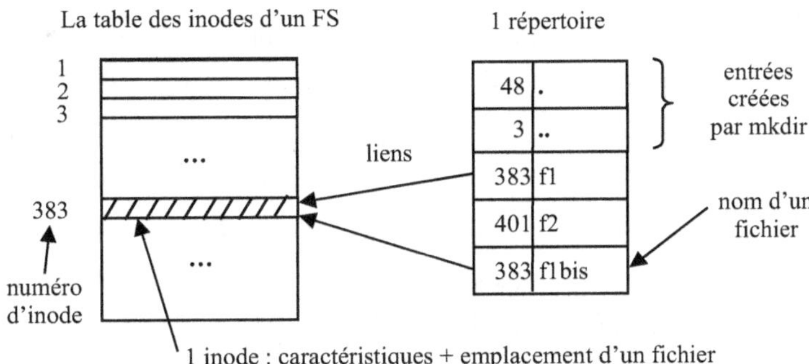

Fig. Table des inodes, noms de fichiers et répertoires

Physiquement, un FS est composé au minimum de trois tables système :

- Le super-bloc qui contient les données générales (taille, monté ou non…).

- La table des inodes qui contient la table de description et d'allocation des fichiers. Chaque inode (fichier) est repéré par un numéro, le numéro d'inode.

- Les répertoires. Un répertoire est une table de correspondance nom de fichier, numéro d'inode.

Remarque : un FS ext3 (ou ext2) est non seulement limité en blocs, mais aussi en inodes. Le nombre d'inodes indique le nombre de fichiers que l'on peut créer dans un FS.

Les différents types de FS

Un système Linux peut gérer différents types de FS, chacun ayant des fonctionnalités différentes. Voici un panorama des principaux types :

ext2, ext3	Les anciens FS standards Linux.
ext4	Le nouveau standard, compatible avec les anciens standards.
iso9660	Le FS utilisé par les CD-rom/DVD-rom.
reiserfs	Le FS standard des anciens systèmes SUSE.
xfs	FS très répandu, c'est le FS standard de RHEL 7.
btrfs	FS très novateur mais considéré comme béta.
nfs	FS réseau standard des systèmes Unix.
cifs	FS réseau standard des systèmes Windows.
vfat, ntfs	FS des systèmes Windows.

Le savoir concret

Les commandes de gestion de FS

mkfs	Crée un FS (concrètement, formate une partition, c'est-à-dire écrit les tables système).
fsck	Vérifie/répare un FS.
mount	Monte un FS. L'option –a (all) monte l'ensemble des FS décrits dans /etc/fstab. Cette commande est activée par les scripts lancés automatiquement au démarrage.

`umount`	Démonte un FS. Le FS ne doit pas être utilisé par une application.
`df`	Liste les FS montés, la place libre par FS.
`df -i`	Liste les FS montés, indique le nombre d'inodes libres (ext3).
`du`	La taille occupée par une arborescence.
`lsof`	Liste des fichiers ouverts, permet de connaître les applications accédant à un FS.
`blkid`	Affiche le type d'un FS, son étiquette (label) et son UUID.
`vol_id`	Idem mais obsolète.

Remarque : les commandes de gestion de FS présentées ici sont génériques. En fait, pour chaque type de FS, il y en a un exemplaire. L'option `-t` indique le type, par exemple, `mkfs -t ext3` formate une partition selon le type ext3.

Commandes spécifiques (ext4, xfs)

`mkfs.ext4`	Crée un FS de type ext4 (formate un disque en ext4).
`tune2fs`	Paramètre un FS ext2, ext3 ou ext4, par exemple son étiquette (label) et son UUID.
`e2label`	Affiche ou met une étiquette (label) à un FS ext2,ext3 ou ext4.
`e2fsck`	Vérifie ou répare un FS ext2,ext3 ou ext4.
`mkfs.xfs`	Crée un FS de type xfs.
`xfs_check`	Vérifie un FS de type xfs.
`xfs_repair`	Répare un FS de type xfs.
`xfs_admin`	Paramètre un FS xfs, par exemple son étiquette (label) et son UUID.

Remarque : le formatage d'un disque (complet, partition ou LV) initialise l'UUID du FS, mais laisse son étiquette (label) vide.

Focus : le fichier /etc/fstab

```
[root@linux1 ~]# cat /etc/fstab
LABEL=/          /                ext4    defaults      1 1
LABEL=/boot      /boot            ext4    defaults      1 2
/dev/sda5        /home            ext4    defaults      1 2
/dev/vg1/lvol0   /oracle          xfs     defaults      0 0
UUID=9ac847cb-9bd1-465d-a554-7de181bf55ab /www xfs defaults  0 0
...
```

Chaque ligne du fichier fstab est composée de différents champs :

- Le disque qui abrite le FS (son nom (/dev/...), ou l'UUID ou l'étiquette [LABEL] du FS sous-jacent.

- Le répertoire de montage.

- Son type.

- Les options de montage, `defaults` indiquant les options par défaut, c'est-à-dire montage automatique au démarrage en lecture/écriture. Inversement, les options `noauto, ro` indiquent un montage manuel en lecture seule.

Les deux derniers champs n'ont pas de rapport avec le montage.

Remarque : dans le cas d'un disque SCSI, il est préférable de le référencer par un alias ou d'utiliser le label ou l'UUID du FS qu'il abrite plutôt que son nom (/dev/sdx[#]).

Pour en savoir plus

Le manuel en ligne

du(1), df(1), fstab(5), mkfs(8), mkfs.ext2(8), mkfs.ext3(8), stat(1), fsck(8), fsck.ext2(8)…, umount(8), mount(8), e2label(8), lsof(8), ln(1), mkfs.xfs(8), xfs_check(8), xfs_repair(8),

Howto

Filesystems-HOWTO

Internet

Red Hat : (RHEL6, RHEL7) - Gestion du stockage
https://access.redhat.com/site/documentation/en-US/Red_Hat_Enterprise_Linux/6/html/Storage_Administration_Guide/part-file-systems.html

https://access.redhat.com/site/documentation/en-US/Red_Hat_Enterprise_Linux/7-Beta/html/Storage_Administration_Guide/part-file-systems.html

Comparaison des FS
http://en.wikipedia.org/wiki/Comparison_of_file_systems

Les liens

La théorie

Notion de lien matériel

Dans les systèmes Unix/Linux, le nom d'un fichier ne fait pas partie des attributs d'un fichier. Ces derniers sont stockés dans un inode. Les noms, ou liens matériels (hard link) sont stockés dans d'autres tables système : les répertoires. Un répertoire possède plusieurs liens, au minimum deux : l'un sous forme d'une auto-référence (« . ») et l'autre, sous forme de son nom, dans son répertoire père. Si le répertoire possède des sous-répertoires, chacun le référence sous le nom « .. ». On le voit, le concept de lien est consubstentiel à la gestion système des fichiers Unix/Linux.

Par défaut, un fichier ordinaire ne possède qu'un seul lien, mais on peut en ajouter avec la commande ln ou en supprimer par la commande rm. Si un fichier n'a plus qu'un seul lien, la commande rm détruit non seulement le nom (le lien) mais aussi le fichier (l'inode). L'ajout d'un lien sur un fichier n'est pas courant du point de vue d'un utilisateur ordinaire. Par contre, un administrateur utilise cette technique de temps en temps pour simplifier la gestion système, par exemple pour référencer une bibliothèque par un nom abstrait qui correspond à la version la plus récente.

Notion de lien symbolique

Un lien matériel est associé à une table d'inodes et donc un lien ne peut référencer un fichier en dehors d'un FS. Par ailleurs, on ne peut pas créer des liens sur des répertoires. Ces derniers sont gérés automatiquement (et liés à la création et à la suppression de répertoires).

Les concepteurs d'Unix ont créé les liens symboliques à la demande des administrateurs. Un lien symbolique (fichier de type « l ») pointe sur un autre fichier (fichier lié). Un lien symbolique peut pointer sur un répertoire et il peut pointer sur un fichier externe au FS.

Le savoir pratique

Les commandes de gestion de fichiers

ls	Affiche les attributs d'un fichier (nombre de liens, n° d'inode (-i), …).
stat	Affiche l'ensemble des attributs d'un fichier.
ln	Crée un lien matériel, ou symbolique (-s).
mv	Déplace un lien matériel.
rm	Supprime un lien, supprime un fichier.

Focus : visualiser les liens

Dans l'exemple suivant, les fichiers f1 et f2 correspondent à un seul et même fichier (référencé par l'inode 10550). Le fichier a donc deux liens (indiqués après les droits). Le fichier f3 est un lien symbolique pointant sur le fichier f1.

```
$ ls -li
10550 -rw-rw-r--. 2 guest guest 153 Mar  5 13:59 f1
10550 -rw-rw-r--. 2 guest guest 153 Mar  5 13:59 f2
10564 lrwxrwxrwx. 1 guest guest   2 Mar  5 13:59 f3 -> f1
```

La sauvegarde

Objectifs

Après l'étude du chapitre, le lecteur connaîtra les principales stratégies de sauvegarde d'un système Linux. Il saura utiliser la commande tar pour réaliser toutes les sauvegardes sortant de l'ordinaire ou éventuellement pour réaliser la sauvegarde journalière.

Contenu

Vision générale de la sauvegarde
La commande tar
La commande cpio
La commande pax

Vision générale de la sauvegarde

La théorie

Plan de sauvegarde

IL FAUT DÉVELOPPER UN PLAN DE REPRISE D'ACTIVITÉ. Ce plan sera activé en cas de sinistre. La clé de voûte de ce plan est le plan de sauvegarde et de restauration des données informatiques.

Voici quelques questions qui peuvent vous aider à établir ce plan de sauvegarde.

Que faut-il sauvegarder, avec quelle fréquence ? Ou inversement qu'acceptez-vous de perdre en cas de sinistre ?

Corollaire : à quel montant estimez-vous les conséquences d'un sinistre ?

Corollaire du corollaire : quel sera votre budget de sauvegarde ?

Combien de temps conservera-t-on les sauvegardes, à quels endroits, en combien d'exemplaires ?

Quel est le support de sauvegarde approprié ? Quels sont les besoins en capacité des supports de sauvegarde ? Combien de temps durera la sauvegarde ?

Enfin, un conseil majeur : testez votre plan de reprise d'activité.

Les périphériques de sauvegarde

Le nom d'un périphérique dépend du pilote qui le gère. Si l'on utilise un lecteur de cartouche SCSI ordinaire, son nom sera `/dev/st0` pour le premier lecteur. La cartouche sera automatiquement rembobinée en fin de sauvegarde. Par contre, si l'on utilise le nom `/dev/nst0`, ce ne sera pas le cas. On pourra ajouter des sauvegardes à la suite. Des commandes locales et distantes permettent de naviguer sur la cartouche (rembobiner, aller à la fin logique de la bande, se positionner sur une archive particulière).

Si l'on utilise un disque comme support de sauvegarde, il vaut mieux spécifier un fichier ordinaire contenu dans le disque. Si l'on spécifie le nom du périphérique (`/dev/fd0` pour une disquette ou `/dev/sda` pour une clé), la sauvegarde utilise tout l'espace disque et détruit le formatage du disque, c'est-à-dire son organisation en tant que système de fichiers.

Le savoir concret

Les outils de sauvegarde

Sauvegarde de fichiers : `tar`, `cpio`, `pax`

Sauvegarde physique : `dd`

Sauvegarde d'images : `partimage`, `clonezilla`, `ghost` (produit commercial)

Sauvegarde système incrémentale de FS :
`dump`/`restore` (ext2/ext3/ext4), `xfsdump`/`xfsrestore` (xfs)

Sauvegarde complète (Bare Metal) : Mondo

Sauvegarde client/serveur :
Bacula (libre), Amanda (libre), BackupPC (libre), Arkeia, Networker, Tina…

Synchronisation de répertoires : `rsync`

La sauvegarde journalière est typiquement réalisée par une commande de sauvegarde incrémentale, c'est-à-dire une commande qui permet de ne sauvegarder que les fichiers créés ou modifiés depuis la dernière sauvegarde. Les logiciels client/serveur sont également de ce type, mais ne sont rentables que dans le cas où l'on a tout un ensemble de serveurs à sauvegarder. Mentionnons le logiciel libre Bacula fonctionnant en client-serveur, qui permet également de sauvegarder des systèmes Windows.

La commande `tar` est le couteau suisse de la sauvegarde. Elle permet de faire quasiment toutes les sauvegardes qui sortent de l'ordinaire. Elle peut même faire si besoin de la sauvegarde incrémentale.

Autres commandes

`find`	Cette commande, associée à `tar`, `pax` ou `cpio`, permet de sélectionner finement les fichiers à sauvegarder.
`touch`	Met à jour la date de dernière utilisation d'un fichier. Permet de forcer la sauvegarde d'un fichier dans un contexte incrémental.
`mt`	Permet de naviguer sur une cartouche : rembobiner, aller à la fin logique de la bande, se positionner sur une archive particulière.
`rmt, rshd`	Ces commandes standards présentes sur un serveur permettent une sauvegarde en réseau par tar, dump...
`gzip,gunzip`	Compressent ou décompressent des fichiers au format Gnu-Zip.
`bzip2, bunzip2`	Compressent ou décompressent des fichiers au format bzip2.

Les variables d'environnement

TAPE	Précise le chemin du support de l'archive (`/dev/st0`...)

Pour en savoir plus

Le manuel en ligne

tar(1), cpio(1L), pax(1), dd(1), partimage(1), dump(8), restore(8), xfsdump(8), rsync(1), mt(8), rmt(8), st(4), touch(1), find(1), gzip(1), bzip2(1)

Howto

Linux-Complete-Backup-and-Recovery-HOWTO

Ftape-HOWTO

Internet

Préparation à un sinistre (sauvegarde...)
http://www.centos.org/docs/4/html/rhel-isa-en-4/s1-disaster-recovery.html

Le logiciel Bacula
http://www.bacula.org/

Le logiciel Amanda
http://www.amanda.org

Le logiciel BackupPC
http://backuppc.sourceforge.net/

Le logiciel Mondo
http://www.mondorescue.org

Livre

Backup & Recovery, de W.Curtis Preston, chez O'Reilly (2007)

La commande tar

La théorie

Présentation générale

La commande `tar` sauvegarde ou restaure des fichiers ou des arborescences de fichiers sur ou à partir d'un fichier archive.

Ce fichier peut être un fichier ordinaire, un périphérique d'archivage local ou distant. Le format de cette archive est compatible ISO. Dans l'archive, les fichiers sont écrits les uns à la suite des autres, chacun précédé d'un en-tête. Celui-ci contient les caractéristiques du fichier ainsi que son chemin.

Le problème des chemins de fichiers

Une archive tar contient le chemin des fichiers sauvegardés. Si lors de la sauvegarde on indique un chemin absolu, par exemple /etc, le chemin complet des fichiers est sauvegardé, MAIS SANS LE PREMIER « / » ! On peut donc dire que tar ne réalise que des sauvegardes relatives. Dans ce cas, si l'on veut restaurer un fichier à son emplacement d'origine, IL FAUT SE PLACER À LA RACINE AU PRÉALABLE ! Sinon, il est restauré avec son chemin complet à partir du répertoire courant.

Le savoir concret

Les principales options de la commande tar

-c	Sauvegarde.
-x	Restauration.
-t	Liste le contenu de l'archive.
-f fichier	Précise le chemin de l'archive.
-z	Compression (ou décompression) Gnu Zip.
-h	On sauvegarde les fichiers liés et non les liens symboliques.
-m	Ne pas restaurer la date de dernière modification. En conséquence, la date de dernière modification correspondra à la date de restauration.
-P	Les chemins absolus sont conservés.
-T fichier	Introduit un fichier qui contient la liste des fichiers à sauvegarder. Le fichier « - » signifie « entrée standard ».
--exclude fichier	Exclut un fichier.

Focus : quelques exemples clés

Sauvegarde de l'arborescence /home sur une cartouche

```
[root@linux1 ~]# tar cvf /dev/st0  /home  > /root/histo.txt 2>&1
```

Remarque : pour des raisons historiques, le premier argument de la commande `tar` est interprété comme une option et ne nécessite donc pas le « - » préalable.

Sauvegarde de l'arborescence /etc dans un fichier compressé

```
[root@linux1 ~]# tar -cvzf /root/etc.tar.gz  /etc
tar: Removing leading `/' from member names
/etc/
/etc/tux.mime.types
/etc/X11/
```

```
/etc/X11/Xmodmap
...
```

Liste du contenu de l'archive

```
[root@linux1 ~]# tar -tvzf /root/etc.tar.gz   |more
drwxr-xr-x root/root           0 2006-06-15 13:44:54 etc/
-rw-r--r-- root/root        2643 2005-04-20 10:20:26
etc/tux.mime.types
drwxr-xr-x root/root           0 2006-05-26 10:50:03 etc/X11/
-rw-r--r-- root/root         547 2005-04-11 13:43:11 etc/X11/Xmodmap
```

Restauration d'un fichier de l'arborescence /etc dans le répertoire /tmp

```
[root@linux1 ~]# cd /tmp
[root@linux1 tmp]# tar -xvzf /root/etc.tar.gz etc/X11/Xmodmap
etc/X11/Xmodmap
[root@linux1 tmp]# ls -l /tmp/etc/X11/Xmodmap
-rw-r--r--  1 root root 547 Apr 11  2005 /tmp/etc/X11/Xmodmap
```

Environnement

TAPE   Mémorise le chemin du fichier d'archive. Invalidé par l'option –f.

Pour en savoir plus

Le manuel en ligne

tar(1)

Internet

Le site officiel de Gnu Tar (documentation complète…)
http://www.gnu.org/software/tar

Remarque : le manuel Gnu contient, dans le paragraphe Basic Tar Format, la description du format ISO en langage C.

La commande cpio

La théorie

Comme la commande `tar`, la commande `cpio` sauvegarde ou restaure des fichiers ou des arborescences de fichiers sur ou à partir d'un fichier archive.

La commande `cpio` diffère de `tar` par sa syntaxe qui privilégie les redirections. Lors de la sauvegarde, le chemin des fichiers à sauvegarder est lu à partir de l'entrée standard, et la sortie standard est considérée comme le fichier archive. Lors de la restauration, le fichier archive est lu à partir de l'entrée standard. On le comprend, il est nécessaire d'utiliser les redirections.

Le savoir concret

Les principales options de la commande cpio

`-o`	Sauvegarde.
`-it`	Liste le contenu d'une archive.
`-i`	Restauration.
`-d`	Recrée les répertoires lors de la restauration.
`-u`	Restauration inconditionnelle.
`-m`	Conserve la date de dernière modification lors de la restauration.
`-v`	La commande est bavarde (verbose).

Focus : quelques exemples clés

Sauvegarde de l'arborescence /home sur une cartouche

```
[root@linux1 ~]# find /home | cpio -o > /dev/st0
```

Sauvegarde de l'arborescence /etc dans un fichier compressé. On utilise le format d'en-tête ASCII (SVR4 sans CRC).

```
[root@linux1 ~]# find /etc | cpio -oc | gzip > /root/etc.cpio.gz
```

Liste du contenu de l'archive

```
[root@linux1 ~]# cpio -itv < /dev/st0
[root@linux1 ~]# gunzip < /root/etc.cpio.gz | cpio -itcv
```

Restauration d'un fichier de l'arborescence /etc dans /tmp

```
[root@linux1 ~]# cd /tmp
[root@linux1 ~]# gunzip < /root/etc.cpio.gz | cpio -ic etc/profile
```

Restauration de toute une arborescence

```
[root@linux1 ~]# cd /
[root@linux1 ~]# cpio -idv < /dev/st0
```

Pour en savoir plus

Le manuel en ligne

cpio(1)

Internet

GNU – Le manuel de la commande cpio
http://www.gnu.org/software/cpio/manual

La commande pax

La théorie

Présentation générale

La commande pax sauvegarde ou restaure des fichiers ou des arborescences de fichiers sur ou à partir d'un fichier archive.

La commande pax est ISO. Son format de sauvegarde est ISO, elle est donc interopérable avec tar. Sa syntaxe s'inspire à la fois de la commande tar et de la commande cpio.

Le savoir concret

Les principales options de la commande tar

-w   Sauvegarde.

-r   Restauration.

Focus : quelques exemples clés

Sauvegarde de l'arborescence /home sur une cartouche
```
[root@linux1 ~]# find /home | pax -w > /dev/st0
```

Sauvegarde de l'arborescence /etc.
```
[root@linux1 ~]# pax -w -f /root/etc.tar /etc
```

Liste du contenu des archives
```
[root@linux1 ~]# pax < /dev/st0
[root@linux1 ~]# pax -f /root/etc.tar
```

Restauration d'un fichier de l'arborescence /etc
```
[root@linux1 ~]# pax -r -f /root/etc.tar /etc/profile
```

Restauration de toute une arborescence
```
[root@linux1 ~]# pax -r < /dev/st0
```

Pour en savoir plus

Le manuel en ligne

pax(1)

Les applications

Objectifs

Après l'étude du chapitre, le lecteur connaîtra les principales caractéristiques d'un processus et il saura les gérer. En cela, il saura gérer les applications qui en fait ne sont que des processus. Il saura également programmer des tâches périodiques et gérer les journaux de bord des applications et du système.

Contenu

La gestion des processus
Crontab
Le service Syslog
Syslog-ng
Rsyslog

La gestion des processus

La théorie

Applications, processus et threads

Une application Linux en cours d'exécution est composée d'un ou plusieurs processus. Chaque processus correspond à un programme qui s'exécute parallèlement aux autres processus.

Un processus est composé d'une ou plusieurs unités d'exécution (ou LWP : Light Weight Processus ou thread). Les threads d'un processus s'exécutent en parallèle. Ainsi, l'approche thread est concurrente de l'approche multiprocess pour paralléliser une application. Par exemple, le serveur Web Apache est multiprocess et la base de données MySQL est multithread.

Chaque processus correspond à un fichier exécutable. Ce fichier résulte d'une compilation qui traduit un code source (en langage C par exemple) en langage machine.

Bibiothèques

Un exécutable utilise des bibliothèques. Celles-ci peuvent être incluses dans l'exécutable (édition statique de liens) ou chargées dynamiquement et partagées avec d'autres exécutables (édition dynamique de liens). Les bibliothèques dynamiques se présentent sous forme de fichiers ayant l'extension « .so » (shared object).

Généalogie des processus

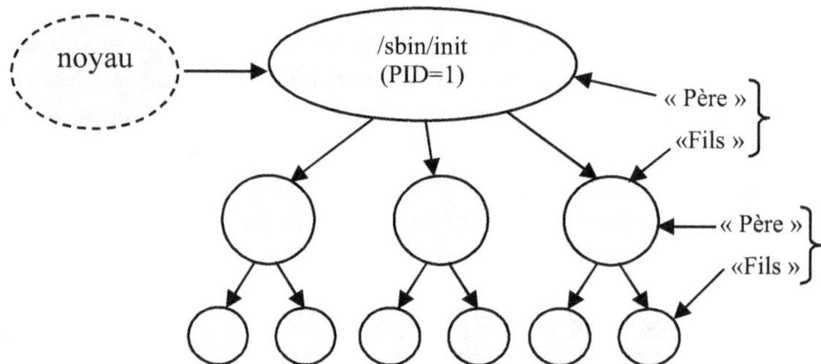

Fig. La généalogie des processus

Un processus est créé par un autre processus. On a donc une relation « père-fils » entre processus. Le processus ancêtre de tous les autres processus est init, qui est engendré directement par le noyau lors du démarrage du système. Son PID (cf. paragraphe suivant) est toujours « 1 ».

Caractéristiques d'un processus

PID	(Process IDentification) C'est l'identifiant d'un processus.
LWP	Identifiant d'une thread.
PPID	(Parent PID) C'est l'identifiant du père du processus.
PGID	(Process Group IDentification) C'est l'identifiant d'un groupe de processus. Le PGID est partagé par tous les processus d'un service.
UID	Le compte utilisateur sous lequel le processus s'exécute.
GIDs	Le ou les comptes groupe sous lesquels le processus s'exécute.

TTY	Le terminal texte (TeleTYpe) auquel le processus est associé.
NICE	Valeur modifiable qui intervient dans le calcul de la priorité.
STIME	L'heure de démarrage du processus.
TIME	Le temps CPU consommé.
CMD	Les arguments, en premier le nom de l'exécutable.

Notion d'environnement

Quelle que soit l'application (une simple commande comme `ls` ou un service réseau comme Apache), elle possède un espace mémoire dit d'environnement. Cet espace est fait de variables d'environnement qui ont un nom et une valeur sous forme d'une chaîne de caractères, par exemple : `TAPE=/dev/st0`.

La particularité de cet espace est d'être hérité de processus père en processus fils : une application reçoit en effet une copie de l'environnement de l'application qui l'a activée.

Les processus et la mémoire

Chaque processus consomme de la mémoire. Un processus est associé à un espace de mémoire virtuel. Seules les zones de mémoire référencées à l'instant t ont besoin d'être en mémoire vive. Le reste peut être sur disque en mémoire de swap. Plus on fait tourner de processus, plus il faut de mémoire vive et de mémoire de swap.

La charge système

Chaque processus consomme du temps machine. Linux fonctionne en temps partagé. Il fractionne le temps du ou des processeurs pour pouvoir s'occuper à tour de rôle de chaque processus. Le plus souvent, le ou les processeurs sont inoccupés, car les processus passent le plus clair de leur temps à attendre la fin d'entrées/sorties. Celles-ci sont exécutées par les cartes contrôleurs de périphériques. Ainsi les processeurs peuvent exécuter d'autres processus pendant ce temps. Plus il y a de processeurs, plus leur horloge est rapide et plus ils sont puissants (64 bits au lieu de 32 bits par exemple), et plus le système peut exécuter de processus.

Communication interprocessus par signaux

Un processus peut envoyer un signal à un autre processus. Il existe 63 signaux, numérotés de 1 à 63. Un processus peut traiter un signal reçu, soit en l'ignorant, soit en déclenchant une action préprogrammée (le gestionnaire du signal). La réception d'un signal non géré entraîne la mort du processus. Le signal numéro 9 ne peut être géré, il entraîne obligatoirement la mort du processus. On ne peut envoyer des signaux qu'à ses propres processus ; seul root peut envoyer des signaux à des processus ayant un UID quelconque.

Les zombies

Dans les applications importantes, un processus joue le rôle de superviseur et c'est lui qui active les autres processus. Quand ces derniers meurent, le noyau Linux conserve leur code retour pour qu'il soit disponible au superviseur. Ces processus sont alors dans l'état « Zombie ». Ils n'utilisent plus de ressources système (CPU, mémoire) mais ils occupent encore chacun une entrée dans la table des processus. Il est impossible de les tuer. Normalement, ils disparaissent quand le superviseur lit leur code retour. S'ils deviennent trop nombreux (au moins des centaines), ils peuvent saturer le système. L'administrateur peut éviter cela en obtenant un correctif de l'application ou en redémarrant l'applicatif avant d'avoir un crash.

Les services (ou RC)

Les services, par exemple Syslog ou Cron traités dans les chapitres suivants, sont gérés par un ou plusieurs démons (processus fonctionnant en permanence et traitant des requêtes). Leur activation ou leur arrêt est souvent complexe ; c'est pour cela qu'ils sont gérés par des scripts shell. Ces scripts, dits RC (Run Command) peuvent être activés automatiquement au démarrage. De manière interactive, on peut activer ou arrêter un service en donnant en argument du RC le mot « start » ou le mot « stop ». Les RC sont tous rassemblés dans le répertoire /etc/init.d/.

Dans les versions récentes, les services ne sont plus représentés par des scripts shell mais par des fichiers de configuration qui spécifient leur environnement, leurs relations de dépendances, etc. (cf. rsyslog).

Le savoir concret

Les commandes

ps	Liste les processus ou les threads et leurs caractéristiques.
pstree	Visualise la généalogie des processus.
kill	Envoie un signal à un processus ou à un groupe de processus.
pkill	Envoie un signal à un processus référencé par son nom.
killall	Idem.
pgrep	Recherche un processus par son nom.
pidof	Affiche le PID d'un processus dont on donne le nom.
lsof	Liste les fichiers ouverts par un processus.
fuser	Liste les processus accédant à un fichier.
export	Commande du shell qui permet d'exporter une variable.
env	Affiche l'environnement courant.
ldd	Liste les bibliothèques dynamiques associées à un exécutable.
nice, renice	Modifie la valeur du NICE, et donc la priorité.
man	Le manuel liste les signaux gérés par la commande. Le manuel liste aussi les arguments et les variables d'environnement qui influencent la commande. Les fichiers lus ou écrits par la commande sont également mentionnés.
free	Affiche la mémoire vive et la mémoire de swap totale et utilisée.
uptime	Affiche la charge système.
top	Liste rafraîchie des processus les plus consommateurs de ressources mémoire et CPU. Affiche la consommation de la mémoire totale et la charge système globale. Liste le nombre de zombies.

Les fichiers

/etc/fstab	Liste les FS montés au démarrage ainsi que les espaces de swap activés au démarrage.
/etc/init.d/	Répertoire qui contient les services (les RC).

Les principaux signaux

Voici les principaux signaux. Sont indiqués leur valeur numérique et leur nom.

1, HUP	La déconnexion a été détectée. Ce signal est souvent utilisé pour demander la réinitialisation d'un RC (relecture de sa configuration).
2, INT	Interruption d'une tâche. Ce signal est normalement provoqué par la combinaison de touches Ctrl-C au clavier.

| 9, KILL | Ce signal provoque la mort d'un processus. Ce dernier ne peut ni ignorer ce signal ni le traiter. Il ne doit être utilisé qu'en dernier recours. |
| 15, TERM | Signal utilisé pour demander à un processus de se terminer. Comme il peut être géré par l'application, il permet l'arrêt propre de celle-ci. |

Focus : la commande ps

`-e`	Liste tous les processus.
`-f`	Affiche les principaux attributs des processus (UID, PID, PPID, STIME, TTY, TIME, CMD…).
`-j`	Affiche le PGID.
`-L`	Affiche le LWP (le n° de la thread).
`-l`	Affiche beaucoup d'attributs (dont le NICE).
`-u util`	Affiche les processus appartenant à l'utilisateur util.

Focus : la recherche des bibliothèques

Les bibliothèques dynamiques sont chargées par l'utilitaire `ld.so`. Ce chargeur recherche les bibliothèques dans l'ordre suivant :

- Les répertoires mentionnés par la variable d'environnement LD_LIBRARY_PATH sont parcourus.

- Le fichier cache `/etc/ld.so.cache` est ensuite pris en compte.

- La recherche se termine par le parcours des répertoires `/lib` et `/usr/lib`.

Le fichier `/etc/ld.so.cache` est initialisé par le fichier `/etc/lib.so.conf`. La commande `ldconfig` permet de visualiser le cache et aussi d'ajouter de nouveaux chemins à tout moment.

Focus : l'utilisation des principales commandes

a) Lister l'ensemble des processus et leurs principales caractéristiques.

```
$ ps -ef | more
```

b) Est-ce que l'application cron est active ?

```
$ ps -e | grep cron
```

c) Arrêter le processus dont le PID est 810.

```
$ kill -TERM 810 # ou simplement kill 810
$ kill -9 810 # si la commande précédente échoue
```

Particularités des distributions

Red Hat, SUSE, Debian

La commande `service` simplifie la gestion des services.

Pour aller plus loin

Le manuel en ligne

ps(1), kill(1), signal(7) [décrit les signaux],pstree(1), top(1), lsof(8), fuser(8), ldd(1), env(1), man(1), nice(1), renice(1), fstab(5), free(1), uptime(1), environ(5), bash(1) {on recherche la commande interne export}, service(8)

Crontab

La théorie

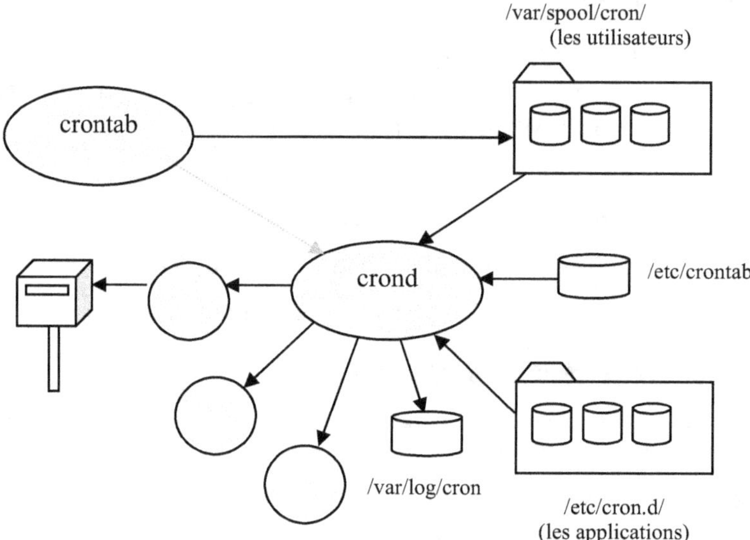

Fig. Le service cron

Le démon `cron` (ou `crond`) active périodiquement des applications. Un utilisateur communique avec le démon grâce à la commande `crontab`. Celle-ci permet de soumettre un fichier de requête au démon. Le fichier précise les commandes à activer et à quels moments elles doivent être exécutées.

Le démon `cron` possède plusieurs dépôts de requêtes :

- Les requêtes des utilisateurs, mises à jour par `crontab`.
- Les requêtes des applications, déposées lors de leur installation ou mise à jour.
- Les requêtes gérées directement par l'administrateur.

Les commandes activées par `cron` sont le plus souvent redirigées, sinon leur résultat va dans la boîte à lettres du compte de l'utilisateur.

Certaines tâches périodiques sont sous le contrôle de la commande `anacron`. Cette dernière est activée par un crontab.

Savoir concret

Le format d'une ligne d'un fichier de requêtes

Minutes	Heures	Jour_du_mois	Mois	Jour_de_la_semaine	Commande
(0-60)	(0-24)	(0-31)	(1-12)	(0-6)	

On peut mettre une « * » dans un champ ce qui signifie : toutes les valeurs possibles. On peut mettre une suite de valeurs « 0,10,20,30 » ou une plage « 5-10 ».

Focus : un exemple de fichier crontab

```
* * * * * date >> /tmp/date.log 2>&1
59 23 31 12 * echo "bonne année" | mail -s vœux root
```

```
*/15 9-16 * 1-6,9-12 1-5 ps -ef >> /tmp/process.log 2>&1
```

La première ligne correspond à l'activation de la commande date toutes les minutes. La deuxième ligne active la commande mail une fois par an à 23h59, le 31 décembre. La troisième ligne active la commande ps tous les quarts d'heure (15 minutes) de 9h à 17h, du lundi au vendredi de janvier à juin et de septembre à décembre.

Les commandes

crontab fichier	Soumet un nouveau fichier de requête. Il efface l'ancien.
crontab -e	Édite son fichier de requête.
crontab -l	Liste son fichier de requête.
crontab -r	Supprime son fichier de requête.
anacron	Active des applications périodiquement. Activé par un crontab.

Les fichiers

/etc/crontab — Le dépôt de requêtes régi par l'administrateur.

/etc/cron.d/ — Le dépôt de requêtes des applications.

/etc/cron.hourly/, /etc/cron.daily/, /etc/cron.weekly/,

/etc/cron.monthly/ — Dépots de requêtes exécutées respectivement chaque heure, chaque jour, chaque semaine et chaque mois. Ces requêtes sont activées via cron directement ou via anacron.

/etc/cron.allow, /etc/cron.deny — Ces fichiers limitent l'usage de la commande crontab.

/etc/anacrontab — La configuration d'anacron.

/var/log/cron — Enregistre l'activité du démon.

Particularités des distributions

Red Hat

crond	Le démon cron.
/var/spool/cron/	Le répertoire qui contient les requêtes utilisateur.

SUSE

cron	Le démon cron.
/var/spool/cron/tabs/	Le répertoire qui contient les requêtes.

Debian, Ubuntu

cron	Le démon cron.
/var/spool/cron/crontabs/	Le répertoire qui contient les requêtes.

Pour aller plus loin

Le manuel en ligne

cron(8), crontab(1), crontab(5), anacron(8), anacrontab(5)

Le service Syslog

La théorie

Le démon Syslogd

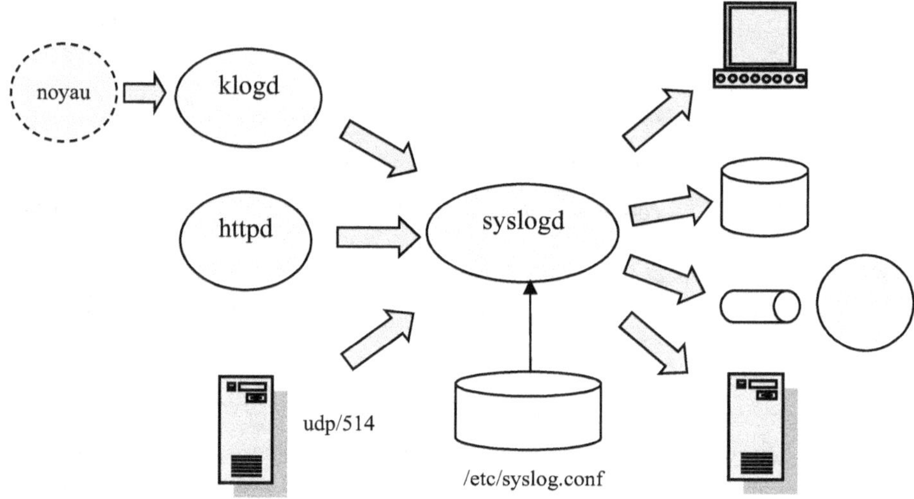

Fig. Le démon syslogd

Le rôle du démon `syslogd` est d'aiguiller les messages d'erreur. Il reçoit ces messages du noyau (par l'intermédiaire du démon `klogd`), d'un démon `systlogd` distant et des applications qui sont paramétrées pour envoyer leurs messages à Syslog. Les applications envoient leurs messages d'erreur au service syslog via la primitive Unix `syslog()`. L'administrateur, en modifiant le fichier de configuration `/etc/syslog.conf`, décide de la destination des messages : un fichier, une application, une console ou un autre démon `syslogd` distant.

Notion de sous-système

Dans `syslog.conf`, un message d'erreur provient d'un sous-système (*facility*). Il y a une liste prédéfinie de sous-systèmes. Une application est associée (via son fichier de configuration ou en dur) à un sous-système. Ainsi le serveur de messagerie Postfix est associé au sous-système « mail ». Voici les différents sous-systèmes :

```
auth, cron, daemon, ftp, kern, lpr, mail, news, syslog, user, uucp,
local0 à local7
```

Pour la plupart, leur nom est parlant : `auth` concerne l'authentification, et de manière plus générale, la sécurité. `kern` correspond aux messages du noyau (kernel). Quand une application n'a pas de sous-système attribué, on l'associe aux sous-systèmes local0 à local7.

Notion de priorité

Dans `syslog.conf`, pour un sous-système donné, on peut filtrer les messages en fonction de leur niveau de priorité. Voici les niveaux dans l'ordre de priorité ascendante :

```
debug, info, notice, warn, err, crit, alert, emerg
```

La priorité debug s'exprime également sous la syntaxe « * ».

Le remplacement de Syslog

Les versions modernes des principales distributions n'utilisent plus Syslog mais un service similaire plus puissant : Rsyslog ou Syslog-ng. La compréhension de Syslog est un préalable à l'étude de ces services plus complexes.

Le savoir concret

Syntaxe du fichier syslog.conf

Chaque ligne correspond à une liste de sources (ou selector) de messages, séparées par « ; », et la destination associée.

```
Source[; ...]    [-]Destination
```

Une source s'exprime sous la forme : sous-système[...] opérateur priorité

Sous-système.priorité	On ne prend que les messages de priorité égale ou supérieure à la priorité indiquée.
Sous-système.!priorité	On ne prend que les messages de priorité inférieure à la priorité indiquée.
Sous-système.=priorité	On ne prend que les messages dont la priorité est égale à la priorité indiquée.

On peut mettre une « * » en lieu et place d'un sous-système ou d'une priorité pour indiquer toutes les valeurs possibles.

La priorité « none » est particulière. L'ensemble des messages du sous-système sera supprimé. Cela permet d'exclure des sous-systèmes du journal générique.

Une destination précédée d'un « - » est mise à jour de manière asynchrone ; par défaut, elle est mise à jour de manière synchrone, ce qui ralentit le système, mais garantit la pertinence des journaux de bord.

Principales destinations

Un fichier, par exemple `/var/log/messages`.

Le terminal d'un utilisateur connecté, par exemple pierre.

L'ensemble des terminaux, représenté par « * ».

Une application reliée à `syslogd` par un tube, par exemple « | logrotate »

Le service Syslog d'un autre ordinateur, par exemple « @venus ».

Chaque fois que l'on modifie le fichier `syslog.conf`, il faut envoyer le signal « 1 » (HUP) au démon `syslogd`.

Focus : un exemple de fichier syslog.conf

```
*.emerg              *
*.*;mail.none        /var/log/messages
err.mail             -/var/log/maillog
cron.*               /var/log/cron
```

La quatrième ligne redirige tous les messages associés au CRON dans le fichier `/var/log/cron`. Les écritures sont synchrones.

La troisième ligne redirige les messages d'erreur (err, crit, alert et emerg) associés à la messagerie dans le fichier `/var/log/maillog`. Les écritures sont « bufferisées ».

La deuxième ligne redirige l'ensemble des messages dans le fichier `/var/log/messages`, à l'exception des messages associés à la messagerie. Les écritures sont synchrones.

La première ligne provoque l'affichage des messages *emergency* (les plus graves) sur l'ensemble des terminaux connectés.

Les commandes

`logger`	Permet d'envoyer un message qui sera enregistré dans le journal par Syslog.
`logwatch`	Génère des rapports à partir des journaux.
`logrotate`	Logiciel qui permet de « faire tourner » les journaux.

Les protocoles

`514/udp`	Le protocole Syslog.

Particularités des distributions

Red Hat

Le journal de bord principal est `/var/log/messages`.

RHEL 5 utilise le service Syslog, mais Rsyslog est disponible.

RHEL 6 et 7 utilisent en standard le service Rsyslog.

SUSE

La distribution SUSE utilisait le logiciel Syslogd-ng. Les versions récentes utilisent Rsyslog. Le journal de bord principal est `/var/log/messages`.

Debian, Ubuntu

Ces distributions utilisent par défaut Rsyslog, mais supportent Syslog-ng. Le journal de bord principal est `/var/log/syslog`.

Pour aller plus loin

Le manuel en ligne

syslogd(8), syslog.conf(5), logger(1), logwatch(1), logrotate(8), syslog(2)

Syslog-ng

La théorie

Comme Syslog, Syslog-ng aiguille les messages d'erreur. Mais il est plus puissant pour discriminer les sources de messages, notamment en utilisant des expressions régulières.

Le savoir concret

Commande et fichier

syslog-ng   Le démon gérant le service Syslog-ng.

syslog-ng -s   Vérifie la syntaxe du fichier `syslog-ng.conf`.

/etc/syslog-ng/syslog-ng.conf
                       Le fichier de configuration du démon.

Les sections du fichier syslog-ng.conf

La section options comprend les options générales du service.

La section source définit les événements à surveiller.

La section filter permet de filtrer les messages selon leur contenu.

La section destination définit où sont redirigés les messages.

La section log définit les actions à entreprendre, c'est-à-dire qu'elle associe des sources de message, des filtres (qui s'additionnent) à des destinations.

Focus : un exemple de fichier syslog-ng.conf

```
options { long_hostnames(off); sync(0); perm(0640); stats(3600); };
source src {
        internal();
        unix-dgram("/dev/log");
};
filter f_mailwarn   { level(warn)   and facility(mail); };
filter f_newsnotice { level(notice) and facility(news); };
log { source(src); filter(f_newsnotice); destination(newsnotice); };
destination mailinfo { file("/var/log/mail.info"); };
log { source(src); filter(f_mailinfo); destination(mailinfo); };
destination mailwarn { file("/var/log/mail.warn"); };
```

Particularités des distributions

Debian, Ubuntu

Debian et Ubuntu utilisent le service Rsyslog par défaut, mais ces distributions peuvent utiliser Syslog-ng à la place.

Pour en savoir plus

Le manuel en ligne

syslog-ng(8), syslog-ng.conf(5)

Rsyslog

La théorie

Rsyslog est devenu le nouveau standard de gestion des journaux sous Linux. Il remplace le service Syslog d'origine Unix. Rsyslog est disponible également sur les systèmes Unix BSD et Solaris.

Une des améliorations importantes de Rsyslog est la possibilité de rediriger les journaux dans une base de données comme MySQL. L'autre élément important est la compatibilité ascendante avec Syslog, contrairement à Syslog-ng. Ainsi, un fichier de configuration syslog.conf peut directement être utilisé (au nom près : rsyslog.conf) par le démon rsyslogd. Enfin, l'utilisation de plug-in offre une grande extensibilité à cet outil. Ainsi, le démon klogd n'est plus nécessaire : il est remplacé avantageusement par un plug-in.

Le savoir concret

Les commandes

`rsyslogd`   Le démon qui gère le service.

Les fichiers

`/etc/rsyslog.conf`   Le fichier de configuration du service. Il est compatible avec le format syslog.conf. Les nouvelles directives spécifiques à rsyslog commencent par le caractère "$".

`/etc/rsyslog.d/*.conf`   Fichiers de configuration spécifiques inclus dans la configuration générale suite à l'instruction `$IncludeConfig`.

Pour en savoir plus

Les pages de manuel

rsyslogd(8), rsyslog.conf(5)

Internet

Rsyslog - Le site officiel
http://www.rsyslog.com/

Rsyslog - exemples de configuration
http://wiki.rsyslog.com/index.php/Configuration_Samples

Tarball .tar.gz

Makefile, make

firefox-1.0.4.4

rpm –Uvh firefox.rpm*

apt-get, yum

Installer des applications

Objectifs

Après l'étude du chapitre, le lecteur connaîtra les différentes formes sous lesquelles se présente un logiciel à installer : source, paquet (Red Hat, Debian…). Surtout, il saura installer une application sous ces différentes formes.

Contenu

Installer des applications
L'installation à partir des sources
Les paquets Red Hat
Les paquets Debian
Mises à jour et dépendances
L'environnement APT
L'environnement YUM

Installer des applications

La théorie

L'installation d'une application sur un système Linux peut être réalisée de deux manières :

- À partir des sources. Il faut donc compiler l'application.

- À partir d'un paquet contenant les binaires de l'application.

L'utilisation de paquet simplifie la gestion des applications : leur installation, leur mise à jour, leur désinstallation, leur vérification sont automatiques. On peut aussi visualiser les applications installées et s'informer sur elles : afficher leur description, lister les fichiers, les composants...

La gestion des paquets elle-même peut être réalisée de deux manières :

- À partir des fichiers paquets individuels.

- À partir de dépôts de paquets structurés.

Dans le dernier cas, il est possible de gérer les problèmes de dépendance entre les paquets et d'installer automatiquement tous les paquets nécessaires au bon fonctionnement d'une application.

Malheureusement, il existe plusieurs formats de paquets et plusieurs jeux de commandes associées. Principalement, il y a deux technologies :

- Les paquets Red Hat fondés sur le gestionnaire RPM.

- Les paquets Debian.

Le savoir concret

Les commandes

`file`	Affiche le type de paquet et la version du format d'un fichier paquet.
`alien`	Convertit un fichier paquet d'un format en un autre (un RPM en Debian...). Ce logiciel est expérimental.

Particularités des distributions

Red Hat, Fedora, CentOS, SUSE, Mandriva, YellowDog...

Ces distributions utilisent le format de paquet RPM de Red Hat.

Debian, Ubuntu, Knoppix, DSL, Kaella...

Ces distributions utilisent le format de paquet DEB de Debian.

Gentoo, Slackware, Arch...

Ces distributions utilisent leur propre format de paquet (ni Debian ni Red Hat).

L'installation à partir des sources

La théorie

Une application source se présente sous forme d'un fichier tar compressé (tarball).

C'est le développeur qui décide de la procédure d'installation. Normalement, il la décrit dans un fichier README inclus dans le fichier tar. Le plus souvent, il adopte la stratégie des logiciels GNU.

Quelle que soit la stratégie adoptée, on compile l'application grâce à la commande make. Elle se base sur un fichier appelé Makefile qui décrit toutes les opérations à effectuer pour créer l'application, essentiellement des compilations. L'originalité de l'approche make est que l'on ne déclenche que les opérations nécessaires en se basant sur les dates de dernière modification des fichiers. Le fichier Makefile décrit non seulement les commandes devant être exécutées, mais également les dépendances entre fichiers. Si l'on fait une mise à jour des sources (par la commande patch par exemple), l'exécution de la commande make provoque uniquement la compilation des fichiers modifiés et l'édition de liens.

Le savoir concret

Les commandes

tar	La commande de sauvegarde utilisée pour restaurer l'arborescence des fichiers sources.
gzip,bzip2	Commandes de compression utilisées via tar pour décompresser le tarball.
configure	Commande GNU incluse dans le tarball et permettant la création du makefile. Cette commande (paramétrée par le développeur) crée un makefile adapté à votre architecture matérielle (type de processeur…) et à votre environnement.
make	Provoque la compilation de l'application. Permet aussi son installation. La commande make suit les instructions présentes dans le fichier makefile ou Makefile.
gcc	Le compilateur C.

Focus : installation d'application GNU à partir des sources

1) Décompresser et détarer le tarball (tar xvzf <tarball>)

2) Se positionner dans l'arborescence et créer le makefile
(cd <repertoire> ; ./configure)

3) Compiler l'application (make)

4) Installer l'application (make install)

Particularités des distributions

Debian, Ubuntu

La compilation d'une application C nécessite au minimum les paquets suivants : gcc, make et libc6-dev. Le métapaquet build-essential les référence.

Red Hat

La compilation d'une application C nécessite le groupe de paquets Development Tools.

Pour aller plus loin

Le manuel en ligne

tar(1), make(1), gcc(1)

patch(1)
Cette commande permet la mise à jour des sources à partir d'un fichier « patch ».

CSV(csv(1)), SUBVERSION(svn(1)), GIT(git(1)), ...
Ces applications, composées de plusieurs commandes, permettent la mise à jour des sources d'une application (le plus souvent grâce à la commande patch) mais en spécifiant une version particulière et un dépôt (le plus souvent le site officiel du logiciel).

Livre

Programmer avec les outils GNU par Mike Loukides & Andy Oram, ches O'reilly (1997).

Les paquets Red Hat

La théorie

Un fichier paquet RPM

Un paquet Red Hat est une archive qui contient les fichiers d'une application et les données nécessaires à son installation. Un paquet Red Hat est géré par la commande rpm (Red Hat Packages Manager).

Il y a deux types de paquets : les paquets sources et les paquets binaires. Les paquets binaires ont l'extension « .rpm ». Les paquets sources ont l'extension « .src.rpm ».

Le nom d'un paquet suit une logique rigoureuse. Par exemple, firefox-1.0.4-4 désigne la quatrième version (4) du paquet de la version 1.0.4 du logiciel firefox.

Le nom d'un fichier paquet contient aussi l'architecture ou l'indication « noarch » si le logiciel ne dépend pas de l'architecture (c'est le cas des logiciels Perl).
Par exemple, firefox-1.0.4-4.i386.rpm est un nom complet de fichier paquet. L'architecture prise en charge par ce dernier est Intel 32 bits (i386).

Le savoir concret

La commande rpm

Les principales options :

`rpm -i`	Installe un paquet.
`rpm -U`	Met à jour ou installe un paquet.
`rpm -F`	Met à jour un paquet.
`rpm -e`	Désinstalle un paquet.
`rpm -qa`	Liste tous les paquets installés.
`rpm -qi <pkg>`	Affiche les caractéristiques d'un paquet installé.
`rpm -qip <fichier_rpm>`	
	Affiche les caractéristiques d'un paquet sous forme d'un fichier rpm.
`rpm -ql <pkg>`	Liste les fichiers d'un paquet.
`rpm -qf <fichier>`	Indique le paquet auquel appartient le fichier.
`rpm -V <pkg>`	Vérifie un paquet.

Où trouver les paquets ?

- Les CD-rom d'installation. Par exemple, dans une distribution Red Hat, ils sont dans le répertoire `./redhat/RPMS`.

- Le site officiel de la distribution, par exemple : http://www.redhat.com

- Le site officiel du logiciel, par exemple http://www.webmin.com dans le cas de l'application Webmin.

- Un site abritant un choix de paquets. Le site le plus connu est http://rpmfind.net. Le site http://rpm.pbone.net/ est également populaire.

La base de données RPM

`/var/lib/rpm/` La base de données RPM.

Pour aller plus loin

Le manuel en ligne

rpm(8)

Howto

RPM-Howto

Internet

RPM – Le site officiel
http://www.rpm.org/

Les paquets Debian

La théorie

Un fichier paquet Debian

Un paquet Debian est un fichier qui contient les fichiers d'une application et les données nécessaires à son installation.

Il y a deux types de paquets : les paquets sources et les paquets binaires. Ces derniers sont directement installables. Ils ont l'extension « .deb ». Les paquets sources sont composés de plusieurs fichiers dont les fichiers de contrôle qui possèdent l'extension « .dsc ».

Le nom d'un paquet suit une logique rigoureuse. Par exemple, ethtool-1.8-2.deb désigne la deuxième version (2) du paquet (.deb) de la version 1.8 du logiciel ethtool.

Le savoir concret

Les principales commandes

dpkg	C'est la commande de gestion de paquet de bas niveau en mode ligne de commande. Elle est similaire à la commande rpm. Elle permet l'installation d'un paquet, sa désinstallation…
dpkg-deb	Gère un fichier paquet.
dpkg-reconfigure	Reconfigure un paquet déjà installé.

Les options de la commande dpkg

dpkg -i <fichier_pkg>	Installe un paquet.
dpkg -r <pkg>	Désinstalle un paquet.
dpkg -P <pkg>	Idem, mais supprime également les fichiers de configuration.
dpkg -l [<expr>]	Liste les paquets installés. On peut donner une expression contenant des jokers pour restreindre le résulat.
dpkg --get-selections	Liste les paquets installés (avec leur nom complet).
dpkg -s <pkg>	Visualise les caractéristiques d'un paquet.
dpkg -L <pkg>	Liste les fichiers composant un paquet.
dpkg -S <chemin>	Recherche l'appartenance d'un fichier à un paquet.

Les options de la commande dpkg-deb

dpkg-deb -I <fichier_pkg>	Visualise les caractéristiques d'un paquet non installé.
dpkg-deb -c <fichier_pkg>	Liste les fichiers d'un paquet non installé.

Les fichiers

/var/lib/dpkg/	Base de données dpkg.

Pour en savoir plus

Le manuel en ligne

deb(5), dpkg(1), dpkg-deb(1), dpkg-query(1), debconf(7), dpkg-reconfigure(8)

Internet

Les paquets Debian, lister les paquets disponibles, rechercher des paquets, rechercher l'appartenance d'un fichier à un paquet.
https://packages.debian.org/fr/

Mises à jour et dépendances

La théorie

Introduction

L'installation d'un paquet échoue si ce dernier nécessite la présence d'autres paquets non
encore installés. D'autre part, avant d'installer un paquet ou d'en faire la mise à jour, il faut
télécharger le fichier correspondant. Des commandes abstraites (comme yum ou apt-get),
construites au-dessus des commandes de gestion de paquets (comme rpm ou dpkg)),
résolvent ces problèmes. Ces commandes abstraites manipulent des dépôts logiciels. Il faut
que ces dépôts existent, soient accessibles et configurés au niveau des postes désirant
installer des paquets.

Le concept de dépôt

Un dépôt logiciel est typiquement une arborescence de fichiers composée non seulement
d'un ensemble de paquets mais également de métadonnées qui décrivent chaque paquet :
nom, version, architecture (processeur), dépendances et enfin fonctionnalités offertes.

Un serveur de dépôt offre un ou plusieurs dépôts grâce à un service réseau : serveur Web,
serveur FTP ou NFS.

Un client d'un dépôt est un poste qui désire installer des logiciels à partir d'un serveur de
dépôt. Un client peut également utiliser des dépôts locaux, comme le DVD d'installation de
la distribution qui contient un dépôt minimal. La configuration d'un client indique les
différents dépôts auquel il a accès et, pour chacun, son emplacement et la méthode d'accès
(en bref son URL).

Le préalable à toute installation de logiciel est la récupération par le client des métadonnées
décrivant chaque dépôt configuré. Ces informations sont conservées au niveau du client dans
une zone appelée cache. Quand on désire installer (ou mettre à jour) un paquet, le client
recherche dans son cache la présence du paquet. S'il le trouve, il vérifie que les dépendances
sont résolues. Si ce n'est pas le cas, il recherche les paquets (toujours dans le cache) qui
offrent les fonctionnalités manquantes (la plupart du temps des bibliothèques), et ainsi de
suite. C'est donc un processus récursif. Quand l'ensemble des prérequis est résolu, le
téléchargement et l'installation des paquets peut commencer.

Panorama des solutions

Apt	L'outil le plus ancien, repose sur les paquets Debian.
Apt4rpm	Adaptation de l'outil précédant pour les paquets RPM.
Urpmi	Outil Mandrake, repose sur les paquets RPM.
ZYpp/zypper	Environnement SUSE, repose sur les paquets RPM. Remplace l'outil ZML/rug qui lui-même remplaçait YOU (Yast Online Update).
Yum	Outil de la distribution Yellowdogs, utilisé par Fedora, puis par Red Hat à partir de la version 5 (idem pour CentOS). Il repose sur les paquets RPM.
Up2date	Outil de mise à jour des paquets de Red Hat 4.

Le savoir concret

Apt

Les fichiers

`/etc/apt/sources.list`　　Liste des dépôts.

Les commandes traditionnelles

`apt-get update`	Met à jour la base de données locale des paquets disponibles (le cache).
`apt-cache search <chaîne>`	Recherche un paquet dans la liste des paquets disponibles.
`apt-cache show <pkg>`	Affiche des informations sur un paquet disponible.
`apt-get install <pkg>`	Installe un paquet.
`apt-get upgrade <pkg>`	Met à jour un paquet.
`apt-get clean`	Supprime les fichiers paquets.

La commande aptitude

`aptitude update`	Met à jour la base de données locale des paquets disponibles.
`aptitude search <chaîne>`	Recherche un paquet dans la liste des paquets disponibles.
`aptitude show <pkg>`	Affiche des informations sur un paquet disponible.
`aptitude install <pkg>`	Installe un paquet.
`aptitude clean`	Supprime les fichiers paquets.

Remarque : il est conseillé d'utiliser exclusivement la commande `aptitude`.

L'outil Yum

Les principales options

`yum search <exp>`	Recherche un paquet, accepte des jokers (*, ?).
`yum info <pkg>`	Affiche des informations concernant un paquet.
`yum list [<exp>]`	Liste les paquets ou une sélection de paquets installés et disponibles.
`yum install <pkg>`	Installe un paquet.
`yum update [<pkg>]`	Met à jour un paquet ou l'ensemble des paquets.
`yum clean all`	Nettoie le cache (supprime les fichiers paquets…).

Les fichiers

`/etc/yum.conf`	Configuration générale de yum.
`/etc/yum.repos.d/`	Emplacement de la description des dépôts ; un fichier .repo par dépôt.

L'outil up2date

L'outil up2date permet la mise à jour ou l'installation de paquets Red Hat. L'outil fonctionne aussi bien en mode texte qu'en mode graphique. La commande `up2date-nox` force le mode texte.

Les fichiers

`/etc/sysconfig/rhn/systemid`	Fichier contenant l'identifiant du système.
`/etc/sysconfig/rhn/up2date`	Fichier de configuration de up2date

Syntaxe

`up2date`	Active l'outil graphique.

`up2date -u --nox`	Mise à jour en mode texte de tous les logiciels installés.
`up2date <pkg>`	Installation (ou mise à jour) d'un logiciel.
`up2date -d <pkg>`	Télécharge le logiciel sans l'installer.
`up2date -l`	Liste des mises à jour disponibles.
`up2date -show-available`	Liste des logiciels disponibles qui ne sont pas installés.

L'environnement Zpp/zypper

Syntaxe de zypper

`zypper help`	Affiche de l'aide.
`zypper se <chaîne>`	Recherche un paquet.
`zypper info <pkg>`	Affiche la description d'un paquet.
`zypper in <pkg>`	Installe ou met à jour un paquet.
`zypper up`	Met à jour son système.

L'outil urpmi

Urpmi est l'outil Mandrake/Mandriva d'installation de paquets. Les paquets sont stockés dans des dépôts (« medium » dans le jargon Mandriva).

Les commandes

`urpmi`	Permet d'installer ou mettre à jour un ou plusieurs paquets.
`urpmq`	Recherche un paquet.
`urpme`	Supprime un paquet.
`urpmf`	Recherche l'origine d'un fichier.
`urpmi.addmedia`	Ajoute un medium.

Les fichiers

`/etc/urpmi/urpmi.cfg`	Description des media.

Particularités des distributions

Red Hat

system-config-packages	Gère les paquets de manière graphique.

Pour en savoir plus

Le manuel en ligne

yum(8), yum.conf(5), up2date(8), zypper(8), urpmi(8)

Internet

Gérer des logiciels avec Yum
http://doc.fedora-fr.org/wiki/YUM_:_Configuration_du_gestionnaire_de_paquets

URPMI
http://wiki.mandriva.com/fr/urpmi

Gérer des logiciels avec zypper
http://fr.opensuse.org/SDB:Zypper_usage_11.3

Comparaison des différentes commandes de gestion de paquets
http://wiki.archlinux.org/index.php/Pacman_rosetta

L'environnement APT

La théorie

L'environnement APT

L'environnement APT (Advanced Packaging Tool) de Debian offre à l'administrateur une solution simple à la gestion des paquets. L'installation d'un paquet est simple : les dépendances et les conflits sont résolus automatiquement. De même, l'emplacement du paquet n'a pas à être précisé.

Les distributions Debian

Les différentes distributions

Les distributions Debian se répartissent en fonction de la stabilité des logiciels :

Stable

Les logiciels de la distribution dans l'état « stable » sont tout à fait testés. S'ils sont modifiés, c'est principalement pour corriger des problèmes liés à la sécurité.

Frozen

La distribution antérieurement en état « testing » est « gelée » (*frozen*). Plus aucun ajout n'est effectué. Après une nouvelle phase de tests, elle deviendra la nouvelle distribution « stable ».

Testing

Les logiciels en état « testing » fonctionnent mais sont toujours en phase de test. Aucun effort particulier lié à la sécurité n'est effectué.

Unstable

Les logiciels en état « unstable » correspondent aux versions les plus récentes. Après la correction des principaux bugs, ils peuvent passer dans la zone « testing ».

Les noms de code

Chaque distribution Debian (stable, testing...) se voit attribuer un nom de code : « potato », « woody », « sid »... Avec le temps (après moult correctifs), une distribution évolue de unstable en testing et enfin en stable. Durant ces évolutions, son nom de code est conservé. Il y a une exception, le nom sid désigne toujours la distribution unstable courante.

Historique des versions :

Buzz (1.1), Rex (1.2), Bo (1.3), Hamm (2.0), Slink(2.1), Potato (2.2), Woody (3.0), Sarge (3.1), Etch (4.0), Lenny (5.0), Squeeze(6.0), Wheezy(7.0). La version 8.0 portera le nom de code Jessie.

Les composants et les licences

Chaque distribution Debian (stable, testing...) est divisée en plusieurs composants (*components*) basés sur le type de licence :

Main

Contient uniquement des logiciels libres, elle constitue la distribution officielle Debian.

Contrib

Les logiciels sont libres mais dépendent de paquets qui ne le sont pas.

Non-Free

Les logiciels sont soit payants soit possédant des licences très restrictives.

Le savoir concret

Les principales commandes

dpkg
: C'est la commande de gestion de paquet de bas niveau en mode ligne de commande. Elle est similaire à la commande rpm. Elle permet l'installation d'un paquet, sa désinstallation...

apt-get
: C'est une commande de haut niveau en mode ligne de commande qui est une interface à la commande dpkg. L'utilisateur précise le logiciel à installer, et la commande le recherche toute seule à partir de différentes sources configurées au préalable.

apt-cache
: Interroge le cache afin de rechercher des logiciels.

aptitude
: C'est une commande en mode texte de haut niveau de gestion de paquet. Elle s'appuie sur les commandes APT. Il est conseillé de l'utiliser en lieu et place des commandes apt-get et apt-cache.

synaptic
: Interface au système APT en mode graphique.

tasksel
: Permet d'installer facilement des groupes de paquets orientés métier. Cette application est activée lors de l'installation mais peut également l'être ultérieurement.

Les commandes apt-*

apt-get update
: Met à jour la base de données locale des paquets disponibles.

apt-get -s install <pkg>
: Simule l'installation d'un paquet.

apt-get install <pkg>
: Installe un paquet.

apt-get -d install <pkg>
: Télécharge un paquet sans l'installer.

apt-get -u upgrade
: Met à jour l'ensemble des paquets.

apt-get -u dist-upgrade
: Met à jour le système par rapport à la dernière release.

apt-get --purge remove <pkg>
: Supprime un paquet, ses fichiers de configuration et les paquets dépendants.

apt-get clean
: Supprime les fichiers paquets.

apt-cache search <chaîne>
: Recherche un paquet dans la liste des paquets disponibles.

apt-cache show <pkg>
: Affiche des informations sur un paquet disponible.

apt-file [<cmd>] [args]
: Recherche l'appartenance d'un fichier à un paquet. Il faut d'abord utiliser la commande update et ensuite il est possible d'effectuer des recherches (search mot_clé).

apt-key [<cmd>] [args]
: Gère (ajout...) les clés d'authentification de paquets.

La commande aptitude

aptitude update
: Met à jour la base de données locale des paquets disponibles.

aptitude install <pkg>
: Installe ou met à jour un paquet. L'option –s (simulate) permet de simuler l'opération.

aptitude remove <pkg>
: Désinstalle un paquet.

`aptitude purge <pkg>`	Désinstalle un paquet, mais en plus supprime les fichiers de configuration.
`aptitude clean`	Supprime les fichiers paquets.
`aptitude download <pkg>`	Télécharge un paquet dans le répertoire courant.
`aptitude search <chaine>`	Recherche un paquet dans la liste des paquets disponibles. La chaîne de recherche peut contenir des expressions régulières. Par exemple, . * liste la totalité des paquets disponibles.
`aptitude show <pkg>`	Affiche des informations sur un paquet disponible.
`aptitude safe-upgrade`	Met à jour l'ensemble des paquets. Ne supprime pas de paquets pour ce faire. En conséquence, certains logiciels ne seront pas mis à jour (ceux nécessitant un retrait d'autres logiciels).
`aptitude full-upgrade`	Met à jour l'ensemble des paquets. Si besoin, supprime des logiciels.

Les fichiers

`/etc/apt/sources.list`	Liste des dépôts. Une ligne par dépôt.
`/etc/apt/sources.list.d/`	Liste des dépôts. Un fichier par dépôt.
`/etc/apt/apt.conf`	Fichier général de configuration du système APT.
`/etc/apt/apt.conf.d/`	Configuration du système APT composé de plusieurs fichiers.
`/etc/cron.daily/apt`	Mise à jour automatique du système. Par défaut, elle n'est pas active. Il suffit de décommenter certaines lignes.
`/var/lib/dpkg/`	Base de données dpkg.
`/var/lib/apt/`	Base de données d'APT.
`/var/log/aptitude`	Fichier de journalisation des actions d'aptitude.

Focus : un fichier sources.list

Chaque ligne correspond à un dépôt. Le premier champ est soit deb pour un dépôt de paquets binaires, soit deb-src dans le cas d'un dépôt de paquets sources. Le deuxième champ est l'URL du dépôt. Le troisième champ précise la version. Celle-ci est indiquée soit de manière abstraite (stable ou unstable), soit en utilisant le nom de code de la version (etch, lenny…). Les champs suivants listent les composants (components) pris en compte. Rappelons que le composant main correspond aux logiciels libres sous licence GPL.

```
deb http://ftp.fr.debian.org/debian/ wheezy main
deb-src http://ftp.fr.debian.org/debian/ wheezy main

deb http://security.debian.org/ wheezy/updates main
deb-src http://security.debian.org/ wheezy/updates main

deb http://ftp.fr.debian.org/debian/ wheezy-updates main
deb-src http://ftp.fr.debian.org/debian/ wheezy-updates main
```

Remarque : le site security.debian.org ne contient que les mises à jour de sécurité.

Focus : utilisation d'un proxy

Il suffit d'ajouter la ligne suivante dans le fichier /etc/apt/apt.conf.

```
Acquire::http::Proxy "http://monproxy:3128";
```

Focus : mise à jour du système

Typiquement, si on veut maintenir à jour son système, on exécute les commandes suivantes :

```
# aptitude update
# aptitude full-upgrade
# aptitude clean
```

Focus : changement de version

Par exemple, passage de Squeeze à Wheezy

1) Faire une sauvegarde du système (principalement de la configuration : /etc, /var/lib)

2) Mettre à jour source.list : on pointe sur la nouvelle version (Wheezy)

3) Télécharger les métadata : apt-get update

4) Réaliser une mise à jour des paquets : apt-get upgrade
   Notez qu'aucun paquet ne sera supprimé.

5) Mise à jour de la distribution : apt-get dist-upgrade

Focus : les metapackages

Les systèmes Debian ne connaissent pas la notion de groupe de paquets. Mais ce n'est pas grave, un groupe de paquet est simulé par un metapackage qui ne contient aucun fichier à installer mais qui dépend d'autres paquets. Rappelons que l'action show de la commande aptitude liste, entre autres, les dépendances.

Focus : les paquets virtuels

Une même fonctionnalité, par exemple l'outil Unix AWK peut-être implémentée par différents logiciels. Concrétement, il sera disponible via différents paquets. Un paquet virtuel représente justement une fonctionnalité. Il ne peut donc être installé directement. Il faut au contraire installer un des paquets qui implémente sa fonctionnalité.

Particularités des distributions

Ubuntu

Différentes versions et leur nom de code :

Ubuntu 4.10 (Warty Warthog), octobre 2004, Ubuntu 5.04 (Hoary Hedgehog), avril 2005, Ubuntu 5.10 (Breezy Badger), octobre 2005, Ubuntu 6.06 LTS (Dapper Drake), mai 2006, Ubuntu 6.10 (Edgy Eft), octobre 2006, Ubuntu 7.04 (Feisty Fawn), avril 2007, Ubuntu 8.04 LTS (Hardy Heron), avril 2008, Ubuntu 8.10 (Intrepid Ibex), octobre 2008, Ubuntu 9.04 (Jaunty Jackerloper), avril 2009, Ubuntu 11.04 (Natty Narwhal), avril 2011, Ubuntu 11.10 (Oneiric Ocelot), octobre 2011, Ubuntu 12.04 LTS (Precise Pangolin), Ubuntu 13.04 (Raring Ringtail), avril 2013, Ubuntu 13.10 (Saucy Salamander), octobre 2013.

Remarque : les distributions Ubuntu sortent normalement deux fois par an. Les versions LTS (Long Time Support) sont prises en charge plus longtemps : trois ans en version Desktop et cinq ans en version serveur. La version d'une distribution correspond à la date de sa sortie, ainsi la version 8.04 est sortie en avril 2008.

Les composants (components) Ubuntu

Main	Pris en charge par Canonical, ne contient que des logiciels libres. C'est un sous-ensemble de la version unstable Debian courante.
Restricted	Pris en charge par Canonical, logiciels non-libres.
Universe	Non pris en charge, ne contient que des logiciels libres.

Multiverse   Non pris en charge, logiciels non-libres.

Différents dépôts

Pour chaque version (Dapper, Hardy…), il y a pluslieurs dépôts (exemple avec Hardy) :

hardy   Le dépôt de référence. On y trouve les paquets de l'époque de la sortie de la version.

hardy-updates   Le dépôt qui contient les mises à jour.

hardy-security   Le dépôt qui contient les mises à jour de sécurité.

hardy-backports   Le dépôt qui contient les logiciels rétro-portés (backports), c'est-à-dire les logiciels conçus pour la prochaine version d'Ubuntu mais adaptés à la version courante.

hardy-proposed   Le dépôt qui contient des mises à jour non complétement testées. Il est comparable au dépôt unstable de Debian.

Remarque : seuls les trois premiers dépôts sont pris en charge par Canonical.

Pour en savoir plus

Le manuel en ligne

aptitude(8), apt(8), apt-get(8), apt-cache(8), apt-key(8), deb(5), dpkg(8),

Internet

Debian - Lister les paquets disponibles, rechercher des paquets, rechercher l'appartenance d'un fichier à un paquet.
https://www.debian.org/distrib/packages.fr.html

Debian - Mise à jour (passage de Squeeze à Wheezy)
https://www.debian.org/releases/stable/powerpc/release-notes/ch-upgrading.fr.html

Debian - Apt-Howto (obsolete)
https://www.debian.org/doc/manuals/apt-howto/

Debian - Gestion des paquets
https://www.debian.org/doc/manuals/debian-reference/ch02.fr.html

Debian - Comment créer un dépôt Debian (obsolete)
https://www.debian.org/doc/manuals/repository-howto/

Wikipedia – Ubuntu
http://fr.wikipedia.org/wiki/Ubuntu

L'environnement YUM

La théorie

Présentation de Yum

Les systèmes Red Hat utilisent les fichiers paquets RPM. Il est possible de les gérer directement par la commande rpm. Il est plus simple et conseillé d'utiliser la commande yum pour ce faire. Grâce à elle, vous n'avez pas à vous soucier de l'emplacement des fichiers RPM, ni surtout à vous soucier du problème des dépendances. La commande yum installe automatiquement un RPM et toutes ses dépendances après les avoir téléchargés. Elle peut aussi installer des groupes de paquets en une seule commande.

YUM est fourni en standard dans les versions des distributions YellowDog, Fedora, Red Hat et CentOS (à partir de la version 5 pour les deux dernières).

Les dépôts essentiels

Pour la version courante du système il y a deux dépôts essentiels :

base   Contient les paquets dans l'état au moment de la publication de la version.

updates   Contient les mises à jour ultérieures (y compris les mises à jour de sécurité).

Le savoir concret

Les commandes

rpm   Gestion des paquets (installation, ...). Commande de bas niveau.

yum   Gestion des paquets (installation, ...). Utilise des dépôts.

yumdownloader Télécharge un paquet sans l'installer.

package-cleanup   Dépannage des paquets installés (paquets orphelins, ...).

createrepo   Crée les métadonnées décrivant un dépôt (en bref crée un dépôt).

Les principales options de yum

yum search <exp>   Recherche un paquet, accepte des jokers (*, ?). Le cache est éventuellement mis à jour (description des dépôts).

yum -C search <exp>   Idem, mais la recherche se fait à partir du cache.

yum info <pkg>   Affiche des informations concernant un paquet.

yum makecache   Provoque la mise à jour du cache.

yum list [<exp>]   Liste les paquets ou une sélection de paquets installés et disponibles (dans ce cas affiche le dépôt).

yum list available [<exp>]   Liste les paquets disponibles.

yum list updates [<exp>]   Liste les paquets mis à jour disponibles.

yum list installed [<exp>]   Liste les paquets installés.

yum install <pkg>   Installe un paquet.

yum localinstall <rpm>   Installe un paquet à partir d'un fichier RPM. La commande yum install <rpm> fonctionne également.

`yum update [<pkg>]`	Met à jour un paquet ou l'ensemble des paquets.
`yum update-minimal --bugfix [<pkg>]`	Met à jour un paquet ou l'ensemble des paquets, mais n'effectue que des correctifs.
`yum distro-sync`	Met à jour l'ensemble des paquets. À la différence de update, certains paquets peuvent être remplacés par une version plus ancienne (downgrading).
`yum check-update`	Liste les mises à jour disponibles.
`yum provides <fichier>`	Liste le paquet qui possède un fichier.
`yum grouplist`	Liste les groupes de paquets installés et disponibles.
`yum groupinfo <grp>`	Liste le contenu d'un groupe de paquets.
`yum groupinstall <grp>`	Installe un groupe de paquets.
`yum groupremove <grp>`	Désinstalle un groupe de paquets.
`yum group [list|info|install|remove|...] ...`	Remplace les commandes précédentes.
`yum remove <pkg>`	Désinstalle un paquet.
`yum repolist`	Liste les dépôts.
`yum deplist <pkg>`	Spécifie les dépendances d'un paquet.
`yum provides <chemin>`	Recherche le paquet qui founit un fichier.
`yum clean [<cmd>]`	Nettoie des caches, notamment le cache des métadonnées. La commande `all` les nettoie tous.

Les fichiers

`/etc/yum.conf`	Configuration générale de yum.
`/etc/yum.repos.d/`	Emplacement de la description des dépôts. Il y a un fichier « .repo » par dépôt.
`/etc/yum/`	Contient les plug-in et leur configuration, par exemple la gestion des mises à jour automatiques.

Focus : syntaxe minimale de configuration d'un dépôt

```
[nom_identifiant_le_depot]
name = description du depot
baseurl = <url_du_depot>
```

Focus : utiliser un proxy

Il suffit d'ajouter la ligne suivante dans la section `[main]` de la configuration globale (`/etc/yum.conf`) :

```
proxy = http://monproxy:3128
```

Si le proxy demande une authentification, il faut également ajouter les lignes suivantes :

```
proxy_username = paul
proxy_password = mot_de_passe
```

Focus : les dépôts Epel

Red Hat met à disposition des dépôts de paquets nommés Epel qui sont accessibles sans authentification pour ses distributions RHEL 5 et RHEL 6. Ces dépôts permettent d'installer de nombreux logiciels compatibles avec RHEL mais sans support.

L'installation d'un dépôt Epel (ou tout autre dépôt) passe par l'installation d'un paquet RPM qui contient la description du dépôt (installé dans `/etc/yum.repos.d/`) et des clés publiques qui permettent la vérification des paquets.

Exemple : installation du dépôt Epel pour un système compatible RHEL 6.

```
# wget http://mirrors.ircam.fr/pub/fedora/epel/6/i386/epel-release-
6-8.noarch.rpm
# yum install epel-release-6-8.noarch.rpm
```

Particularités des distributions

CentOS

En dehors des dépôts base et updates, CentOS 5.x propose les dépôts suivants :

extras   Logiciels supplémentaires mais qui n'affectent pas la compatibilité avec Red Hat.

centosplus   Logiciels supplémentaires qui affectent la compatibilité avec Red Hat.

Pour en savoir plus

Le manuel en ligne

yum(8), yum.conf(5), createrepo(8)

Internet

Fedora – Configuration de Yum
http://doc.fedora-fr.org/wiki/YUM_:_Configuration_du_gestionnaire_de_paquets

Créer un dépôt Yum
https://access.redhat.com/site/documentation/en-US/Red_Hat_Enterprise_Linux/6/html/Deployment_Guide/sec-Yum_Repository.html

Fedora - Les dépôts Epel pour Red Hat RHEL, CentOS et Oracle Linux.
https://fedoraproject.org/wiki/EPEL

10

L'arrêt/démarrage

Objectifs

Après l'étude du chapitre, le lecteur comprendra comment un système Linux démarre. Concrètement il saura paramétrer le niveau de démarrage du système (mode maintenance, multi-utilisateur en mode texte ou graphique). Il saura également changer de niveau ou arrêter le système en cours d'utilisation. Il aura surtout appris à activer automatiquement les services et à les gérer (arrêter/démarrer) manuellement.

Contenu

Les grandes étapes du démarrage
Boot SV : init
Boot SV : Les RC (les services)
Init - Uptstart
L'arrêt
Init - Systemd

Les grandes étapes du démarrage

La théorie

Les grandes étapes du démarrage

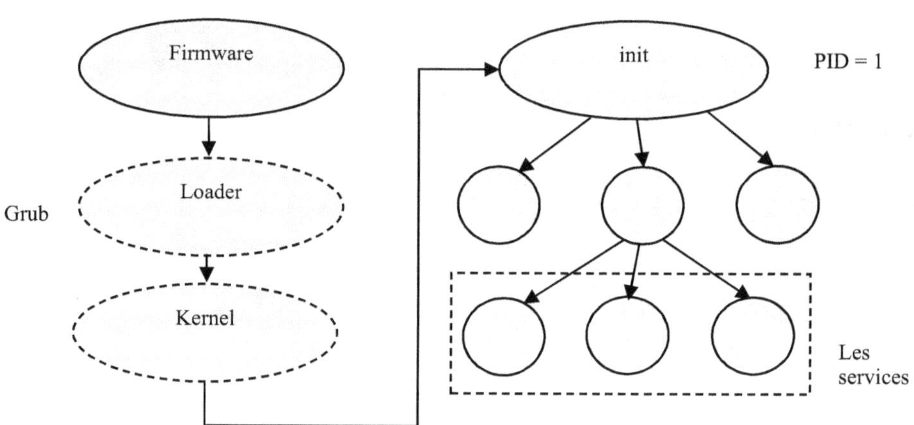

Fig. Les grandes étapes du démarrage

Firmware

Quand on allume l'ordinateur, le logiciel embarqué (Firmware) qui est en mémoire rémanente accomplit la 1re phase de démarrage. Actuellement, il y a deux types de Firmware disponibles sur les PC Intel :

- BIOS (Basic Input Output System) : le Firmware des premiers PC.

- UEFI (Unified Extensible Firwmare Interface) : le Firmware des PC récents.

Loader

Le chargeur (*loader*) est activé par le Firmware. Son rôle est d'activer à son tour le système d'exploitation, en l'occurrence le noyau Linux. On utilise habituellement GRUB. Ce logiciel existe en deux versions : Grub v1 (ou legacy) et Grub v2.

Kernel

Le noyau Linux (Kernel) à son tour active le 1er programme : `/sbin/init`, dont le PID est égal à 1.

Init

Init est l'ancêtre de tous les processus ; son PID est égal à 1. Actuellement selon les distributions et leurs versions, différents types d'init sont utilisés :

- Init SV : l'init classique dérivant de l'init des systemes Unix (System V (cinq)).

- Init Upstart : l'init créé par Canonical pour les systèmes Ubuntu.

- Init Systemd : l'init utilisé par Red Hat et testé sur les systèmes Fedora.

Services

Init active directement ou indirectement les services. Une partie de ces applications sont la raison d'être d'un serveur Linux, par exemple le service Apache (serveur Web), le service MySQL (SGBD), le service Bacula (serveur de sauvegarde)...

Les particularités des distributions

Red Hat

RHEL 5 : utilise Grub v1 et Init SV.

RHEL 6 : utilise Grub v1 patché (supporte UEFI) et l'Init Upstart (mais conserve la gestion des services d'Init SV).

RHEL 7 : utilise Grub v2 et l'Init Systemd.

Debian

Debian 6 (Squeeze) : utilise Grub v2 et Init SV.

Debian 7 (Wheezy) : utilise le chargeur Grub v2 et l'Init SV par défaut, mais supporte Upstart et Systemd.

OpenSuSE

OpenSuSE 12.x : utilise Grub v2 et Init SV.

OpenSuSE 13.x : utilise Grub v2 et Init Systemd.

Ubuntu

Ubuntu 12.04 LTS : utilise Grub v2 et l'init Upstart.

Le savoir concret

Les commandes

`dmesg` Affiche les messages provenant du noyau, notamment les messages du démarrage.

Les fichiers

`/etc/rc.local` Script exécuté à la fin du passage en mode multi-utilisateur. Ce script est un héritage des tout premiers systèmes Unix dans lesquels ce fichier était le seul script de démarrage. Il est activé aussi bien dans la technlogie Init SV, qu'Upstart ou Systemd.

Pour en savoir plus

Le manuel en ligne

boot(7), dmesg(1), init(8)

Howto

From-PowerUp-to-bash-prompt-HOWTO

Internet

Wikipedia - Linux Startup Process
http://en.wikipedia.org/wiki/Linux_startup_process

Boot SV : init

La théorie

Le concept de niveau d'init

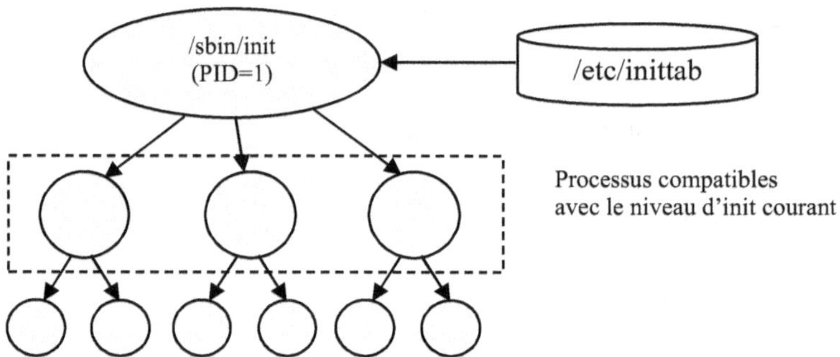

Fig. Le concept de niveau d'init

Le système Linux offre plusieurs modes d'exploitation appelés « niveau d'init » (runlevel). À chaque niveau d'init correspond un ensemble d'applications formant un tout cohérent. À l'instant « T », le système se trouve dans un niveau déterminé. L'administrateur système paramètre le niveau du démarrage. Ultérieurement il peut changer de niveau. L'arrêt du système est également associé à un niveau d'init, de même que le mode maintenance.

Les différents niveaux

0	Le système va s'arrêter.
S,1	Modes maintenance (ou mono-utilisateur).
2,3,4,5	Modes normaux d'exploitation (ou multi-utilisateur).
6	Redémarrage.

Le savoir concret

Les fichiers

`/etc/inittab` Ce fichier décrit les applications activées par `init` en fonction du niveau choisi. Le niveau de démarrage est spécifié également.

Les commandes

`runlevel, who -r` Indiquent le niveau courant ainsi que le niveau précédent.

`telinit, init` Permet à l'administrateur de changer le niveau d'init.

Focus : la stucture du fichier /etc/inittab

```
[root@linux1 ~]# more  /etc/inittab
id:5:initdefault:
...
6:2345:respawn:/sbin/mingetty tty6
# Run xdm in runlevel 5
x:5:once:/etc/X11/prefdm -nodaemon
```

Chaque ligne du fichier `inittab` décrit une application activée `init`. Les champs sont séparés par deux points (« : »). Le quatrième champ indique la commande lancée par `init`. Le deuxième champ indique les niveaux dans lesquels la commande sera active. La ligne ayant le troisième champ à `initdefault` spécifie le niveau de démarrage.

Particularités des distributions

Red Hat

Les niveaux d'init

2	Mode multi-utilisateur restreint.
3	Mode multi-utilisateur, les applications serveur NFS sont actives.
4	Mode non-défini, il doit être paramétré par l'administrateur.
5	Mode graphique.

Le fichier /etc/rc.sysinit

Ce script de démarrage, activé par init, initialise les éléments clés du système.

SUSE

Utilise les mêmes niveaux d'init que Red Hat.

Debian, Ubuntu

Par défaut, on travaille dans le niveau 2 d'init.

Pour aller plus loin

Le manuel en ligne

init(8), telinit(8), inittab(5), runlevel(8), initscript(5), initctl(8)

Internet

Red Hat RHEL 4 - Sys V Init Runlevels
https://access.redhat.com/site/documentation/en-US/Red_Hat_Enterprise_Linux/4/html/Reference_Guide/s1-boot-init-shutdown-sysv.html

Boot SV : Les RC (les services)

La théorie

Le concept de RC

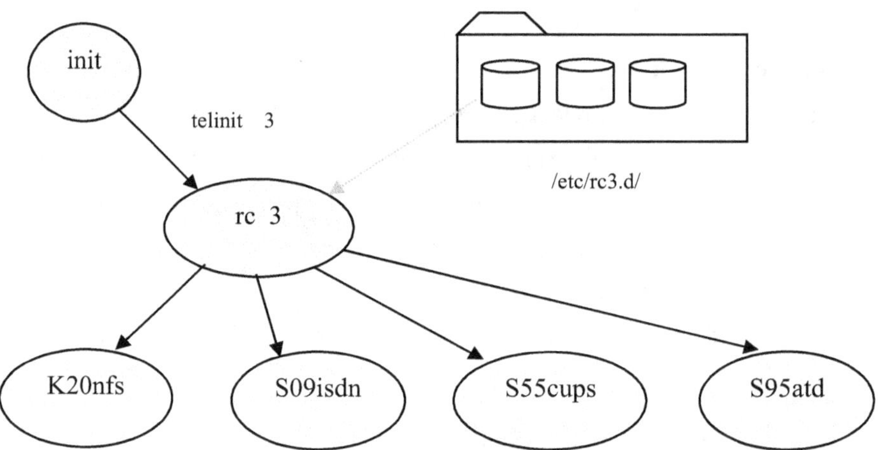

Fig. Le concept de RC

Un script RC permet le démarrage et l'arrêt d'un service. Tout dépend du paramètre donné en argument : « start » implique le démarrage du service et « stop » son arrêt.

Un service peut être démarré ou arrêté automatiquement lors d'un changement de niveau d'init, par exemple lors du démarrage ou de l'arrêt du système. Pour cela, il suffit que son nom commence par « S » pour que le service soit démarré et par « K » pour qu'il soit arrêté. Il faut aussi que le script soit dans le bon répertoire : `/etc/rc<niveau_d_init>.d/`. Par convention, un nombre suit la lettre S ou K. Il indique l'ordre de démarrage : les scripts K sont démarrés avant les scripts S.

Pour ne pas multiplier les scripts, les scripts S ou K sont en fait des liens sur un seul et même script, quel que soit le niveau de démarrage.

Les scripts LSB

La norme LSB (Linux Standard Base) a été un essai de normalisation des scripts de démarrage (les RC) pour faciliter le support de différentes distributions. Un script LSB doit prendre en charge les arguments start, stop, restart, force-reload et status. Les codes retournés doivent indiquer la réussite ou l'échec de ces différentes opérations.

Le savoir concret

Les fichiers

`/etc/init.d/`   Le répertoire qui contient tous les RC, qu'ils soient ou non activés automatiquement.

`/etc/rc2.d/[KS]*`   Les scripts activés automatiquement lors du passage dans le niveau 2 d'init (et ainsi de suite pour les autres niveaux).

Focus : exemple d'un RC

Le script `/etc/rc3.d/S55cups` démarre le service d'impression (Cups) lorsqu'on passe dans le niveau 3. Ce niveau peut être le niveau de démarrage ; dans ce cas Cups est activé automatiquement au démarrage. Le script `S55cups` est en fait un lien sur le fichier `/etc/init.d/cups`.

Les particularités des distributions

Red Hat, SuSE, Mandriva

`chkconfig`   Cette commande active ou désactive un service pour le prochain démarrage. Pour ce faire, elle crée ou supprime les liens.

`service`   Active ou arrête un service (un RC).

SUSE

En plus de la commande service, les systèmes SUSE peuvent activer un service en utilisant une commande correspondant au nom du service préfixé de la chaîne « rc », par exemple : `rcapache2 restart`. Cette commande est équivalente à : `service apache2 restart`.

Debian, Ubuntu

`update-rc.d`   Cette commande active ou désactive un service pour le prochain démarrage. Pour ce faire, elle crée ou supprime les liens.

`sysv-rc-conf`   Idem, mais avec la syntaxe de chkconfig. Cette commande n'est pas installée par défaut.

Pour aller plus loin

Le manuel en ligne

chkconfig(8), service(8), update-rc.d(8), sysv-rc-conf(8)

Init – Upstart

La théorie

Upstart est la nouvelle approche du programme Init sur les systèmes Ubuntu. Il remplace l'Init System V provenant des systèmes Unix.

Upstart supervise le démarrage et l'arrêt des services (appelés Jobs [travaux]) en utilisant une approche événementielle.

Les principales caractéristiques

- Un service est démarré ou arrêté suite à la réception d'un événement.

- Le démarrage ou l'arrêt d'un service déclenche des événements.

- Un événement peut provenir de n'importe quel processus.

- Les services peuvent être relancés s'ils meurent.

- Le transfert des événements utilise le système D-BUS.

Le savoir concret

Les commandes

`initctl`   Émet, réagit à des événements.

Les fichiers

`/etc/init/`   Le répertoire contenant les travaux.

Particularités des systèmes Linux

Red Hat RHEL 6

Pour des raisons de compatibilité ascendante, Upstart ne révolutionne pas le démarrage des services de RHEL6. Ils continuent de réagir aux traditionnels mots-clés start et stop. Ils sont encore gérés par des scripts RC commençant par S ou K. La notion de niveau d'init est toujours opérationnelle même si elle est gérée via des événements. Le fichier /etc/inittab existe toujours, mais ne contient que la ligne initdefault pour générer l'événement initial. La commande telinit permet le déclenchement d'événements appelés « runlevel » pour conserver la sémantique d'Init SV.

Pour en savoir plus

Les pages de manuel

initctl(8), init(8), startup(7)

Internet

Upstart – La page officiel
http://upstart.ubuntu.com/

Red Hat RHEL 6 - Upstart
https://access.Red Hat.com/site/documentation/en-US/Red_Hat_Enterprise_Linux/6/html/Technical_Notes/deployment.html

L'arrêt

La théorie

L'arrêt propre du système avec Shutdown

La commande `shutdown` permet d'arrêter proprement un système Linux. En fait elle permet également de redémarrer le système ou de passer en mode maintenance.

Essentiellement, elle active la commande `telinit`. Son intérêt est de prévenir les utilisateurs et de permettre un arrêt différé.

Le savoir concret

Les fichiers

`/etc/nologin`	L'existence de ce fichier interdit de nouvelles connexions.
`/etc/shutdown.allow`	Liste les utilisateurs autorisés à activer un shutdown (nécessite l'option –a).

Les commandes

`shutdown`	Arrête, redémarre le système ou passe en mode maintenance.
`halt, poweroff`	Arrêt du système.
`telinit, init`	Change de niveau d'init, ce qui peut entraîner un arrêt ou un redémarrage du système.
`reboot`	Redémarrage du système.

Focus : la commande shutdown

Passer en mode maintenance dans cinq minutes

```
# shutdown 5
```

Arrêt immédiat du système

```
# shutdown -h now
```

Redémarrer le système dans trois minutes

```
# shutdown -r +3
```

Pour en savoir plus

Le manuel en ligne

shutdown(8), init(8), halt(8), poweroff(8), reboot(8)

Init – Systemd

La théorie

Systemd remplace l'Init System V provenant des systèmes Unix et offre une solution plus complète qu'Upstart. Il a été expérimenté sous Fedora et il est maintenant utilisé par Red Hat.

Systemd gère les dépendances entre unités (unit) : certaines seront démarrées séquentiellement (s'il y a des relations de dépendances), sinon elles seront démarrées en parallèle ; la conséquence est un démarrage très rapide. Évidemment, les services sont les unités les plus importantes (leur démarrage constitue la finalité d'un programme init). Mais les autres unités permettent la mise en place d'une administration complètement centrée autour des applications : une application ne se résume plus à un service, elle peut être composée de plusieurs services hiérarchisées, ainsi que des ressources associées (point de montage, socket, périphérique, ...). Par l'intermédiaire du concept de cgroups, Systemd peut également partitionner les ressources système (CPU, mémoire, bande passante) par Service.

L'unité cible (target) correspond à un ensemble cohérent de services et des ressources associées. Certaines cibles (les plus importantes) sont un peu l'équivalent d'un runlevel d'Init SV. Au démarrage, Systemd démarre la cible default.target, qui peut être un lien par exemple sur multi-users.target.

Les principaux types d'unités

- Service : gère le démarrage et la supervision des processus constituant un service.

- Target : groupe un ensemble d'unités.

- Mount : un point de montage de FS.

- Socket : Socket Unix permettant un dialogue client/serveur local.

- Device : un périphérique.

Le savoir concret

La commande systemctl

systemctl	Les unités actives ayant démarré ou non.
systemctl --all	L'ensemble des unités (actives ou non) chargées.
systemctl list-unit-files	Liste toutes les unités installées (chargées ou non).
systemctl --failed	Les unités actives dont le démarrage a échoué.
systemctl start sshd.service	Démarre une unité (ici un service).
systemctl start sshd	Idem (le type service est par défaut).
systemctl stop sshd.service	Arrête une unité.
systemctl status sshd.service	Affiche l'état d'une unité (actif ou non, démarré ou non).
systemctl enable sshd.service	Active une unité (elle pourra être démarrée automatiquement).
systemctl disable sshd.service	Désactive une unité.
systemctl is-enabled sshd.service	Teste si une unité est active.
systemctl get-default	Affiche la cible courante.
systemctl default	Atteindre la cible par défaut (équivaut à se déplacer dans le niveau atteint après un démarrage normal).

systemctl isolate multi-users.target Démarre une unité (ici multi-users.target) et ses dépendances et arrête toutes les autres (équivalent à telinit d'Init SV).

systemctl list-units --type=target   Liste les unités actives de type cible (target).

systemctl list-units --type=target --all   Liste les cibles actives ou non.

Focus : Un fichier de description d'une unité de type service

```
$ more /usr/lib/systemd/system/sshd.service
[Unit]
Description=OpenSSH server daemon
After=syslog.target network.target auditd.service

[Service]
EnvironmentFile=/etc/sysconfig/sshd
ExecStartPre=/usr/sbin/sshd-keygen
ExecStart=/usr/sbin/sshd -D $OPTIONS
ExecReload=/bin/kill -HUP $MAINPID
KillMode=process
Restart=on-failure
RestartSec=42s

[Install]
WantedBy=multi-user.target
```

Dans l'exemple, apparaissent la commande associée au démarrage de l'unité (ExecStart=), le fichier qui contient l'environnement du démon (EnvironmentFile=). Le fichier précise aussi les dépendances (After=) et l'association de l'unité à une cible (WantedBy=) ainsi que la supervision (Restart=).

Les particularités des distributions

Red Hat

Les commandes traditionnelles : service, chkconfig, telinit, runlevel, ... peuvent toujours être utilisées dans un souci de compatibilité ascendante, mais elles activent en fait la commande systemctl. Voici quelques exemples :

```
# service sshd start  # ou systemctl start sshd.service
# service sshd stop # ou systemctl stop sshd.service
# service sshd status # ou systemctl status sshd.service
# chkconfig sshd on # ou systemctl enable sshd.service
# chkconfig sshd off # ou systemctl disable sshd.service
# telinit 5 # ou systemctl isolate graphical.target
```

D'autre part, les scripts traditionnels (les RC LSB), sont toujours pris en charge via les commandes service et chkconfig.

Debian

Par défaut, Debian 7 utilise encore l'Init SV, mais il peut utiliser Systemd. Dans ce cas, il n'y a pas beaucoup de changement en ce qui concerne les services traditionnels, qui sont toujours gérés via les scripts RC d'Init SV (les RC LSB K* et S*).

Pour en savoir plus

Le manuel en ligne

systemd(8), systemctl(8), systemd.unit(5), systemd.target(5), systemd.service(5), systemd.socket(5), systemd.device(5), systemd.mount(5), systemd.exec(5), systemd.special(7), systemd.resource-control(5), systemd.kill(5), systemd.directives(7), systemd-system.conf(5)

Internet

Fedora - Systemd
https://fedoraproject.org/wiki/Systemd
http://doc.fedora-fr.org/wiki/Systemd

Wikipedia - Systemd
http://en.wikipedia.org/wiki/Systemd

Systemd (site officiel)
http://www.freedesktop.org/wiki/Software/systemd/

Systemd (site officiel) - Compatibilité avec Init SV
http://www.freedesktop.org/wiki/Software/systemd/Incompatibilities/

TCP, UDP, IP

DHCP, DNS

ifconfig, netstat

SSH, SSL

Le réseau

Objectifs

Après l'étude du chapitre, le lecteur saura configurer et tester un système Linux en réseau. Il saura également configurer un service réseau activé par `inetd/xinetd`. Il aura appris à utiliser les principaux utilitaires réseau pour se connecter à un système Linux distant ou pour échanger des fichiers avec lui. Enfin, il sera conscient de l'importance d'utiliser des protocoles sécurisés.

Contenu

TCP/IP et Linux
Configuration TCP/IP traditionnelle
Le Network Manager
Les services réseau
Les services INETD
Le pare-feu local
Les utilitaires réseau
Les commandes SSH

TCP/IP et Linux

La théorie

Les réseaux IPv4

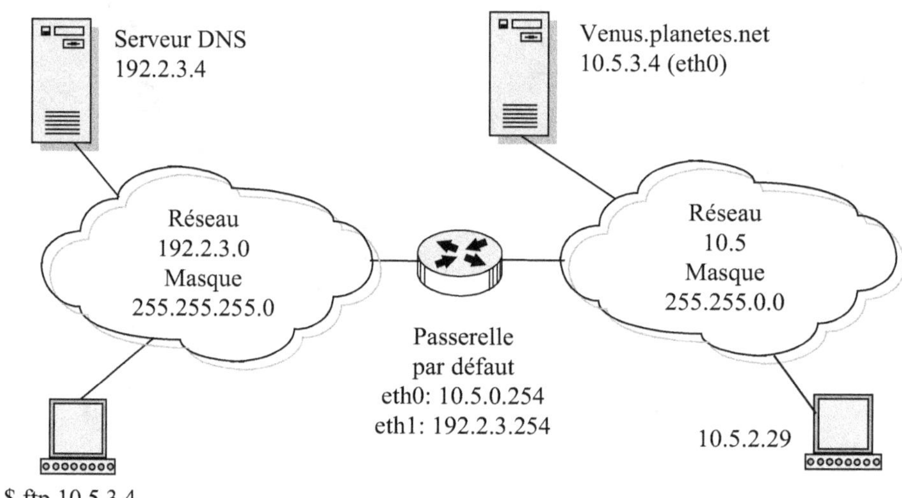

Fig. Un réseau IPv4

Un réseau IPv4 est constitué d'un ou plusieurs réseaux physiques (Ethernet, ATM…) reliés entre eux par des routeurs. La connaissance d'une passerelle (la passerelle par défaut) suffit pour sortir du réseau. Chaque réseau physique est constitué d'ordinateurs reliés entre eux grâce à une carte réseau. Dans le cas d'un réseau physique Ethernet (le standard des réseaux d'entreprise), chaque carte est identifiée au niveau physique par une adresse MAC. Au niveau IP, chaque carte est identifiée par une adresse IP. Le masque réseau spécifie la partie de l'adresse associée à l'adresse du réseau (en effet l'adresse du réseau est incluse dans l'adresse IP).

Plusieurs cartes virtuelles peuvent être associées à une même carte physique. L'intérêt est de positionner plusieurs adresses IP (une par carte virtuelle) pour un même poste ne possédant qu'une seule carte physique.

La carte loopback est particulière, c'est une carte purement virtuelle associée à aucune carte physique. Elle permet un dialogue TCP/IP sans carte réseau entre deux processus d'un même système.

Les applications utilisent les adresses IP codées sur 32 bits pour identifier un poste, mais les êtres humains préfèrent utiliser des noms. Un service de nom permet la traduction d'un nom en une adresse IP. Le service de nom indispensable dans toute grosse structure est le DNS. On le paramètre en spécifiant l'adresse d'un ou plusieurs serveurs DNS. D'autre part, chaque machine doit être associée à un nom dit « nom complet » (ou FDQN=Full Domain Qualified Name), qui précise son appartenance à un domaine DNS.

C'est l'administrateur réseau qui est garant de l'unicité des adresses IP et DNS. C'est lui qui vous fournit la configuration réseau. Vous pouvez également choisir de paramétrer automatiquement votre poste au démarrage en utilisant le DHCP. Évidemment, c'est l'administrateur réseau qui configure le serveur DHCP.

IPv4, le manque d'adresse IP, le NAT

Actuellement, il n'y a plus d'adresses IPv4 disponibles. Il faut soit recycler les adresses existantes soit utiliser des astuces comme le NAT (Network Address Translation).

Le NAT est utilisé au sein d'un réseau d'entreprise ou LAN (Local Area Network). Les postes d'un LAN utilisent des adresses privées interdites sur Internet (par exemple les adresses commençant par 192.168). Le pare-feu de l'entreprise traduit ces adresses privées en une adresse publique : la sienne. Les mêmes adresses privées peuvent être utilisées autant de fois qu'il y a de LAN.

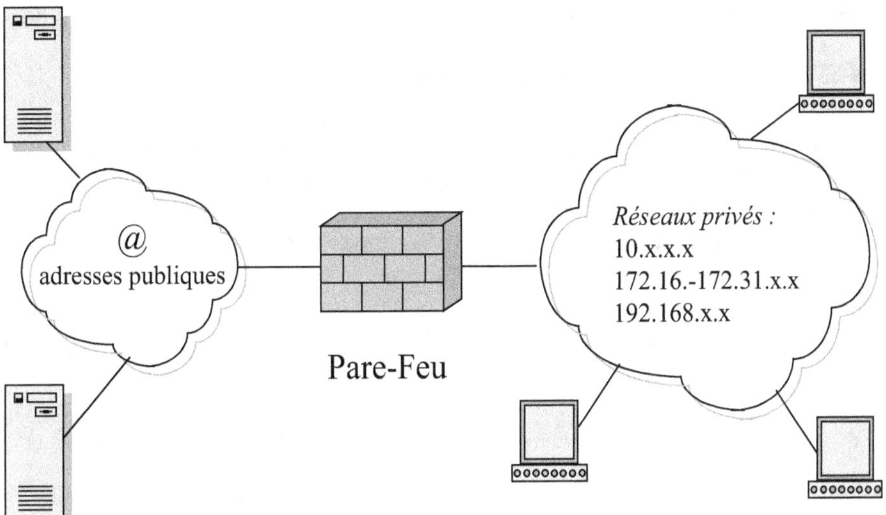

Fig. Le NAT

Les réseaux IPv6

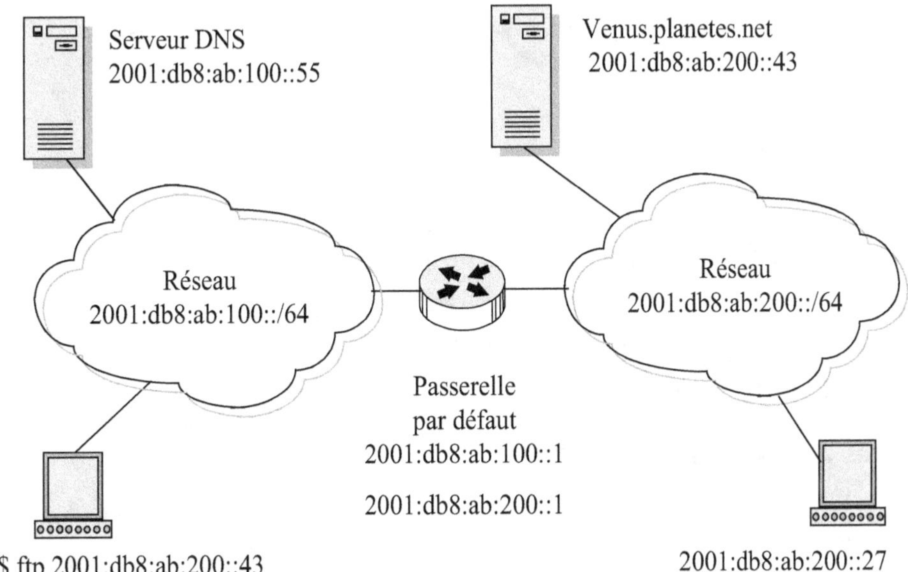

Fig. Un réseau IPv6

La solution ultime au problème de la pénurie d'adresses IPv4 est de passer au nouveau standard IPv6.

Un réseau IPv6 a la même structure qu'un réseau IPv4 : il est constitué de différents réseaux physiques ou VLAN (Virtual LAN) interconnectés par des passerelles. Chaque carte réseau a une adresse IPv6 qui indique son appartenance à un réseau physique. Le masque indique la partie de l'adresse qui identifie le réseau. La principale différence est la taille des adresses : 128 bits au lieu de 32 dans le cas d'IPv4. En conséquence, tout équipement peut avoir une adresse publique.

Les adresses IPv6 sont exprimées en hexadécimal. Pour les raccourcir, on utilise le plus souvent possible l'expression « :: » qui signifie une suite quelconque de zéro binaire. Du reste de l'adresse on déduit l'emplacement et la longueur de cette zone nulle.

Comme dans IPv4, on utilise des noms de machines, mais simplement ces noms DNS référencent des adresses IPv6. Au niveau d'un serveur DNS, ces adresses sont de type AAAA, contrairement aux noms correspondant à des adresses IPv4 qui sont de type A.

IPv4-IPv6 : la coexistence pacifique

Dans la plupart des sociétés, le passage à IPv6 ne signifie pas un abandon d'IPv4. Le plus souvent, les deux réseaux coexistent. Certains postes (comme un téléphone) ne fonctionnent alors qu'en IPv6 ; d'autres, trop anciens, ne fonctionnent qu'en IPv4 et beaucoup (comme les serveurs) fonctionnent en même temps en IPv4 et IPv6. On dit de ces postes qu'ils possèdent la « double pile ». Ils ont donc à la fois des adresses IPv4 et IPv6 et des noms DNS de type A et de type AAAA.

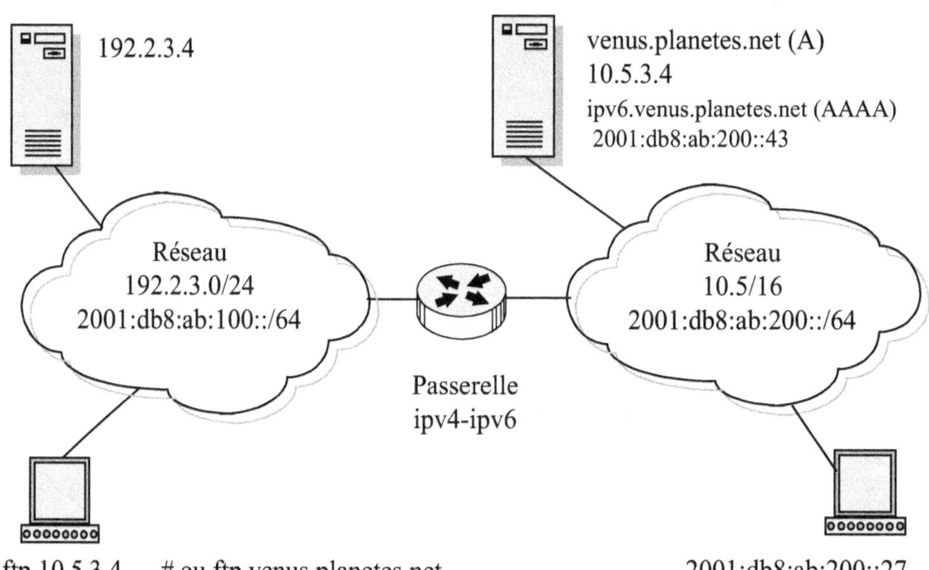

Fig. IPv4-IPv6 : la coexistence pacifique

Le savoir concret

Les adresses privées IPv4

192.168.x.x	256 plages d'adresses de classe C.
172.16.x.x à 172.31.x.x	16 plages d'adresses de classe B.
10.x.x.x	Une plage d'adresses de classe A.

Quelques adresses IPv6

fe80::/64%<zone>	Adresses du lien local. Ces adresses non routables ne sont valables que sur ce dernier. Elles sont comparables aux adresses d'autoconfiguration d'IPv4 (169.254.0.0/16). Ces adresses doivent être associées à une « zone ». Sous Linux une zone est spécifiée par le nom ou le numéro de la carte réseau reliée au réseau physique.

fc00::/7	Adresses uniques locales. Elles sont routables mais utilisables seulement sur des réseaux privés. Elles sont équivalentes aux adresses privées (192.168...) d'IPv4.
::1/128	L'adresse loopback IPv6. Elle est comparable à l'adresse 127.0.0.1 d'IPv4.
2620:0:1cfe:face:b00c::3	Exemple d'une adresse publique (en l'occurence Facebook).

Le nom des cartes réseau sous Linux

eth0	La première carte Ethernet (ou réseau sans fil).
eth1	La deuxième carte Ethernet.
eth0:1	Une carte virtuelle associée à la carte physique eth0 (obsolète).
em1	La première carte Ethernet embarquée (sur la carte mère).
p2p1	Le premier port associé à la deuxième carte Ethernet additionnelle.
lo	La carte « loopback » ; l'adresse IP associée est 127.0.0.1 (localhost).
ppp0	La première liaison PPP. Les liaisons PPP permettent une connexion à un réseau distant en point-à-point, le plus souvent Internet. Elles s'appuient sur une connexion Ethernet, série ou USB, associée fréquemment à une liaison RTC, Numéris ou ADSL.
tk0	La première carte token-ring.
isdn0	Connexion avec un modem Numeris (ISDN).

Remarque : les appellations em# et p#p# sont d'origine Dell. Elles remplacent les anciens noms eth#.

Les commandes d'information ou de test

ifconfig	Affiche la configuration IP (adresse, masque) et l'adresse physique (MAC) des cartes réseau.
netstat -r	Affiche les tables de routage (et donc l'adresse de la passerelle par défaut).
netstat -i	Affiche des statistiques réseau.
ip	Affiche la configuration IP (adresses, tables de routage...).
hostname	Affiche le nom du système.
dnsdomainname	Affiche le nom du domaine DNS.
ping	Teste la connectivité réseau.
ping6	Idem, mais en IPv6.
traceroute	Liste les passerelles traversées.
traceroute6	Idem, mais en IPv6.
tracepath	Liste les passerelles traversées, découvre la taille du MTU.
tracepath6	Idem, mais en IPv6.
nslookup	Teste la résolution DNS (uniquement IPv4).
dig	Idem, mais supporte IPv6.
ethtool	Affiche les paramètres de liaison avec le switch Ethernet.
arp	Visualise le cache ARP (Correspondance adresses IP et adresses MAC).

Pour aller plus loin

Le manuel en ligne

ifconfig(8), hostname(1), uname(1),netstat(8), nslookup(8), ping(8), arp(8), ip(8)

Internet

Wikipedia - TCP/IP
http://en.wikipedia.org/wiki/TCP/IP

Wikipedia - IPv6 address
http://en.wikipedia.org/wiki/IPv6_address

Livres

TCP/IP Illustrated, Volume 1: The Protocols, de Kevin R. Fall et W. Richard Stevens (2011)

Configuration TCP/IP traditionnelle

La théorie

Configuration d'un poste

Que l'on soit en IPv4 ou IPv6, il faut configurer les éléments suivants :

- L'adresse IP/masque (pour chaque carte).
- Les routes (au minimum la passerelle par défaut).
- Le FQDN (hostname et nom de domaine), ainsi que le(s) serveur(s) DNS.

En IPv4, la configuration est soit manuelle, soit dynamique (via un serveur DHCP).

En IPv6, la configuration minimale peut être réalisée via l'auto-configuration : le routeur IPv6 délivre une adresse, un masque, l'adresse de la passerelle et celle des serveurs DNS. Le plus souvent, on préfère utiliser le DHCPv6 qui permet une configuration plus complète. Une configuration statique est toujours possible, mais elle devient prohibitive et ne sera utilisée qu'à des fins de tests.

Remarque : dans certains cas, on peut être amené à configurer le MTU (Maximum Transmission Unit), c'est-à-dire la taille de la plus grosse trame pouvant être émise sur un réseau physique.

Le savoir concret

Les fichiers

`/etc/nsswitch.conf`	Ce fichier indique notamment quels sont les services de nom utilisés et dans quel ordre ils sont utilisés.
`/etc/hosts`	C'est la configuration du service de nom local. Les adresses indiquées ne sont connues que du poste.
`/etc/resolv.conf`	Liste les adresses des serveurs DNS.

Les commandes de configuration

`ip`	Configure IP (adresses, routes, ...).
`ifconfig`	Configure l'adresse IP et le masque d'une carte réseau (obsolète).
`iwconfig`	Configure une carte réseau sans fil (wireless).
`ifup, ifdown`	Active/désactive une carte réseau (on se base sur un fichier de configuration spécifique de la distribution).
`dhclient`	Active le client DHCP. Permet d'obtenir une configuration dynamique.
`route`	Configure les tables de routage. Permet de fixer l'adresse par défaut.
`hostname`	Fixe le nom du système.

ATTENTION ! Les commandes présentées permettent un paramétrage à la volée. Si l'on veut réaliser une configuration stable, il faut malheureusement modifier des fichiers ou utiliser des commandes spécifiques de la distribution Linux utilisée.

La commande ip

`ip addr show`	Affiche la configuration IPv4 et IPv6 (adresse, masque) et l'adresse physique (MAC) des cartes réseau. L'état des cartes (up, down) est indiqué.

```
ip addr                          Idem.

ip addr show dev eth0            Affiche la configuration d'une carte.

ip -4 route                      Affiche les tables de routage en IPv4 (-4 est par
                                 défaut).

ip -6 route                      Affiche les tables de routage en IPv6.

ip addr add <ip/masque> dev <carte>
                                 Ajoute une adresse à une carte réseau.

ip addr del <ip/masque>          Supprime une adresse.

ip route add <ip/masque> via <routeur> dev <carte>
                                 Ajoute une route.

ip route del <ip/masque>         Supprime une route.

ip link set <carte> up           Active une carte.

ip link set <carte> down         Désactive une carte.

ip -s link                       Affiche des statistiques liées aux cartes.

ip neigh                         Affiche le cache ARP.
```

Focus : La commande ip, afficher l'état d'une carte

La commande affiche les différentes adresses (IPv4 et IPv6) associées à la carte réseau eth1.
Elle affiche le MTU (1500) et indique que la carte est active (UP).

```
$ ip addr show dev eth1
3: eth1: <BROADCAST,MULTICAST,UP,LOWER_UP> mtu 1500 qdisc pfifo_fast
state UP qlen 1000
    link/ether 08:00:27:9d:69:85 brd ff:ff:ff:ff:ff:ff
    inet 192.168.56.21/24 brd 192.168.56.255 scope global eth1
    inet6 fe80::a00:27ff:fe9d:6985/64 scope link
       valid_lft forever preferred_lft forever
```

Les particularités des distributions

Red Hat

```
system-config-network            Cette commande configure le réseau.

/etc/sysconfig/network           Paramètres généraux du réseau (hostname...).

/etc/sysconfig/network-scripts/ifcfg-eth0
                                 Configuration de la carte eth0.

/etc/hostname                    Le nom réseau du système (RHEL 7).

/usr/share/doc/initscripts-*/sysconfig.txt
                                 Explications sur la configuration.
```

Un exemple de fichier ifcfg-* :

```
DEVICE=eth0
BOOTPROTO=static
BROADCAST=192.168.56.255
IPADDR=192.168.56.11
NETMASK=255.255.255.0
NETWORK=192.168.56.0
ONBOOT=yes
TYPE=Ethernet
```

```
HWADDR=00:08:FD:42:1B:01
GATEWAY=192.168.56.1
```

Debian, Ubuntu

```
/etc/hostname
```
Le nom réseau du système.

```
/etc/network/interfaces
```
La configuration des cartes réseau.

Un exemple de fichier interface :
```
auto lo
iface lo inet loopback

auto eth0
iface eth0 inet static
   address 192.168.0.1
   netmask 255.255.255.0
   gateway 192.168.0.254

auto eth1
iface eth1 inet dhcp
```

Suse

```
yast
```
L'outil général d'administration.

```
/etc/HOSTNAME
```
Le nom réseau du système.

```
/etc/sysconfig/network/
```
Répertoire contenant la configuration réseau.

```
/etc/sysconfig/network/ifcfg-enp0s3
```
Configuration d'une carte Ethernet.

Mandriva

```
drakconf
```
L'outil général d'administration.

```
/etc/sysconfig/network-scripts/ifcfg-eth0
```
Configuration de la carte eth0.

Pour aller plus loin

Le manuel en ligne

ip(8), hostname(1), resolver(5), nsswitch.conf(5), interfaces(5), iwconfig(8), ifup(8)

Howto

Config-HOWTO, Net-HOWTO, NET3-4-HOWTO, Networking-overview HOWTO

Internet

Linux Network Configuration
http://www.yolinux.com/TUTORIALS/LinuxTutorialNetworking.html

Red Hat - Network Interfaces
https://access.redhat.com/site/documentation/en-US/Red_Hat_Enterprise_Linux/6/html/Deployment_Guide/ch-Network_Interfaces.html

Debian - Configuration du réseau
https://www.debian.org/doc/manuals/debian-reference/ch05.fr.html

Le Network Manager

La théorie

Sur les systèmes Linux récents, la configuration réseau est supervisée par le Network Manager (NM). C'est un démon qui gère l'ensemble des cartes réseau, non seulement les cartes classiques (Ethernet, DSL, ...) mais également les accès Wifi, Mobile et Bluetooth.

Un des objectifs majeurs du NM est la configuration automatique d'un portable sous Linux. Dans ce cas, une applet graphique (Gnome, KDE, ...) permet la gestion des connexions (activation du Wifi, activation d'un tunnel VPN, ...) utilisateur par utilisateur.

Dans le cas d'un poste de travail traditionnel ou d'un serveur, la configuration automatique (DHCP) est transparente. Inversement, la configuration statique passe le plus souvent par la configuration traditionnelle étudiée précédemment (scripts ifup, ifdown).

Le savoir concret

Les fichiers

/etc/NetworkManager/*   La configuration du service.

Les commandes

NetworkManager   Le démon qui gère le service.

nmcli   La commande texte qui gère les connexions.

nm-applet   La commande graphique (Gnome) qui gère les connexions.

Les particularités des distributions

Red Hat

Le NM est tout à fait adapté à un poste de travail. Dans le cas d'un serveur graphique, il est conseillé de le desactiver pour les cartes Ethernet, par exemple :

```
# more /etc/sysconfig/network-scripts/ifcfg-eth0
DEVICE=eth0
BOOTPROTO=dhcp
NM_CONTROLLED=no
ONBOOT=yes
```

Debian, Ubuntu

Si la configuration d'une carte est spécifiée par le fichier /etc/network/interfaces, la carte n'est pas gérée par le NM.

Pour en savoir plus

Le manuel en ligne

NetworkManager(8), NetworkManger.conf(5), nmcli(1), nm-online(1), nm-tool(1), ...

Internet

Ubuntu-fr - Le NetworkManager
http://doc.ubuntu-fr.org/network-manager

Les services réseau

La théorie

Les sockets et les ports réseau TCP/IP

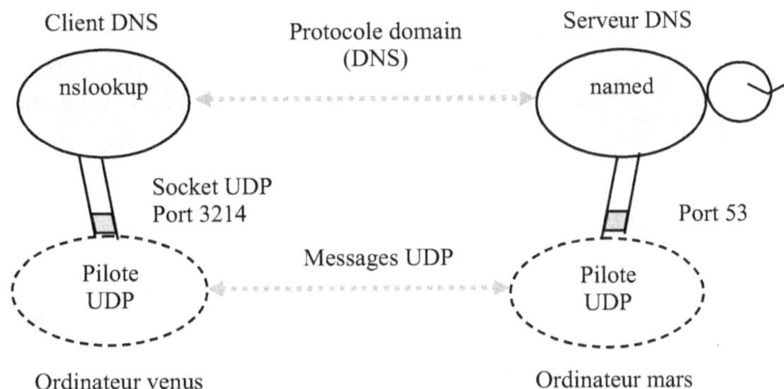

Fig. Les ports et les sockets UDP

Une application réseau émet des données vers un poste distant ou en reçoit par l'intermédiaire d'un socket réseau. Ce socket s'apparente à une sorte de fichier, mais bidirectionnel.

Une application utilisant le protocole UDP identifie l'application distante via le couple adresse IP et port UDP. Les ports des applications serveur doivent être connus a priori des clients. Par exemple, le port d'un serveur DNS est 53. Un message UDP contient donc le port du destinataire et le port de l'émetteur pour permettre la réponse.

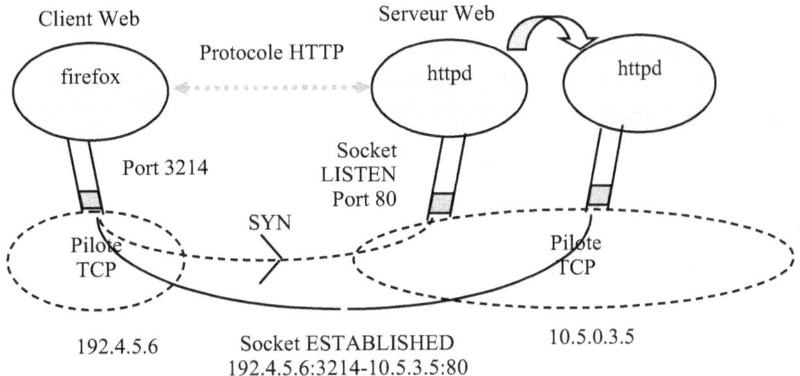

Fig. Les ports et les sockets TCP

Une application utilisant le protocole TCP est reliée à l'application distante par un socket dit « établi » (Established). Celle-ci est mise en place après une phase de connexion. L'application serveur crée un socket d'écoute (Listen) qui reçoit les demandes de connexion (SYN). Ce socket, comme un socket UDP, est identifié par un numéro de port ; par exemple, le port 80 est associé à une application serveur Web. Si la phase de connexion réussit, il y a création du socket établi qui, lui, est identifié par le quadruplet suivant : adresse IP source, port TCP source, adresse IP destination, port TCP destination.

Sockets IPv6

Dans le cahier des charges d'IPv6, il était prévu que cette technologie n'impacte pas (ou peu) les applications. Certes, c'est en grande partie exact, mais il n'empêche que toutes les applications ne fonctionnent pas dans ce mode. Certaines applications comme Apache v1.3 ne sont compatibles qu'avec IPv4. Inversement, Apache v2.x fonctionne correctement sous IPv6.

Au niveau des pilotes TCP et UDP, il existe des sockets soit IPv4, soit IPv6. Grâce à la commande `netstat`, on peut les visualiser. Dans les versions un peu anciennes, ils ne sont pas clairement indiqués. Dans ce cas, on peut reconnaître les sockets IPv6 à la présence du raccourci « :: », par exemple :::22 pour un socket général SSH ou encore ::1:25 pour un socket local SMTP.

Le savoir concret

Les fichiers

`/etc/services`	Ce fichier liste les ports UDP et TCP publics (ceux des applications serveur).

Les commandes

`netstat -a`	Liste les sockets actifs (TCP, UDP et locaux).
`netstat -antu4`	Les sockets TCP (t)/UDP(u) IPv4(4) sous forme numérique (n).
`netstat -antu6`	Idem, mais IPv6.
`nmap`	Liste les ports ouverts d'un poste distant (« scan » de ports).

ATTENTION ! La commande `nmap` est très pratique, mais on ne doit l'utiliser qu'avec la permission du responsable du poste analysé. Un autre usage peut être considéré comme une tentative de piratage.

Pour en savoir plus

Le manuel en ligne

netstat(8), nmap(1), services(5)

Internet

Les numéros de ports réseau officiels
http://www.iana.org/assignments/port-numbers

Livre

TCP/IP administration de réseau, de Graig Hunt, chez O'Reilly.

Les services INETD

La théorie

Les services INETD

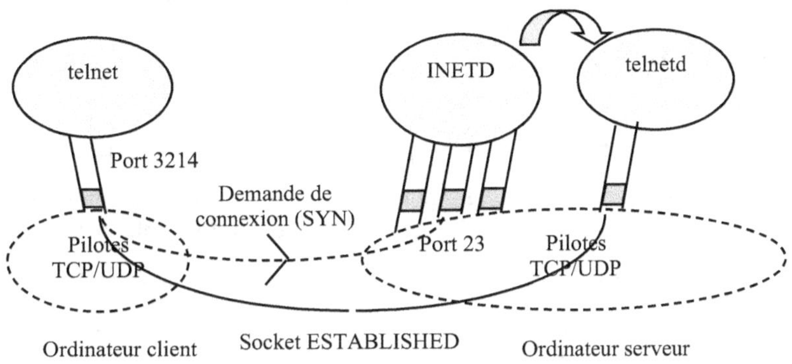

Fig. INETD

Le démarrage d'un service réseau peut être accompli par un script RC activé au démarrage. L'inconvénient de cette approche est d'activer beaucoup de processus. Si les clients se font rares, on dépense inutilement des ressources système.

Certaines applications peuvent être activées par un service de type INETD. Dans ce cas, il y a un démon qui attend les demandes de connexion de plusieurs services (et donc il est à l'écoute sur plusieurs ports). Quand une demande de connexion survient, le démon active l'application serveur correspondante. En conséquence, il n'y a des processus serveur que quand il y a des clients.

Il existe deux services INETD : inetd et xinetd. Une distribution Linux utilise l'un ou l'autre. Par exemple, Red Hat utilise xinetd et Debian inetd.

Le savoir concret

Le service inetd

Les fichiers

`/etc/inetd.conf`	Le fichier de paramétrage d'inetd. Il y a une ligne de configuration par service.
`/etc/services`	Spécifie la valeur numérique des ports.

Les commandes

`/etc/init.d/inetd`	Le RC qui active ou arrête le démon `inetd`.
`kill`	Si l'on envoie le signal HUP au démon `inetd`, il relit sa configuration.

Focus : le fichier /etc/inetd.conf

```
# cat /etc/inetd.conf
...
ftp    stream tcp  nowait  root /usr/sbin/in.ftpd   in.ftpd  -l -a
#talk dgram  udp  wait    root /usr/sbin/tcpd  /usr/sbin/kotalkd
```

Il y a une ligne par service. Il est facile de désactiver un service en mettant un « # » en tête de la ligne décrivant le service. Le premier champ spécifie le nom symbolique du port, exemple ftp. Le fichier /etc/services donne l'équivalent numérique. Les deux champs suivants spécifient le protocole, UDP (dgram udp) ou TCP (stream tcp). Le quatrième champ indique si inetd active un serveur par client (nowait) ou un serveur pour tous les clients (wait). Le cinquième champ spécifie sous quel compte s'exécute le serveur. Le sixième champ et les suivants indiquent le chemin de l'application serveur et ses arguments. Les arguments comprennent au moins le nom de l'application.

Le service xinetd

Les fichiers

/etc/xinetd.conf	Le fichier maître. On le modifie rarement.
/etc/xinetd.d/	Le répertoire qui contient la configuration des services. Avec un fichier par service. Par exemple /etc/xinetd.d/telnet.
/etc/services	Spécifie la valeur numérique des ports.

Les commandes

/etc/init.d/xinetd	Le RC qui gère le service xinetd. L'option restart permet la relecture des fichiers de configuration.
xconv.pl	Convertit un fichier inetd.conf en xinetd.conf.

Focus : un fichier de configuration d'un service

```
# more /etc/xinetd.d/telnet
service telnet
{
        socket_type       = stream
        wait              = no
        user              = root
        server            = /usr/kerberos/sbin/telnetd
        server_args     = -D options
        disable           = yes
}
```

Ce fichier configure le service telnet. Le numéro de port est indiqué symboliquement en argument du mot service. Il réfère au fichier /etc/services. La directive socket_type précise le protocole (stream=> TCP, dgram=>UDP). La directive wait indique s'il y a un serveur par client (wait=no), ou un serveur pour tous les clients (wait=yes). La directive user précise sous quel compte s'exécute le serveur. La directive server contient le chemin de l'exécutable. La directive server_args liste les options. La directive disable précise si le service est actif (disable=no) ou inactif (disable=yes).

Le wrapper tcpd

Le service xinetd peut être configuré comme pare-feu. Il existe des directives qui autorisent ou interdisent telle machine ou tel réseau. Le service inetd ne possède pas ce type de facilité. Par contre, il peut activer le wrapper tcpd qui, lui, fera office de pare-feu. xinetd peut également utiliser les fonctionnalités du wrapper tcpd par l'intermédiaire de la bibliothèque dynamique wrap.

Le wrapper tcpd n'activera le service que si ce dernier est autorisé pour le client correspondant.

Les fichiers

/etc/hosts.allow	
/etc/hosts.deny	Ces fichiers contiennent les règles de sécurité.

Les particularités des distributions

Red Hat, SUSE, Mandriva

Ces distributions utilisent Xinetd.

La commande `chkconfig` permet d'activer/désactiver un service Xinetd.

Debian, Ubuntu

Ces distributions utilisent le fichier inetd.conf par défaut, mais peuvent utiliser Xinetd. La commande `update-inetd` permet d'activer ou désactiver un service défini au niveau d'inetd.conf. L'ajout d'un service de type INETD ajoute la ligne qui le décrit dans inetd.conf.

Pour en savoir plus

Le manuel en ligne

inetd(8), xinetd(8), xinetd.conf(5), xinetd.log(5), tcpd(8), hosts_access(5), xconv.pl(8)

Le pare-feu local

La théorie

Les pare-feu

Un pare-feu (firewall) est un système de sécurité qui filtre les échanges réseau. Il y a essentiellement deux types de pare-feu :

- Les pare-feu qui isolent deux réseaux. Leur rôle essentiel est de restreindre les accèss provenant de l'extérieur, en particulier d'Internet.

- Les pare-feu qui isolent les applications du réseau. Ces pare-feu sont locaux à un poste de travail ou à un serveur. Ils interdisent soit des connexions provenant du réseau soit des échanges issus des applications locales.

Le noyau Linux contient le logiciel NetFilter qui peut faire office de pare-feu (local ou non). Il est paramétré par la commande `iptables`. Le plus souvent, des outils spécifiques des distributions permettent la génération automatique des règles Iptables en fonction des ports réseau acceptés.

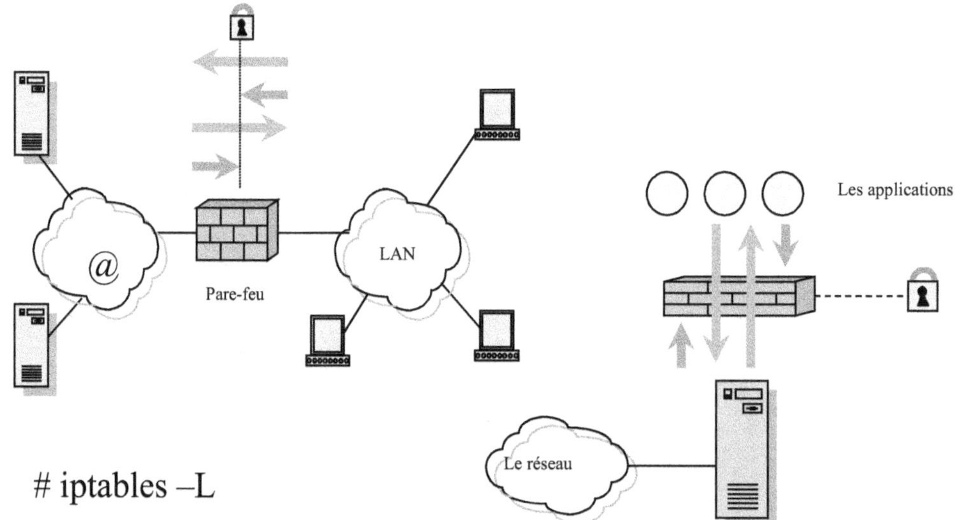

Fig. Pare-feu local et pare-feu réseau.

Le savoir concret

Les commandes

`iptables -L`   Liste la configuration actuelle du pare-feu au niveau du noyau.

Les particularités des distributions Linux

Red Hat

Par défaut et quelle que soit la version, le pare-feu est installé et activé.

RHEL 5, 6

system-config-firewall   Paramètre le pare-feu en fonction de ports.

system-config-firewall-tui Idem, mais en mode texte.

Les RC iptables et ip6tables gèrent l'activation automatique du pare-feu.

RHEL 7

firewall-cmd   Paramètre le réseau en fonction de ports et de zones.

L'unité Systemd firewalld.service gère l'activation automatique du pare-feu.

Debian

Par défaut, il n'y a pas de pare-feu, ni installé, ni activé.

Par contre, de nombreux outils permettent la configuration du pare-feu : apf-firewall, arno-iptables-firewall, fwbuilder, ipkungfu, shorewall, ufw, gufw, ...

Ubuntu

Les outils ufw et gufw (Graphical Uncomplicated Fire-Wall) paramètrent le pare-feu.

SuSE

Le pare-feu est paramétré par l'outil d'administation yast.

Pour en savoir plus

Le manuel en ligne

iptables(8), firewall-cmd(8), firewalld(1)

Internet

Red Hat - Firewall (RHEL 6, RHEL 7)
https://access.redhat.com/site/documentation/en-US/Red_Hat_Enterprise_Linux/6/html/Security_Guide/sect-Security_Guide-Firewalls-Basic_Firewall_Configuration.html

https://access.redhat.com/site/documentation/en-US/Red_Hat_Enterprise_Linux/7-Beta/html/Security_Guide/sec-Using_Firewalls.html

Securing Debian Manual - Chapitre 5 - Sécurisation des services du système
https://www.debian.org/doc/manuals/securing-debian-howto/ch-sec-services.fr.html

Les utilitaires réseau

La théorie

Le point de vue sécuritaire

Par défaut, les applications traditionnelles TCP/IP comme `ftp` ou `telnet` n'offrent aucune sécurité. Un pirate, en analysant les trames échangées, peut facilement récupérer par exemple les mots de passe des utilisateurs. Les commandes présentes sur Linux sont compatibles avec le protocole de sécurité Kerberos, mais ce dernier demande une configuration complexe et nécessite dans tous les cas la présence de serveurs Kerberos.

Les applications Berkeley (`rsh`, `rlogin`, `rcp`) sont très agréables pour les exploitants, mais comme `ftp` ou `telnet`, elles ne sont pas sécurisées par défaut. C'est pour cela que l'on utilisera essentiellement les commandes SSH. Non seulement elles sont sécurisées, mais elles ont la même syntaxe que les commandes Berkeley. Par défaut, sur un système Debian, les commandes Berkeley sont en fait des liens sur les commandes SSH.

Sous Windows, on peut se connecter de manière sécurisée à un serveur Linux en SSH par le logiciel gratuit PUTTY.

Une technique simple pour sécuriser les échanges réseau est de travailler sur des réseaux physiquement sécurisés ou protégés par des tunnels VPN.

Le savoir concret

Panorama des utilitaires réseau

Les outils traditionnels TCP/IP

`telnet`	Permet à un utilisateur de se connecter à distance.
`ftp`	Permet à un utilisateur de transférer des fichiers.

Les commandes remote (de l'université de Berkeley)

`rlogin`	Permet à un utilisateur de se connecter à distance.
`rcp`	Permet à un utilisateur de transférer des fichiers.
`rsh`	Permet l'exécution de commande sur un poste distant.

Les commandes SSH

`ssh`	Permet à un utilisateur de se connecter à distance. Permet également l'exécution de commande sur un poste distant.
`scp`	Transfert de fichiers mais avec l'interface de la commande rcp.
`sftp`	Transfert de fichiers mais avec l'interface de la commande ftp.

Autres commandes Linux

`wget, curl`	Ces commandes permettent de télécharger des documents. Elles acceptent des URL http ou ftp.
`rsync`	Cette commande permet notamment de synchroniser des répertoires distants.
`lynx, elinks`	Navigateurs en mode texte.

Commandes Windows

`putty`	Logiciel gratuit qui permet de se connecter à distance en telnet, rlogin ou SSH.

`ftp`	Commande native permettant le transfert de fichiers.
`telnet`	Commande native permettant la connexion à distance.
Cygwin	Environnement maintenu par Red Hat qui correspond à l'ensemble des commandes (dont les commandes réseau) de Linux.
WinSCP	Copie sécurisée de fichiers en mode graphique via SSH (selon les protocoles scp ou sftp).
FileZilla	Outil similaire à WinSCP ; il supporte FTP, SSH, SSL...

Les protocoles

tcp/21, tcp/20	Le protocole FTP (le port 20 est utilisé pour le transfert des données dans le mode actif).
tcp/22	Le protocole SSH.
tcp/23	Le protocole Telnet.
tcp/80	Le protocole HTTP (le Web).
tcp/443	Le protocole SSL (sécurisant le Web notamment).
tcp/513	Le protocole Login (utilisé par rlogin).
tcp/514	Le protocole Shell (utilisé par rsh, rcp).
tcp/udp/873	Le protocole Rsync. Il est facilement encapsulé dans une session SSH (il suffit d'utiliser une option de la commande rsync).

Environnement

http_proxy	Spécifie le Proxy à utiliser (lynx, curl, wget, ...), par exemple : http://proxy.server.com:3128

Pour en savoir plus

Le manuel en ligne

telnet(1), ftp(1), rlogin(1), rsh(1), rcp(1), hosts.equiv(5), ssh(1), scp(1), sftp(1), curl(1), wget(1), lynx(1), rsync(1)

Internet

Le logiciel PUTTY
http://www.putty.nl/download.html

L'environnement Cygwin
http://www.cygwin.com/

Le logiciel WinSCP
http://winscp.net/

Le logiciel Filezilla
http://www.filezilla.fr/

Les commandes SSH

La théorie

Le protocole SSH

Les commandes SSH utilisent le protocole SSH. Ce protocole permet le chiffrement des informations échangées entre le client et le serveur. Il existe deux versions du protocole ; la version 1 possédant une faille de sécurité, il faut utiliser la version 2.

Le protocole SSH utilise la cryptographie à clé publique pour transmettre les clés de session. Ceci permet également une sorte d'identification du serveur. À chaque début de session, le serveur envoie au client sa clé publique. Lors de la première session, le client enregistre cette clé. Ainsi, à chaque session, il peut vérifier s'il s'adresse toujours au même serveur.

La logique des commandes Berkeley et SSH

Les commandes SSH ont repris la logique des commandes Berkeley (rlogin, rsh, rcp). Par défaut, elles supposent la présence sur le poste distant d'un compte homonyme du compte local. Par exemple, si Pierre se connecte à partir du poste Mars sur le poste Venus, il est considéré sur le poste serveur (Venus) comme étant Pierre. Ces comptes homonymes doivent bien sûr exister sur le serveur.

L'authentification à clés publiques, l'utilisation d'agent

Un utilisateur est authentifié à distance par un mot de passe qui transite sur le réseau. C'est le mécanisme par défaut. Une alternative est l'authentification par clé publique.

L'utilisateur génère sur son poste de travail un couple de clés publiques/privées. Il transfère sa clé publique sur tous les serveurs avec lesquels il veut travailler. Lors de l'authentification, un serveur transfère des données chiffrées avec la clé publique de l'utilisateur ; le client ssh de ce dernier peut les déchiffrer avec sa clé privée.

Normalement, la clé privée d'un utilisateur est protégée par un mot de passe (appelé passphrase) : à chaque connexion avec un serveur distant, le client ssh demande ce mot de passe. Contrairement à l'authentification par défaut, ce mot de passe ne transite pas sur le réseau. Pour éviter cette contrainte, il y a une première solution : on ne met pas de mot de passe pour protéger sa clé privée. Une autre solution, beaucoup plus sécurisée, est d'utiliser un agent SSH. Ce logiciel conserve en mémoire votre clé privée. Il suffit de donner son mot de passe une seule fois par session et ensuite on est automatiquement authentifié à chaque accès à un serveur distant.

Le savoir concret

Les fichiers

`~/.ssh/known_hosts`   Mémorise les clés publiques des serveurs.

Les commandes ssh

`sshd`	Le démon SSH.
`ssh`	Le client SSH.
`scp`	Copie de fichier sécurisée.
`ssh-keygen`	Crée un couple de clés publiques/privées.
`ssh-keygen -p`	Permet de changer son mot de passe, y compris le supprimer.
`ssh-copy-id`	Copie sa clé publique sur un serveur distant.

`ssh-agent`	Agent d'authentification : évite de donner son mot de passe pour accéder à sa clé privée.
`ssh-add`	Ajoute une authentification à un agent.

La commande ssh

La commande ssh permet à un utilisateur d'activer une commande distante. Par défaut, un shell distant, ce qui correspond à une connexion distante.

`ssh` *<serveur>*	Connexion distante sur le serveur. On se connecte sous le compte homonyme du compte courant.
`ssh -l` *<utilisateur> <serveur>*	
	Connexion distante sur le serveur sous le compte utilisateur.
`ssh -l` *<utilisateur> <serveur> <commande>*	
`ssh` *<serveur> <commande>*	On exécute une commande sur le serveur distant.

Remarque : lors de la connexion, le serveur demande le mot de passe de l'utilisateur. Il est possible de configurer une authentification automatique, ce qui peut alors permettre l'exécution de commandes distantes à partir d'un crontab.

La commande scp

La commande scp permet à un utilisateur de transférer des fichiers entre machines. La syntaxe de scp est la même que celle de la commande cp. Le chemin d'un fichier distant est précédé du compte et de l'ordinateur où réside le fichier :

```
[utilisateur@]ordinateur:/chemin_du_fichier
```

Si l'on ne précise par l'utilisateur, la copie se fait avec les droits de l'utilisateur homonyme.

Les protocoles

tcp/22	Le protocole SSH.

Focus : La première connexion de Pierre sur la machine Venus

```
[pierre@mars ~]$ ssh venus
The authenticity of host 'venus (192.168.0.13)' can't be
established.
RSA key fingerprint is
c5:6a:5e:e4:07:1e:e2:26:02:ee:72:96:3e:8a:e0:af.
Are you sure you want to continue connecting (yes/no)? yes
Warning: Permanently added 'venus,192.168.0.13' (RSA) to the list of
known hosts.
pierre@venus's password:  XXXXX
[pierre@venus ~]$ id
uid=500(pierre) gid=500(pierre) groups=500(pierre)
[pierre@venus ~]$ exit
```

Lors de la première connexion à un serveur SSH, le logiciel client affiche l'empreinte de la clé du serveur (RSA key fingerprint). Celle-ci joue un rôle similaire à un certificat numérique. Il est très important, du point de vue de la sécurité, d'être sûr de son authenticité. Sinon il vaut mieux refuser la connexion.

L'empreinte de la clé d'un serveur peut vous être fournie directement par l'administrateur du serveur avant votre première connexion. Si vous acceptez la clé, celle-ci est enregistrée dans votre arborescence (~/.ssh/known_hosts). Ensuite, à chaque fois que vous vous connectez au serveur, la clé est vérifiée. Si elle ne correspond pas, la connexion est interrompue avec un message indiquant un essai d'intrusion. En dehors d'un piratage, la raison la plus fréquente de ce message est que le serveur a été réinstallé, ce qui a généré une nouvelle clé.

Pour en savoir plus

Le manuel en ligne

ssh(1), scp(1), ssh-add(1), ssh-agent(1), ssh-keygen(1), telnet(1), hosts.equiv(5), ssh_config(5), ssh-keysign(8), sshd(8)

Internet

Le site officiel de OpenSSH, la FAQ
http://www.openssh.org
http://www.openssh.org/faq.html

Livre

SSH, le shell sécurisé, chez O'Reilly.

12

L'impression

Objectifs

Après l'étude du chapitre, le lecteur connaîtra le fonctionnement de l'impression sous Linux. Il saura ajouter une imprimante et un pilote d'impression.

Contenu

Les spools d'impression
Le système CUPS

Les spools d'impression

La théorie

L'impression sous Linux fonctionne de manière spoolée en client/serveur.

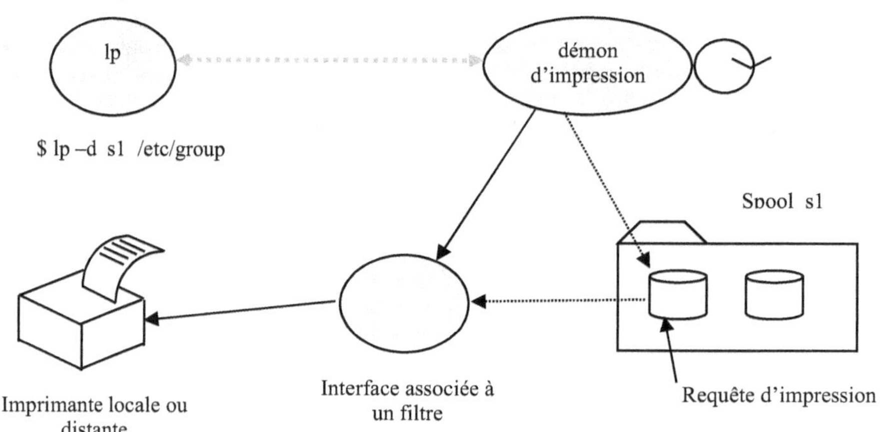

Fig. Les spools d'impression

Un utilisateur déclenche une impression grâce à un client d'impression, le plus souvent la commande `lp` ou `lpr`. Cette commande transmet la requête d'impression à un démon d'impression qui joue le rôle de serveur. Ce dernier dépose la requête dans une file d'attente d'impression (un spool). Chaque spool correspond le plus souvent à une imprimante particulière locale ou distante. Un spool peut correspondre également à une classe d'imprimante. Une classe rassemble un ensemble d'imprimantes de même type.

Un logiciel, appelé « interface », réalise l'impression proprement dite. Il est déclenché par le démon et c'est lui aussi qui est chargé de mettre en forme les données à imprimer pour se conformer au format de l'imprimante. On dit qu'il déclenche un filtre (filter) ou un pilote d'impression. Le filtre « raw » correspond à une absence de mise en forme.

Sous Linux, il existe plusieurs systèmes d'impression :

- Le système Berkeley qui utilise le démon `lpd`.

- Le système LPRng, qui correspond à une amélioration du précédent.

- Le système CUPS qui utilise le démon `cupsd`.

Depuis quelque temps, CUPS devient le système prépondérant. Il est utilisé également sur le système Unix Mac-OS-X d'Apple.

Les particularités des systèmes Linux

Debian

CUPS est le système d'impression par défaut, mais le système LPRng est également supporté.

Le système CUPS

La théorie

Architecture

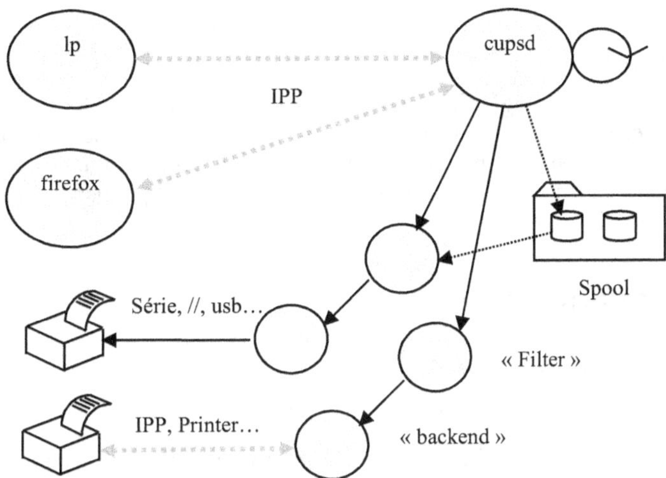

Fig. L'architecture Cups

Le logiciel libre CUPS (Common Unix Printing System) est un gestionnaire d'impression conçu pour les systèmes Unix.

La particularité de CUPS est d'être basé sur le protocole IPP (Internet Printing Protocol), le nouveau standard de l'impression. Ce protocole est dérivé de HTTP et le serveur cupsd se comporte de fait comme un serveur Web. Une manière simple d'administrer CUPS est de se connecter au serveur à partir d'un navigateur via l'URL http://serveur:631 .

Le serveur transmet les données à un filtre (filter) qui dépend du modèle d'imprimante, et ensuite à un frontal (backend) qui dépend de la liaison physique avec l'imprimante. Dans le cas d'une imprimante réseau, ce frontal est donc un client réseau utilisant un protocole d'impression pour communiquer avec l'imprimante.

Remarque : dans le langage courant, on confond imprimante et file d'attente d'impression. Évidemment, dans la plupart des cas, cela est justifé. Par contre, il ne faut pas oublier que l'on peut disposer de plusieurs files d'attente pour la même imprimante (chacune ayant une configuration particulière) ou, inversement, avoir plusieurs imprimantes pour la même file d'attente. Ce dernier cas correspond au concept Cups de « classes d'imprimantes ». Si on les utilise, une requête est imprimée sur la première imprimante libre de la classe.

Les pilotes d'impression

Un pilote d'impression CUPS est composé de plusieurs éléments.

Un fichier PPD

Un fichier PPD (PostScript Printer Description) correspond à la description d'une imprimante PostScript (PS). Pour une imprimante PS le pilote se résume à ce fichier. Dans le cas de CUPS, toute imprimante, PS ou non, sera gérée grâce à un fichier PPD.

GhostScript

Le logiciel GhostScript (GS) est vital. En effet, c'est ce logiciel qui convertit le PS dans le format de l'imprimante (PCL, propriétaire…). C'est donc le véritable pilote d'impression dans le cas d'une imprimante non-PS.

Outils de conversion PS

On vient de le constater, l'impression est systématiquement PS. Si l'on a des données de différents types, il faut des logiciels de conversion, par exemple a2ps qui convertit du texte au format PS.

Un filtre magique

Un filtre magique (magic filter) est l'élément le plus abstrait du pilote. Il est intelligent : en fonction des données à imprimer, il fait appel au logiciel de conversion (a2ps…). C'est lui aussi qui appelle si besoin GhostScript. Le filtre magique habituellement utilisé est Cupsomatic, le filtre Foomatic pour CUPS. Le filtre est précisé dans la ligne cupsFilter du fichier PPD.

Le savoir concret

Les commandes utilisateur

lp, lpr	Crée une requête d'impression.
xpp	Crée une requête d'impression. Client IPP en mode graphique.
cancel	Supprime une requête d'impression.
lpstat	Liste le contenu des files d'attente, affiche (avec l'option –t) le paramétrage du service.

Les commandes d'administration

lpadmin	Crée, supprime une file d'attente d'impression ou une classe d'imprimante.
accept	Accepte le dépôt de requête dans une file d'attente.
reject	Interdit le dépôt de requête dans une file d'attente.
lpmove	Déplace des travaux d'une file d'attente à une autre.
lppasswd	Gère les comptes et les mots de passe pour l'accès à l'interface Web.
lpinfo –m	Liste les pilotes (filter) disponibles.
lpinfo –v	Liste les frontaux (backend) disponibles.
gs	La commande GhostScript convertit du PostScript dans le format spécifique d'une imprimante.
cups-lpd	Intermédiaire pour des clients LPD : convertit les requêtes LPD en requêtes IPP pour les soumettre au serveur cupsd.
cups-polld	Démon qui interroge les serveurs d'impression pour connaître leurs files d'attente.
cupsenable	Active une file d'attente.
cupsdisable	Désactive une file d'attente.

Les fichiers

`/etc/cups/cupsd.conf`	Le fichier de configuration du démon `cupsd`. Il définit notamment quels sont les clients autorisés à envoyer des requêtes d'impression.
`/etc/cups/printers.conf`	Définit les files d'attente d'impression.
`/etc/cups/classes.conf`	Définit les classes d'impression.
`/etc/cups/client.conf`	Définit, pour les clients, l'emplacement du serveur.
`/etc/cups/ppd/`	Contient les fichiers PPD de chaque file d'attente.
`/var/log/cups`	Les fichiers journaux de bord.
`/usr/share/cups/model/`	Les fichiers PPD disponibles.

Les protocoles

tcp/515	Le protocole Printer (ou BSD ou LPR/LPD) est l'ancien standard d'impression.
tcp/udp/631	Le protocole IPP est le nouveau standard d'impression.
tcp/9100	Le protocole JetDirect utilisé par les imprimantes réseau HP, est un protocole tcp utilisant les ports 9100 et au-delà.

Les variables d'environnement

PRINTER	Définit l'imprimante (le spool) par défaut.

Focus : ajout d'une file d'attente d'impression

```
# lpadmin -p deskjet -v lpd://herbizarre/lp -m deskjet.ppd
```

On crée la file de nom deskjet, on utilise le pilote deskjet.ppd. L'imprimante associée est une imprimante réseau à laquelle on accède selon le protocole LPD. L'impression est réalisée sur la file distante lp de l'imprimante dont l'adresse DNS est herbizarre.

Pour en savoir plus

Le manuel en ligne

lp(1), cancel(1), lpstat(1), disable(8), enable(8), accept(8), reject(8),gs(1), backend(1), filter(1), classes.conf(5), cups-lpd(8), cups-polld(8), cupsd(8), cupsd.conf(5), printers.conf(5), mime.convs(5), mime.types(5), cupstestppd(1), lpinfo(8), lpmove(8), lppasswd(1)

Howto

Printing-HOWTO, liste notamment les imprimantes prises en charge par Linux.

Internet

La documentation officielle
http://www.cups.org/documentation.php

Remarque : cette documentation est également présente sur le serveur cupsd. Elle est accessible via l'url : http://localhost:631/documentation.html

OpenPrinting (contient notamment les fichiers PPD de la plupart des imprimantes)
http://www.linuxfoundation.org/collaborate/workgroups/openprinting

Red Hat - La configuration de l'impression
https://access.redhat.com/site/documentation/en-US/Red_Hat_Enterprise_Linux/6/html/Deployment_Guide/sec-Printer_Configuration.html

13

L'environnement graphique

Objectifs

Après l'étude du chapitre, le lecteur comprendra le fonctionnement de l'interface graphique de Linux. Il connaîtra les différents environnements offerts. Il saura paramétrer un système en tant que serveur de connexion graphique ou en tant que terminal graphique.

Contenu

X-Window
Les connexions graphiques
KDE
Gnome

X-Window

La théorie

X-Window, le modèle client-serveur

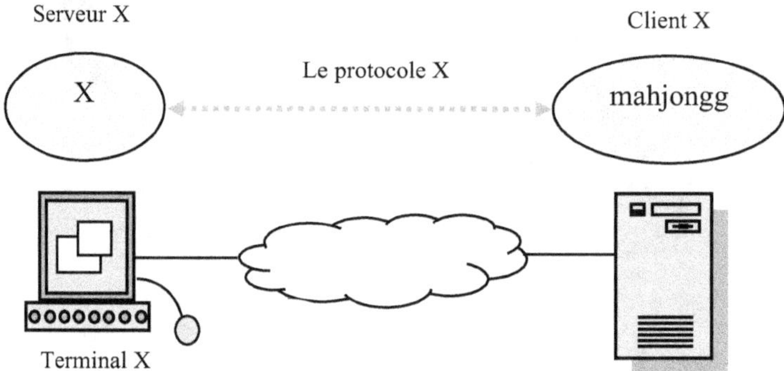

Fig. X-Window, le modèle client-serveur

X-Window est un système graphique ouvert qui fonctionne en client-serveur. Le système X est composé d'un serveur X et de clients X qui dialoguent selon le protocole X grâce à la bibliothèque X11.

L'application serveur X s'exécute sur l'un des écrans virtuels de Linux, un terminal X ou un PC fonctionnant avec un logiciel d'émulation de terminal X. Elle gère le matériel : l'écran graphique, le clavier, la souris.

Les clients X sont des applications graphiques qui s'affichent dans des fenêtres gérées par le serveur X. Il peut s'agir d'un éditeur de texte, d'un logiciel de dessin, de jeux...

Remarque : les distributions Linux utilisaient antérieurement le serveur X Xfree86. Elles utilisent maintenant le serveur X de l'Xorg.

Le concept de DISPLAY

Le « DISPLAY » désigne l'adresse du serveur X. Cette information doit impérativement être connue des applications clientes X. La désignation du DISPLAY a la forme suivante :

```
[hôte]:terminal[.écran]
```

L'hôte désigne le nom ou l'adresse IP du serveur X, par défaut le client et le serveur s'exécutent sur la même machine. Terminal désigne le numéro du terminal si le serveur prend en charge plusieurs terminaux, c'est très souvent 0. Écran désigne le numéro de l'écran si le terminal possède plusieurs écrans, par défaut 0 s'il n'y a qu'un écran.

Exemples

`:0`	Le système local.
`saturne:0`	Le premier terminal du serveur Saturne.
`saturne:0.0`	Idem.
`saturne:1`	Le deuxième terminal du serveur Saturne.

Démarrage d'une session X

Une session X peut être démarrée de plusieurs manières :

- En local, à partir d'une session texte grâce aux commandes `xinit` ou `startx`.

- À partir d'un terminal X, grâce à un service de connexion graphique (xdm, gdm ou kdm).

- En activant un client X, par exemple la fenêtre terminal `xterm`, à partir d'une session Linux ordinaire ou de la commande `rsh`. Le serveur X doit avoir été activé au préalable.

Le rôle du gestionnaire de fenêtres

X-Window ne permet pas à l'utilisateur de contrôler directement la position et la taille des fenêtres. Il définit les objets graphiques mais pas les outils de contrôle, les boutons de réduction et d'agrandissement, la forme des ascenseurs et du curseur de la souris…

Ce rôle est dévolu à un gestionnaire de fenêtres (WM=Window Manager). C'est un client X comme les autres.

Les fichiers de ressources

Les ressources sont des données qui servent à paramétrer les clients X. Une ressource peut définir un emplacement, une couleur, une chaîne de caractères, une police, une image... La définition des ressources est dans un fichier texte.

Le bureau (Desktop)

Un bureau est un ensemble cohérent de clients X. Il comprend un gestionnaire de fenêtres, mais aussi un ensemble de clients pour gérer la station ou le serveur Linux. Un bureau comporte systématiquement un gestionnaire de fichiers et les outils pour configurer le bureau, en premier lieu les polices de caractères et les couleurs, sans avoir besoin de modifier, à la main, les fichiers de configuration. Un bureau permet d'accéder aux clients sans avoir à en connaître le nom. L'accès aux clients est réalisé par le biais d'icônes ou de menus déroulants. Les deux bureaux les plus répandus sont KDE et Gnome.

Les polices

Le système X-Window reconnaît deux types de polices :

- Les polices X11.

- Les polices Xft.

Les polices X11 sont les polices traditionnelles du système X-Window. Au début, elles n'existaient qu'au format bitmap. Il existe maintenant des polices de taille adaptable (*scalable*) notamment au format True-Type. Elles peuvent être fournies par un serveur de polices grâce au protocole xfs (X-font-server).

Les polices Xft sont plus récentes et leur taille a toujours été adaptable. Contrairement aux polices X11, elles sont gérées par les applications (via la bibliothèque FontConfig), au lieu de l'être par le serveur. Les applications peuvent aussi gérer complétement leur rendu. Enfin, des applications peuvent les utiliser pour afficher des documents possédant en interne leurs polices.

Remarque : l'utilisation des polices Xft rend l'usage du serveur xfs de moins en moins nécessaire ; c'est pourquoi il tend à disparaître.

Alternatives au système X-Window

VNC

Le système VNC (Virtual Network Computing), basé sur le protocole du même nom, offre un système en client/serveur qui présente à distance un bureau graphique. Le système VNC nous permet d'accéder à notre environnement graphique Linux à partir d'un autre système Linux ou Windows. Il permet également, à partir d'un poste Linux, d'accéder à un poste Windows. VNC est un protocole Ouvert et il existe des clients et des serveurs en Open Source.

RDP

Le protocole RDP (Remote Desktop Protocol) de Microsoft permet d'accéder à distance au Terminal Server d'un poste Windows.

Le savoir concret

Les commandes X Window

`X, Xorg`	Le serveur X.
`Xnest`	Serveur X fonctionnant sous forme de fenêtre X.
`xfs`	Le serveur de polices graphiques.
`Xorg -configure`	
	Reconfigure le Serveur X. La nouvelle configuration est stockée dans le fichier ~/xorg.conf.new.
`xterm`	Un terminal graphique (fourni en dehors des suites KDE ou Gnome).
`xclock`	Une horloge graphique.
`twm`	Un gestionnaire de fenêtres (fourni en dehors de KDE et Gnome).
`xhost`	Contrôle l'accès du serveur.
`xinit, startx`	Démarre une session graphique à partir du mode texte sur la console maîtresse.
`xrdb`	Charge un fichier de ressources au niveau d'un serveur X.
`xlsfonts`	Liste les polices X11 (il faut indiquer le DISPLAY).
`fc-list`	Liste les polices Xft.
`fc-cache`	Force la mise à jour de la liste des polices Xft disponibles.

Les commandes RDP et VNC

`tsclient`	Client pour Terminal Server (RDP) et VNC.
`rdesktop`	Client RDP pour environnement X.
`vncviewer`	Client VNC.
`Xvnc`	Serveur X VNC.
`vncserver`	Active le serveur Xvnc. Configure un mot de passe qui sera demandé au niveau des clients pour accepter la connexion.
`vncpasswd`	Crée ou modifie le mot de passe protégeant l'accès au serveur.

Les fichiers

`/etc/X11/xorg.conf`	
	Le fichier de configuration du serveur X Xorg.
`/etc/X11/xinit/xinitrc.d/`	
	Contient les scripts qui sont éxécutés par l'administrateur avant ceux de l'utilisateur au démarrage d'une session graphique.
`/usr/share/fonts/`	Emplacement des polices.
`/etc/fonts/`	Emplacement de la configuration de la biliothèque FontConfig.
`~/.xinitrc`	Le fichier qui contrôle une session graphique activée par `xinit`. En l'absence de ce fichier, un client `xterm` est activé.

`~/.Xclients`	Le fichier qui contrôle une session graphique activée par `startx` en l'absence de `.xinitrc`.
`~/.Xdefaults`	Le fichier de ressource des clients X. Ce fichier n'est pas lu si on a utilisé la commande `xrdb` durant la session.

Les variables d'environnement

DISPLAY	Contient l'adresse (appelée DISPLAY) du serveur X.

Les protocoles

tcp/6000	Le protocole X.
tcp/7100	Le protocole xfs.
tcp/5900	Le protocole VNC.
tcp/3389	Le protocole RDP.

Remarques :

1) Si le serveur X est activé par gdm en utilisant la configuration standard, il ne peut être utilisé qu'en local. En effet le socket tcp n'est pas ouvert. La communication avec les clients X se fait via un socket Unix (un fichier local).

2) Il y a un port ou un socket par DISPLAY. Ainsi, le port 6000 correspond au terminal :0, et le port 6001 au terminal :1. Idem pour VNC : 5901 correspond au terminal :1.

Les particularités des distributions

Red Hat

system-config-display	Configuration de l'environnement graphique.
system-config-keyboard	Configuration du clavier.

Reconfiguration de l'environnement graphique (dans le niveau 3 d'init) :

```
# system-config-display --noui --reconfig
```

SUSE

sax2	Configure l'environnement graphique.

Debian, Ubuntu

dpkg-reconfigure xserver-xorg	Configure l'environnement graphique.

Pour en savoir plus

Le manuel en ligne

Xserver(1), startx(1), xinit(1), xterm(1), Xorg(1),xorg.conf(5x), xfs(1), twm(1), xhost(1), xrdb(1), sax2(1), xlsfonts(1x), fc-cache(1), vncviewer, Xvnc(1), vcncserver(1), vncpasswd(1)

Howto

Xfree86-HOWTO

Xwindow-user-HOWTO

Framebuffer-HOWTO

Internet

Le serveur X Xorg
http://www.x.org/

X Window System
http://fr.wikipedia.org/wiki/X_Window_System

Xming X Server for Windows (un serveur X gratuit pour Windows)
http://sourceforge.net/projects/xming/

Fedora - Le fichier xorg.conf expliqué
http://doc.fedora-fr.org/wiki/Le_fichier_xorg.conf_expliqué

Xorg – Les polices dans X11R6.8.2
http://www.x.org/archive/X11R6.8.2/doc/fonts.html

Les connexions graphiques

La théorie

Les gestionnaires de connexions graphiques

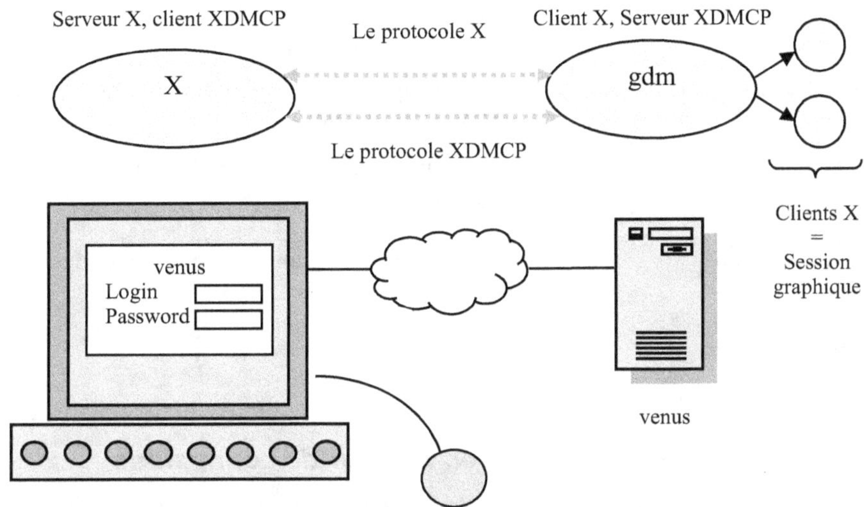

Fig. Les gestionnaires de connexions graphiques

Un gestionnaire de connexions graphiques (ou DM = Display Manager) permet à un utilisateur de se connecter en mode graphique. Un démon affiche une fenêtre de connexion où l'utilisateur doit fournir son nom et son mot de passe pour se connecter sur un serveur Unix/Linux. Le serveur peut être le poste local ou un serveur distant qui peut très bien ne pas disposer d'écran graphique.

Il existe trois gestionnaires de session graphique :

xdm	Le gestionnaire d'origine.
gdm	Le gestionnaire de la suite Gnome.
kdm	Le gestionnaire de la suite KDE.

Remarque : le gestionnaire est indépendant de l'environnement de l'utilisateur : on peut très bien utiliser l'environnement gdm et se connecter sous KDE.

Le serveur X dialogue avec un DM selon le protocole X, mais aussi selon le protocole XDMCP (X Display Manager Control Protocol).

Le savoir concret

Les commandes

```
X [<display>] -query <serveur>
```

Cette commande active un serveur X et provoque une demande de connexion à un serveur d'applications graphiques. Le poste jouera le rôle de terminal X.

```
Xnest [<display>] -query <serveur>
```

Cette commande active un serveur X sous forme de fenêtre à l'intérieur de la session graphique courante. Comme précédemment, le serveur X activé essaye de se connecter à un serveur d'applications graphiques.

```
gdmsetup
```

Cette commande configure le DM gdm.

Les fichiers

`/etc/gdm/gdm.conf,`

`/etc/X11/gdm/gdm.conf`   Configure gdm (le DM de Gnome).

`/usr/share/gdm/defaults.conf`
                                La configuration par défaut de gdm (Red Hat 5).

`/etc/gdm/custom.conf`   La configuration de gdm. Surcharge la configuration par défaut (Red Hat 5).

`/etc/X11/xdm/kdmrc`   Configure kdm (le DM de KDE).

`/etc/X11/xdm/xdm-config`   Configure xdm (le DM d'origine)

`~/.xsession`   Supervise la session activée par le DM. Le fichier a un rôle identique à `.xinitrc`.

Les protocoles

`udp/177`   Le protocole XDMCP.

Focus : transformer son poste en serveur de connexions

Par défaut, gdm ou kdm ne proposent des connexions qu'à partir du poste local. Si l'on veut permettre la connexion à partir d'un terminal X distant, il faut positionner l'option `Enable` de la section xdmcp à 1 (ou true) dans le fichier de configuration de gdm ou de kdm. Il faut ensuite arrêter et relancer l'environnement graphique.

```
[ xdmcp ]

    Enable = 1
```

Les particularités des distributions

Red Hat

Le DM est activé directement au niveau du fichier `/etc/inittab`, au niveau 5, par le script `prefdm`. Celui-ci est configuré par le fichier `/etc/sysconfig/desktop`.

SUSE

Les DM (par défaut xdm), sont tout simplement des services présents dans `/etc/init.d`. Le mode graphique est normalement activé dans le niveau d'init 5.

Debian, Ubuntu

Les DM sont tout simplement des services présents dans `/etc/init.d`. Le mode graphique est normalement activé dans le niveau d'init 2.

Pour en savoir plus

Le manuel en ligne

xdm(1), gdm(1), kdm(1), kdm.options(5)

Howto

XDMCP-HOWTO

Internet

KDE GUI Login Configuration HOWTO
http://elibrary.fultus.com/covers/technical/linux/howtos/
KDE-GUI-Login-Configuration-HOWTO/cover.html

KDE

Le savoir concret

Utiliser KDE

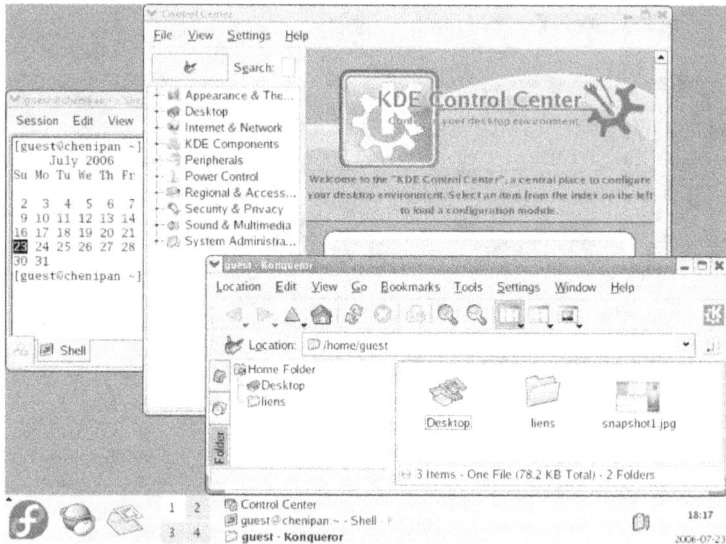

Fig. Le bureau KDE

Le bureau KDE (K Desktop Environment) s'inspire de CDE, le bureau standard d'UNIX, et de Windows. La lettre K du panneau situé en bas de l'écran (appelé également tableau de bord), permet d'accéder au menu principal, l'équivalent du menu Démarrer de Windows. Le panneau, comme sous CDE, en plus de la date et de l'heure, contient les principales applications (gestionnaires de fichiers, terminal, aide...) ainsi que l'accès à quatre écrans virtuels. L'utilisateur répartit les différentes applications qu'il exécute dans ces écrans virtuels. La barre des tâches, normalement en haut de l'écran, liste les applications actives et permet de basculer de l'une à l'autre comme sous Windows.

Chaque fenêtre contient une barre de titre qui permet de déplacer la fenêtre. Trois boutons, comme sous Windows, permettent d'iconifier, de maximiser et de fermer la fenêtre. En plus du bouton Icône, en haut à gauche, il y a une petite punaise qui fixe la fenêtre. Elle est désormais visible de tous les bureaux virtuels. Le menu Icône dispose de la commande `Vers le bureau`, qui autorise à changer l'écran virtuel où réside l'application.

Sur le bureau, des icônes représentent des applications, des données ou des répertoires. Si l'on clique dessus, on active l'application qui lui est associée ou le gestionnaire de fichiers dans le cas d'une icône répertoire. Il est possible aussi d'ouvrir un document en le faisant glisser sur la fenêtre d'une application.

Les fichiers

`/etc/kderc`   La configuration générale.

`~/.kde`   La configuration KDE de l'utilisateur courant.

Les variables d'environnement

`KDEHOME`   La configuration KDE de l'utilisateur courant. Par défaut, `~/.kde`

Focus : quelques commandes du bureau

K menu -> System Tools -> Terminal   Active une fenêtre terminal texte.

K menu -> Control Center   Active KDE Control Center, l'outil de configuration de KDE.

K menu -> Log out   Termine une session KDE.

Focus : configuration d'une session X pour l'utilisation de KDE

Pour configurer une session graphique X, il suffit que l'utilisateur crée le script .Xclients (qui doit être exécutable) et qu'il se termine par la commande :

```
exec startkde
```

L'utilisateur peut également recopier le script `startkde` sous le nom `.Xclients`.

Pour en savoir plus

Internet

Le site officiel de la documentation KDE (QuickStart, Guide utilisateur, KDE pour l'administrateur, manuel de chaque application...)
http://www.kde.org/documentation

Gnome

Le savoir concret

Utiliser Gnome

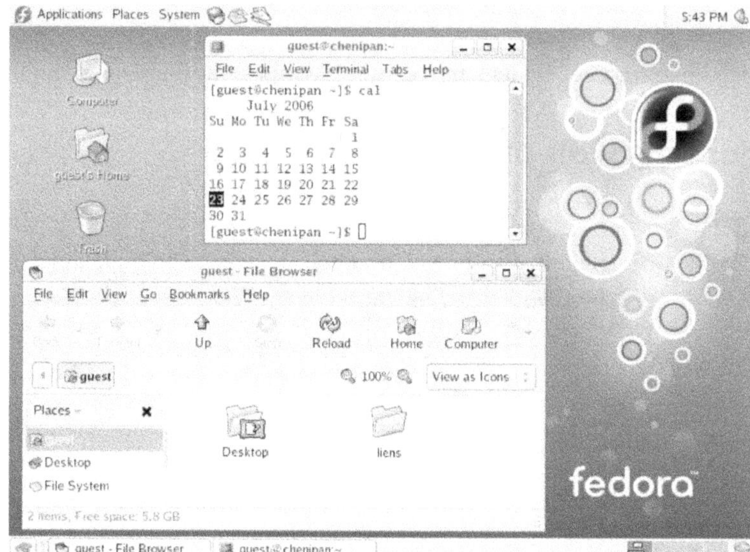

Fig. Le bureau Gnome

GNOME (GNU Network Object Model Environment) est un environnement graphique développé dans le cadre du projet GNU. Pour beaucoup, Gnome est considéré comme moins complet que KDE. Comme KDE, GNOME dispose d'un panneau situé en bas de l'écran qui permet d'accéder aux principales fonctionnalités. Il possède des icônes qui permettent de déclencher des applications et un menu général représenté par le logo de GNOME : une trace de pas.

Configuration d'une session X pour l'utilisation de Gnome

Il suffit que l'utilisateur crée le script .Xclients (qui doit être exécutable) et qu'il se termine par la commande :

```
exec gnome-session
```

L'utilisateur peut également recopier le script gnome-session sous le nom .Xclients.

Les commandes

gconf-editor   L'éditeur de la base de registres de Gnome.

Les fichiers

~/.gnome/   Le répertoire de configuration de Gnome pour l'utilisateur courant.

Pour en savoir plus

Internet

Le site officiel de Gnome, la page française
http://www.gnome.org/
http://www.gnomefr.org/

CERT

update

/etc/shadow

TMOUT

14

La sécurité

Objectifs

Après l'étude du chapitre, le lecteur connaîtra les principaux risques qu'encourt un système Linux. Il saura y faire face notamment en ce qui concerne la sécurité de connexion.

Contenu

Introduction à la sécurité informatique
La sécurité de connexion

Introduction à la sécurité informatique

La théorie

Les 10 commandements

1 – Ayez une politique de sécurité.

Une politique de sécurité, incarnée par Mr Sécurité, précise les règles de sécurité à suivre. Elle a été mise en place en fonction des risques encourus. Elle répond à un cahier des charges et elle est associée à un budget.

2 – Mettez vos logiciels à jour.

La technique de base des pirates est d'attaquer un système grâce à des « exploits ». Ces programmes utilisent les failles d'un logiciel ou du système d'exploitation pour espionner, détruire des données ou se rendre maîtres du système. Il faut donc passer les correctifs de ces failles pour se prémunir des attaques.

En corollaire, il faut se renseigner sur les failles et les attaques possibles, par exemple au niveau des CERT.

Un CERT (Computer Emergency Response Team) est un organisme qui centralise les différentes attaques. Celui des USA est le plus important. D'autre part, chaque éditeur de logiciel possède une page Web associée à la sécurité où sont indiqués les failles et leurs correctifs. Chaque faille est identifiée par un numéro CVE (Common Vulnerabilities and Exposures) mis en place par le MITRE, organisme soutenu par les USA.

3 – Il faut installer le minimum de logiciels.

Chaque logiciel a des failles ; moins on a de logiciels, moins on a de failles.

4 – Il faut laisser le minimum de ports réseau ouverts.

Il faut aussi pouvoir justifier qu'un port soit ouvert. Il faut donc connaître quels sont les protocoles associés à chacun.

5 – Il faut enfermer ses serveurs à clé.

Il faut protéger physiquement ses serveurs. Par exemple, on peut se rendre maître d'un serveur en le redémarrant avec un live-cd comme Ubuntu.

6 – Il faut positionner le minimum de droits permettant l'exploitation.

Linux est un système multi-utilisateur, c'est la principale protection du système. Il ne faut pas que, pour résoudre des problèmes ponctuels, on configure les droits en laissant tout compte accéder à n'importe quels fichiers. Au contraire, il faut positionner le minimum de droits permettant l'exploitation.

7 – Il faut utiliser de bons mots de passe.

Dans le futur, la biométrie remplacera les mots de passe pour identifier les utilisateurs. Actuellement, ils restent la technique la plus répandue. Un mot de passe trop simple ou écrit sur un document constitue une faille majeure.

8 – Il faut utiliser des liaisons réseau sécurisées.

Les connexions doivent être chiffrées, par exemple par des liaisons SSH ou SSL.

9 – Il faut auditer ses systèmes.

Il faut vérifier si un système ne peut pas être attaqué. L'idéal est de confier cette tâche à des spécialistes.

10 – Il faut sauvegarder ses données.

Un piratage est comparable par certains côtés à une catastrophe naturelle. Il faut sauvegarder ses données, notamment pour récupérer celles détruites ou modifiées par le piratage.

Le savoir concret

Les sites renseignant sur les failles et sur les correctifs

Chaque distribution Linux et chaque logiciel possède une page Web (le plus souvent appelée /security) qui décrit les problèmes de sécurité (les failles…) et les solutions (les correctifs…).

Voir dans la rubrique « Pour en savoir plus », quelques adresses Internet.

Commandes et fichiers permettant de connaître la version de ses logiciels

`/etc/issue`	Ce fichier contient la version de la distribution.
`uname -a`	Affiche la version du noyau.
`rpm -q`<logiciel>	Affiche la version du logiciel et du paquet associé.
<logiciel> `--version`	Affiche la version d'un logiciel GNU.

Commandes de mise à jour des logiciels (exemples avec yum)

`yum check-update`	Liste les applications nécessitant des mises à jour.
`yum --security check-update`	
	Liste les applications nécessitant des mises à jour de sécurité.
`yum update` <logiciel>	Mise à jour d'un logiciel.
`yum update`	Mise à jour de l'ensemble des logiciels.

Autres commandes Debian Atelier 14 : La sécurité

`netstat -anpe`	Affiche les ports réseau actuellement actifs ainsi que les applications les utilisant.
`rpm -V`<logiciel>	Vérifie un paquet (les droits, les sommes de contrôle…).
`md5sum, sha1sum, sha256sum, sha512sum, sum(1), cksum(1p)`	
	Ces commandes calculent une somme de contrôle sur un fichier, ce qui permet de vérifier son intégrité.

Les variables d'environnement

TMOUT	Variable du shell indiquant le délai avant une déconnexion automatique en cas d'inactivité dans une session texte.

Pour en savoir plus

Internet

La « voix centrale » de la sécurité Linux
http://www.linuxsecurity.com/

Les pages sécurité des distributions (alertes de sécurité…)
https://access.redhat.com/site/security/updates/advisory/
http://www.debian.org/security
http://www.ubuntu.com/usn
https://www.suse.com/security
https://www.mandriva.com/fr/support/security/advisories/

Les pages sécurité des logiciels, exemple Apache
http://httpd.apache.org/security

Le US-CERT (annonce les alertes les plus importantes)
https://www.us-cert.gov/ncas/current-activity

Howto

Security-HOWTO

Security-Quick-Start-HOWTO

Livres

Building Secure Servers with Linux, par M.D. Bauer, chez O'Reilly

Practical Unix & Internet Security, par S. Garfinkel, chez O'Reilly

Halte aux hackers, par S. Mc Clure,

Hacking Linux exposed, par B. Hatch J. Lee

La sécurité de connexion

La théorie

La sécurité de connexion est stratégique. Ses failles rentrent en ligne de compte dans 80 % des piratages réussis.

Remarque : la sécurité de connexion est de plus en plus sensible au paramétrage PAM. Ce système, basé sur des bibliothèques dynamiques utilisées par les commandes d'authentification, est configurable par de simples fichiers.

Le savoir concret

Les commandes

`login`	Le logiciel qui vous authentifie dans une session texte.
`chage`	Cette commande permet de modifier la durée de validité d'un mot de passe.
`su`	La commande qui permet de prendre les droits d'un autre utilisateur, mais en étant déjà connecté sous un compte utilisateur.
`passwd`	Permet de modifier son mot de passe. Permet à l'administrateur de changer le mot de passe d'un utilisateur quelconque. Permet également le verrouillage d'un mot de passe.
`chpasswd`	Permet de modifier un mot de passe en automatique.
`last`	Affiche les dernières connexions ayant abouti.
`lastb`	Affiche les dernières connexions ayant échoué.

Les fichiers

`/etc/passwd`	Contient les comptes utilisateur.
`/etc/shadow`	Contient les mots de passe et les données associées à leur pérennité.

Les particularités des distributions

Red Hat

La commande `passwd` possède l'option `--stdin` qui permet un changement non-interactif d'un mot de passe.

SUSE

La commande `passwd` possède l'option `--stdin` qui permet un changement non-interactif d'un mot de passe. On peut également utiliser à cet effet la commande `chpasswd`. Les mots de passe peuvent être chiffrés en DES, MD5 ou Blowfish.

Debian, Ubuntu

Sous Debian et Ubuntu, si l'on veut modifier de manière automatique un mot de passe, on utilise la commande standard `chpasswd`. Une autre possibilité est d'utiliser la commande `usermod -p` et de donner en argument le résultat de la commande `mkpasswd`.

Pour en savoir plus

Le manuel en ligne

login(1), pam(8), su(1), chpasswd(1), last(1), chage(1), passwd(5), shadow(5)

Howto

Shadow-Password HOWTO

15

*Annexes
à télécharger*

Pour télécharger ces annexes, rendez-vous sur le site www.editions-eyrolles.com, tapez
14082 dans la zone <Rechercher> et validez par ⏎. Vous trouverez le fichier à télécharger.

Annexe A : Les commandes POSIX 2

Annexe B : bash – Bourne Another SHell

Annexe C : sh - Le shell POSIX

Annexe D : ksh – Le Korn shell

Annexe E : awk – Le processeur de texte

Annexe F : Sed – Éditeur en mode flot

Annexe G : Les principaux fichiers d'administration

PARTIE 2
ATELIERS RED HAT

Red Hat - Introduction

(À faire après l'installation)

Tâche 1 : Connexion, déconnexion et quelques commandes d'information .... 10 mn

Tâche 2 : Recherche d'informations sur le Web .... 10 mn

Tâche 3 : Utiliser, configurer le manuel .... 5 mn

Tâche 4 : Complément : utiliser la commande script .... 5 mn

Tâche 1 :
Connexion, déconnexion et quelques commandes d'information

1. Connexion.

En mode graphique (le mode par défaut après notre installation), on se connecte en entrant son nom et son mot de passe (guest et guest). On peut également se connecter à distance ou en mode texte en local. Pour faire apparaître les écrans texte, on appuie sur Ctrl+Alt+F2 ou F3, F4… Pour revenir à l'écran graphique, on appuie sur Ctrl+Alt+F1. Dans l'écran graphique, après la connexion, on peut faire apparaître une fenêtre shell grâce à un clic droit et ensuite en choisissant « Open Terminal » dans le menu qui s'affiche.

Dans l'exemple qui suit, on se connecte dans un écran texte :

```
Login as: guest
guest@192.168.56.102's password: guest
[guest@localhost ~]$
```

Remarque : le mot de passe n'apparaît pas à l'écran.

2. Affichez votre identité : sous quel compte vous vous êtes connecté.

```
[guest@localhost ~]$ who am i
guest      pts/1          2014-01-20 10:16 (192.168.56.1)
```

3. Affichez votre identité : quels sont vos droits.

```
[guest@localhost ~]$ id
uid=1000(guest) gid=1000(guest) groups=1000(guest),10(wheel)
context=unconfined_u:unconfined_r:unconfined_t:s0-s0:c0.c1023
```

4. Quelles sont la date et l'heure système ?

```
[guest@localhost ~]$ date
Mon Jan 20 10:19:40 CET 2014
```

5. Affichez le calendrier courant.

```
[guest@localhost ~]$ CAL
bash: CAL: command not found...
Similar command is: 'cal'
[guest@localhost ~]$ cal
     January 2014
Su Mo Tu We Th Fr Sa
          1  2  3  4
 5  6  7  8  9 10 11
12 13 14 15 16 17 18
19 20 21 22 23 24 25
26 27 28 29 30 31
```

Remarque : les systèmes Linux font la différence au niveau de la casse. Si on ne la respecte pas, le shell ne trouve pas la commande et affiche un message d'erreur. Normalement, la plupart des commandes sont en minuscules.

6. Quelle est la version de votre noyau Linux ?

```
[guest@localhost ~]$ uname -a
Linux redhat_un 3.10.0-54.0.1.el7.x86_64 #1 SMP Tue Nov 26 16:51:22 EST 2013
x86_64 x86_64 x86_64 GNU/Linux
```

7. Quelle est votre distribution et sa version ?

```
[guest@localhost ~]$ more /etc/redhat-release
Red Hat Enterprise Linux Everything release 7.0 Beta (Maipo)
[guest@localhost ~]$ lsb_release -a
LSB Version:     :core-4.1-amd64:core-4.1-noarch
Distributor ID: RedhatEnterpriseEverything
Description:     Red Hat Enterprise Linux Everything release 7.0 Beta (Maipo)
Release:         7.0
Codename:        Maipo
```

Remarque : la commande lsb_release est disponible si le paquet redhat-lsb-core est installé.

8. Connectez-vous au compte administrateur.

a) Prendre les droits de l'administrateur.

Lors de l'invite de connexion, on saisit le nom d'utilisateur « root » et le mot de passe associé (secret dans notre cas). Il est possible aussi d'activer une session shell d'administration au-dessus d'une session d'un utilisateur avec la commande su. La commande exit la termine.

```
[guest@localhost ~]$ su -
Password: secret
Last login: Sat Mar  8 01:03:20 CET 2014 on tty2
[root@redhat_un ~]# id
uid=0(root) gid=0(root) groups=0(root)
context=unconfined_u:unconfined_r:unconfined_t:s0-s0:c0.c1023
```

b) Donner les droits d'administration à l'utilisateur guest.

```
[root@localhost ~]# usermod -G wheel -a guest
[root@localhost ~]# visudo
...
%wheel          ALL=(ALL)          NOPASSWD: ALL
```

Remarque : la configuration précédente existe par défaut mais elle est commentée. Pour l'activer, il suffit d'enlever le caractère dièse (commentaire). Cette configuration précise que tout utilisateur membre du groupe wheel possède les droits d'administration du système.

c) On termine la session d'administration.

```
[root@localhost ~]# exit
[guest@localhost ~]$
```

Remarques :

1) Dans la majorité des cas, on utilisera l'option « - » de su pour retrouver l'environnement natif de l'administrateur. Dans le cas contraire, on conserve celui de l'utilisateur courant.

2) L'invite de commande (prompt) de l'administrateur se termine par « # » et celui d'un utilisateur ordinaire par « $ ». Dans la suite, observez ces invites ; elles vous indiquent sous quel compte vous devez être.

9. Déconnectez-vous.

```
[guest@localhost ~]$ exit
```

Remarque : comme on le voit, se déconnecter en mode texte est simple, il suffit d'entrer la commande exit. Si l'on est dans une fenêtre shell, la commande ne fait que fermer la fenêtre. Pour se déconnecter du mode graphique, il suffit (sous l'interface Gnome) de choisir le menu Desktop > Log out. Le menu qui s'affiche alors vous permet aussi bien de vous déconnecter que d'arrêter ou de redémarrer le système.

Tâche 2 :
Recherche d'informations sur le Web

Remarque préalable : Firefox peut être activé à partir de la barre de commande ; son icône ressemble à la Terre. Éventuellement, il faudra configurer le proxy.

1. Recherchez des informations sur une distribution, par exemple Red Hat.

a) Grâce à un navigateur, on va sur le site Google (www.google.fr). Si l'on rentre le mot « redhat », on trouve, dans les premiers résultats, le lien suivant : http://fr.redhat.com/

b) On peut directement aller sur le site Wikipedia de Red Hat (http://fr.wikipedia.org/wiki/Red_Hat_Enterprise_Linux) ou dans la page qui liste les distributions : http://fr.wikipedia.org/wiki/Liste_des_distributions_Linux. On peut faire des recherches sur les sites suivants : http://www.linux.org/resources/categories/linux-distributions.18/ ou encore http://distrowatch.com/index.php?language=FR. Ensuite, on recherche dans la page générée le mot Redhat. On obtient le lien suivant : http://www.linux.org/resources/red-hat-enterprise-linux.14/

2. Parcourez un Howto, par exemple le « User and Group Howto ».

Les Howto sont rassemblés sous différents formats sur le site www.tldp.org . Par exemple, le Howto demandé, au format HTML est accessible à l'adresse suivante :

http://www.tldp.org/HOWTO/User-Group-HOWTO.html

3. Parcourez un guide d'administration d'une version Red Hat Enterprise.

On part du site https://access.redhat.com/site/documentation/en-US/ et, après quelques sauts, on arrive (par exemple) sur le site suivant (qui décrit l'installation de RHEL 7) :

https://access.redhat.com/site/documentation/en-US/Red_Hat_Enterprise_Linux/7-Beta/html/Installation_Guide/index.html

Tâche 3 :
Utiliser, configurer le manuel

1. Affichez la page de manuel de la commande cal.

```
[guest@localhost ~]$ man cal
CAL(1)                          User Commands                          CAL(1)
NAME
       cal - display a calendar
SYNOPSIS
       cal [options] [[[day] month] year]
DESCRIPTION
       cal  displays  a  simple  calendar.  If no arguments are specified, the
       current month is displayed.
OPTIONS
       -1, --one
             Display single month output.  (This is the default.)

       -3, --three
             Display prev/current/next month output.

       -s, --sunday
             Display Sunday as the first day of the week.
```

```
       -m, --monday
 Manual page cal(1) line 1 (press h for help or q to quit)
```

Remarque : on passe à la page suivante en appuyant sur la barre d'espace. La touche « b » permet de revenir en arrière et la touche « q » permet d'abandonner le manuel.

2. Mettez à jour l'index du manuel (tâche réservée à l'administrateur).

```
[guest@localhost ~]$ sudo mandb
```

Remarques :

1) Dans les anciennes versions (RHEL 5 et 6), on utilisait la commande makewhatis.

2) La commande sudo permet d'endosser les droits d'un autre utilisateur, en l'occurrence, suite à l'exécution de la commande visudo précédente, guest a les droits de l'administrateur root.

3. Recherchez les pages qui ont un rapport avec un mot-clé, par exemple « manual ».

```
[guest@localhost ~]$ man -k manual
aclocal (1)              - manual page for aclocal 1.13.4
aclocal-1.13 (1)         - manual page for aclocal 1.13.4
apropos (1)              - search the manual page names and descriptions
automake (1)             - manual page for automake 1.13.4
automake-1.13 (1)        - manual page for automake 1.13.4
catman (8)               - create or update the pre-formatted manual pages
...
[guest@localhost ~]$ man -k 'create.*manual'
catman (8)                - create or update the pre-formatted manual pages
mandb (8)                 - create or update the manual page index caches
```

Remarque : il est possible de mettre plusieurs mots en argument de man –k. Il faut les séparer par . * qui signifie « n'importe quelle suite de caractères ».

4. Affichez la page passwd(5).

```
[guest@localhost ~]$ man 5 passwd
PASSWD(5)        Linux Programmer's Manual               PASSWD(5)
NAME
       passwd - password file
DESCRIPTION
       Passwd is a text file, that contains a list of the system's
       accounts, giving for each account some useful information
...
```

5. Affichez la documentation standard (POSIX) d'une commande.

```
[guest@localhost ~]$ man 1P cal
CAL(1P)              POSIX Programmer's Manual               CAL(1P)
...
```

Tâche 4 :
Complément : utiliser la commande script

1. On enregistre les commandes.

On active la commande script. Les commandes que l'on saisit et leur résultat sont enregistrés. On met fin à l'enregistrement des commandes par la commande exit.

```
[guest@localhost ~]$ script -a
Script started, file is typescript
[guest@localhost ~]$ date
Mon Jan 20 11:18:14 CET 2014
[guest@localhost ~]$ id
```

```
uid=1000(guest) gid=1000(guest) groups=1000(guest),10(wheel)
context=unconfined_u:unconfined_r:unconfined_t:s0-s0:c0.c1023
[guest@localhost ~]$ exit
exit
Script done, file is typescript
```

Remarques :

1) La commande `script` peut être activée automatiquement en début de session si elle est présente dans le fichier `~/.bash_profile` de l'utilisateur.

2) L'option `-a` demande que la session soit ajoutée au fichier `typescript`.

2. On visualise la session enregistrée.

```
[guest@localhost ~]$ cat typescript
Script started on Mon 20 Jan 2014 11:18:12 AM CET
[guest@localhost ~]$ date
Mon Jan 20 11:18:14 CET 2014
[guest@localhost ~]$ id
uid=1000(guest) gid=1000(guest) groups=1000(guest),10(wheel)
context=unconfined_u:unconfined_r:unconfined_t:s0-s0:c0.c1023
[guest@localhost ~]$ exit
exit

Script done on Mon 20 Jan 2014 11:18:17 AM CET
```

Red Hat - L'installation

Tâche : Installer Linux... 2 h

Remarques :

1) On donne l'exemple de l'installation d'une distribution RHEL 7 Béta. A priori, il y a peu de différences avec l'installation de la version Red Hat Enterprise RHEL 7 définitive.

2) Les distributions Red Hat, Fedora, Oracle et CentOS utilisent le même logiciel d'installation : Anaconda.

3) L'étape la plus complexe est le partitionnement du disque. On choisira d'utiliser le partitionnement par défaut. Après l'étude des disques, il peut être intéressant de refaire une installation dans laquelle on configure soi-même le partitionnement.

1. Téléchargez la version d'évaluation de RHEL 7.

2. Démarrez à partir du 1ᵉʳ DVD.

Le menu suivant s'affiche :

```
Install Red Hat Enterprise Linux 7.0
Test this media & install Red Hat Enterprise Linux 7.0


Troubleshooting
```

On sélectionne le choix par défaut (Install Red Hat ...).

Remarque : des messages de démarrage apparaissent. En final, l'écran de bienvenue (Welcome) s'affiche.

3. Choix du langage (What language would you like to use during the installation process?).

On prend le choix par défaut : l'anglais (English/English(United States).

Remarque : dans la version béta, le programme prévient de l'instabilité de celle-ci. On a le choix de continuer (I want to proceed) ou d'abandonner (I want to exit).

4. Le résumé d'installation (INSTALLATION SUMMARY).

Un écran résume les principaux choix d'installation et la progression de celle-ci si elle a démarré. L'écran affiche les choix suivant :

```
LOCALIZATION
        DATE & TIME - America/Denver timezeone
        LANGUAGE SUPPORT - English (United States)
SOFTWARE
        INSTALLATION SOURCE - Local media
        SOFTWARE SELECTION - Minimal install
STORAGE
        INSTALLATION DESTINATION - Automatic partitionning selected (!)
KEYBOARD - English (English (US))
NETWORK CONFIGURATION - Wired (p2p1) connected
```

En bas, il y a deux boutons :

```
- Quit
- Begin Installation
```

Le bouton de démarrage de l'installation est en grisé car l'installation n'est possible que si les panneaux de danger (!) ont disparu ; en l'occurrence le paramétrage du stockage (storage) n'a pas été finalisé.

5. Complétez vos choix d'installation

a) Le clavier (Keyboard) : on commence par ajouter le français (French (French alternative)) grâce au bouton « + » et ensuite on choisit le français comme langue prioritaire (grâce à la flèche vers le haut après avoir sélectionné le français). On termine en fermant la fenêtre KEYBOARD LAYOUT en appuyant sur le bouton « Done ».

b) On choisit le fuseau horaire et on vérifie l'heure en cliquant sur le menu DATE & TIME. On termine en appuyant sur le bouton « Done ».

c) On sélectionne les logiciels à installer en cliquant sur le menu SOFTWARE SELECTION. On choisit comme « Base Environment » « GNOME Desktop » (un environnement graphique simple). Dans le tableau de droite (Add-Ons) on coche les choix suivants : « Base », « Development tools », « Internet Browser » et « Web Server ». On termine en appuyant sur le bouton « Done ».

d) On choisit le disque d'installation en cliquant sur le menu INSTALLATION DESTINATION. On clique deux fois sur le disque (une coche doit apparaître sur le disque). On termine en appuyant sur le bouton « Done ». Un écran apparaît permettant de choisir son mode de partitionnement. On appuie sur le bouton « Continue » (on prend les valeurs par défaut).

6. Démarrez l'installation

Maintenant, il n'y a plus de panneau danger ; on peut démarrer l'installation en appuyant sur le bouton « Begin Installation ».

7. Configuration

Durant l'installation, on peut configurer les comptes utilisateur (USER SETTINGS) :

a) Le mot de passe de root (ROOT PASSWORD) : on choisit « secret » et on termine en appuyant sur le bouton « Done » (deux fois car le mot de passe est faible).

b) On peut créer un compte utilisateur (USER CREATION). On crée le compte « guest » (pour Full name et Username), et on saisit « guest » comme mot de passe. On coche aussi le choix « Make this user administrator » (le compte pourra administrer le système). On termine en appuyant sur le bouton « Done » (deux fois car le mot de passe est faible).

8. Fin de l'installation

a) Quand l'installation est terminée, on appuie sur le bouton « Reboot ».

b) Après le redémarrage, un écran apparaît : « INITIAL SETUP » qui comprend le menu LICENSE INFORMATION. On le choisit et on valide la licence. On termine en appuyant sur le bouton « FINISH CONFIGURATION ».

c) Un nouvel écran s'affiche permettant la configuration de Kdump. On appuie sur le bouton « Forward ».

d) L'écran suivant permet l'accès aux mises à jour de Red Hat (Subscription Management Registration). On sélectionne le choix « No, I prefer to register at a later time » (non, je préfère m'enregistrer plus tard).

9. L'écran de connexion.

L'installation est complètement terminée et un écran de connexion s'affiche. Pour le moment, on a le choix entre se connecter sous le compte de l'utilisateur que l'on a créé (guest) ou de choisir « Not listed ? »

Red Hat - Les commandes

Tâche 1 : Les commandes de gestion de fichiers et de répertoires .... 15 mn

Tâche 2 : Les utilitaires .... 20 mn

Tâche 3 : Le shell .... 10 mn

Tâche 4 : L'éditeur vi .... 15 mn

Tâche 5 : La commande find (complément) .... 10 mn

Tâche 1 :
Les commandes de gestion de fichiers et de répertoires

1. Dans quel répertoire suis–je ?

```
[guest@localhost ~]$ pwd
/home/guest
```

2. Je copie le fichier /etc/passwd dans le répertoire courant et je nomme la copie mot_de_passe. Dans un premier temps, je fais une erreur dans le nom du fichier.

```
[guest@localhost ~]$ cp /etc/password mot_de_passe
cp: cannot stat '/etc/password': No such file or directory
[guest@localhost ~]$ cp /etc/passwd mot_de_passe
```

Remarques :

1) Les commandes Linux ne sont pas bavardes quand elles se terminent correctement (qui ne dit mot consent). Inversement, une erreur provoque l'affichage d'un message explicatif.

2) Il est possible grâce au shell Bash de rappeler une commande en utilisant les flèches haut et bas et ensuite d'éditer une commande avec les flèches droite et gauche, les touches Suppr et Retour arrière (backspace). De plus, si l'on saisit du texte, celui-ci s'insère à partir du curseur.

3. Je copie les fichiers /etc/group et /etc/profile dans le répertoire courant (« . »), je conserve leur nom d'origine.

```
[guest@localhost ~]$ cp /etc/group /etc/profile .
```

4. Je liste les fichiers présents dans le répertoire.

```
[guest@localhost ~]$ ls
group  mot_de_passe  profile
```

5. Je liste les fichiers en affichant leurs attributs.

```
[guest@localhost ~]$ ls -l
total 12
-rw-r--r--.  1 guest guest  621 Mar  4 07:41 group
-rw-r--r--.  1 guest guest 1678 Mar  4 07:40 mot_de_passe
-rw-r--r--.  1 guest guest  840 Mar  4 07:41 profile
```

6. Je liste l'ensemble des fichiers du répertoire, y compris les fichiers cachés (ceux dont le nom commence par « . »).

```
[guest@localhost ~]$ ls -a
.    .bash_logout   .bashrc  .gtkrc  mot_de_passe
..   .bash_profile  group    .kde    profile
[guest@localhost ~]$ ls -a -l
...
[guest@localhost ~]$ ls -al
...
```

Remarque : quand on spécifie plusieurs options, il est possible de les rassembler derrière le caractère moins (« - »).

7. Je crée le répertoire un_rep, je liste les fichiers, mon nouveau répertoire apparaît.

```
[guest@localhost ~]$ mkdir un_rep
[guest@localhost ~]$ ls -l
total 16
-rw-r--r--  1 guest guest  621 Mar  4 07:41 group
-rw-r--r--  1 guest guest 1678 Mar  4 07:40 mot_de_passe
-rw-r--r--  1 guest guest  840 Mar  4 07:41 profile
drwxrwxr-x  2 guest guest 4096 Mar  4 07:45 un_rep
[guest@localhost ~]$ ls -F
group  mot_de_passe  profile  un_rep/
```

Remarque : l'option –F de la commande ls ajoute un suffixe aux fichiers. Ce suffixe est un slash (« / ») dans le cas des répertoires et une étoile (« * ») dans le cas d'une commande. Sous Linux, les couleurs permettent également de connaître la nature d'un fichier : bleu foncé pour un répertoire et vert pour une commande.

8. Je copie le fichier group en g2, je détruis le fichier group et je renomme g2 en group.

```
[guest@localhost ~]$ ls
group  mot_de_passe  profile  un_rep
[guest@localhost ~]$ cp group g2
[guest@localhost ~]$ ls
g2  group  mot_de_passe  profile  un_rep
[guest@localhost ~]$ rm -i group
rm: remove regular file `group'? n
[guest@localhost ~]$ alias rm='rm -i'
[guest@localhost ~]$ rm group
rm: remove regular file `group'? n
[guest@localhost ~]$ \rm group      # ne tient pas compte de l'alias
[guest@localhost ~]$ unalias rm
[guest@lcoalhost ~]$ ls
g2  mot_de_passe  profile  un_rep
[guest@localhost ~]$ mv g2 group
[guest@localhost ~]$ ls
group  mot_de_passe  profile  un_rep
```

ATTENTION ! La destruction d'un fichier par la commande rm est très dangereuse. Il n'y a pas de possibilité de faire machine arrière. Le plus souvent, la commande ne vous demande aucune confirmation. Si l'on veut être sûr d'en avoir une, il faut utiliser l'option –i. Une autre possibilité est de protéger le fichier en écriture. L'emploi d'alias peut masquer l'utilisation d'une option et la rendre implicite. Les alias ne sont valables que pour la session, il faut donc les sauvegarder (dans ~/.bash_profile par exemple).

9. On se déplace dans le répertoire /usr/bin, on visualise les caractéristiques du fichier who et on revient dans son répertoire d'accueil.

```
[guest@localhost ~]$ cd /usr/bin
[guest@localhost bin]$ pwd
/usr/bin
[guest@localhost bin]$ ls -l who
-rwxr-xr-x. 1 root root 25744 May 25  2005 who
[guest@localhost bin]$ cd
[guest@localhost ~]$
```

10. Visualisez le type des fichiers /usr/bin/who (une commande) et /etc/issue (un fichier texte).

```
[guest@localhost ~]$ file /usr/bin/who
```

```
/usr/bin/who: ELF 64-bit LSB executable, x86-64, version 1 (SYSV), dynamically
linked (uses shared libs), for GNU/Linux 2.6.32,
BuildID[sha1]=0x0481fc145c091e79159460f822aa8fe030ecbf22, stripped
[guest@localhost ~]$ file /etc/issue
/etc/issue: ASCII text
```

Remarque : la commande `file` nous renseigne sur le type d'un fichier. Le mot-clé « text » spécifie que c'est un fichier texte (ASCII). Dans l'exemple, le mot ASCII est indiqué par défaut. Normalement, la commande spécifie en outre la nature du fichier (commande, texte en français, en allemand, en Fortran, en Cobol…).

11. Visualisez le contenu d'un fichier page par page.

```
[guest@localhost ~]$ more /etc/issue
\S
Kernel \r on an \m
```

Tâche 2 :
Les utilitaires

1. Affichez les premières lignes du fichier /etc/services.

```
[guest@localhost ~]$ head /etc/services
# /etc/services:
# $Id: services,v 1.55 2013/04/14 ovasik Exp $
#
# Network services, Internet style
# IANA services version: last updated 2013-04-10
#
# Note that it is presently the policy of IANA to assign a single well-known
# port number for both TCP and UDP; hence, most entries here have two entries
# even if the protocol doesn't support UDP operations.
# Updated from RFC 1700, ``Assigned Numbers'' (October 1994).  Not all ports
```

Remarque : quand on saisit un chemin de fichier, il suffit de taper les premiers caractères (par exemple `/etc/serv`) et ensuite on peut le compléter en appuyant sur la touche tabulation. S'il y a une ambiguïté (par exemple suite à la saisie de `/etc/se`), il suffit d'appuyer une deuxième fois sur tabulation pour voir les différents choix possibles.

2. Affichez les dernières lignes du fichier /etc/services.

```
[guest@localhost ~]$ tail /etc/services
3gpp-cbsp       48049/tcp               # 3GPP Cell Broadcast Service Protocol
isnetserv       48128/tcp               # Image Systems Network Services
isnetserv       48128/udp               # Image Systems Network Services
blp5            48129/tcp               # Bloomberg locator
blp5            48129/udp               # Bloomberg locator
com-bardac-dw   48556/tcp               # com-bardac-dw
com-bardac-dw   48556/udp               # com-bardac-dw
iqobject        48619/tcp               # iqobject
iqobject        48619/udp               # iqobject
matahari        49000/tcp               # Matahari Broker
```

3. Affichez les lignes du fichier /etc/services qui contiennent la chaîne « HTTP ».

```
[guest@localhost ~]$ grep HTTP /etc/services
http            80/tcp          www www-http    # WorldWideWeb HTTP
http-rpc-epmap  593/tcp                 # HTTP RPC Ep Map
http-rpc-epmap  593/udp                 # HTTP RPC Ep Map
....
```

4. Idem, mais on ne tient pas compte de la casse.

```
[guest@localhost ~]$ grep -i HTTP /etc/services
#          http://www.iana.org/assignments/port-numbers
http                80/tcp          www www-http   # WorldWideWeb HTTP
http                80/udp          www www-http   # HyperText Transfer Protocol
http                80/sctp                        # HyperText Transfer Protocol
https               443/tcp                         # http protocol over TLS/SSL
...
```

5. Affichez les lignes du fichier /etc/services qui commencent par « http ».

```
[guest@localhost ~]$ grep '^http' /etc/services
http                80/tcp          www www-http   # WorldWideWeb HTTP
...
```

6. Affichez les 3 dernières lignes du fichier /etc/services trié.

```
[guest@localhost ~]$ sort /etc/services | tail -3
zserv               346/udp         # Zebra server
zymed-zpp           2133/tcp        # ZYMED-ZPP
zymed-zpp           2133/udp        # ZYMED-ZPP
```

7. Affichez triées, page par page, les lignes du fichier /etc/services qui ne commencent pas par « # ».

```
[guest@localhost ~]$ grep -v '^#' /etc/services | sort | more
1ci-smcs            3091/tcp        # 1Ci Server Management
1ci-smcs            3091/udp        # 1Ci Server Management
2ping               15998/udp       # 2ping Bi-Directional Ping Service
3Com-nsd            1742/tcp        # 3Com-nsd
```

8. Affichez le nombre de lignes, de mots et de caractères du fichier /etc/services.

```
[guest@localhost ~]$ wc /etc/services
11176   61033 670293 /etc/services
```

9. Affichez uniquement le nombre de lignes du fichier /etc/services.

```
[guest@localhost ~]$ wc -l /etc/services
11176 /etc/services
```

Tâche 3 :
Le shell

1. Utilisation des redirections.

a) On redirige le résultat de la commande `cal` dans un fichier. On visualise le fichier ainsi créé.

```
[guest@localhost ~]$ clear          # efface l'écran
[guest@localhost ~]$ cal > cal.txt
[guest@localhost ~]$ more cal.txt
    January 2014
Su Mo Tu We Th Fr Sa
          1  2  3  4
 5  6  7  8  9 10 11
12 13 14 15 16 17 18
19 20 21 22 23 24 25
26 27 28 29 30 31
```

b) On redirige le résultat de la commande `date` dans le même fichier. On perd l'ancien contenu.

```
[guest@localhost ~]$ date > cal.txt
[guest@localhost ~]$ cat cal.txt
Mon Jan 20 16:02:39 CET 2014
```

c) On redirige le résultat de la commande `cal` dans un fichier. On y ajoute le résultat de la commande date.

```
[guest@localhost ~]$ cal > histo.txt
[guest@localhost ~]$ date >> histo.txt
[guest@localhost ~]$ more histo.txt
    January 2014
Su Mo Tu We Th Fr Sa
          1  2  3  4
 5  6  7  8  9 10 11
12 13 14 15 16 17 18
19 20 21 22 23 24 25
26 27 28 29 30 31
Mon Jan 20 16:02:55 CET 2014
```

d) On supprime le contenu du fichier histo.txt par une redirection.

```
[guest@localhost ~]$ > histo.txt
[guest@localhost ~]$ more histo.txt
```

e) On affiche le résultat d'une commande page par page.

```
[guest@localhost ~]$ cal 2000 | more
                    2000

      January            February              March
Su Mo Tu We Th Fr Sa  Su Mo Tu We Th Fr Sa  Su Mo Tu We Th Fr Sa
                   1         1  2  3  4  5            1  2  3  4
 2  3  4  5  6  7  8   6  7  8  9 10 11 12   5  6  7  8  9 10 11
 9 10 11 12 13 14 15  13 14 15 16 17 18 19  12 13 14 15 16 17 18
16 17 18 19 20 21 22  20 21 22 23 24 25 26  19 20 21 22 23 24 25
23 24 25 26 27 28 29  27 28 29              26 27 28 29 30 31
30 31
....
--More--
```

2. Utilisation des jokers

a) On affiche les commandes commençant par e du répertoire /bin.

```
[guest@localhost ~]$ cd /bin
[guest@localhost bin]$ ls e*
easy_install       empathy-accounts  etex          eu-strip
easy_install-2.7   empathy-debugger  eu-addr2line  eu-unstrip
...
```

b) On affiche les commandes composées de 5 caractères.

```
[guest@localhost bin]$ ls ?????
chgrp  chown  egrep  fgrep  login  mknod  pgawk  rmdir  sleep  uname
chmod  dmesg  false  igawk  mkdir  mount  ping6  rview  touch
```

c) On affiche les commandes de 2 caractères et commençant par e.

```
[guest@localhost bin]$ ls e?
ed  ex
```

d) On affiche les commandes commençant par un w, ou par un x, ou par un y, ou par un z.

```
[guest@localhost bin]$ ls [wxyz]*
w                    xdg-user-dirs-update    xzcmp
wait                 xdpyinfo                xzdec
...
[guest@localhost bin]$ ls [w-z]*    # autre solution
```

Remarque : dans le joker crochet ([...]), un ensemble de caractères peut être précisé en spécifiant les bornes séparées par le caractère moins.

e) On affiche les commandes qui ne commencent pas par une lettre comprise entre a et v.

```
[guest@localhost bin]$ ls [!a-v]*
...
[guest@localhost bin]$ cd
```

Remarque : dans le joker crochet ([...]), le caractère point d'exclamation (« ! ») signifie la négation.

3. Utilisation des caractères de protection.

a) Le backslash « \ » demande au shell de ne pas interpréter le caractère suivant. Dans l'exemple, on essaye de créer un fichier commençant par un « # » qui normalement débute un commentaire.

```
[guest@localhost ~]$ touch #commentaire
touch: missing file operand
Try 'touch --help' for more information.
[guest@localhost ~]$ touch \#commentaire
[guest@localhost ~]$ ls -l *comme*
-rw-rw-r--. 1 guest guest 0 Jan 20 16:24 #commentaire
```

b) Les simples quotes ('...') protègent un ensemble de caractères. Dans l'exemple, on crée un fichier dont le nom contient des espaces.

```
[guest@localhost ~]$ touch 'Fichier dont le nom contient des espaces'
[guest@localhost ~]$ ls -l *espace*
-rw-rw-r--. 1 guest guest 0 Jan 20 16:25 Fichier dont le nom contient des
espaces
```

c) Les doubles quotes ("...") fonctionnent comme les simples quotes excepté que le caractère $, qui référence les variables, est interprété (de même que les quotes anti-quotes et le backslash).

```
[guest@localhost ~]$ echo "Mon repertoire de connexion: $HOME"
Mon repertoire de connexion: /home/guest
```

4. Quelques autres caractères.

a) Le point-virgule sépare les commandes.

```
[guest@localhost ~]$ echo "voici la date : " ; date
voici la date :
Mon Jan 20 16:27:03 CET 2014
```

b) Les anti-quotes permettent d'interpréter une commande dans une commande. On génère ainsi dynamiquement des arguments.

```
[guest@localhost ~]$ echo "voici la date : $(date)"
voici la date : Mon Jan 20 16:28:05 CET 2014
[guest@localhost ~]$ echo "voici la date : `date`"
voici la date : Mon Jan 20 16:28:14 CET 2014
```

c) Visualiser la variable HOME.

```
[guest@localhost ~]$ echo $HOME
/home/guest
```

d) Visualiser le répertoire de connexion (autre technique).

```
[guest@localhost ~]$ echo ~
/home/guest
```

5. Activer une commande, utilisation du PATH.

a) On essaye de connaître la version de la commande d'administration `ifconfig`, qui normalement affiche la configuration IP. Au préalable, on affiche la valeur du PATH et on l'initialise à sa valeur minimale /bin et /usr/bin, qui correspondent aux répertoires contenant les commandes standards.

```
[guest@localhost ~]$ echo $PATH
```

```
/usr/local/bin:/usr/bin:/usr/local/sbin:/usr/sbin:/home/guest/.local/bin:/home/g
uest/bin
[guest@localhost ~]$ PATH=/bin:/usr/bin
[guest@localhost ~]$ ifconfig --version
bash: ifconfig: command not found...
```

Remarque : la commande a échoué, car elle ne fait pas partie des répertoires mentionnés dans la variable PATH.

b) On recommence, mais on précise le chemin absolu. On recherche d'abord l'emplacement de la commande grâce à la commande whereis.

```
[root@localhost ~]$ whereis ifconfig
ifconfig: /sbin/ifconfig /usr/share/man/man8/ifconfig.8.gz
[guest@localhost ~]$ /sbin/ifconfig --version
net-tools 2.10-alpha
```

c) On recommence, mais au préalable, on se déplace dans le répertoire /sbin.

```
[guest@localhost ~]$ cd /sbin
[guest@localhost sbin]$ ifconfig --version
-bash: ifconfig: command not found
[guest@localhost sbin]$ ./ifconfig --version
net-tools 2.10-alpha
```

Remarque : même quand on se trouve dans le répertoire où est la commande, on doit indiquer son emplacement (par exemple en indiquant le chemin relatif « ./ »).

d) On affiche et on modifie le PATH avant d'essayer de nouveau l'activation de la commande ifconfig.

```
[guest@localhost sbin]$ echo $PATH
/bin:/usr/bin
[guest@localhost sbin]$ PATH=$PATH:/sbin
[guest@localhost sbin]$ ifconfig --version
net-tools 2.10-alpha
[guest@localhost sbin]$ cd
[guest@localhost ~]$ exit
```

Remarque : la modification du PATH est ici transitoire. Si l'on veut qu'elle soit permanente, il faut la mettre dans le fichier ~/.bash_profile qui est exécuté automatiquement en début de chaque session.

Tâche 4 :
L'éditeur vi

1. Créez un fichier texte qui décrit les principales commandes.

(Essayez d'utiliser au moins deux fois chacune des principales commandes vi.)

```
[guest@localhost ~]$ vi  cmd.txt
ls  Liste les fichiers d'un répertoire, affiche les attributs d'un fichier
cp  Copie de fichier
rm  Supprime un fichier
mv  Deplace ou renomme un fichier
ln  Crée un lien
pwd Affiche le répertoire courant
cd  Change de répertoire
mkdir     Créer un répertoire
```

2. Ajoutez à la fin de votre fichier .bash_profile l'affichage du calendrier.

Ensuite déconnectez-vous. Le calendrier s'affichera lors de votre prochaine connexion.

```
[guest@localhost ~]$ vi  ~/.bash_profile
...
cal
[guest@localhost ~]$ exit
```

Tâche 5 :
La commande find (complément)

1. Créez une arborescence de fichiers.

(Elle sera utilisée dans les exemples suivants.)

```
[guest@localhost ~]$ cd ; mkdir -p f/images f/pages
[guest@localhost ~]$ cp /etc/group f/images/f1.png
[guest@localhost ~]$ cp /etc/group f/images/f2.png
[guest@localhost ~]$ cal > f/README
[guest@localhost ~]$ cal > f/images/README
[guest@localhost ~]$ man bash |col -b > f/pages/README
```

2. Affichez l'arborescence de fichiers créée précédemment.

a) On utilise un chemin absolu.

```
[guest@localhost ~]$ find /home/guest/f    # ou find ~
/home/guest/f
/home/guest/f/pages
/home/guest/f/pages/README
/home/guest/f/images
/home/guest/f/images/f1.png
/home/guest/f/images/f2.png
/home/guest/f/images/README
/home/guest/f/README
```

b) On utilise un chemin relatif.

```
[guest@localhost ~]$ find f
f
f/pages
f/pages/README
f/images
f/images/f1.png
f/images/f2.png
f/images/README
f/README
```

3. Recherchez des fichiers en utilisant leur nom comme critère de recherche.

a) On spécifie le nom exact du fichier.

```
[guest@localhost ~]$ find f -name README
f/pages/README
f/images/README
f/README
```

b) On utilise des jokers pour spécifier le nom des fichiers recherchés.

```
[guest@localhost ~]$ find f -name '*.png'
f/images/f1.png
f/images/f2.png
```

4. Recherchez des fichiers selon leur type.

a) Recherchez les répertoires.

```
[guest@localhost ~]$ find f -type d
f
f/pages
f/images
```

b) Recherchez les fichiers ordinaires.

```
[guest@localhost ~]$ find f -type f
f/pages/README
f/images/f1.png
f/images/f2.png
f/images/README
f/README
```

5. Recherchez des fichiers selon leur date de modification.

```
[guest@localhost ~]$ find f -mtime +5
```

Remarque : dans l'exemple, on recherche des fichiers modifiés il y a plus de cinq jours. Comme on vient de créer les fichiers, le résultat est vide.

6. Recherchez des fichiers selon leur taille, par exemple les fichiers de plus de 100ko.

```
[guest@localhost ~]$ find f -size +100k
f/pages/README
[guest@localhost ~]$ find f -size +100000c
f/pages/README
[guest@localhost ~]$ find f -size +200
f/pages/README
```

Remarque : l'unité par défaut est le secteur de 512 octets.

7. Recherchez des fichiers dont le nom ne se termine pas par .png.

```
[guest@localhost ~]$ find f/images ! -name '*.png'
f/images
f/images/README
```

8. Recherchez des fichiers dont la taille est inférieure à 100ko et dont le nom est README.

```
[guest@localhost ~]$ find f -size -100k -name README
f/images/README
f/README
```

9. Recherchez des fichiers dont le nom commence par f ou dont le nom est README.

```
[guest@localhost ~]$ find f/images -name 'f*' -o -name 'README'
f/images/f1.png
f/images/f2.png
f/images/README
```

10. Listez les caractéristiques des fichiers dont le nom est README.

```
[guest@localhost ~]$ find f -name README -exec ls -lh {} \;
-rw-rw-r--. 1 guest guest 145 Jan 20 16:32 f/images/README
-rw-rw-r--. 1 guest guest 286K Jan 20 16:32 f/pages/README
-rw-rw-r--. 1 guest guest 145 Jan 20 16:32 f/README
```

Red Hat - La lecture de script shell

Tâche 1 : L'exécution de scripts .... 15 mn

Tâche 2 : Les variables .... 20 mn

Tâche 3 : Les structures de contrôle .... 40 mn

Tâche 4 : Les sous-programmes .... 10 mn

Tâche 1 :
L'exécution de scripts

1. Créez un script et exécutez-le via le shell standard.

```
[guest@localhost ~]$ vi un_script.sh
#!/bin/sh
# un_script : mon premier script

date            # affiche la date et l'heure
uptime          # affiche la charge systeme
uname -a        # affiche la version du systeme

[guest@localhost ~]$ /bin/sh un_script.sh
Mon Jan 20 16:46:43 CET 2014
 16:46:43 up 57 min,  2 users,  load average: 0.00, 0.01, 0.05
Linux localhost.localdomain 3.10.0-54.0.1.el7.x86_64 #1 SMP Tue Nov 26 16:51:22
EST 2013 x86_64 x86_64 x86_64 GNU/Linux
[guest@localhost ~]$
```

Remarque : /bin/sh est le chemin conventionnel du shell POSIX (ISO).

2. Exécutez le script en affichant la phase d'interprétation et la trace des commandes.

```
[guest@localhost ~]$ bash -x un_script.sh      # ou /bin/sh -x  un_script.sh
+ date
Mon Jan 20 16:47:30 CET 2014
+ uptime
 16:47:30 up 58 min,  2 users,  load average: 0.00, 0.01, 0.05
+ uname -a
Linux localhost.localdomain 3.10.0-54.0.1.el7.x86_64 #1 SMP Tue Nov 26 16:51:22
EST 2013 x86_64 x86_64 x86_64 GNU/Linux
```

3. Exécutez le script sous forme d'une commande à partir du répertoire courant.

```
[guest@localhost ~]$ chmod +x un_script.sh
[guest@localhost ~]$ ./un_script.sh
Mon Jan 20 16:47:54 CET 2014
...
```

Remarques :

1) La commande chmod ajoute le droit d'exécution au script.

On est obligé d'indiquer le chemin du script (en l'occurrence le répertoire courant), car le répertoire où se trouve le script ne fait pas partie de la variable PATH. Cette dernière contient la liste des répertoires (séparés par :) dans lesquels sont recherchées les commandes.

2) C'est le pseudo commentaire #!/bin/sh qui indique à la commande qui active le script quel interpréteur elle doit activer pour exécuter le script.

4. Exécutez le script à partir d'un répertoire quelconque.

```
[guest@localhost ~]$ echo $PATH
/usr/local/bin:/bin:/usr/bin:/usr/local/sbin:/usr/sbin:/home/guest/.local/bin:/h
ome/guest/bin
[guest@localhost ~]$ mkdir /home/guest/bin
[guest@localhost ~]$ cp un_script.sh /home/guest/bin
[guest@localhost ~]$ un_script.sh
Mon Jan 20 16:50:48 CET 2014
 16:50:48 up  1:02,  2 users,  load average: 0.00, 0.01, 0.05
Linux localhost.localdomain 3.10.0-54.0.1.el7.x86_64 #1 SMP Tue Nov 26 16:51:22
EST 2013 x86_64 x86_64 x86_64 GNU/Linux
```

5. Exécutez le script en utilisant un autre Shell, par exemple csh.

```
[guest@localhost ~]$ csh un_script.sh
...
```

Remarque : les systèmes Red Hat disposent également du Korn Shell (ksh) disponible via les paquets ksh ou mksh et du Zsh fourni par le paquet zsh. Ces shells ne sont pas installés par défaut. Le shell Dash n'est plus disponible en RHEL 7, contrairement à RHEL 6.

Tâche 2 :
Les variables

1. Créez une variable et utilisez-la.

```
[guest@localhost ~]$ CONFIG_SHELL=/etc/profile
[guest@localhost ~]$ ls -l $CONFIG_SHELL
-rw-r--r--. 1 root root 1750 Jun  7  2013 /etc/profile
[guest@localhost ~]$
```

2. Créez une variable, affichez-la, affichez toutes les variables et détruisez une variable.

```
[guest@localhost ~]$ A="bonjour Mr"
[guest@localhost ~]$ echo $A
bonjour Mr
[guest@localhost ~]$ set | head
A=bonjour Mr
BASH=/bin/bash
...
[guest@localhost ~]$ unset A
[guest@localhost ~]$ set | grep A=
[guest@localhost ~]$
```

Remarque : il ne faut pas mettre d'espace entre le nom de la variable et le caractère « = ». La valeur d'une variable peut contenir des espaces, mais ils doivent être mis entre quotes.

3. Comprendre l'environnement.

a) On affiche la date et l'heure avec la commande date. Elles s'affichent en anglais si l'on a installé le système en anglais.

```
[guest@localhost ~]$ env | grep LANG
en_US.UTF-8
[guest@localhost ~]$ date
Mon Jan 20 18:44:11 CET 2014
```

b) On modifiant la variable LANG, on indique à la commande date d'utiliser une autre langue. Si l'on désire un comportement standard et portable, il faut utiliser la langue ISO (valeur « C »), c'est-à-dire l'anglais.

```
[guest@localhost ~]$ export LANG=fr_FR  # Français
[guest@localhost ~]$ date
```



```
lun. janv. 20 18:44:46 CET 2014
[guest@localhost ~]$ LANG=de_DE ; export LANG # Allemand
[guest@localhost ~]$ date
Mo 20. Jan 18:45:09 CET 2014
[guest@localhost ~]$ LANG=C ; export LANG # Langue ISO (POSIX)
[guest@localhost ~]$ date
Mon Jan 20 18:45:44 CET 2014
[guest@localhost ~]$ env |grep LANG
LANG=C
```

4. Créez un script interactif qui saisit une variable et l'affiche.

```
[guest@localhost ~]$ vi bonjour.sh
#!/bin/sh
#  bonjour.sh

printf "Votre nom ? "
read nom
echo "Bonjour Mr ou Mme $nom"

[guest@localhost ~]$ sh bonjour.sh
Votre nom ? Dupond
Bonjour Mr ou Mme Dupond
[guest@localhost ~]$
```

Remarque : le shell est bloqué au niveau de la commande `read`. Il se poursuit dès que l'on appuie sur la touche <Entrée>. La chaîne saisie est stockée dans la variable donnée en argument de la commande `read`. Dans le cas présent nom.

5. Créez un script qui affiche les paramètres.

```
[guest@localhost ~]$ vi param
#!/bin/sh
# param
echo "Le nom du script        : $0"
echo "Le 1er parametre        : $1"
echo "Le 2eme parametre       : $2"
echo "Tous les parametres     : $*"
echo "Le nombre de parametres: $#"

[guest@localhost ~]$ chmod +x param
[guest@localhost ~]$ ./param un deux trois
Le nom du script        : ./param
Le 1er parametre        : un
Le 2eme parametre       : deux
Tous les parametres     : un deux trois
Le nombre de parametres: 3
[guest@localhost ~]$
```

Tâche 3 :
Les structures de contrôle

1. Écrivez un script utilisant une alternative.

```
[guest@localhost ~]$ vi cree_rep.sh
#!/bin/sh
# cree un repertoire

echo "Nom du repertoire a creer ? "
```

```
read nom_rep

if mkdir $nom_rep 2> /dev/null
then
        echo "Operation reussie"
else
        echo "Echec"
fi
[guest@localhost ~]$ sh cree_rep.sh
Nom du repertoire a creer ?
sauve
Operation reussie
[guest@localhost ~]$ sh cree_rep.sh
Nom du repertoire a creer ?
sauve
Echec
[guest@localhost ~]$
```

Remarques :

1) La redirection « 2> /dev/null » renvoie les messages d'erreur dans le périphérique /dev/null qui est une sorte d'incinérateur. En conséquence, les messages d'erreur sont supprimés.

2) On ne peut créer un répertoire s'il existe déjà. Si l'on essaye de le faire, la commande mkdir échoue et normalement affiche un message d'erreur. La commande renvoie le code erreur 1.

2. Alternative avec utilisation de la commande test.

```
[guest@localhost ~]$ vi heureux.sh
#!/bin/sh
# heureux.sh
printf "Etes-vous heureux ? "
read reponse
if [  "$reponse" = "oui" ]
then
        echo "BRAVO"
else
        echo "manger du chocolat (anti-depresseur)"
fi
[guest@localhost ~]$ sh heureux.sh
Etes-vous heureux ? oui
BRAVO
[guest@localhost ~]$
```

Remarques :

1) L'usage de la commande « [» est plus habituelle que l'utilisation de la commande test.

2) Une erreur commune est d'oublier les crochets ([…]). Dans ce cas, le contenu de la variable (ici réponse) est considéré comme une commande. Le shell essaye de l'exécuter.

3. Un exemple de boucle while

On crée un script qui teste l'existence du fichier flag toutes les dix secondes. On lance le script en tâche de fond et au bout d'un moment on crée le fichier flag. Le script signale sa présence et se termine.

```
[guest@localhost ~]$ vi flag_existe.sh
#!/bin/sh
# flag_existe.sh
while [ ! -f flag ]
```

```
do
        sleep 10
done
echo "Le fichier flag existe"
[guest@localhost ~]$ rm flag
rm: cannot remove `flag': No such file or directory
[guest@localhost ~]$ sh flag_existe.sh &
[1] 25148
[guest@localhost ~]$ touch flag
[guest@localhost ~]$ Le fichier flag existe
[1]+  Done                    sh flag_existe.sh
[guest@localhost ~]$ vi flag_existebis.sh  # autre version du programme
#!/bin/sh
# flag_existebis.sh
while :
do
    sleep 10
    if test -f flag ;then
          break
    fi
done
echo "Le fichier flag existe"
```

Remarques :

1) La commande `sleep` crée une temporisation. Sa durée en secondes est spécifiée en argument.

2) L'activation du script `flag_existe.sh` est réalisée en tâche de fond grâce au caractère « & ». Il est possible aussi de l'exécuter en avant-plan et de créer le fichier `flag` dans une autre fenêtre.

3) La commande `while  :` correspond à une boucle infinie. La commande `break` permet d'en sortir.

4. Exemple d'une boucle for.

```
[guest@localhost ~]$ vi  bcl_for.sh
# bcl_for

for i in 5 4 3 2 1
do
        echo "=====> $i"
        sleep 1
done
echo "FEU!"

[guest@localhost ~]$ sh bcl_for.sh
====> 5
====> 4
====> 3
====> 2
====> 1
FEU!
[guest@localhost ~]$
```

Remarque : l'utilisation de la commande seq permet de simplifier le programme :

for i in $(seq 5 -1 1) # cf. man seq pour la syntaxe;

5. Écrivez un menu avec l'instruction case.

```
[guest@localhost ~]$ vi menu.sh
```

```
#!/bin/sh
# menu.sh : un menu ecrit avec case
echo "1 - Afficher la date et l'heure"
echo "2 - Afficher la charge systeme"
echo "3 - Afficher la version du systeme"
echo -n "Votre choix ? "
read choix
case "$choix" in
1)      date
        ;;
2)      uptime
        ;;
3)      uname -a
        ;;
*)      echo "choix incorrect"
        ;;
esac
[guest@localhost ~]$ sh menu.sh
1 - Afficher la date et l'heure
2 - Afficher la charge systeme
3 - Affiche la version du systeme
Votre choix ? 2
 17:58:50 up 7 days, 47 min, 2 users, load average: 1.00, 1.00, 1.00
[guest@localhost ~]$
```

Remarque : le modèle « *) » n'est pas obligatoire mais souvent utile. Il correspond à une chaîne quelconque. Il propose un choix alternatif général (pour tous les autres cas).

6. Un exemple d'utilisation de calculs dans un script.

```
[guest@localhost ~]$ vi arithm.sh
# arith.sh
I=0
while [ "$I" -lt 5 ]
do
        echo BONJOUR
        : $((I=I+1))
done
[guest@localhost ~]$ sh arithm.sh
Bonjour
Bonjour
Bonjour
Bonjour
Bonjour
[guest@localhost ~]$
```

Tâche 4 :
Les sous-programmes

1. Écrivez un script utilisant une fonction de présentation.

```
[guest@localhost ~]$ vi affiche.sh
# affiche.sh
presente ()
{
        for i
        do
```

```
                echo "===== $i"
        done
        echo
}
# ----- debut du programme
presente "Bonjour" "Ce matin" "nous affichons" "la date"
date
presente "au revoir" "chers amis"
[guest@localhost ~]$ sh affiche.sh
===== Bonjour
===== Ce matin
===== nous affichons
===== la date

Mon Jan 20 19:20:31 CET 2014
===== au revoir
===== chers amis
```

Remarque : en mettant les arguments entre guillemets, on les délimite. Ainsi, dans le premier appel à la fonction presente, il y a sept mots, donc en principe sept arguments. Mais, avec les guillemets, il n'y en a que quatre.

2. Écrivez un script qui affiche un menu. La sortie du programme est contrôlée par une fonction qui demande confirmation.

```
[guest@localhost ~]$ vi menu2.sh
#!/bin/sh
# menu2.sh : un menu dans une boucle
function confirm
{
        printf "Are-you sure $* (y/n)? "
        read reponse
        if [ $reponse = "y" ] ;then return 0 ; else return 1 ; fi
}
export LANG=C
while : ;do
        clear  # efface l'ecran
        echo "1 - Print the date and the time"
        echo "2 - Print the system load"
        echo "3 - Print the system release"
        echo "99- END"

        printf "Your choice ?"; read choix
        case "$choix" in
        1) date ;;
        2) uptime ;;
        3) uname -a ;;
        99)
                if confirm "to want to quit" ;then
                        break
                else
                        continue
                fi
                ;;
        *) echo "Incorrect choice" ;;
```

```
        esac
        sleep 3
done
exit 0
[guest@localhost ~]$ sh menu2.sh
1 - Print the date and the time
2 - Print the system load
3 - Print the system release
99- END
Your choice ? 99
Are-you sure to want to quit (y/n)? y
[guest@localhost ~]$
```

Red Hat - Les utilisateurs et les droits

Tâche 1 : Les tâches essentielles de gestion des utilisateurs .... 10 mn

Tâche 2 : L'essentiel de la gestion des droits .... 15 mn

Tâche 3 : La gestion des utilisateurs, compléments .... 10 mn

Tâche 4 : La gestion des droits, compléments .... 15 mn

Tâche 5 : L'interface graphique, compléments .... 10 mn

Tâche 1 :
Les tâches essentielles de gestion des utilisateurs

1. Est-ce que les comptes utilisateur `daemon` et `luke` existent et, si oui, quels sont leurs `uid`, `gid` et leurs groupes ?

```
[guest@localhost ~]$ id daemon
uid=2(daemon) gid=2(daemon) groups=2(daemon)
[guest@localhost ~]$ id luke
id: luke: no such user
```

2. Créez les groupes `jedi` et `rebelles`.

```
[guest@localhost ~]$ sudo groupadd jedi
[guest@localhost ~]$ sudo groupadd rebelles
```

3. Créez des comptes utilisateur.

Le compte `luke`, appartenant au groupe `jedi` (comme groupe principal) et au groupe `rebelles` (comme groupe secondaire). Le compte `vador` appartenant au groupe `jedi`. Et enfin, le compte `solo` faisant partie du groupe `rebelles`. On visualise ensuite les comptes.

```
[guest@localhost ~]$ man useradd
[guest@localhost ~]$ sudo useradd -g jedi -G rebelles -m luke
[guest@localhost ~]$ sudo useradd -g jedi -m vador
[guest@localhost ~]$ sudo useradd -g rebelles -m solo
[guest@localhost ~]$ id luke
uid=1001(luke) gid=1001(jedi) groups=1001(jedi),1002(rebelles)
[guest@localhost ~]$ id vador
uid=1002(vador) gid=1001(jedi) groups=1001(jedi)
[guest@localhost ~]$ id solo
uid=1003(solo) gid=1002(rebelles) groups=1002(rebelles)
[guest@localhost ~]$ tail -3 /etc/passwd
luke:x:1001:1001::/home/luke:/bin/bash
vador:x:1002:1001::/home/vador:/bin/bash
solo:x:1003:1002::/home/solo:/bin/bash
[guest@localhost ~]$ tail -2 /etc/group
jedi:x:1001:
rebelles:x:1002:luke
```

4. Mettez le mot « password » comme mot de passe à l'utilisateur `luke`.

```
[guest@localhost ~]$ sudo passwd luke
Changing password for user luke.
New password: password
BAD PASSWORD: The password fails the dictionary check - it is based on a
dictionary word
Retype new password: password
passwd: all authentication tokens updated successfully.
```

```
[guest@localhost ~]$
```

5. Essayez de vous connecter sous le compte de `luke`.

```
[guest@localhost ~]$ ssh localhost -l luke
The authenticity of host 'localhost (::1)' can't be established.
RSA key fingerprint is 8f:90:7a:ee:0b:3f:c4:1c:85:3d:63:df:b7:97:7e:78.
Are you sure you want to continue connecting (yes/no)? yes
Warning: Permanently added 'localhost' (RSA) to the list of known hosts.
luke@localhost's password: password
[luke@localhost ~]$ id
uid=1001(luke) gid=1001(jedi) groups=1001(jedi),1002(rebelles)
context=unconfined_u:unconfined_r:unconfined_t:s0-s0:c0.c1023
[luke@localhost ~]$ exit
logout
Connection to localhost closed.
[guest@localhost ~]$
```

Remarques :

1) La commande `ssh` permet de se connecter sur un poste distant. Le nom localhost référence le poste local. On se connecte ainsi sur le poste courant via une connexion réseau sous le compte `luke`.

2) La commande `id` sans argument indique l'identité de l'utilisateur courant.

Tâche 2 :
L'essentiel de la gestion des droits

1. On crée une arborescence de fichiers.

```
[guest@localhost ~]$ su -
Password: secret
Last login: Mon Jan 20 16:52:04 CET 2014 on :0
[root@localhost ~]# mkdir /home/etoilenoire
[root@localhost ~]# cd /home/etoilenoire
[root@localhost etoilenoire]# echo "voici les plans" > plans
[root@localhost etoilenoire]# echo "c'est ouvert" > entree_secrete
```

2. On change les caractéristiques du répertoire `etoilenoire`.

Son propriétaire sera `luke`, son groupe `jedi`. Il sera accessible en lecture, écriture et accès au propriétaire. Il sera accessible en lecture et accès au groupe mais pas aux autres.

```
[root@localhost etoilenoire]# cd
[root@localhost ~]# chown luke /home/etoilenoire/
[root@localhost ~]# chgrp jedi /home/etoilenoire/
[root@localhost ~]# chmod 750 /home/etoilenoire/
[root@localhost ~]# ls -ld /home/etoilenoire/
drwxr-x---. 2 luke jedi 39 Jan 21 08:49 /home/etoilenoire/
```

3. On change les caractéristiques des fichiers.

Ils seront accessibles en lecture seule pour le groupe et n'auront aucun droit pour les autres. On utilise la notation symbolique. On affilie le fichier `plans` au groupe `jedi` et le fichier `entree_secrete` au groupe `rebelles`.

```
[root@localhost ~]# chmod g=r,o=- /home/etoilenoire/*
[root@localhost ~]# chgrp jedi /home/etoilenoire/plans
[root@localhost ~]# chgrp rebelles /home/etoilenoire/entree_secrete
[root@localhost ~]# ls -l /home/etoilenoire/
total 8
-rw-r-----. 1 root rebelles 13 Jan 21 08:49 entree_secrete
-rw-r-----. 1 root jedi      16 Jan 21 08:48 plans
```

4. On teste les accès

a) À partir du compte `luke` :

L'utilisateur `luke`, en tant que propriétaire, a tous les droits sur le répertoire `etoilenoire` : il peut le lister, créer ou supprimer des fichiers dedans et il a accès aux fichiers qu'il contient. En tant que membre du groupe `jedi`, il peut lire le fichier `plans`, et en tant que membre du groupe `rebelles`, il peut lire le fichier `entree_secrete`. Par contre, il ne peut modifier le fichier `plans` ; seul `root` peut le faire.

```
[root@localhost ~]# su - luke
Last login: Tue Jan 21 08:46:13 CET 2014 from localhost on pts/1
[luke@localhost ~]$ ls /home/etoilenoire/
entree_secrete  plans
[luke@localhost ~]$ cat /home/etoilenoire/plans
voici les plans
[luke@localhost ~]$ cat /home/etoilenoire/entree_secrete
c'est ouvert
[luke@localhost ~]$ cal > /home/etoilenoire/fichier
[luke@localhost ~]$ ls /home/etoilenoire/
entree_secrete  fichier  plans
[luke@localhost ~]$ rm /home/etoilenoire/fichier
[luke@localhost ~]$ echo "====" >> /home/etoilenoire/plans
-bash: /home/etoilenoire/plans: Permission denied
[luke@localhost ~]$ exit
logout
[root@localhost ~]#
```

Remarque : l'administrateur (`root`) n'a pas besoin de mot de passe quand il se connecte sous un compte avec la commande `su`.

b) À partir du compte `vador` :

L'utilisateur `vador`, en tant que membre du groupe `jedi`, peut lister le répertoire `etoilenoire` : il a accès également aux fichiers qu'il contient. Par contre, il ne peut ni créer ni supprimer des fichiers dedans. En tant que membre du groupe `jedi`, il peut lire le fichier `plans` mais pas le fichier `entree_secrete`. Il ne peut modifier le fichier `plans` ; seul `root` peut le faire.

```
[root@localhost ~]# su - vador
Last login: Tue Jan 21 08:53:45 CET 2014 on pts/0
[vador@localhost ~]$ ls /home/etoilenoire/
entree_secrete  plans
[vador@localhost ~]$ rm /home/etoilenoire/plans
rm: remove write-protected regular file '/home/etoilenoire/plans'? y
rm: cannot remove '/home/etoilenoire/plans': Permission denied
[vador@localhost ~]$ cal > /home/etoilenoire/fichier
-bash: /home/etoilenoire/fichier: Permission denied
[vador@localhost ~]$ cat /home/etoilenoire/plans
voici les plans
[vador@localhost ~]$ cat /home/etoilenoire/entree_secrete
cat: /home/etoilenoire/entree_secrete: Permission denied
[vador@localhost ~]$ echo "====" >> /home/etoilenoire/plans
-bash: /home/etoilenoire/plans: Permission denied
[vador@localhost ~]$ exit
logout
```

c) À partir du compte `solo` :

L'utilisateur `solo` n'a aucun droit sur le répertoire `etoilenoire` : il ne peut pas connaître son contenu, il ne peut ni ajouter ni supprimer des fichiers à l'intérieur. Il n'a aucun accès aux fichiers de ce répertoire quels que soient leurs droits.

```
[root@localhost ~]# su - solo
[solo@localhost ~]$ ls /home/etoilenoire/
ls: cannot open directory /home/etoilenoire/: Permission denied
[solo@localhost ~]$ cal > /home/etoilenoire/fichier
-bash: /home/etoilenoire/fichier: Permission denied
[solo@localhost ~]$ rm -f /home/etoilenoire/entree_secrete
rm: cannot remove '/home/etoilenoire/entree_secrete': Permission denied
[solo@localhost ~]$ cat /home/etoilenoire/entree_secrete
cat: /home/etoilenoire/entree_secrete: Permission denied
[solo@localhost ~]$ exit
logout
```

5. Supprimez temporairement le droit d'exécution à la commande `uptime`.

Testez les conséquences à partir du compte `luke`.

```
[root@localhost ~]# whereis uptime
uptime: /usr/bin/uptime /usr/share/man/man1/uptime.1.gz
[root@localhost ~]# ls -l /usr/bin/uptime
-rwxr-xr-x. 1 root root 14216 Oct 21 14:50 /usr/bin/uptime
[root@localhost ~]# chmod o-x /usr/bin/uptime
[root@localhost ~]# ls -l /usr/bin/uptime
-rwxr-xr--. 1 root root 14216 Oct 21 14:50 /usr/bin/uptime
[root@localhost ~]# su - luke
Last login: Tue Jan 21 08:51:15 CET 2014 on pts/0
[luke@localhost ~]$ uptime
-bash: /bin/uptime: Permission denied
[luke@localhost ~]$ exit
logout
[root@localhost ~]# chmod o+x /usr/bin/uptime
[root@localhost ~]# su - luke
Last login: Tue Jan 21 09:07:17 CET 2014 on pts/0
[luke@localhost ~]$ uptime
 09:07:40 up 39 min,  2 users,  load average: 0.00, 0.01, 0.05
[luke@localhost ~]$ exit
logout
[root@localhost ~]# exit
logout
```

Tâche 3 :
La gestion des utilisateurs, compléments

1. Affichez les caractéristiques de l'utilisateur `luke` et du groupe `rebelles`.

```
[guest@localhost ~]$ getent passwd luke
luke:x:1001:1001::/home/luke:/bin/bash
[guest@localhost ~]$ getent group jedi
jedi:x:1001:
[guest@localhost ~]$ getent passwd |tail -3
luke:x:1001:1001::/home/luke:/bin/bash
vador:x:1002:1001::/home/vador:/bin/bash
solo:x:1003:1002::/home/solo:/bin/bash
[guest@localhost ~]$ getent group |tail -2
```

```
jedi:x:1001:
rebelles:x:1002:luke
[guest@localhost ~]$
```

Remarque : grâce à la commande getent on interroge les annuaires locaux et réseau (si ces derniers sont définis).

2. Affichez les caractéristiques de l'utilisateur local luke et du groupe local rebelles.

```
[guest@localhost ~]$ grep luke /etc/passwd
luke:x:1001:1001::/home/luke:/bin/bash
[guest@localhost ~]$ grep jedi /etc/group
jedi:x:1001:
```

3. Affichez les annuaires utilisés pour gérer les comptes et les mots de passe.

```
[guest@localhost ~]$ grep -e passwd -e group -e shadow /etc/nsswitch.conf
#passwd:      db files nisplus nis
#shadow:      db files nisplus nis
#group:       db files nisplus nis
passwd:       files sss
shadow:       files sss
group:        files sss
#initgroups: files
netgroup:     files sss
```

Remarque : si on utilise les paramètres par défaut de l'installation, les comptes sont gérés localement. Le mot « files » indique justement une gestion locale. Ce qui est le cas dans l'exemple. Les comptes pourraient également être gérés en NIS ou en LDAP. La méthode SSS est une variante de LDAP.

4. Créez l'utilisateur leia, quel est son groupe principal ?

```
[guest@localhost ~]$ sudo useradd leia
[guest@localhost ~]$ id leia
uid=1004(leia) gid=1004(leia) groups=1004(leia)
```

Remarque : par défaut, la création d'un compte utilisateur entraîne la création d'un compte groupe de même nom, qui correspond au groupe principal du nouvel utilisateur.

5. Gérez les groupes secondaires.

a) On veut affecter l'utilisateur leia au groupe rebelles (comme groupe secondaire).

```
[guest@localhost ~]$ sudo usermod -G rebelles leia
[guest@localhost ~]$ id leia
uid=1004(leia) gid=1004(leia) groups=1004(leia),1002(rebelles)
```

b) On veut affecter leia au groupe jedi. leia quitte le groupe rebelles.

```
[guest@localhost ~]$ sudo usermod -G jedi leia
[guest@localhost ~]$ id leia
uid=1004(leia) gid=1004(leia) groups=1004(leia),1001(jedi)
```

c) On veut que leia n'appartienne plus à aucun groupe secondaire.

```
[guest@localhost ~]$ sudo usermod -G "" leia
[guest@localhost ~]$ id leia
uid=1004(leia) gid=1004(leia) groups=1004(leia)
```

d) On veut que leia appartienne aux groupes jedi et rebelles.

```
[guest@localhost ~]$ sudo usermod -G jedi,rebelles leia
[guest@localhost ~]$ id leia
uid=1004(leia) gid=1004(leia) groups=1004(leia),1001(jedi),1002(rebelles)
```

e) On veut ajouter un groupe secondaire (option –a).

```
[guest@localhost ~]$ sudo usermod -G jedi leia
[guest@localhost ~]$ id leia
uid=1004(leia) gid=1004(leia) groups=1004(leia),1001(jedi)
[guest@localhost ~]$ sudo usermod -G rebelles -a leia
```

```
[guest@localhost ~]$ id leia
uid=1004(leia) gid=1004(leia) groups=1004(leia),1001(jedi),1002(rebelles)
```

6. Attribuez un mot de passe de manière scriptable à l'utilisateur `leia`.

```
[guest@localhost ~]$ echo "princesse" | sudo passwd --stdin leia
Changing password for user leia.
passwd: all authentication tokens updated successfully.
```

7. Recherchez les fichiers de l'utilisateur `leia`.

```
[guest@localhost ~]$ sudo find /home -user leia
/home/leia
/home/leia/.bash_profile
...
```

Remarque : on pouvait aussi utiliser son uid.

8. Supprimez un compte utilisateur et les fichiers de son répertoire de connexion.

```
[guest@localhost ~]$ sudo userdel -r leia
[guest@localhost ~]$ ls -l ~leia
ls: cannot access ~leia: No such file or directory
[guest@localhost ~]$ id leia
id: leia: no such user
```

9. On veut recréer le compte `leia` à l'identique (il doit avoir le même uid et gid).

```
[guest@localhost ~]$ sudo groupadd -g 1004 leia
[guest@localhost ~]$ sudo useradd -u 1004 -g leia leia
[guest@localhost ~]$ id leia
uid=1004(leia) gid=1004(leia) groups=1004(leia)
```

10. Créez le compte `toor` ayant les mêmes droits que `root`.

```
[guest@localhost ~]$ sudo useradd -u 0 -o -d /root toor
useradd: warning: the home directory already exists.
Not copying any file from skel directory into it.
[guest@localhost ~]$ id toor
uid=0(root) gid=1005(toor) groups=0(root)
```

Remarques :

1) Si l'on affecte un mot de passe à cet utilisateur, il devient une sorte de secours dans le cas où l'on perd le mot de passe de root.

2) L'option -u permet de fixer l'uid, mais on ne peut utiliser un uid existant... sauf si l'on utilise l'option -o.

Tâche 4 :
La gestion des droits, compléments

1. Ajoutez des droits spéciaux au répertoire `etoilenoire` (SGID et sticky- bit).

Ensuite, pour vérifier l'impact de ces droits, on crée des fichiers dans le répertoire `etoilenoire`. Sous le compte `root`, on crée le fichier f1. Sous le compte `luke`, on crée le fichier f2. Et sous le compte `vador`, on crée le fichier f3.

```
[guest@localhost ~]$ sudo chmod 3770 /home/etoilenoire/
[guest@localhost ~]$ ls -ld /home/etoilenoire/
drwxrws--T. 2 luke jedi 39 Jan 21 08:52 /home/etoilenoire/
[guest@localhost ~]$ sudo bash -c 'echo "fichier zero" > /home/etoilenoire/f0'
[guest@localhost ~]$ su -
Password: secret
Last login: Tue Jan 21 09:34:20 CET 2014 on pts/0
[root@localhost ~]# echo "fichier un" > /home/etoilenoire/f1
```

```
[root@localhost ~]# su luke -c "echo bonjour > /home/etoilenoire/f2"
[root@localhost ~]# su vador -c "echo bonjour > /home/etoilenoire/f3"
[root@localhost ~]# ls -l /home/etoilenoire/f?
-rw-r--r--. 1 root  jedi 13 Jan 21 09:36 /home/etoilenoire/f0
-rw-r--r--. 1 root  jedi 11 Jan 21 09:35 /home/etoilenoire/f1
-rw-r--r--. 1 luke  jedi  8 Jan 21 09:35 /home/etoilenoire/f2
-rw-r--r--. 1 vador jedi  8 Jan 21 09:35 /home/etoilenoire/f3
```

Remarques :

1) Du fait du droit SGID, tous les fichiers sont affiliés au groupe jedi, le groupe du répertoire.

2) La commande su -c permet à root d'exécuter une commande avec les droits d'un utilisateur ordinaire.

2. Vador va essayer de détruire le fichier de luke.

a) On conserve le droit sticky-bit.

```
[root@localhost ~]# su - vador
Last login: Tue Jan 21 09:35:48 CET 2014 on pts/0
[vador@localhost ~]$ rm /home/etoilenoire/f2
rm: remove write-protected regular file '/home/etoilenoire/f2'? y
rm: cannot remove '/home/etoilenoire/f2': Operation not permitted
[vador@localhost ~]$ exit
```

b) On supprime le sticky-bit.

```
[root@localhost ~]# chmod -t /home/etoilenoire/
[root@localhost ~]# su - vador
Last login: Tue Jan 21 09:38:32 CET 2014 on pts/0
[vador@localhost ~]$ rm /home/etoilenoire/f2
rm: remove write-protected regular file '/home/etoilenoire/f2'? y
[vador@localhost ~]$ ls -l /home/etoilenoire/f2
ls: cannot access /home/etoilenoire/f2: No such file or directory
[vador@localhost ~]$ exit
```

Remarque : dans tous les cas luke n'a pas besoin du sticky-bit pour détruire le fichier de vador. Il est propriétaire du répertoire !

3. Qui peut formater la partition /dev/sda1 ?

```
[root@localhost ~]# ls -l /dev/sda1
brw-rw----. 1 root disk 8, 1 Jan 21 08:28 /dev/sda1
```

Seul root peut formater cette partition.

Remarque : les périphériques se comportent comme des fichiers. Ils possèdent comme eux des droits d'accès.

4. L'administrateur copie les fichiers du répertoire etoilenoire dans /tmp en conservant leurs attributs.

```
[root@localhost ~]# cp -p /home/etoilenoire/* /tmp
[root@localhost ~]# ls -l /tmp/plans /tmp/entree_secrete
-rw-r-----. 1 root rebelles 13 Jan 21 08:49 /tmp/entree_secrete
-rw-r-----. 1 root jedi     16 Jan 21 08:48 /tmp/plans
```

Remarque : normalement, quand on copie un fichier, la copie appartient à celui qui copie. Ici, l'administrateur conserve le propriétaire d'origine grâce à l'option -p (ou -a) de cp.

5. L'administrateur donne le fichier entree_secrete à luke.

```
[root@localhost ~]# chown luke /tmp/entree_secrete
[root@localhost ~]# ls -l /tmp/entree_secrete
```

```
-rw-r-----. 1 luke rebelles 13 Jan 21 08:49 /tmp/entree_secrete
```

6. On teste les accès (r,w,x) au fichier /tmp/entree_secrete.

a) À partir du compte `luke` :

```
[root@localhost ~]# su - luke
[luke@localhost ~]$ cat /tmp/entree_secrete
c'est ouvert
[luke@localhost ~]$ echo "=======" >> /tmp/entree_secrete
[luke@localhost ~]$ /tmp/entree_secrete
-bash: /tmp/entree_secrete: Permission denied
[luke@localhost ~]$ exit
```

b) À partir du compte `solo` :

```
[root@localhost ~]# su - solo
[solo@localhost ~]$ cat /tmp/entree_secrete
c'est ouvert
=======
[solo@localhost ~]$ echo "++++++" >> /tmp/entree_secrete
-bash: /tmp/entree_secrete: Permission denied
[solo@localhost ~]$ exit
```

c) À partir du compte `root` :

```
[root@localhost ~]# cat /tmp/entree_secrete
c'est ouvert
=======
[root@localhost ~]# echo "+=+=+=+=" >> /tmp/entree_secrete
[root@localhost ~]# /tmp/entree_secrete
-bash: /tmp/entree_secrete: Permission denied
```

Remarque : les droits des utilisateurs ne s'appliquent pas à l'administrateur. Seule restriction, comme tout le monde, `root` a besoin du droit d'exécution pour activer une commande.

---

7. On visualise les droits du fichier `shadow` et de la commande `passwd`.

```
[root@localhost ~]# ls -l /etc/shadow
----------. 1 root root 1676 Mar  5 19:47 /etc/shadow
[root@localhost ~]# ls -l /usr/bin/passwd
-rwsr-xr-x. 1 root root 27856 Jun 22  2013 /usr/bin/passwd
```

Remarque : tout le monde a le droit d'exécuter la commande `passwd`. Avec son droit SUID, un utilisateur endosse les droits de root, ce qui lui permet d'accéder au fichier `shadow`.

---

8. Visualisez les effets de la commande `umask`.

```
[root@localhost ~]# rm /tmp/ff*
rm: cannot remove '/tmp/ff*': No such file or directory
[root@localhost ~]# umask 0
[root@localhost ~]# umask
0000
[root@localhost ~]# echo "bonjour" > /tmp/ffa
[root@localhost ~]# umask 77
[root@localhost ~]# echo "bonjour" > /tmp/ffb
[root@localhost ~]# ls -l /tmp/ff?
-rw-rw-rw-. 1 root root 8 Jan 21 09:56 /tmp/ffa
-rw-------. 1 root root 8 Jan 21 09:56 /tmp/ffb
```

Remarques :

1) L'effet de la commande `umask` est limité à la durée de vie du shell. Pour avoir un effet permanent, il faut mettre cette commande dans le fichier `.bash_profile` de l'utilisateur.

2) En plus de l'action du `umask`, la plupart des commandes (mais pas un compilateur !) suppriment le droit d'exécution.

Tâche 5 :
L'interface graphique, compléments

1. Gestion des utilisateurs et des groupes.

```
[root@localhost ~]# system-config-users &
```

Remarque : il faut que le paquet system-config-users soit installé.

2. Gestion des droits (interface Gnome)

On clique sur l'icône `computer` et ensuite, dans la fenêtre correspondante, on clique sur l'icône `filesystem`. On navigue ensuite dans l'arborescence. Si l'on désire modifier les droits d'un fichier ou d'un dossier, on clique droit sur son nom et on se déplace sous l'onglet `permissions`.

Red Hat - Les disques et les systèmes de fichiers

Tâche 1 : Visualiser les disques et les partitions .... 5 mn

Tâche 2 : Visualiser les FS, utiliser un CD-rom .... 10 mn

Tâche 3 : Créer un FS dans un fichier .... 20 mn

Tâche 3 bis : Créer un FS dans une partition (exercice alternatif) .... 20 mn

Tâche 4 : LVM et FS .... 20 mn

Tâche 5 : Gestion des partitions (niveau avancé) .... 20 mn

Tâche 6 : Les inodes (niveau avancé) .... 10 mn

Tâche 1 :
Visualiser les disques et les partitions

1. Listez les différents disques, aussi bien les vrais disques que les LV.

```
[guest@localhost ~]$ sudo sfdisk -s
/dev/sda:    8388608
/dev/sdb:    1048576
/dev/mapper/rhel-swap:     839680
/dev/mapper/rhel-root:    7032832
total: 17309696 blocks
```

2. Listez l'ensemble des partitions.

```
[guest@localhost ~]$ sudo fdisk -l

Disk /dev/sda: 8589 MB, 8589934592 bytes, 16777216 sectors
Units = sectors of 1 * 512 = 512 bytes
Sector size (logical/physical): 512 bytes / 512 bytes
I/O size (minimum/optimal): 512 bytes / 512 bytes
Disk label type: dos
Disk identifier: 0x0009cf75

   Device Boot      Start         End      Blocks   Id  System
/dev/sda1   *        2048     1026047      512000   83  Linux
/dev/sda2         1026048    16777215     7875584   8e  Linux LVM
Disk /dev/sdb: 1073 MB, 1073741824 bytes, 2097152 sectors
Units = sectors of 1 * 512 = 512 bytes
Sector size (logical/physical): 512 bytes / 512 bytes
I/O size (minimum/optimal): 512 bytes / 512 bytes

...
[guest@localhost ~]$ sudo parted -l
Model: ATA VBOX HARDDISK (scsi)
Disk /dev/sda: 8590MB
Sector size (logical/physical): 512B/512B
Partition Table: msdos
Disk Flags:

Number  Start   End     Size    Type     File system  Flags
 1      1049kB  525MB   524MB   primary  xfs          boot
 2      525MB   8590MB  8065MB  primary               lvm
```

```
Error: /dev/sdb: unrecognised disk label
Model: ATA VBOX HARDDISK (scsi)
Disk /dev/sdb: 1074MB
Sector size (logical/physical): 512B/512B
Partition Table: unknown
Disk Flags:
```

Remarque : une erreur survient pour le disque /dev/sdb. C'est normal : le disque ne possède pas de table de partitions (Label).

3. Listez les partitions d'un disque particulier.

```
[guest@localhost ~]$ sudo fdisk -l /dev/sda
[guest@localhost ~]$ sudo parted /dev/sda print
```

Tâche 2 :
Visualiser les FS, utiliser un CD-rom

1. Listez les FS montés et, pour chacun, affichez la place libre.

```
[guest@localhost ~]$ df -Th
Filesystem              Type      Size  Used Avail Use% Mounted on
/dev/mapper/rhel-root   xfs       6.7G  3.8G  2.9G  58% /
devtmpfs                devtmpfs  743M     0  743M   0% /dev
tmpfs                   tmpfs     750M   80K  750M   1% /dev/shm
tmpfs                   tmpfs     750M  2.2M  748M   1% /run
tmpfs                   tmpfs     750M     0  750M   0% /sys/fs/cgroup
/dev/sda1               xfs       484M  104M  381M  22% /boot
```

2. À quel FS appartient un fichier (ici /home/luke/.bash_profile) ?

```
[guest@localhost ~]$ sudo df /home/luke/.bash_profile
Filesystem              1K-blocks    Used Available Use% Mounted on
/dev/mapper/rhel-root     6981632 3983692   2997940  58% /
```

3. On utilise un CD-rom.

On met un CD-rom dans le lecteur, il est monté automatiquement, mais où ?

```
[guest@localhost ~]$ df
...
/dev/sr0   4583038 4583038   0 100% /run/media/guest/RHEL-7.0 Everything.x86_64
```

4. On veut le monter à un emplacement précis.

On le démonte et on le remonte sur /mnt/cdrom.

```
[guest@localhost ~]$ sudo umount /dev/cdrom
[guest@localhost ~]$ sudo mkdir /mnt/cdrom
[guest@localhost ~]$ sudo mount -t iso9660 -o ro /dev/cdrom /mnt/cdrom/
[guest@localhost ~]$ df |grep /mnt
/dev/sr0            4583038 4583038           0 100% /mnt/cdrom
```

5. On active un nouveau shell et, dedans, on se déplace sur le CD-rom et on liste son contenu.

```
[guest@localhost ~]$ bash
[guest@localhost ~]$ cd /mnt/cdrom
[guest@localhost cdrom]$ ls
EFI   GPL    isolinux  Packages  RPM-GPG-KEY-redhat-beta     TRANS.TBL
EULA  images LiveOS    repodata  RPM-GPG-KEY-redhat-release
```

6. On le démonte.

```
[guest@redhat_un cdrom]$ sudo umount /mnt/cdrom
```

```
umount: /mnt/cdrom: target is busy.
        (In some cases useful info about processes that use
        the device is found by lsof(8) or fuser(1))
[guest@localhost cdrom]$ sudo lsof |grep /mnt/cdrom
lsof: WARNING: can't stat() fuse.gvfsd-fuse file system /run/user/1000/gvfs
      Output information may be incomplete.
bash    4363    guest   cwd        DIR      11,0      2048      1856 /mnt/cdrom
sudo    4386    root    cwd        DIR      11,0      2048      1856 /mnt/cdrom
grep    4387    guest   cwd        DIR      11,0      2048      1856 /mnt/cdrom
lsof    4388    root    cwd        DIR      11,0      2048      1856 /mnt/cdrom
lsof    4389    root    cwd        DIR      11,0      2048      1856 /mnt/cdrom
[guest@localhost cdrom]$ sudo kill -9 4363
Killed
[guest@localhost ~]$ sudo eject /mnt/cdrom
```

Remarque : la première tentative échoue car le shell a ouvert un fichier (en l'occurrence un répertoire) sur le CD-rom. La commande lsof affiche le PID de cette application, c'est-à-dire notre shell. On peut le supprimer et ainsi démonter notre CD-rom.

7. Visualisez le type de contenu (FS, ...) des différents disques (partitions, LV).

```
[guest@localhost ~]$ sudo blkid
/dev/sda1: UUID="9ac847cb-9bd1-465d-a554-7de181bf55ab" TYPE="xfs"
/dev/sda2: UUID="2IY69N-3nYS-8eWd-sscd-3yMx-Lj76-k8Kf4m" TYPE="LVM2_member"
/dev/mapper/rhel-swap: UUID="bd95dc27-86a4-473c-9d2f-4646eace1c0f" TYPE="swap"
/dev/mapper/rhel-root: UUID="3263e72d-0e79-4066-9e6a-4e349f25f46b" TYPE="xfs"
```

8. Affichez l'étiquette (label) et l'UUID d'une partition.

```
[guest@localhost ~]$ sudo blkid /dev/sda1
/dev/sda1: UUID="9ac847cb-9bd1-465d-a554-7de181bf55ab" TYPE="xfs"
```

Tâche 3 :
Créer un FS dans un fichier

1. On crée un fichier de taille 1 Giga.

```
[guest@localhost ~]$ sudo dd if=/dev/zero of=/root/fs_ext4.img bs=1M count=1024
1024+0 records in
1024+0 records out
1073741824 bytes (1.1 GB) copied, 1.94465 s, 552 MB/s
[guest@localhost ~]$ sudo ls -lh /root/fs_ext4.img
-rw-r--r--. 1 root root 1.0G Jan 21 18:47 /root/fs_ext4.img
```

Remarque : la commande dd sert à copier des fichiers. Elle est plus utile que cp si la source et/ou la destination sont des périphériques, car elle réalise des copies bloc à bloc. La source est indiquée par l'option if= et la destination par l'option of=. Dans l'exemple on ne copie que 1024 blocs, chacun d'une taille (*block size*) d'un mega-octet (bs=1M). La source est le périphérique /dev/zero qui génère des zéros binaires. Cette syntaxe est usuelle quand on désire créer ou pré-allouer un gros fichier.

2. On formate le fichier en ext3.

```
[guest@localhost ~]$ sudo mkfs -t ext4 -F  /root/fs_ext4.img
mke2fs 1.42.8 (20-Jun-2013)
Discarding device blocks: done
Filesystem label=
OS type: Linux
Block size=4096 (log=2)
Fragment size=4096 (log=2)
Stride=0 blocks, Stripe width=0 blocks
```

```
65536 inodes, 262144 blocks
13107 blocks (5.00%) reserved for the super user
First data block=0
Maximum filesystem blocks=268435456
8 block groups
32768 blocks per group, 32768 fragments per group
8192 inodes per group
Superblock backups stored on blocks:
        32768, 98304, 163840, 229376

Allocating group tables: done
Writing inode tables: done
Creating journal (8192 blocks): done
Writing superblocks and filesystem accounting information: done
```

Remarques :

1) On a utilisé l'option `-F` pour forcer le formatage. En effet, par défaut la commande ne s'applique qu'à des partitions.

2) Pour l'exemple, voici la commande que l'on aurait pu saisir pour formater en ext4 la partition (hypothétique) sda6 : # `mkfs -t ext4 /dev/sda6`

3. On monte le FS sur le répertoire `/mnt/disk` et on crée quelques fichiers dessus.

```
[guest@localhost ~]$ sudo mkdir /mnt/disk
[guest@localhost ~]$ sudo mount -t ext4 -o loop /root/fs_ext4.img /mnt/disk
[guest@localhost ~]$ df -Th
Filesystem              Type       Size  Used Avail Use% Mounted on
...
/dev/sda1               xfs        484M  104M  381M  22% /boot
/dev/loop0              ext4       976M  1.3M  908M   1% /mnt/disk

[guest@localhost ~]$ su -
Password: secret
Last login: Tue Jan 21 10:01:41 CET 2014 on :0
[root@localhost ~]# date > /mnt/disk/f1
[root@localhost ~]# cal > /mnt/disk/f2
[root@localhost ~]# mkdir /mnt/disk/rep
[root@localhost ~]# uname -a > /mnt/disk/rep/fic
```

4. Visualisez le nombre de blocs et d'inodes libres présents sur le FS.

```
[root@localhost ~]# df
Filesystem              1K-blocks      Used Available Use% Mounted on
/dev/mapper/rhel-root     6981632   4022400   2959232  58% /
...
/dev/sda1                  494940    105564    389376  22% /boot
/dev/loop0                 999320      1304    929204   1% /mnt/disk
[root@localhost ~]# df -i
Filesystem                 Inodes   IUsed     IFree IUse% Mounted on
/dev/mapper/rhel-root     7032832  144528   6888304    3% /
...
/dev/sda1                  512000     304    511696    1% /boot
/dev/loop0                  65536      15     65521    1% /mnt/disk
[root@localhost ~]# exit
```

Remarque : contrairement aux FS ext4 et xfs ci-dessus, les FS ext3 sont limités en nombre d'inodes.

5. Vérifiez le FS.

```
[guest@localhost ~]$ sudo umount /mnt/disk
[guest@localhost ~]$ sudo fsck /root/fs_ext4.img
fsck from util-linux 2.23.2
e2fsck 1.42.8 (20-Jun-2013)
/root/fs_ext4.img: clean, 15/65536 files, 12639/262144 blocks

[guest@localhost ~]$ sudo fsck -f /root/fs_ext4.img
fsck from util-linux 2.23.2
e2fsck 1.42.8 (20-Jun-2013)
Pass 1: Checking inodes, blocks, and sizes
Pass 2: Checking directory structure
Pass 3: Checking directory connectivity
Pass 4: Checking reference counts
Pass 5: Checking group summary information
/root/fs_ext4.img: 15/65536 files (0.0% non-contiguous), 12639/262144 blocks
```

Remarques :

1) Un FS doit être démonté pour être vérifié. Par défaut, la vérification est légère (est-ce que le FS a bien été démonté ?).

2) On utilise l'option -f pour forcer une vérification en profondeur.

6. On monte le FS automatiquement au démarrage (cf. l'atelier suivant).

Tâche 3 bis :
Créer un FS dans une partition (exercice alternatif)

1. On visualise le contenu du disque sdb.

```
[guest@localhost ~]$ sudo blkid /dev/sdb
```

Remarque : apparemment, le disque ne contient rien.

2. On formate le disque en xfs.

```
[guest@localhost ~]$ sudo mkfs -t xfs /dev/sdb
meta-data=/dev/sdb              isize=256    agcount=4, agsize=65536 blks
         =                      sectsz=512   attr=2, projid32bit=1
         =                      crc=0
data     =                      bsize=4096   blocks=262144, imaxpct=25
         =                      sunit=0      swidth=0 blks
naming   =version 2             bsize=4096   ascii-ci=0
log      =internal log          bsize=4096   blocks=12800, version=2
         =                      sectsz=512   sunit=0 blks, lazy-count=1
realtime =none                  extsz=4096   blocks=0, rtextents=0
```

3. On monte le FS sur le répertoire /mnt/disk et on crée quelques fichiers dessus.

```
[guest@localhost ~]$ sudo mkdir /mnt/disk
[guest@localhost ~]$ sudo cp /etc/issue /mnt/disk/toto
[guest@localhost ~]$ sudo mount -t xfs /dev/sdb /mnt/disk/
[guest@localhost ~]$ df -Th
Filesystem            Type      Size  Used Avail Use% Mounted on
...
/dev/sdb              xfs       974M   33M  942M   4% /mnt/disk
[guest@localhost ~]$ sudo -s
[root@localhost guest]# date > /mnt/disk/f1
[root@localhost guest]# cal > /mnt/disk/f2
[root@localhost guest]# mkdir /mnt/disk/rep
[root@localhost guest]# uname -a > /mnt/disk/rep/fic
```

```
[root@localhost guest]# find /mnt/disk/
/mnt/disk/
/mnt/disk/f1
/mnt/disk/f2
/mnt/disk/rep
/mnt/disk/rep/fic
[root@localhost guest]# exit
```

Remarque : le fichier toto n'apparaît plus dans le répertoire /mnt/disk, il est occulté par le FS contenu dans le disque /dev/hda6. Il réapparaîtra après son démontage.

4. Visualisez le nombre de blocs et d'inodes libres présents sur le FS.

```
[guest@redhat_un ~]$ df
Filesystem              1K-blocks     Used Available Use% Mounted on
...
/dev/sdb                  997376    32940    964436    4% /mnt/disk
[guest@redhat_un ~]$ df -i
Filesystem               Inodes    IUsed    IFree IUse% Mounted on
...
/dev/sdb                1048576        7  1048569    1% /mnt/disk
```

5. Vérifiez le FS.

```
[guest@localhost ~]$ sudo fsck -t xfs /dev/sdb
fsck from util-linux 2.23.2
If you wish to check the consistency of an XFS filesystem or
repair a damaged filesystem, see xfs_check(8) and xfs_repair(8).
[guest@localhost ~]$ sudo xfs_check /dev/sdb
xfs_check is deprecated and scheduled for removal in June 2014.
Please use xfs_repair -n <dev> instead.
xfs_check: /dev/sdb contains a mounted and writable filesystem

fatal error -- couldn't initialize XFS library

[guest@localhost ~]$ sudo umount /mnt/disk
[guest@localhost ~]$ ls -l /mnt/disk/toto
-rw-r--r--. 1 root root 23 Feb  3 16:36 /mnt/disk/toto
[guest@localhost ~]$ sudo xfs_repair -n /dev/sdb
Phase 1 - find and verify superblock...
Phase 2 - using internal log
        - scan filesystem freespace and inode maps...
        - found root inode chunk
Phase 3 - for each AG...
...
No modify flag set, skipping filesystem flush and exiting.
[guest@localhost ~]$ sudo xfs_repair  /dev/sdb
Phase 1 - find and verify superblock...
...
Phase 7 - verify and correct link counts...
done
```

Remarque : le fichier toto réapparaît après le démontage du FS.

6. On monte le FS automatiquement au démarrage.

(On ajoute au fichier fstab la ligne en italique.)

```
[guest@localhost ~]$ sudo blkid /dev/sdb
/dev/sdb: UUID="ebbe4bac-7cd3-40e8-b18b-6ad172d1beec" TYPE="xfs"
```

```
[guest@localhost ~]$ sudo cp /etc/fstab /etc/fstab.old
[guest@localhost ~]$ sudo vi /etc/fstab
...
UUID=ebbe4bac-7cd3-40e8-b18b-6ad172d1beec /www  xfs      defaults        0 0
[guest@localhost ~]$ sudo mkdir /www
[guest@localhost ~]$ sudo reboot
```

Après le redémarrage :

```
[guest@localhost ~]$ df -Th
...
/dev/sdb                xfs        974M   33M 942M   4% /www
```

7. On démonte le FS, on le supprime de fstab et on efface le FS.

```
[guest@localhost ~]$ sudo umount /www
[guest@localhost ~]$ sudo cp /etc/fstab.old /etc/fstab
[guest@localhost ~]$ sudo wipefs -a /dev/sdb
/dev/sdb: 4 bytes were erased at offset 0x00000000 (xfs): 58 46 53 42
[guest@localhost ~]$ sudo blkid /dev/sdb
```

Tâche 4 : LVM et FS

1. Transformez un disque en PV.

```
[guest@localhost ~]$ sudo pvcreate /dev/sdb
  Physical volume "/dev/sdb" successfully created
```

2. Listez les PV.

```
[guest@localhost ~]$ sudo pvs
  PV         VG    Fmt  Attr PSize PFree
  /dev/sda2  rhel  lvm2 a--  7.51g    0
  /dev/sdb         lvm2 a--  1.00g 1.00g
```

3. Analysez le contenu d'un disque.

```
[guest@localhost ~]$ sudo blkid /dev/sdb
/dev/sdb: UUID="YiDbev-4jjG-STsf-MkhQ-B3AK-67Nt-yhPgnd" TYPE="LVM2_member"
```

4. Créez un VG.

```
[guest@localhost ~]$ sudo vgcreate web /dev/sdb
  Volume group "web" successfully created
```

5. Listez les VG.

```
[guest@localhost ~]$ sudo vgs
  VG   #PV #LV #SN Attr   VSize    VFree
  rhel   1   2   0 wz--n-    7.51g       0
  web    1   0   0 wz--n- 1020.00m 1020.00m
```

6. Créez des LV.

On crée dans le VG web un premier LV de 200 Mo qui sera nommé par défaut lvol0 et un deuxième LV de 300 Mo nommé htdocs.

```
[guest@localhost ~]$ sudo lvcreate -L 200M web
  Logical volume "lvol0" created
[guest@localhost ~]$ sudo lvcreate -L 300M -n htdocs web
  Logical volume "htdocs" created
```

7. Lister les LV.

```
[guest@localhost ~]$ sudo lvs
  LV    VG   Attr       LSize  Pool Origin Data% Move Log Cpy%Sync Convert
  root  rhel -wi-ao----  6.71g
  swap  rhel -wi-ao---- 820.00m
```

```
htdocs web  -wi-a----- 300.00m
lvol0  web  -wi-a----- 200.00m
```

8. Affichez la configuration LVM (VG, PV, LV).

```
[guest@localhost ~]$ sudo vgdisplay -v
    Finding all volume groups
    Finding volume group "web"
    Finding volume group "rhel"
  --- Volume group ---
  VG Name                web
...
  --- Logical volume ---
  LV Path                /dev/rhel/root
...
  --- Physical volumes ---
  PV Name                /dev/sda2
...
```

9. Formatez les LV (le premier en ext4, le deuxième en xfs).

```
[guest@localhost ~]$ sudo mkfs -t ext4 /dev/web/lvol0
mke2fs 1.42.8 (20-Jun-2013)
[guest@localhost ~]$ sudo mkfs -t xfs /dev/web/htdocs
meta-data=/dev/web/htdocs       isize=256    agcount=4, agsize=19200 blks
[guest@localhost ~]$ sudo blkid
...
/dev/mapper/web-lvol0: UUID="cd410b09-7031-4a16-8c32-76a51dbccce9" TYPE="ext4"
/dev/mapper/web-htdocs: UUID="ad3fc7b6-1ae5-48a0-87bb-56152870be74" TYPE="xfs"
```

10. Montez les FS et étendez les LV puis les FS à chaud.

a) Un FS de type ext4.

```
[guest@localhost ~]$ sudo mkdir /mnt/disk
[guest@localhost ~]$ sudo mount -t ext4 /dev/web/lvol0 /mnt/disk
[guest@localhost ~]$ df -Th /mnt/disk
Filesystem            Type  Size  Used Avail Use% Mounted on
/dev/mapper/web-lvol0 ext4  190M  1.6M  175M   1% /mnt/disk
[guest@localhost ~]$ sudo lvextend -L +100M /dev/web/lvol0
  Extending logical volume lvol0 to 300.00 MiB
  Logical volume lvol0 successfully resized
[guest@localhost ~]$ sudo resize2fs /dev/web/lvol0
resize2fs 1.42.8 (20-Jun-2013)
Filesystem at /dev/web/lvol0 is mounted on /mnt/disk; on-line resizing required
old_desc_blocks = 1, new_desc_blocks = 2
The filesystem on /dev/web/lvol0 is now 307200 blocks long.
[guest@localhost ~]$ df -Th /mnt/disk
Filesystem            Type  Size  Used Avail Use% Mounted on
/dev/mapper/web-lvol0 ext4  287M  2.1M  267M   1% /mnt/disk
[guest@localhost ~]$ sudo umount /mnt/disk
```

b) Un FS de type xfs.

```
[guest@localhost ~]$ sudo mount -t xfs /dev/web/htdocs /mnt/disk
[guest@localhost ~]$ df -Th /mnt/disk
Filesystem            Type  Size  Used Avail Use% Mounted on
/dev/mapper/web-htdocs xfs  284M   16M  269M   6% /mnt/disk
[guest@localhost ~]$ sudo lvextend -L +100M /dev/web/htdocs
  Extending logical volume htdocs to 400.00 MiB
```

```
    Logical volume htdocs successfully resized
[guest@localhost ~]$ sudo xfs_growfs /mnt/disk
meta-data=/dev/mapper/web-htdocs isize=256      agcount=4, agsize=19200 blks
...
[guest@localhost ~]$ df -Th /mnt/disk
Filesystem               Type  Size  Used Avail Use% Mounted on
/dev/mapper/web-htdocs xfs   384M   16M  369M    4% /mnt/disk
```

Remarque : s'il n'y a plus d'espace disque dans un VG, on agrandit le PV (par exemple, si on utilise un disque SAN), ou on ajoute des PV (si on manipule de vrais disques) cf. vgextend(8), pvresize(8).

11. Supprimez tout : démontez les FS, supprimez les LV, le VG, le PV.

```
[guest@localhost ~]$ sudo umount /mnt/disk
[guest@localhost ~]$ sudo lvremove /dev/web/htdocs
Do you really want to remove active logical volume htdocs? [y/n]: y
  Logical volume "htdocs" successfully removed
[guest@localhost ~]$ sudo vgremove web
Do you really want to remove volume group "web" containing 1 logical volumes?
[y/n]: y
Do you really want to remove active logical volume lvol0? [y/n]: y
  Logical volume "lvol0" successfully removed
  Volume group "web" successfully removed
[guest@localhost ~]$ sudo pvremove /dev/sdb
  Labels on physical volume "/dev/sdb" successfully wiped
[guest@localhost ~]$ sudo blkid /dev/sdb
[guest@localhost ~]$
```

Tâche 5 :
Gestion des partitions (niveau avancé)

ATTENTION : cet atelier doit être effectué soit sur un deuxième disque (/dev/hdb ou /dev/hdc par exemple), soit sur une clé USB, soit sur le disque système lors de l'installation (ou même avant). Dans ce cas, on obtient une fenêtre shell en frappant Ctrl+Alt+F2. On revient à l'écran graphique en frappant Ctrl+Alt+F7.

1. Listez la table des partitions d'un disque.

```
[guest@localhost ~]$ sudo fdisk -l /dev/sdb

Disk /dev/sdb: 1073 MB, 1073741824 bytes, 2097152 sectors
Units = sectors of 1 * 512 = 512 bytes
Sector size (logical/physical): 512 bytes / 512 bytes
I/O size (minimum/optimal): 512 bytes / 512 bytes
```

2. Gérez les partitions de ce disque avec la commande fdisk.

a) Visualisez l'aide (commande m).

b) Créez une table de partition vide (commande o).

c) Créez la partition primaire n°1 de taille 200 Méga (commande n).

d) Affichez la table des partitions (commande p).

e) Créez une deuxième partition primaire qui occupe le reste du disque.

f) Affichez la table des partitions et sauvegardez les actions (commande w).

```
[guest@localhost ~]$ sudo fdisk /dev/sdb
Welcome to fdisk (util-linux 2.23.2).

Changes will remain in memory only, until you decide to write them.
```

```
Be careful before using the write command.

Device does not contain a recognized partition table
Building a new DOS disklabel with disk identifier 0xd66cdd1e.

Command (m for help): m
Command action
   a   toggle a bootable flag
   b   edit bsd disklabel
   c   toggle the dos compatibility flag
   d   delete a partition
...
Command (m for help): o
Building a new DOS disklabel with disk identifier 0x42be1789.

Command (m for help): n
Partition type:
   p   primary (0 primary, 0 extended, 4 free)
   e   extended
Select (default p): p
Partition number (1-4, default 1):
First sector (2048-2097151, default 2048):
Using default value 2048
Last sector, +sectors or +size{K,M,G} (2048-2097151, default 2097151): +200M
Partition 1 of type Linux and of size 200 MiB is set

Command (m for help): n
Partition type:
   p   primary (1 primary, 0 extended, 3 free)
   e   extended
Select (default p): p
Partition number (2-4, default 2):
First sector (411648-2097151, default 411648):
Using default value 411648
Last sector, +sectors or +size{K,M,G} (411648-2097151, default 2097151):
Using default value 2097151
Partition 2 of type Linux and of size 823 MiB is set

Command (m for help): p

Disk /dev/sdb: 1073 MB, 1073741824 bytes, 2097152 sectors
Units = sectors of 1 * 512 = 512 bytes
Sector size (logical/physical): 512 bytes / 512 bytes
I/O size (minimum/optimal): 512 bytes / 512 bytes
Disk label type: dos
Disk identifier: 0x42be1789

   Device Boot      Start         End      Blocks   Id  System
/dev/sdb1            2048      411647      204800   83  Linux
/dev/sdb2          411648     2097151      842752   83  Linux

Command (m for help): w
The partition table has been altered!
```

```
Calling ioctl() to re-read partition table.
Syncing disks.
```

3. Affichez de nouveau la table des partitions.

```
[guest@localhost ~]$ sudo fdisk -l /dev/sdb
...
   Device Boot      Start         End      Blocks   Id  System
/dev/sdb1            2048      411647      204800   83  Linux
/dev/sdb2          411648     2097151      842752   83  Linux
```

4. Gérez les partitions avec la commande `parted`.

On crée une table de partitions de type msdos (MBR) et ensuite on crée une partition qui occupe tout le disque.

Remarque : au lieu de créer une table de partition msdos, on aurait pu créer une table GPT.

```
[guest@localhost ~]$ sudo parted -a none /dev/sdb
GNU Parted 3.1
Using /dev/sdb
Welcome to GNU Parted! Type 'help' to view a list of commands.
(parted) help
  align-check TYPE N                check partition N for TYPE(min|opt) alignment
  help [COMMAND]                    print general help, or help on
        COMMAND
  mklabel,mktable LABEL-TYPE     create a new disklabel (partition table)
  mkpart PART-TYPE [FS-TYPE] START END     make a partition
...
(parted) help mklabel
  mklabel,mktable LABEL-TYPE     create a new disklabel (partition table)

        LABEL-TYPE is one of: aix, amiga, bsd, dvh, gpt, mac, msdos, pc98, sun,
(parted) mklabel msdos
Warning: The existing disk label on /dev/sdb will be destroyed and all data on
this disk will be lost. Do you want to continue?
Yes/No? yes
(parted) mkpart primary 0 1074
(parted) print
Model: ATA VBOX HARDDISK (scsi)
Disk /dev/sdb: 1074MB
Sector size (logical/physical): 512B/512B
Partition Table: msdos
Disk Flags:

Number  Start  End     Size    Type     File system  Flags
 1      512B   1074MB  1074MB  primary

(parted) quit
Information: You may need to update /etc/fstab.
```

Tâche 6 :
Les inodes (niveau avancé)

1. On crée un répertoire et, dedans, on crée deux fichiers, on liste les fichiers en affichant le numéro d'inode.

```
[guest@localhost ~]$ mkdir liens
[guest@localhost ~]$ cd liens
```

```
[guest@localhost liens]$ cal > f1
[guest@localhost liens]$ date > f2
[guest@localhost liens]$ ls -li
total 8
2126756 -rw-rw-r--. 1 guest guest 145 Feb  3 18:28 f1
2126764 -rw-rw-r--. 1 guest guest  29 Feb  3 18:28 f2
```

2. On crée un lien sur le fichier f1 que l'on appelle f1bis.

```
[guest@localhost liens]$ ln f1 f1bis
[guest@localhost liens]$ ls -li
total 12
2126756 -rw-rw-r--. 2 guest guest 145 Feb  3 18:28 f1
2126756 -rw-rw-r--. 2 guest guest 145 Feb  3 18:28 f1bis
2126764 -rw-rw-r--. 1 guest guest  29 Feb  3 18:28 f2
```

Remarques :

1) Les noms f1 et f1bis se réfèrent au même fichier.

2) Le nombre de liens apparaît après les droits dans le résultat du ls.

3. On modifie le contenu de f1 ainsi que ses droits.

```
[guest@localhost liens]$ echo "=======" >> f1
[guest@localhost liens]$ chmod 600 f1
[guest@localhost liens]$ tail -1 f1bis
=======
[guest@localhost liens]$ ls -l f1*
-rw-------. 2 guest guest 153 Feb  3 18:29 f1
-rw-------. 2 guest guest 153 Feb  3 18:29 f1bis
```

Remarque : dans le résultat des commandes, on constate bien qu'il s'agit d'un seul et même fichier.

4. On affiche les numéros d'inodes de l'ensemble des fichiers du répertoire.

```
[guest@localhost liens]$ ls -lia
2126423 .
3724856 ..
2126756 f1
2126756 f1bis
2126764 f2
```

Remarque : les fichiers f1 et f1bis ont bien le même numéro d'inode.

5. On détruit un lien.

```
[guest@localhost liens]$ rm f1
[guest@localhost liens]$ ls -l f1bis
-rw-------. 1 guest guest 153 Feb  3 18:29 f1bis
```

Remarque : la commande rm ne détruit pas forcément un fichier ; elle détruit un lien. Si l'inode n'a plus de lien, le système détruit alors le fichier.

6. On déplace (renomme) un lien.

```
[guest@localhost liens]$ mv f1bis f1
[guest@localhost liens]$ ls -li f1
2126756 -rw-------. 1 guest guest 153 Feb  3 18:29 f1
```

7. On crée un lien symbolique.

```
[guest@localhost liens]$ ln -s f1 f1ter
[guest@localhost liens]$ ls -l
total 8
-rw-------. 1 guest guest 153 Feb  3 18:29 f1
```

```
lrwxrwxrwx. 1 guest guest    2 Feb  3 18:30 f1ter -> f1
-rw-rw-r--. 1 guest guest   29 Feb  3 18:28 f2
[guest@localhost liens]$ ls -lL
total 12
-rw-------. 1 guest guest 153 Feb  3 18:29 f1
-rw-------. 1 guest guest 153 Feb  3 18:29 f1ter
-rw-rw-r--. 1 guest guest  29 Feb  3 18:28 f2
```

Remarques :

1) Un lien symbolique offre également un nouveau chemin pour accéder à un fichier, mais il peut s'affranchir de la limite des systèmes de fichiers et il permet aussi de référencer un répertoire. Par contre il utilise un inode à part entière de type lien.

2) L'option `-L` de `ls` permet de suivre les liens symboliques.

8. On détruit le fichier lié.

```
[guest@localhost liens]$ rm f1
[guest@localhost liens]$ ls -l f1ter
lrwxrwxrwx. 1 guest guest 2 Feb  3 18:30 f1ter -> f1
[guest@localhost liens]$ more f1ter
f1ter: No such file or directory
[guest@localhost liens]$ cd
```

Remarque : le lien existe toujours, mais il ne pointe plus sur un fichier. Le système le traite donc comme un fichier non existant. Ce comportement n'est pas possible avec les liens matériels

Red Hat - La sauvegarde

Tâche 1 : La commande tar, les fondamentaux.. 10 mn

Tâche 2 : tar, compléments .... 10 mn

Tâche 3 : La commande cpio (complément).. 5 mn

Tâche 4 : La commande pax (complément)... 5 mn

Tâche 1 :
La commande tar, les fondamentaux

1. On se connecte sous le compte `guest` et on sauvegarde ses fichiers dans une archive contenue dans un fichier.

```
[guest@localhost ~]$ tar -cvf /tmp/sauve.tar /home/guest # ou ~
tar: Removing leading `/' from member names
/home/guest/
/home/guest/.mozilla/
/home/guest/.mozilla/extensions/
/home/guest/.mozilla/plugins/
/home/guest/.bash_logout
/home/guest/.bash_profile
...
```

2. On visualise la liste des fichiers sauvegardés.

```
[guest@localhost ~]$ tar -tvf /tmp/sauve.tar
drwx------ guest/guest         0 2014-01-21 17:47 home/guest/
drwxr-xr-x guest/guest         0 2014-01-18 15:04 home/guest/.mozilla/
drwxr-xr-x guest/guest         0 2013-03-17 19:40 home/guest/.mozilla/extensions/
drwxr-xr-x guest/guest         0 2013-03-17 19:40 home/guest/.mozilla/plugins/
-rw-r--r-- guest/guest        18 2013-08-09 13:40 home/guest/.bash_logout
-rw-r--r-- guest/guest       193 2013-08-09 13:40 home/guest/.bash_profile
```

3. On restaure un fichier dans /tmp, on le compare avec le fichier d'origine.

```
[guest@localhost ~]$ cd /tmp
[guest@localhost tmp]$ tar -xvf /tmp/sauve.tar home/guest/.bash_profile
home/guest/.bash_profile
[guest@localhost tmp]$ cmp /home/guest/.bash_profile
/tmp/home/guest/.bash_profile
```

4. On détruit un fichier et on le restaure.

```
[guest@localhost tmp]$ cd /
[guest@localhost /]$ rm ~/.bash_profile
[guest@localhost /]$ tar -xvf /tmp/sauve.tar home/guest/.bash_profile
home/guest/.bash_profile
[guest@localhost /]$ cd
[guest@localhost ~]$ ls -l .bash_profile
-rw-r--r--. 1 guest guest 193 Aug  9 13:40 .bash_profile
```

5. On détruit tous ses fichiers et on les restaure.

```
[guest@localhost ~]$ rm -rf *  .[!.]*
[guest@localhost ~]$ cd /
[guest@localhost /]$ tar -xf /tmp/sauve.tar
[guest@localhost /]$ cd
```

```
[guest@localhost ~]$ find
```

6. On sauvegarde tous ses fichiers en relatif et avec compression.

```
[guest@localhost ~]$ tar -cvf /tmp/sauveBis.tar .
[guest@localhost ~]$ tar -tvf /tmp/sauveBis.tar
drwx------ guest/guest         0 2014-01-21 17:47 ./
drwxr-xr-x guest/guest         0 2014-01-21 17:47 ./.config/
...
-rw-r--r-- guest/guest       193 2013-08-09 13:40 ./.bash_profile
home/guest/.bash_profile
home/guest/.viminfo
[guest@localhost ~]$ cd /home
[guest@localhost home]$ tar -czf /tmp/sauveTer.tar.gz guest
[guest@localhost home]$ ls -lh /tmp/sauve*
-rw-rw-r--. 1 guest guest 3.8M Jan 21 20:51 /tmp/sauveBis.tar
-rw-rw-r--. 1 guest guest 3.8M Jan 21 20:43 /tmp/sauve.tar
-rw-rw-r--. 1 guest guest 760K Jan 21 20:53 /tmp/sauveTer.tar.gz
[guest@localhost home]$ tar -tvf /tmp/sauveTer.tar.gz
...
-rw-r--r-- guest/guest       193 2013-08-09 13:40 guest/.bash_profile
-rw-r--r-- guest/guest       231 2013-08-09 13:40 guest/.bashrc
-rw-rw-r-- guest/guest       411 2014-01-20 11:18 guest/typescript
...
[guest@localhost home]$ cd
```

Remarque : ne pas oublier le « . » qui signifie répertoire courant.

Tâche 2 :
tar, compléments

1. Sauvegardez les fichiers modifiés dans la journée.

```
[guest@localhost ~]$ find . -mtime 0 -type f |tar -c -T - -f /tmp/journal.tar
[guest@localhost ~]$ tar -tvf /tmp/journal.tar
```

2. Réalisez une sauvegarde incrémentale.

On sauvegarde les fichiers créés ou modifiés depuis le 20/01 à 15h00 (01201500).

```
[guest@localhost ~]$ touch -t 01201500 .ref
[guest@localhost ~]$ find . -newer .ref -type f |tar -c -T - -f /tmp/incr.tar
[guest@localhost ~]$ tar -tvf /tmp/incr.tar
```

Remarque : sans l'option –t, la commande touch met le fichier à la date et à l'heure courantes. Si cette commande se trouve dans un script de sauvegarde, automatiquement on ne sauvegardera que les fichiers modifiés ou créés depuis la dernière sauvegarde.

3. Quel est le format de l'archive créée précédemment ?

```
[guest@localhost ~]$ file /tmp/incr.tar
/tmp/incr.tar: POSIX tar archive (GNU)
```

Remarque : si l'archive avait été présente sur une cartouche, il aurait fallu d'abord copier l'archive (ou une partie) dans un fichier texte avant d'utiliser la commande file. Dans l'exemple suivant, on copie les 100 premiers blocs d'une cartouche dans un fichier.
```
dd if=/dev/st0 of=/tmp/archive  bs=1k  count=100
```

4. On crée un script qui sauvegarde le répertoire de connexion en excluant certains répertoires.

```
[guest@localhost ~]$ vi sauve.sh
tar -c \
    --exclude .cache \
    --exclude .config \
```

```
    --exclude .local \
    --exclude .mozilla \
    --exclude .ssh \
-f /tmp/s2.tar ~
[guest@localhost ~]$ sh sauve.sh
tar: Removing leading `/' from member names
[guest@localhost ~]$ tar -tf /tmp/s2.tar
```

5. Réalisez une sauvegarde absolue, listez son contenu.

```
[guest@localhost ~]$ tar -cPf /tmp/absolue.tar /home/guest
[guest@localhost ~]$ tar -tf /tmp/absolue.tar
/home/guest/
/home/guest/.bash_logout
...
```

Remarque : si l'on veut restaurer un fichier à son emplacement d'origine, il faut préciser l'option –P, sinon tar supprime le « / » du début et réalise donc une restauration relative.

6. Le cas des liens symboliques.

a) On crée un lien symbolique.

```
[guest@localhost ~]$ ln -s /etc/profile etc_profile
[guest@localhost ~]$ ls -l etc_profile
lrwxrwxrwx. 1 guest guest 12 Jan 21 21:32 etc_profile -> /etc/profile
```

b) On sauvegarde le lien.

```
[guest@localhost ~]$ tar -cf /tmp/sauve.tar /home/guest
tar: Removing leading `/' from member names
[guest@localhost ~]$ tar -tvf /tmp/sauve.tar |grep etc_profile
lrwxrwxrwx guest/guest       0 2014-01-21 21:32 home/guest/etc_profile ->
/etc/profile
```

c) On sauvegarde le fichier lié.

```
[guest@localhost ~]$ tar -chf /tmp/sauve.tar /home/guest
tar: Removing leading `/' from member names
[guest@localhost ~]$ tar -tvf /tmp/sauve.tar |grep etc_profile
-rw-r--r-- root/root      1750 2013-06-07 16:31 home/guest/etc_profile
```

7. Le problème de la date de dernière modification.

a) On sauvegarde et on restaure un fichier sans option particulière. On conserve la date de dernière modification.

```
[guest@localhost ~]$ tar -cf /tmp/sauve.tar /home/guest
tar: Removing leading `/' from member names
[guest@localhost ~]$ cd /tmp
[guest@localhost tmp]$ tar -xf /tmp/sauve.tar home/guest/.bash_profile
[guest@localhost tmp]$ ls -l home/guest/.bash_profile
-rw-r--r--. 1 guest guest 193 Aug  9 13:40 home/guest/.bash_profile
```

b) On restaure un fichier avec l'option -m. La date de dernière modification du fichier correspond alors à l'époque de la restauration.

```
[guest@localhost tmp]$ tar -xvmf /tmp/sauve.tar home/guest/.bash_profile
home/guest/.bash_profile
[guest@localhost tmp]$ ls -l home/guest/.bash_profile
-rw-r--r--. 1 guest guest 193 Jan 21 21:35 home/guest/.bash_profile
[guest@localhost tmp]$ cd
```

8. Utilisation de la variable d'environnement TAPE.

```
[guest@localhost ~]$ export TAPE=/tmp/sauve.tar
```

```
[guest@localhost ~]$ tar c ~
tar: Removing leading `/' from member names
[guest@localhost ~]$ tar t
```

Tâche 3 :
La commande cpio (complément)

1. Sauvegardez les fichiers du compte guest.

```
[guest@localhost ~]$ find ~ | cpio -o > /tmp/guest.cpio
7428 blocks
[guest@localhost ~]$ file /tmp/guest.cpio
/tmp/guest.cpio: cpio archive
```

**2. Sauvegardez les fichiers du compte guest dans une autre archive. On compresse la sauvegarde.
On utilise le format ASCII des en-têtes cpio.**

```
[guest@localhost ~]$ find ~ | cpio -oc | gzip > /tmp/guest2.cpio.gz
7456 blocks
[guest@localhost ~]$ gunzip < /tmp/guest2.cpio.gz > /tmp/archive
[guest@localhost ~]$ file /tmp/archive
/tmp/archive: ASCII cpio archive (SVR4 with no CRC)
```

3. Listez le contenu des sauvegardes, y compris une archive TAR.

```
[guest@localhost ~]$ cpio -itv < /tmp/guest.cpio
7428 blocks
drwx------  19 guest     guest          0 Jan 21 21:32 /home/guest
drwxr-xr-x  14 guest     guest          0 Jan 21 17:47 /home/guest/.config
drwx------   2 guest     guest          0 Jan 21 17:47 /home/guest/.config/pulse
-rw-r--r--   1 guest     guest      12288 Jan 21 17:47 /home/guest/.config/pulse
...
[guest@localhost ~]$ gunzip < /tmp/guest2.cpio.gz |cpio -itcv
drwx------  19 guest     guest          0 Jan 21 21:32 /home/guest
drwxr-xr-x  14 guest     guest          0 Jan 21 17:47 /home/guest/.config
drwx------   2 guest     guest          0 Jan 21 17:47 /home/guest/.config/pulse
...
[guest@localhost ~]$ cpio -itv -H ustar < /tmp/sauve.tar
7612 blocks
drwx------   1 guest     guest          0 Jan 21 21:32 home/guest/
...
```

4. Restaurez un fichier.

```
[guest@localhost ~]$ rm ~/.bash_profile
[guest@localhost ~]$ cpio -i /home/guest/.bash_profile < /tmp/guest.cpio
[guest@localhost ~]$ ls -l .bash_profile
-rw-r--r--. 1 guest guest 193 Jan 21 21:49 .bash_profile
```

5. Restaurez une arborescence de fichiers.

```
[guest@localhost ~]$ rm -rf * .[!.]*
[guest@localhost ~]$ gunzip < /tmp/guest2.cpio.gz | cpio -idc 2> /dev/null
[guest@localhost ~]$ find
 [guest@linux1 ~]$ find
...
```

Tâche 4 :
La commande pax (complément)

1. Sauvegardez les fichiers du compte guest.

```
[guest@localhost ~]$ pax -w -f /tmp/guest.tar   /home/guest
```

2. Sauvegardez les fichiers du compte guest dans une autre archive. On compresse la sauvegarde.

```
[guest@localhost ~]$ find /home/guest | pax -w | gzip > /tmp/guest2.tar.gz
```

3. Listez le contenu des sauvegardes.

```
[guest@localhost ~]$ pax -f /tmp/guest.tar
/home/guest/
/home/guest/.config/
...
[guest@localhost ~]$ pax -v -f /tmp/guest.tar
drwx------    0 guest     guest            0 Jan 21 21:52 /home/guest/
drwxr-xr-x    0 guest     guest            0 Jan 21 21:51 /home/guest/.config/
...
[guest@localhost ~]$ gunzip < /tmp/guest2.tar.gz |pax
/home/guest/
/home/guest/.config/
...
[guest@localhost ~]$ tar -tvf /tmp/guest.tar
tar: Removing leading `/' from member names
drwx------ guest/guest       0 2014-01-21 21:52 /home/guest/
drwxr-xr-x guest/guest       0 2014-01-21 21:51 /home/guest/.config/
...
```

Remarque : comme la commande `tar` utilise le format ISO, on peut l'utiliser pour manipuler une archive créée par la commande `pax` et inversement.

---

4. Restaurez un fichier.

```
[guest@localhost ~]$ rm ~/.bash_profile
[guest@localhost ~]$ cd /
[guest@localhost /]$ pax -r -v -f /tmp/guest.tar home/guest/.bash_profile
pax: WARNING: skipping leading '/' on filenames.
x home/guest/.bash_profile 193 bytes, 1 tape blocks
[guest@localhost /]$ cd
[guest@localhost ~]$ ls -l .bash_profile
-rw-r--r--. 1 guest guest 193 Jan 21 21:51 .bash_profile
```

5. Restaurez une arborescence de fichiers.

```
[guest@localhost ~]$ rm -rf *  .[!.]*
[guest@localhost ~]$ cd /
[guest@localhost /]$ gunzip < /tmp/guest2.tar.gz | pax -r
[guest@localhost /]$ cd
[guest@localhost ~]$ find
...
```

Red Hat - Les applications

Tâche 1 : Les processus .... 10 mn

Tâche 2 : Crontab .... 10 mn

Tâche 3 : Rsyslog .... 5 mn

Tâche 4 : Les processus, compléments .... 20 mn

Tâche 5 : Crontab, compléments .... 20 mn

Tâche 6 : Rsyslog, compléments .... 10 mn

Tâche 7 : Compléments sur les processus : les zombies .... 10 mn

Tâche 1 :
Les processus

1. Listez les processus associés au terminal courant.

```
[guest@localhost ~]$ ps
   PID TTY          TIME CMD
  5858 pts/0    00:00:00 bash
  8890 pts/0    00:00:00 ps
```

Remarque : la commande affiche pour chaque processus : son identifiant (PID), son terminal (TTY), le temps CPU consommé (TIME) et la commande (CMD).

2. Est-ce que l'application crond est active ? Quel est son PID ?

```
[guest@localhost ~]$ ps -e |grep cron
   593 ?        00:00:00 crond
```

Remarques :

1) L'option –e liste la totalité des processus (liste exhaustive) ; par défaut, la commande ne liste que les processus associés au terminal courant.

2) Le PID apparaît en première colonne, ici il est égal à 593.

3. Activez une application en tâche de fond, visualisez les principales caractéristiques des applications associées au terminal (la tâche que l'on vient d'activer en fait partie).

```
[guest@localhost ~]$ sleep 300 &
[1] 8894
[guest@localhost ~]$ ps -f
UID          PID  PPID  C STIME TTY          TIME CMD
guest       5858  5855  0 Jan21 pts/0    00:00:00 -bash
guest       8894  5858  0 00:47 pts/0    00:00:00 sleep 300
guest       8895  5858  0 00:47 pts/0    00:00:00 ps -f
```

Remarques :

1) L'option –f affiche l'UID, le PID, le PPID, le STIME (l'heure de démarrage), le TTY, la commande et ses arguments.

2) L'application sleep est une temporisation. On donne comme argument la durée en secondes.

3) Normalement, avec le shell, on active des applications en avant-plan (foreground), c'est-à-dire que le shell attend leur fin avant de faire autre chose. Si l'on active une tâche en arrière-plan (background) en terminant la commande avec « & », le shell vous rend la main immédiatement après avoir activé l'application.

4. Tuez la tâche précédente.

```
[guest@localhost ~]$ kill -TERM 8894
```

Remarque : le signal TERM, équivalent à 15, est le signal par défaut lancé par la commande `kill`.

5. Listez les principales caractéristiques de tous les processus.

```
[guest@localhost ~]$ ps -ef
UID          PID  PPID  C STIME TTY          TIME CMD
root           1     0  0 Jan21 ?        00:00:02 /usr/lib/systemd/systemd --
switched-root --system --deserialize 20
root           2     0  0 Jan21 ?        00:00:00 [kthreadd]
...
```

6. Activez une session shell ISO, et ensuite tuez-la.

```
[guest@localhost ~]$ sh
sh-4.2$ ps
  PID TTY          TIME CMD
13824 pts/1    00:00:00 bash
13853 pts/1    00:00:00 sh
13854 pts/1    00:00:00 ps
sh-4.2$ kill 13853
sh-4.2$ kill -9 13853
Killed
[guest@localhost ~]$
```

Remarque : le premier `kill` est inopérant car le shell ignore le signal TERM (envoyé par défaut). Le signal 9 envoyé par le deuxième `kill`, lui, est efficace, on revient sous le shell `bash`.

7. Gérez le service Apache.

a) Activez le service Apache.

```
[guest@localhost ~]$ sudo service httpd start
Redirecting to /bin/systemctl start  httpd.service
```

b) Est-ce que le service Apache est actif ?

```
[guest@localhost ~]$ ps -e |grep httpd
 9906 ?        00:00:00 httpd
 9907 ?        00:00:00 httpd
 9908 ?        00:00:00 httpd
 9909 ?        00:00:00 httpd
 9910 ?        00:00:00 httpd
 9911 ?        00:00:00 httpd
[guest@redhat_un ~]$ sudo service httpd status
```

c) Arrêtez le service Apache.

```
[guest@localhost ~]$ sudo service httpd stop
Redirecting to /bin/systemctl stop  httpd.service
[guest@localhost ~]$ ps -e |grep httpd
[guest@localhost ~]$
```

Tâche 2 :
Crontab

1. Connectez-vous sous le compte de guest et vérifiez s'il possède un `crontab`.

```
[guest@localhost ~]$ crontab -l
no crontab for guest
```

2. Créez, sous ce compte, un `crontab` qui accomplit les tâches suivantes :

a) Écrire la date toutes les minutes à la fin du fichier `/tmp/date.log`.

b) Écrire la liste des processus tous les quarts d'heure de 9h à 16h45 du lundi au vendredi, à la fin du fichier /tmp/process.log.

```
[guest@localhost ~]$ crontab -e
* * * * * date >> /tmp/date.log 2>&1
0,15,30,45  9-16 * * 1-5 ps -ef >> /tmp/process.log 2>&1
```

Remarques :

1) L'expression « 2>&1 » est une syntaxe shell signifiant que les écritures d'erreurs sont fusionnées avec la sortie normale. En conséquence, le fichier /tmp/date.log, par exemple, contiendra aussi bien le résultat normal de la commande que les erreurs.

2) Pour indiquer une périodicité de tous les quarts d'heure, on pouvait utiliser la notation */15 au lieu de l'indication explicite 0,15,30,45.

3. Visualisez son `crontab` actif.

```
[guest@localhost ~]$ crontab -l
* * * * * date >> /tmp/date.log 2>&1
0,15,30,45  9-16 * * 1-5 ps -ef >> /tmp/process.log 2>&1
```

4. Visualisez l'effet de la première commande.

```
[guest@localhost ~]$ tail -f /tmp/date.log
Wed Jan 22 01:04:01 CET 2014
Wed Jan 22 01:05:02 CET 2014
^C
```

Remarque : l'option –f de la commande tail permet de garder le fichier ouvert en attente de nouvelles écritures. On arrête la commande par Ctrl+C.

5. Supprimez son `crontab`.

```
[guest@localhost ~]$ crontab -r
[guest@localhost ~]$ crontab -l
no crontab for guest
```

Tâche 3 :
Rsyslog

1. Quel est le fichier où sont consignés les messages associés au courrier ?

Visualisez la dernière ligne de ce fichier.

```
[guest@localhost ~]$ grep mail /etc/rsyslog.conf
# Log anything (except mail) of level info or higher.
*.info;mail.none;authpriv.none;cron.none                /var/log/messages
# Log all the mail messages in one place.
mail.*                                                  -/var/log/maillog
[guest@localhost ~]$ sudo tail -1 /var/log/maillog
Jan 21 15:27:32 localhost postfix/master[2317]: daemon started -- version
2.10.1, configuration /etc/postfix
```

2. On envoie un message de niveau warning à destination du sous-système user.

```
[guest@localhost ~]$ logger -p user.warn "Message pour RSYSLOG"
[guest@localhost ~]$ sudo tail -3 /var/log/messages
Jan 22 01:10:01 localhost systemd: Starting Session 77 of user root.
Jan 22 01:10:01 localhost systemd: Started Session 77 of user root.
Jan 22 01:11:08 localhost guest: Message pour RSYSLOG
```

Tâche 4 :
Les processus, compléments

1. Affichez les caractéristiques d'un processus dont on connaît le PID.

```
[guest@localhost ~]$ pidof crond
593
[guest@localhost ~]$ ps -f -p 593
UID          PID  PPID  C STIME TTY          TIME CMD
root         593     1  0 Jan21 ?        00:00:00 /usr/sbin/crond -n
```

2. Affichez la généalogie des processus.

```
[guest@localhost ~]$ pstree     | more
systemd-+-ModemManager---2*[{ModemManager}]
        |-NetworkManager-+-dhclient
        |                `-3*[{NetworkManager}]
        |-2*[abrt-watch-log]
        |-abrtd
...
```

3. Listez les processus appartenant à un compte donné (par exemple guest).

```
[guest@localhost ~]$ ps -u guest
  PID TTY          TIME CMD
 3235 ?        00:00:00 pulseaudio
 3431 ?        00:00:00 vmtoolsd
 5855 ?        00:00:02 sshd
 5858 pts/0    00:00:00 bash
10056 pts/0    00:00:00 ps
```

4. Listez l'ensemble des processus, faites ressortir l'usage des ressources.

```
[guest@localhost ~]$ ps aux
USER         PID %CPU %MEM    VSZ   RSS TTY      STAT START   TIME COMMAND
root           1  0.0  0.4  53604  7472 ?        Ss   Jan21   0:02
/usr/lib/systemd/systemd --switched-root --system --deserialize 20
root           2  0.0  0.0      0     0 ?        S    Jan21   0:00 [kthreadd]
```

Remarque : les colonnes %CPU, %MEM donnent, respectivement, le pourcentage d'utilisation du CPU et de la mémoire par la commande.

5. Affichez les processus les plus consommateurs de ressources.

```
[guest@localhost ~]$ top
top - 01:31:38 up 10:04,  2 users,  load average: 0.00, 0.01, 0.05
Tasks: 151 total,   2 running, 149 sleeping,   0 stopped,   0 zombie
%Cpu(s):  0.0 us,  0.3 sy,  0.0 ni, 99.7 id,  0.0 wa,  0.0 hi,  0.0 si,  0.0 st
KiB Mem:   1534800 total,   992148 used,   542652 free,     1344 buffers
KiB Swap:   839676 total,        0 used,   839676 free,   439472 cached

  PID USER      PR  NI    VIRT    RES    SHR S %CPU %MEM     TIME+ COMMAND
10059 guest     20   0  123656   1564   1100 R  0.3  0.1   0:00.01 top
    1 root      20   0   53604   7472   2480 S  0.0  0.5   0:02.78 systemd
    2 root      20   0       0      0      0 S  0.0  0.0   0:00.01 kthreadd
    3 root      20   0       0      0      0 S  0.0  0.0   0:00.24 ksoftirqd/0
  ...
   28 root       0 -20       0      0      0 S  0.0  0.0   0:00.00 crypto
   37 root       0 -20       0      0      0 S  0.0  0.0   0:00.00 kthrotld
```

Remarques :

1) La liste affichée par top est rafraîchie périodiquement.

2) On met fin à la commande en tapant Ctrl+C (comme pour toute commande lancée en avant-plan [foreground]).

3) En tête, la commande affiche également la charge système et l'utilisation de la mémoire.

6. Gérez les priorités.

a) Activez une application avec une valeur NICE de 10.

```
[guest@localhost ~]$ nice -10 sleep 300 &
[1] 10078
```

b) Listez les processus liés au terminal, afficher leur NICE.

```
[guest@localhost ~]$ ps -l
F S   UID   PID  PPID  C PRI  NI ADDR SZ WCHAN   TTY          TIME CMD
0 S  1000  5858  5855  0  80   0 - 29203 wait    pts/0    00:00:00 bash
0 S  1000 10078  5858  0  90  10 - 26974 hrtime  pts/0    00:00:00 sleep
0 R  1000 10079  5858  0  80   0 - 30317 -       pts/0    00:00:00 ps
```

c) Modifiez la valeur du NICE, positionnez-la à 20, visualisez le résultat.

```
[guest@localhost ~]$ renice 20 10078
10078 (process ID) old priority 10, new priority 19
[guest@localhost ~]$ ps -l
F S   UID   PID  PPID  C PRI  NI ADDR SZ WCHAN   TTY          TIME CMD
0 S  1000  5858  5855  0  80   0 - 29203 wait    pts/0    00:00:00 bash
0 S  1000 10078  5858  0  99  19 - 26974 hrtime  pts/0    00:00:00 sleep
0 R  1000 10081  5858  0  80   0 - 30317 -       pts/0    00:00:00 ps
```

Remarque : les commandes nice et renice modifient la valeur NICE qui rentre en ligne de compte dans le calcul de la priorité. Elle peut prendre une valeur entre -20 et +20. Une valeur positive abaisse la priorité. Une valeur négative l'augmente, il faut être root pour l'utiliser. Habituellement, on diminue la valeur NICE des applications lancées en tâche de fond et qui consomment beaucoup de CPU. Cela permet de ne pas pénaliser des applications interactives comme le shell.

7. Visualisez les fichiers ouverts par le démon syslogd.

```
[guest@localhost ~]$ sudo lsof | head -2
COMMAND     PID  TID USER   FD  TYPE   DEVICE   SIZE/OFF      NODE NAME
systemd       1      root  cwd        DIR    253,1       4096       128 /
[guest@localhost ~]$ sudo lsof | grep rsyslogd
rsyslogd    555      root  cwd  DIR  253,1       4096        128 /
rsyslogd    555      root  rtd  DIR  253,1       4096        128 /
rsyslogd    555      root  txt  REG  253,1     542616   19184750 /usr/sbin/rsyslogd
rsyslogd    555      root  mem  REG   0,17    3268608         56
```

Remarque : la commande lsof apporte à l'exploitant de précieuses informations. Pour chaque fichier ouvert, elle affiche une ligne pour chacun des processus qui l'a ouvert. À chaque fois, elle donne le nom de l'exécutable (COMMAND), son identifiant (PID), le compte sous lequel le processus s'exécute (USER), d'autres informations techniques (cf. le man) et enfin le chemin du fichier (NODE NAME).

8. Quelles sont les applications qui accèdent au fichier /var/log/messages ?

```
[guest@localhost ~]$ sudo fuser /var/log/messages
/var/log/messages:       555    557
[guest@localhost ~]$ ps -f -p 555
UID      PID  PPID  C STIME TTY          TIME CMD
root     555     1  0 Jan21 ?        00:00:00 /sbin/rsyslogd -n
```

9. Listez les bibliothèques utilisées par une application (par exemple bash).

```
[guest@localhost ~]$ whereis bash
bash: /usr/bin/bash /usr/share/man/man1/bash.1.gz
[guest@localhost ~]$ ldd /bin/bash
        linux-vdso.so.1 =>  (0x00007fffe63cc000)
        libtinfo.so.5 => /lib64/libtinfo.so.5 (0x00000039bb800000)
        libdl.so.2 => /lib64/libdl.so.2 (0x00000039a8400000)
        libc.so.6 => /lib64/libc.so.6 (0x00000039a8000000)
        /lib64/ld-linux-x86-64.so.2 (0x00000039a7800000)
```

10. Vérifiez si le fichier /bin/ksh est un exécutable.

```
[guest@localhost ~]$ file /bin/bash
/bin/bash: ELF 64-bit LSB executable, x86-64, version 1 (SYSV), dynamically
linked (uses shared libs), for GNU/Linux 2.6.32,
BuildID[sha1]=0xb88d55e05f7738ed0bcf02e75e36603ec8f9f4cb, stripped
```

11. Le manuel dit tout.

Le manuel (man) d'une commande, y compris celui d'un démon gérant un service, donne normalement toutes les informations nécessaires à l'exploitation.

a) Les arguments du démon.

```
[guest@localhost ~]$ man rsyslogd
RSYSLOGD(8)              Linux System Administration              RSYSLOGD(8)


NAME
        rsyslogd - reliable and extended syslogd


SYNOPSIS
        rsyslogd [ -4 ] [ -6 ] [ -A ] [ -d ] [ -D ] [ -f config file ]
        [ -i pid file ] [ -l hostlist ] [ -n ] [ -N level ]
        [ -q ] [ -Q ] [ -s domainlist ] [ -u userlevel ] [ -v ] [ -w ] [ -x ]


DESCRIPTION
        Rsyslogd  is  a system utility providing support for message logging.
        Support of both internet and unix domain sockets enables this utility to
        support  both local and remote logging.
...
OPTIONS
        -A     When  sending UDP messages, there are potentially multiple paths
               to the target destination. By default, rsyslogd only sends to the
               first target
```

b) Les variables d'environnement d'un démon.

```
[guest@localhost ~]$ man rsyslogd
ENVIRONMENT
        RSYSLOG_DEBUG
                Controls  runtime  debug support. It contains an option string
                with the following options possible (all are case insensitive):
```

c) Les fichiers gérés par un démon.

```
[guest@localhost ~]$ man rsyslogd
FILES
        /etc/rsyslog.conf
                Configuration  file for rsyslogd.  See rsyslog.conf(5) for exact
                information.
        /dev/log
```

```
            The Unix domain socket to from where local syslog messages are
            read.
    /var/run/rsyslogd.pid
            The file containing the process id of rsyslogd.
```

d) L'action des signaux sur un démon.

```
[guest@localhost ~]$ man rsyslogd
SIGNALS
        Rsyslogd reacts to a set of signals.  You may easily send a signal to
        rsyslogd using the following:
            kill -SIGNAL $(cat /var/run/rsyslogd.pid)
        Note that  -SIGNAL  must be replaced with the actual signal you are
        trying to send, e.g. with HUP. So it then becomes:
            kill -HUP $(cat /var/run/rsyslogd.pid)

        HUP    This lets rsyslogd perform close all open files. Also, in  v3  a
               full restart  will  be  done  in  order to read changed
               configuration files.
```

e) Le code retour de la commande (exemple avec le manuel POSIX de grep).

```
[guest@localhost ~]$ man 1p grep
EXIT STATUS
        The following exit values shall be returned:
        0     One or more lines were selected.
        1     No lines were selected.
        >1    An error occurred.
```

f) Les menaces en termes de sécurité pesant sur un démon.

```
[guest@localhost ~]$ man rsyslogd
SECURITY THREATS
        There is the potential for the rsyslogd daemon to be used as a conduit
        for a denial of service attack. A rogue program(mer) could very easily
        flood the ...
```

g) Le renvoi à d'autres sources d'information.

```
[guest@localhost ~]$ man rsyslogd
Further Information
        Please  visit http://www.rsyslog.com/doc for additional information,
        tutorials and a support forum.


SEE ALSO
        rsyslog.conf(5), logger(1), syslog(2), syslog(3), services(5), savelog(8)
```

12. Activez le service Apache (httpd) et affichez le PGID des processus activés.

```
[guest@localhost ~]$ sudo service httpd start
[guest@localhost ~]$ ps -o pid,pgid,cmd -e |grep httpd
10233 10233 /usr/sbin/httpd -DFOREGROUND
10234 10233 /usr/sbin/httpd -DFOREGROUND
...
[guest@localhost ~]$ ps -j -e
  PID  PGID  SID TTY          TIME CMD
    1     1    1 ?        00:00:02 systemd
    2     0    0 ?        00:00:00 kthreadd
    3     0    0 ?        00:00:00 ksoftirqd/0
...
```

Remarque : en supposant que le processus superviseur d'Apache soit bogué, on peut utiliser le PGID pour tuer l'ensemble des processus Apache en une seule commande kill, en mettant « - » devant le PGID : `kill -TERM -10233`.

13. Configuration des services.

Avec Systemd, le fichier de configuration d'un service spécifie le fichier contenant l'environnement.

```
[guest@localhost ~]$ sudo grep Environment /usr/lib/systemd/system/httpd.service
EnvironmentFile=/etc/sysconfig/httpd
[guest@localhost ~]$ more /etc/sysconfig/httpd
#
# This file can be used to set additional environment variables for
# the httpd process, or pass additional options to the httpd
# executable.
...
#OPTIONS=
...
LANG=C
```

14. Affichez l'identifiant des threads.

```
[guest@localhost ~]$ ps -eL |head
  PID   LWP TTY          TIME CMD
    1     1 ?        00:00:02 systemd
    2     2 ?        00:00:00 kthreadd
    3     3 ?        00:00:00 ksoftirqd/0
    5     5 ?        00:00:00 kworker/0:0H
..
  524   524 ?        00:00:00 auditd
  524   533 ?        00:00:00 auditd
```

Remarque : l'application `auditd` a été écrite sous forme d'une application multithread. La plupart des applications Linux actuelles sont plutôt de type multiprocess.

15. Affichez la charge système.

```
[guest@localhost ~]$ uptime
 02:02:37 up 10:35,  2 users,  load average: 0.00, 0.04, 0.05
```

Les trois dernières valeurs donnent respectivement : la charge système dans la dernière minute, les cinq dernières minutes et le dernier quart d'heure. On voit ainsi la tendance : la charge augmente ou diminue. Une charge de « 1 » signifie 100% d'utilisation des processeurs. Ici, la première valeur est 0.01, c'est-à-dire 1%, ce qui est une charge système très faible.

16. Affichez la mémoire vive et la mémoire de swap totale, utilisée et libre.

```
[guest@localhost ~]$ free
             total       used       free     shared    buffers     cached
Mem:       1534800    1202716     332084       4584       1952     440084
-/+ buffers/cache:     760680     774120
Swap:       839676          0     839676
```

17. Affichez les espaces de swap actifs.

```
[guest@localhost ~]$ swapon -s
Filename                                Type            Size    Used    Priority
/dev/dm-0                               partition       839676  0       -1
```

Tâche 5 :
Crontab, compléments

1. Est-ce que le service crontab est actif ?

```
[guest@localhost ~]$ ps  c |grep crond
 1798 ?         00:00:00 crond
```

2. On crée une requête crontab dans un fichier, on la soumet pour le compte guest et après quelques minutes, on la supprime.

```
[guest@localhost ~]$ echo "* * * * * date >> /tmp/date2.log 2>&1" > requete
[guest@localhost ~]$ sudo crontab -u guest requete
[guest@localhost ~]$ sudo crontab -u guest -l
* * * * * date >> /tmp/date2.log 2>&1
[guest@localhost ~]$ sudo ls /var/spool/cron
guest
[guest@localhost ~]$ sudo crontab -u guest -r
```

3. Visualisez la fin du journal de bord de crond.

```
[guest@localhost ~]$ tail /var/log/cron
Jan 22 02:01:01 localhost CROND[10394]: (root) CMD (run-parts /etc/cron.hourly)
Jan 22 02:01:01 localhost run-parts(/etc/cron.hourly)[10394]: starting 0anacron
Jan 22 02:01:01 localhost anacron[10404]: Anacron started on 2014-01-22
...
Jan 22 02:07:48 localhost crontab[10477]: (root) DELETE (guest)
```

4. Listez les différents crontab existants.

```
[guest@localhost ~]$ sudo ls /var/spool/cron
```

5. Créez un crontab pour guest à la fin du fichier /etc/crontab, visualisez et supprimez le résultat.

```
[guest@localhost ~]$ sudo -s
[root@localhost ~]# more /etc/crontab
[root@localhost ~]# echo "* * * * * guest date >> /tmp/date2.log 2>&1" >>
/etc/crontab
[root@localhost ~]# tail -1 /etc/crontab
* * * * * guest date >> /tmp/date2.log 2>&1
[root@localhost ~]# service crond restart
[root@localhost ~]# cat /tmp/date2.log
Wed Jan 22 02:17:01 CET 2014
[root@localhost ~]# sed '$d' /etc/crontab > /tmp/bidon
[root@localhost ~]# mv /tmp/bidon /etc/crontab
[root@localhost ~]# service crond restart
```

Remarque : la commande sed '$d' supprime la dernière ligne d'un fichier.

6. Idem que précédemment mais en utilisant un fichier dans /etc/cron.d

```
[root@localhost ~]# echo "* * * * * guest date >> /tmp/date2.log 2>&1" >
/etc/cron.d/requete
[root@localhost ~]# service crond restart
[root@localhost ~]# tail /tmp/date2.log
Wed Jan 22 02:17:01 CET 2014
Wed Jan 22 02:18:01 CET 2014
Wed Jan 22 02:23:01 CET 2014
[root@localhost ~]# date
Wed Jan 22 02:23:23 CET 2014
[root@localhost ~]# rm /etc/cron.d/requete
[root@localhost ~]# service crond restart
```

7. Autorisez tout le monde à utiliser crontab sauf vador et solo.

```
[root@localhost ~]# rm /etc/cron.allow
rm: cannot remove '/etc/cron.allow': No such file or directory
[root@localhost ~]# echo "vador" >> /etc/cron.deny
[root@localhost ~]# echo "solo" >> /etc/cron.deny
[root@localhost ~]# su - vador
Last login: Tue Jan 21 09:39:04 CET 2014 on pts/0
[vador@localhost ~]$ crontab -e
You (vador) are not allowed to use this program (crontab)
See crontab(1) for more information
[vador@localhost ~]$ exit
```

8. Interdisez à tout le monde d'utiliser crontab sauf à guest et à solo.

```
[root@localhost ~]# echo "guest" >> /etc/cron.allow
[root@localhost ~]# echo "solo" >> /etc/cron.allow
[root@localhost ~]# su - solo
Last login: Tue Jan 21 09:53:44 CET 2014 on pts/0
[solo@localhost ~]$ crontab -l
no crontab for solo
[solo@localhost ~]$ exit
logout
[root@localhost ~]# rm /etc/cron.deny
[root@localhost ~]# su - vador
Last login: Wed Jan 22 02:25:04 CET 2014 on pts/0
[vador@localhost ~]$ crontab -l
You (vador) are not allowed to use this program (crontab)
See crontab(1) for more information
[vador@localhost ~]$ exit
[root@localhost ~]# exit
```

9. Cron et Anacron.

```
[guest@localhost ~]$ sudo cat /etc/cron.d/0hourly
# Run the hourly jobs
SHELL=/bin/bash
PATH=/sbin:/bin:/usr/sbin:/usr/bin
MAILTO=root
01 * * * * root run-parts /etc/cron.hourly
[guest@localhost ~]$ sudo ls /etc/cron.hourly/
0anacron          0yum-hourly.cron
[guest@localhost ~]$ sudo cat /etc/cron.hourly/0anacron
#!/bin/sh
...
/usr/sbin/anacron -s
[guest@localhost ~]$ sudo cat /etc/anacrontab
...
#period in days   delay in minutes   job-identifier   command
1        5         cron.daily              nice run-parts /etc/cron.daily
7        25        cron.weekly             nice run-parts /etc/cron.weekly
@monthly 45        cron.monthly            nice run-parts /etc/cron.monthly
[guest@localhost ~]$ sudo ls /etc/cron.daily/
0yum-daily.cron  logrotate  man-db.cron  mlocate  prelink  rhsmd
```

Tâche 6 :
Rsyslog, compléments

1. Redirigez les messages d'Apache à partir du niveau debug vers le sous-système daemon.

```
[guest@localhost ~]$ sudo cp /etc/httpd/conf/httpd.conf
/etc/httpd/conf/httpd.conf.000
[guest@localhost ~]$ sudo vi /etc/httpd/conf/httpd.conf

...

ErrorLog syslog:daemon

...

LogLevel debug
[guest@localhost ~]$ sudo apachectl configtest
Syntax OK
```

Remarque : la commande précédente vérifie la syntaxe du fichier de configuration d'Apache.

2. On crée une destination pour recueillir les messages de journalisation d'Apache

```
[guest@localhost ~]$ sudo vi /etc/rsyslog.d/daemon.conf
daemon.info        /var/log/apache.log
daemon.=debug      /var/log/web_debug
[guest@localhost ~]$ sudo service rsyslog restart
```

3. On active Apache et on visualise les journaux.

```
[guest@localhost ~]$ sudo service httpd restart
[guest@localhost ~]$ tail /var/log/apache.log
Jan 22 02:46:07 localhost systemd: Stopping The Apache HTTP Server...
Jan 22 02:46:08 localhost systemd: Starting The Apache HTTP Server...
[guest@localhost ~]$ sudo tail /var/log/web_debug
Jan 22 02:46:08 localhost httpd[11046]: [proxy:debug] [pid 11046]
proxy_util.c(1785): AH00931: initialized single connection worker in child 11046
for (*)
Jan 22 02:46:08 localhost httpd[11049]: [proxy:debug] [pid 11049]
proxy_util.c(1694): AH00925: initializing worker proxy:reverse shared
```

Remarques :

1) Le fichier messages contient encore l'ensemble des messages concernant Apache, mais d'un niveau égal ou supérieur à info (*.info).

2) Le fichier apache.log contient les messages de niveau info et supérieur : info, notice, warn... (demon.info).

3) Le fichier web_debug ne contient que les messages de niveau debug (daemon.=debug).

4. Vérifiez si logrotate est activé et s'il gère la rotation des fichiers /var/log/messages et les journaux d'Apache.

```
[guest@localhost ~]$ sudo grep -rl logrotate /etc/cron*
/etc/cron.daily/logrotate
[guest@localhost ~]$ sudo grep messages /etc/logrotate.d/*
/etc/logrotate.d/syslog:/var/log/messages
[guest@localhost ~]$ sudo grep httpd.*log /etc/logrotate.d/*
/etc/logrotate.d/httpd:/var/log/httpd/*log {
```

Tâche 7 :
Compléments sur les processus : les zombies

1. On saisit le code source de l'application en langage C qui suit et on le compile.

```
[guest@localhost ~]$ vi zombie.c
/* zombie.c */
# include <stdio.h>
```

```
# include <stdlib.h>
# include <unistd.h>
# include <sys/types.h>
# include <sys/wait.h>
int main(int argc, char ** argv) {
        int status;
        if ( fork() == 0 )
                execlp("cal","cal",argv[1],argv[2],0);
        else {
                sleep(20);
                wait(&status);
                printf("code retour:%d\n", WEXITSTATUS(status));
                return 0;
        }
}
[guest@localhost ~]$ gcc zombie.c
```

2. On exécute l'application en tâche de fond.

Cette application active elle-même la commande `cal`. Cette dernière se termine immédiatement. Inversement, l'application de supervision attend 20 secondes avant de récupérer le code retour. Pendant cette période, le processus `cal` est un zombie. Il apparaît sous l'appellation <defunct> quand on liste les processus. Même le signal 9 n'arrive pas à le tuer. Il disparaît lors de la terminaison de l'application.

```
[guest@localhost ~]$ ./a.out 6 1944 &
[1] 11313
[guest@localhost ~]$         June 1944
Su Mo Tu We Th Fr Sa
             1  2  3
 4  5  6  7  8  9 10
11 12 13 14 15 16 17
18 19 20 21 22 23 24
25 26 27 28 29 30

ps -u guest
  PID TTY          TIME CMD
 5858 pts/0     00:00:01 bash
11313 pts/0     00:00:00 a.out
11314 pts/0     00:00:00 cal <defunct>
11315 pts/0     00:00:00 ps
[guest@localhost ~]$ kill -9 11314
[guest@localhost ~]$ ps -u guest
  PID TTY          TIME CMD
 5858 pts/0     00:00:01 bash
11313 pts/0     00:00:00 a.out
11314 pts/0     00:00:00 cal <defunct>
11316 pts/0     00:00:00 ps
[guest@localhost ~]$ code retour:0

[1]+  Done                    ./a.out 6 1944
```

3. On relance l'application en avant-plan.

On met fin à l'application de supervision par Ctrl+C. On constate que le zombie disparaît avec elle.

```
[guest@localhost ~]$ ./a.out 9 1732
   September 1732
```

```
     Su Mo Tu We Th Fr Sa
                     1  2
      3  4  5  6  7  8  9
     10 11 12 13 14 15 16
     17 18 19 20 21 22 23
     24 25 26 27 28 29 30

^C
[guest@localhost ~]$ ps -u guest
  PID TTY          TIME CMD
 5858 pts/0     00:00:01 bash
11323 pts/0     00:00:00 ps
[guest@localhost ~]$
```

Red Hat - Installation des applications

Tâche 1 : Installer une application à partir des sources .... 20 mn

Tâche 2 : Installer une application à partir des sources sans compilateur .... 5 mn

Tâche 3 : Gérer les applications et leur installation avec la commande rpm .... 25 mn

Tâche 4 : Gérer des applications et leur installation avec la commande yum .... 15 mn

Tâche 5 : Installer un paquet non officiel en dehors d'un dépôt .... 10 mn

Tâche 1 :
Installer une application à partir des sources

1. On télécharge les sources du serveur Web Nginx.

```
[guest@localhost ~]$ wget 'http://hg.nginx.org/nginx/archive/tip.tar.gz'
```

Remarque : Il est plus simple d'utiliser le navigateur Firefox et de se connecter au site
http://hg.nging.org pour récupérer le logiciel.

2. On décompresse et on « détare » l'archive.

```
[guest@localhost ~]$ tar -xf tip.tar.gz
```

3. On crée le fichier `Makefile` qui contrôle la compilation.

```
[guest@localhost ~]$ cd nginx-a387ce36744a/
[guest@localhost nginx-a387ce36744a]$ ls
auto  conf  contrib  docs  misc  src
[guest@redhat_un nginx-a387ce36744a]$ ls docs/text/
LICENSE  README
[guest@localhost nginx-a387ce36744a]$ ls auto
cc         endianness  have_headers  init     make      options  stubs     unix
configure  feature     headers       install  modules   os       summary
define     have        include       lib      nohave    sources  types
[guest@localhost nginx-a387ce36744a]$ auto/configure --help
...
  --prefix=PATH                  set installation prefix
  --sbin-path=PATH               set nginx binary pathname
  --conf-path=PATH               set nginx.conf pathname
```

Remarque : configure est souvent à la racine. Et souvent il y a aussi un README.

```
[guest@localhost auto]$ auto/configure
...
checking for PCRE library in /usr/pkg/ ... not found
checking for PCRE library in /opt/local/ ... not found

auto/configure: error: the HTTP rewrite module requires the PCRE library.
You can either disable the module by using --without-http_rewrite_module
option, or install the PCRE library into the system, or build the PCRE library
statically from the source with nginx by using --with-pcre=<path> option.
```

Remarque : il est nécessaire d'installer les prérequis !

```
[guest@localhost nginx-a387ce36744a]$ sudo yum install pcre-devel
[guest@localhost nginx-a387ce36744a]$ sudo yum install zlib-devel
[guest@localhost auto]$ auto/configure
...
checking for zlib library ... found
```

```
creating objs/Makefile

Configuration summary
...
  nginx http scgi temporary files: "scgi_temp"
[guest@localhost nginx-a387ce36744a]$ ls
auto  conf  contrib  docs  Makefile  misc  objs  src
[guest@localhost nginx-a387ce36744a]$ more Makefile
```

4. On compile les sources de l'application.

```
[guest@localhost nginx-a387ce36744a]$ make
make -f objs/Makefile
make[1]: Entering directory `/home/guest/nginx-a387ce36744a'
cc -c -pipe  -O -W -Wall -Wpointer-arith -Wno-unused-parameter -Werror -g  -I
src/core -I src/event -I src/event/modules -I src/os/unix -I objs \
        -o objs/src/core/nginx.o \
        src/core/nginx.c
```

Remarque : les sources sont compilées par la commande gcc (GNU C Compiler).

---

5. On installe l'application.

```
[guest@localhost nginx-a387ce36744a]$ sudo make install
...
test -d '/usr/local/nginx/html'                    || cp -R docs/html
'/usr/local/nginx'
test -d '/usr/local/nginx/logs' ||                 mkdir -p '/usr/local/nginx/logs'
make[1]: Leaving directory `/home/guest/nginx-a387ce36744a'

[guest@localhost nginx-a387ce36744a]$ ls /usr/local/nginx/
conf  html  logs  sbin
```

6. On active l'application, on teste sa présence, on l'arrête.

```
[guest@localhost nginx-a387ce36744a]$ su -
Password: secret
Last login: Thu Jan 23 21:51:37 CET 2014 on pts/0
[root@localhost ~]# cd /usr/local/nginx/
[root@localhost nginx]# cd sbin
[root@localhost sbin]# ./nginx -v
nginx version: nginx/1.5.10
[root@localhost sbin]# service httpd stop
Redirecting to /bin/systemctl stop  httpd.service
[root@localhost sbin]# ./nginx
[root@localhost sbin]# ps -e |grep nginx
23469 ?        00:00:00 nginx
23470 ?        00:00:00 nginx
[root@localhost sbin]# curl http://localhost 2>/dev/null |head -4
<!DOCTYPE html>
<html>
<head>
<title>Welcome to nginx!</title>
[root@localhost sbin]# elinks -dump 'http://localhost'
                            Welcome to nginx!

   If you see this page, the nginx web server is successfully installed and
   working. Further configuration is required.
```

Remarques :

1) Si elinks (ou lynx) n'est pas installé, on peut utiliser un autre navigateur, par exemple firefox.

2) Si le service Apache (httpd) est actif, il faut l'arrêter durant les tests.

```
[root@localhost sbin]# ./nginx -s stop
[root@localhost sbin]# ps -e |grep nginx
[root@localhost sbin]# service httpd start
Redirecting to /bin/systemctl start  httpd.service
[root@localhost sbin]# exit
```

Remarque : si l'on veut désinstaller Nginx, il suffit d'arrêter le logiciel et de supprimer l'arborescence
`/usr/local/nginx` (`rm -rf /usr/local/nginx`).

Tâche 2 :
Installer une application à partir des sources sans compilateur

Un système en exploitation ne dispose pas de compilateur. Si l'on désire installer une application
Open Source il faut la compiler sur un poste dédié à cette fin, et identique au poste en exploitation
(même version, mêmes bibliothèques...). Il suffit ensuite de transférer l'application sur le poste cible.

1. Téléchargez, compilez et installez Nginx sur un poste dédié (linux2).

Nous réalisons ces opérations sur le poste du binôme (linux2). Le détail des opérations est décrit dans
la tâche 1.

2. Créez un tarball contenant Apache 1.3.x sous forme binaire.

```
[guest@localhost ~]$ su -
Password: secret
Last login: Thu Jan 23 22:18:52 CET 2014 on pts/0
[root@localhost ~]# cd /usr/local/
[root@localhost local]# ls
bin  etc  games  include  lib  lib64  libexec  nginx  sbin  share  src
[root@localhost local]# tar -czf /tmp/nginx-1.5.10.tar.gz nginx/
```

3. Copiez le tarball sur le poste cible (192.168.56.102 par exemple).

```
[root@localhost local]# scp /tmp/nginx-1.5.10.tar.gz 192.168.56.102:/tmp
root@192.168.56.102's password: secret
nginx-1.5.10.tar.gz                        100% 1167KB   1.1MB/s   00:00
```

4. Installez le logiciel Nginx sur le poste cible.

```
[root@localhost ~]# cd /usr/local/
[root@localhost local]# tar -xf /tmp/nginx-1.5.10.tar.gz
```

5. Testez l'application.

```
[root@localhost local]# service httpd stop
[root@localhost local]# cd nginx/sbin/
[root@localhost sbin]# ./nginx
[root@localhost sbin]# ps -e |grep nginx
10838 ?        00:00:00 nginx
10839 ?        00:00:00 nginx
[root@localhost sbin]# ./nginx -s stop
[root@localhost sbin]# service httpd start
[root@localhost sbin]# exit
```

Tâche 3 :
Gérer les applications et leur installation avec la commande rpm

1. Listez les applications installées.

```
[guest@localhost ~]$ rpm -qa
```

```
libimobiledevice-1.1.5-4.el7.x86_64
libvpx-1.2.0-2.el7.x86_64
python-rhsm-1.10.6-1.el7.x86_64
...
```

2. Est-ce qu'une application, par exemple Apache, est installée ?

```
[guest@localhost ~]$ rpm -q httpd
httpd-2.4.6-7.el7.x86_64
[guest@localhost ~]$ rpm -qa |grep httpd
httpd-2.4.6-7.el7.x86_64
httpd-tools-2.4.6-7.el7.x86_64
```

Remarque : pour savoir qu'une application est installée, il faut connaître le nom du paquet. Ainsi, sur un système SUSE, le paquet d'Apache s'appelle apache2, mais sur un système Red Hat, il s'appelle httpd.

3. Affichez les caractéristiques d'un paquet.

```
[guest@localhost ~]$ rpm -qi httpd
Name         : httpd
Version      : 2.4.6
Release      : 7.el7
Architecture : x86_64
Install Date : Wed 22 Jan 2014 12:57:42 AM CET
Group        : System Environment/Daemons
Size         : 3835769
License      : ASL 2.0
Signature    : RSA/SHA256, Wed 06 Nov 2013 05:49:51 PM CET, Key ID
938a80caf21541eb
Source RPM   : httpd-2.4.6-7.el7.src.rpm
Build Date   : Fri 01 Nov 2013 07:52:42 AM CET
Build Host   : x86-017.build.eng.bos.redhat.com
Relocations  : (not relocatable)
Packager     : Red Hat, Inc. <http://bugzilla.redhat.com/bugzilla>
Vendor       : Red Hat, Inc.
URL          : http://httpd.apache.org/
Summary      : Apache HTTP Server
Description  :
The Apache HTTP Server is a powerful, efficient, and extensible
web server.
```

4. Listez les fichiers appartenant à un paquet.

```
[guest@localhost ~]$ rpm -ql httpd
/etc/httpd
/etc/httpd/conf
/etc/httpd/conf.d
/etc/httpd/conf.d/README
...
```

5. À quel paquet appartient le fichier `httpd.conf` ?

```
[guest@localhost ~]$ rpm -qf /etc/httpd/conf/httpd.conf
httpd-2.4.6-7.el7.x86_64
```

6. Installez le paquet `lynx`.

On récupère le fichier paquet à partir du site officiel de la distribution Red Hat.

```
[guest@localhost ~]$ wget
'ftp://ftp.redhat.com/pub/redhat/rhel/beta/7/x86_64/os/Packages/lynx-2.8.8-
0.1.dev15.el7.x86_64.rpm'
```

b) On installe le logiciel.

```
[guest@localhost ~]$ sudo rpm -ivh lynx-2.8.8-0.1.dev15.el7.x86_64.rpm
warning: lynx-2.8.8-0.1.dev15.el7.x86_64.rpm: Header V3 RSA/SHA256 Signature,
key ID f21541eb: NOKEY
Preparing...                     ############################### [100%]
Updating / installing...
   1:lynx-2.8.8-0.1.dev15.el7    ############################### [100%]
```

Remarque : on pouvait aussi utiliser la commande suivante : `rpm -Uvh lynx*.rpm`.

Cette commande sert principalement à mettre à jour un paquet, mais si ce dernier n'est pas installé, elle l'installe.

c) On vérifie sa présence.

```
[guest@localhost ~]$ rpm -q lynx
lynx-2.8.8-0.1.dev15.el7.x86_64
```

7. On désinstalle le logiciel précédent.

```
[guest@localhost ~]$ sudo rpm -e lynx
[guest@localhost ~]$ rpm -q lynx
error: package lynx is not installed
```

8. On s'informe sur le paquet `lynx` qui n'est pas installé.

a) On liste ses caractéristiques.

```
[guest@localhost ~]$ rpm -qip lynx-2.8.8-0.1.dev15.el7.x86_64.rpm
warning: lynx-2.8.8-0.1.dev15.el7.x86_64.rpm: Header V3 RSA/SHA256 Signature,
key ID f21541eb: NOKEY
Name         : lynx
Version      : 2.8.8
...
```

b) On liste les fichiers qui le composent.

```
[guest@localhost ~]$ rpm -qlp lynx-2.8.8-0.1.dev15.el7.x86_64.rpm
warning: lynx-2.8.8-0.1.dev15.el7.x86_64.rpm: Header V3 RSA/SHA256 Signature,
key ID f21541eb: NOKEY
/etc/lynx-site.cfg
/etc/lynx.cfg
/etc/lynx.lss
/usr/bin/lynx
...
```

9. On vérifie le paquet `httpd`.

a) On modifie les droits d'un fichier du paquet.

```
[guest@localhost ~]$ ls -l /usr/sbin/httpd
-rwxr-xr-x. 1 root root 495320 Nov  1 07:52 /usr/sbin/httpd
[guest@localhost ~]$ sudo chmod a+w /usr/sbin/httpd
```

b) On vérifie le paquet.

```
[guest@localhost ~]$ sudo rpm -qV httpd
S.5....T.  c /etc/httpd/conf/httpd.conf
.M.......    /usr/sbin/httpd
```

c) On remet les droits d'origine et on vérifie de nouveau le paquet.

```
[guest@localhost ~]$ sudo chmod 755 /usr/sbin/httpd
[guest@localhost ~]$ sudo rpm -qV httpd
S.5....T.  c /etc/httpd/conf/httpd.conf
```

Tâche 4 :
Gérer des applications et leur installation avec la commande yum

1. Visualisation la configuration par défaut de Yum.

```
[guest@localhost ~]$ su -
Password: secret
Last login: Thu Jan 23 23:58:15 CET 2014 on pts/0
[root@localhost ~]# more /etc/yum.conf
[main]
cachedir=/var/cache/yum/$basearch/$releasever
keepcache=0
debuglevel=2
logfile=/var/log/yum.log
exactarch=1
obsoletes=1
gpgcheck=1
plugins=1
installonly_limit=3
...
# PUT YOUR REPOS HERE OR IN separate files named file.repo
# in /etc/yum.repos.d
[root@localhost ~]# cd /etc/yum.repos.d/
[root@localhost yum.repos.d]# ls
rhel-beta.repo
[root@localhost yum.repos.d]# more rhel-beta.repo
[rhel-beta]
name=Red Hat Enterprise Linux 7 Beta - $basearch
#baseurl=ftp://ftp.redhat.com/pub/redhat/rhel/beta/7/$basearch/os/
mirrorlist=https://mirrors.fedoraproject.org/metalink?repo=rhel-7-beta&arch=$bas
earch
enabled=0
gpgcheck=1
gpgkey=file:///etc/pki/rpm-gpg/RPM-GPG-KEY-redhat-beta
...
```

2. Modifiez la configuration de Yum.

Il est simple d'ajouter ou de supprimer des dépôts : il suffit d'ajouter ou de supprimer des fichiers
*.repo dans le répertoire /etc/yum.respos.d/. Dans l'exemple suivant, on supprime le dépôt par
défaut et on ajoute un dépôt correspondant au DVD d'installation (qui contient un dépôt Yum). Il ne
faut pas oublier de mettre le DVD dans le lecteur en étant connecté en mode graphique sous le compte
root.

```
[root@localhost yum.repos.d]# vi local.repo
[base]
name=RHEL - Base
baseurl=file:///run/media/root/RHEL-7.0\ Everything.x86_64/
enabled=1
gpgcheck=0
[root@localhost yum.repos.d]# mv rhel-beta.repo rhel-beta.repo.sav
[root@localhost yum.repos.d]# ls
local.repo  rhel-beta.repo.sav
[root@localhost yum.repos.d]# exit
```

3. Listez les dépôts définis.

```
[guest@localhost ~]$ sudo yum repolist
Loaded plugins: langpacks, product-id, subscription-manager
```



```
This system is not registered to Red Hat Subscription Management. You can use
subscription-manager to register.
repo id                              repo name                             status
base                                 RHEL - Base                           4,646
repolist: 4,646
```

4. Recherchez le paquet `ftp`.

a) La recherche met à jour éventuellement le cache.

```
[guest@localhost ~]$ yum search ftp
Loaded plugins: langpacks, product-id, subscription-manager
============================= N/S matched: ftp ================================
ftp.x86_64 : The standard UNIX FTP (File Transfer Protocol) client
tftp.x86_64 : The client for the Trivial File Transfer Protocol (TFTP)
```

b) Idem, mais on utilise le cache sans le mettre à jour.

```
[guest@localhost ~]$ yum -C search ftp
```

c) On force la mise à jour du cache avant d'effectuer la recherche.

```
[guest@localhost ~]$ sudo yum clean all
[guest@localhost ~]$ sudo yum search ftp
Loaded plugins: langpacks, product-id, subscription-manager
This system is not registered to Red Hat Subscription Management. You can use
subscription-manager to register.
base                                              | 4.1 kB  00:00:00
(1/2): base/group_gz                              | 113 kB  00:00:00
(2/2): base/primary_db                            | 3.6 MB  00:00:00
======================= N/S matched: ftp =====================================
ftp.x86_64 : The standard UNIX FTP (File Transfer Protocol) client
...
```

5. Installez un logiciel à partir d'un fichier RPM (sans demande de confirmation).

```
[guest@localhost ~]$ sudo yum -q -y install lynx-2.8.8-0.1.dev15.el7.x86_64.rpm
```

6. Supprimez un logiciel (sans demande de confirmation).

```
[guest@localhost ~]$ sudo yum -q -y remove lynx
```

7. Installez le logiciel `ftp` (normalement, c'est-à-dire à partir des dépôts).

```
[guest@localhost ~]$ sudo yum install ftp
...
Total download size: 61 k
Installed size: 96 k
Is this ok [y/d/N]: y
...
Installed:
  ftp.x86_64 0:0.17-64.el7

Complete!
```

8. Mettez à jour le paquet `ftp`.

```
[guest@localhost ~]$ sudo yum update ftp
...
No packages marked for update
```

9. Mettez à jour l'ensemble des paquets sans demande de confirmation.

```
[guest@localhost ~]$ sudo yum -y update
```

10. Listez l'ensemble des paquets (installés et disponibles).

```
[guest@localhost ~]$ yum list |more
```

```
Installed Packages
GConf2.x86_64                            3.2.6-6.3.el7                    @anaconda/7.0
ModemManager.x86_64                      1.1.0-3.git20130913.el7         @anaconda/7.0
...
Available Packages
389-ds-base.i686                         1.3.1.6-10.el7                   base
389-ds-base.x86_64                       1.3.1.6-10.el7                   base
```

Remarque : la commande liste d'abord les paquets installés et ensuite les paquets disponibles (*available*). Ces derniers sont suivis du dépôt où ils sont stockés. Quand un paquet est installé, est indiqué son dépôt d'origine ou bien @anaconda si le paquet a été installé lors de l'installation.

11. Affichez des informations sur un paquet installé ou non.

a) Listez les groupes de paquets (installés et disponibles).

```
[guest@localhost ~]$ yum info ftp
Loaded plugins: langpacks, product-id, subscription-manager
Installed Packages
Name        : ftp
Arch        : x86_64
Version     : 0.17
...
```

12. Gérez des groupes de paquets.

a) Listez les groupes de paquets (installés et disponibles).

```
[guest@localhost ~]$ yum grouplist
Loaded plugins: langpacks, product-id, subscription-manager
There is no installed groups file.
Maybe run: yum groups mark convert
Available environment groups:
   Minimal install
   Web Server
...
Available Groups:
   Additional Development
   Backup Cl
```

b) Listez le contenu d'un groupe.

```
[guest@localhost ~]$ yum groupinfo 'ruby support'
...
Group: Ruby Support
 Group-Id: ruby-runtime
 Description: Ruby interfaces to common libraries and functionality.
 Mandatory Packages:
   +ruby
   +ruby-irb
   +rubygem-bundler
```

c) Installez un groupe de paquets.

```
[guest@localhost ~]$ sudo yum -y groupinstall 'ruby support'
[guest@localhost ~]$ echo "p 3+2" |ruby
5
```

d) Transformez votre poste en poste de développement.

```
[guest@localhost ~]$ sudo yum groupinstall 'Development tools'
```

Remarque : a priori, ces opérations ne sont pas nécessaires, car lors de l'installation, on a sélectionné ce groupe.

13. Recherchez quel paquet fournit tel fichier.

```
[guest@localhost ~]$ yum provides /etc/my.cnf
Loaded plugins: langpacks, product-id, subscription-manager
1:mariadb-libs-5.5.33a-3.el7.i686 : The shared libraries required for
                                  : MariaDB/MySQL clients
Repo          : base
Matched from:
Filename      : /etc/my.cnf

[guest@localhost ~]$ yum provides '*/my.cnf'
```

Tâche 5 :
Installer un paquet non officiel en dehors d'un dépôt

1. Téléchargez gnuchess à partir du site rpmfind.net.

```
[guest@localhost ~]$ wget
'ftp://rpmfind.net/linux/fedora/linux/releases/19/Everything/x86_64/os/Packages/
g/gnuchess-6.0.3-1.fc19.x86_64.rpm'
```

2. Installez gnuchess.

```
[guest@localhost ~]$ sudo yum install gnuchess-6.0.3-1.fc19.x86_64.rpm
...
Total size: 4.4 M
Installed size: 4.4 M
Is this ok [y/d/N]: y
...
Installed:
  gnuchess.x86_64 0:6.0.3-1.fc19

Complete!
```

3. Testez le logiciel.

```
[guest@localhost ~]$ gnuchess
GNU Chess 6.0.3
...
Can't open file "/usr/share/gnuchess/gnuchess.ini": No such file or directory -
using defaults
White (1) : e2e4
TimeLimit[0] = 0
TimeLimit[1] = 0
1. e2e4

black  KQkq  e3
r n b q k b n r
p p p p p p p p
. . . . . . . .
. . . . . . . .
. . . . P . . .
. . . . . . . .
P P P P . P P P
R N B Q K B N R

Thinking...
```

Red Hat - L'arrêt/démarrage

Tâche 1 : Le démarrage : les tâches les plus courantes .... 20 mn

Tâche 2 : Mieux comprendre le démarrage .... 20 mn

Tâche 3 : Créer un service .... 10 mn

Tâche 4 : Arrêt/redémarrage du système .... 10 mn

Tâche 1 :
Le démarrage : les tâches les plus courantes

1. Listez les unités actives ayant démarré ou non.

```
[guest@localhost ~]$ systemctl
UNIT                          LOAD    ACTIVE SUB      DESCRIPTION
proc-sys...t_misc.automount loaded active running   Arbitrary Executable File
Formats File System Automount Point
sys-devi...block-sr0.device loaded active plugged   VBOX_CD-ROM
sys-devi...-net-p2p1.device loaded active plugged   PRO/1000 MT Desktop Adapter
...
-.mount                       loaded active mounted  /
boot.mount                    loaded active mounted  /boot
...
kdump.service                 loaded failed failed   Crash recovery kernel arming
...
sshd.service                  loaded active running  OpenSSH server daemon
...
graphical.target              loaded active active   Graphical Interface
...
```

Remarques :

1) Pour chaque unité, l'extension indique sa nature : target, service, device, mount ...

2) L'indication de la réussite d'une unité dépend de son type : active pour une cible, running pour un service, mounted pour un point de montage, plugged pour un périphérique ...

2. Listez les unités dont le démarrage a échoué.

```
[guest@localhost ~]$ sudo systemctl --failed
UNIT           LOAD   ACTIVE SUB    DESCRIPTION
kdump.service loaded failed failed Crash recovery kernel arming
rhnsd.service loaded failed failed LSB: Starts the Spacewalk Daemon
rngd.service  loaded failed failed Hardware RNG Entropy Gatherer Daemon
sssd.service  loaded failed failed System Security Services Daemon
```

3. Affichez la cible par défaut.

```
[guest@localhost ~]$ systemctl get-default
graphical.target
```

4. Affichez l'état d'un service.

```
[guest@localhost ~]$ systemctl status atd
atd.service - Job spooling tools
   Loaded: loaded (/usr/lib/systemd/system/atd.service; enabled)
   Active: active (running) since Fri 2014-01-31 10:12:37 CET; 1 day 19h ago
```

```
 Main PID: 599 (atd)
   CGroup: /system.slice/atd.service
           └─599 /usr/sbin/atd -f


Fri 31 10:12:37 localhost systemd[1]: Started Job spooling tools.
```

Remarque : la commande fournit beaucoup d'informations : si le fichier décrivant l'unité a été chargé, son chemin, si l'unité est active (enable) et si elle a démarré (running). Les différents démons sont listés (ici un seul) et son PID. Enfin, les informations de journalisation sont affichées.

5. Affichez le fichier décrivant une unité de type service.

```
[guest@localhost ~]$ more /usr/lib/systemd/system/atd.service
[Unit]
Description=Job spooling tools
After=syslog.target systemd-user-sessions.service


[Service]
EnvironmentFile=/etc/sysconfig/atd
ExecStart=/usr/sbin/atd -f $OPTS


[Install]
WantedBy=multi-user.target
```

Remarque : le fichier indique la commande associée au service (ExecStart=), l'environnement du démon (EnvironmentFile=), la cible dont fait partie l'unité (WantedBy=) et les relations de dépendances (After=).

6. Arrêtez un service.

```
[guest@localhost ~]$ sudo systemctl stop atd
[guest@localhost ~]$ systemctl status atd
atd.service - Job spooling tools
   Loaded: loaded (/usr/lib/systemd/system/atd.service; enabled)
   Active: inactive (dead) since Sun 2014-02-02 05:15:35 CET; 2s ago
 Main PID: 599 (code=exited, status=0/SUCCESS)
```

7. Désactivez un service (il ne sera pas démarré automatiquement).

```
[guest@localhost ~]$ sudo systemctl disable atd
rm '/etc/systemd/system/multi-user.target.wants/atd.service'
[guest@localhost ~]$ systemctl status atd
atd.service - Job spooling tools
   Loaded: loaded (/usr/lib/systemd/system/atd.service; disabled)
   Active: inactive (dead)
```

8. Activez un service (il sera démarré automatiquement).

```
[guest@localhost ~]$ sudo systemctl enable atd
ln -s '/usr/lib/systemd/system/atd.service' '/etc/systemd/system/multi-
user.target.wants/atd.service'
[guest@localhost ~]$ systemctl status atd
atd.service - Job spooling tools
   Loaded: loaded (/usr/lib/systemd/system/atd.service; enabled)
   Active: inactive (dead)
```

9. Démarrez un service.

```
[guest@localhost ~]$ sudo systemctl start atd
[guest@localhost ~]$ systemctl status atd
atd.service - Job spooling tools
   Loaded: loaded (/usr/lib/systemd/system/atd.service; enabled)
   Active: active (running) since Sun 2014-02-02 05:17:46 CET; 3s ago
```

```
   Main PID: 15813 (atd)
     CGroup: /system.slice/atd.service
             └─15813 /usr/sbin/atd -f


[guest@localhost ~]$ ps -e |grep atd
 1546 ?        00:00:00 rpc.statd
15813 ?        00:00:00 atd
```

10. Changez de niveau d'exécution.

Dans l'exemple suivant, on passe du mode graphique (associé à la cible graphical.target) au mode serveur texte (associé à la cible multi-users.target). En fait, cette dernière cible était déjà atteinte (elle dépendait de la cible graphical), mais avec le mot-clé isolate, on exclut les autres cibles et donc on arrête les unités dépendantes du mode graphique qui ne sont pas présentes dans le mode multiuser. Enfin, on revient au mode runlevel5 synonyme de la cible graphical.

```
[guest@localhost ~]$ ps -e |grep gdm  # le gestionnaire de connexion graphique
  601 ?        00:00:00 gdm
...
[guest@localhost ~]$ sudo systemctl isolate runlevel3.target
[guest@localhost ~]$ ps -e |grep gdm
[guest@localhost ~]$ sudo systemctl isolate runlevel5.target
[guest@localhost ~]$ ps -e |grep gdm
16814 ?        00:00:00 gdm
...
[guest@localhost ~]$ runlevel
3 5
```

11. Utilisation des commandes RHEL 5 et 6, la compatibilité ascendante.

a) Désactivez un service.

```
[guest@localhost ~]$ sudo chkconfig atd off
Note: Forwarding request to 'systemctl disable atd.service'.
rm '/etc/systemd/system/multi-user.target.wants/atd.service'
```

b) Arrêtez un service.

```
[guest@localhost ~]$ sudo service cups stop
Redirecting to /bin/systemctl stop  cups.service
Warning: Stopping cups.service, but it can still be activated by:
  cups.path
  cups.socket
[guest@localhost ~]$ sudo service atd stop
Redirecting to /bin/systemctl stop  atd.service
```

c) Démarrez un service.

```
[guest@localhost ~]$ sudo service atd start
Redirecting to /bin/systemctl start  atd.service
```

d) Activez un service.

```
[guest@localhost ~]$ sudo chkconfig atd on
Note: Forwarding request to 'systemctl enable atd.service'.
ln -s '/usr/lib/systemd/system/atd.service' '/etc/systemd/system/multi-
user.target.wants/atd.service'
```

e) Changez de niveau d'exécution (runlevel), affichez le niveau.

```
[guest@localhost ~]$ ps -e |grep gdm
16814 ?        00:00:00 gdm
...
[guest@localhost ~]$ sudo telinit 3
```

```
[guest@localhost ~]$ ps -e |grep gdm
[guest@localhost ~]$ runlevel
5 3
[guest@localhost ~]$ sudo telinit 5
[guest@localhost ~]$ runlevel
3 5
[guest@localhost ~]$ ps -e |grep gdm
19169 ?        00:00:00 gdm
...
```

Tâche 2 :
Mieux comprendre le démarrage

1. Quel est le système utilisé (init SV, upstartd, systemd) ?

```
[guest@localhost ~]$ ls -l /sbin/init
lrwxrwxrwx. 1 root root 22 Jan 18 15:07 /sbin/init -> ../lib/systemd/systemd
[guest@localhost ~]$ rpm -qf /sbin/init
systemd-207-8.el7.x86_64
[guest@localhost ~]$ ps -p 1
  PID TTY          TIME CMD
    1 ?        00:00:04 systemd
```

2. Quel est l'état du système (niveau d'init ou cible principale) ?

```
[guest@localhost ~]$ runlevel
N 5
```

3. Affichez la cible (target) par défaut.

```
[guest@localhost ~]$ sudo systemctl get-default
graphical.target
[guest@localhost ~]$ sudo ls -l /etc/systemd/system/default.target
lrwxrwxrwx. 1 root root 36 Jan 18 15:19 /etc/systemd/system/default.target ->
/lib/systemd/system/graphical.target
```

Remarque : en modifiant le lien précédent, il est possible de changer la cible par défaut.

4. Listez les cibles (target) actives.

```
[guest@localhost ~]$ systemctl list-units --type=target
UNIT                LOAD   ACTIVE SUB    DESCRIPTION
basic.target        loaded active active Basic System
cryptsetup.target   loaded active active Encrypted Volumes
getty.target        loaded active active Login Prompts
graphical.target    loaded active active Graphical Interface
...
```

5. Listez toutes les cibles (actives ou non)

```
[guest@localhost ~]$ systemctl list-units --type=target --all

UNIT                LOAD    ACTIVE   SUB    DESCRIPTION
basic.target        loaded active   active Basic System
cryptsetup.target   loaded active   active Encrypted Volumes
emergency.target    loaded inactive dead   Emergency Mode
final.target        loaded inactive dead   Final Step
...
```

6. Lister les unités installées.

```
[guest@localhost ~]$ sudo systemctl list-unit-files
UNIT FILE                            STATE
proc-sys-fs-binfmt_misc.automount    static
```

```
...
tmp.mount                              disabled
```

7. Est-ce que la cible multiuser a été atteinte (démarrée) ?

```
[guest@localhost ~]$ sudo systemctl list-units --type=target |grep multi-user
multi-user.target    loaded active active Multi-User System
```

8. Listez les unités actives ayant démarré ou non et ensuite les unités actives ou non (all).

```
[guest@localhost ~]$ systemctl
[guest@localhost ~]$ systemctl --all
UNIT                        LOAD   ACTIVE   SUB        DESCRIPTION
proc-sys..._misc.automount loaded active   running    Arbitrary Executable File
Formats File System Automount Point
dev-block-8:2.device        loaded active  plugged    LVM PV 2IY69N-3nYS-8eWd-
sscd-3yMx-Lj76-k8Kf4m on /dev/sda2
dev-cdrom.device            loaded active  plugged    VBOX_CD-ROM
...
abrt-oops.service           loaded active  running    ABRT kernel log watcher
abrt-vmcore.service         loaded inactive dead      Harvest vmcores for ABRT
...
```

9. Listez les unités de type service.

```
[guest@localhost ~]$ systemctl list-units --type=service
UNIT                        LOAD   ACTIVE SUB     DESCRIPTION
...
crond.service               loaded active running Command Scheduler
cups.service                loaded active running CUPS Printing Service
dbus.service                loaded active running D-Bus System Message Bus
firewalld.service           loaded active running firewalld - dynamic firewall
...
```

10. Listez les dépendances entre cibles et services.

```
[guest@localhost ~]$ systemctl list-dependencies
default.target
├─accounts-daemon.service
...
└─multi-user.target
  ├─abrt-ccpp.service
...
  ├─crond.service
  ├─cups.path
[guest@localhost ~]$ sudo ls /etc/systemd/system/multi-user.target.wants/
abrt-ccpp.service     avahi-daemon.service     libvirtd.service        ...
atd.service           kdump.service            postfix.service
sshd.service
```

11. Obtenez une sortie complète (exemple avec la commande systemctl sans options).

```
[guest@localhost ~]$ systemctl --full
UNIT
         LOAD   ACTIVE SUB        DESCRIPTION
proc-sys-fs-binfmt_misc.automount
         loaded active running    Arbitrary Executable File Formats File System
Automount Point
sys-devices-pci0000:00-0000:00:01.1-ata2-host1-target1:0:0-1:0:0:0-block-sr0.dev
ice         loaded active plugged    VBOX_CD-ROM
sys-devices-pci0000:00-0000:00:03.0-net-p2p1.device
         loaded active plugged    PRO/1000 MT Desktop Adapter
...
```

12. Affichez une unité de type cible.

```
[guest@localhost ~]$ sudo more /lib/systemd/system/multi-user.target
[Unit]
Description=Multi-User System
Documentation=man:systemd.special(7)
Requires=basic.target
Conflicts=rescue.service rescue.target
After=basic.target rescue.service rescue.target
AllowIsolate=yes

[Install]
Alias=default.target
```

13. Affichez une unité de type service.

```
[guest@localhost ~]$ sudo more /lib/systemd/system/sshd.service
[Unit]
Description=OpenSSH server daemon
After=syslog.target network.target auditd.service

[Service]
EnvironmentFile=/etc/sysconfig/sshd
ExecStartPre=/usr/sbin/sshd-keygen
ExecStart=/usr/sbin/sshd -D $OPTIONS
ExecReload=/bin/kill -HUP $MAINPID
KillMode=process
Restart=on-failure
RestartSec=42s

[Install]
WantedBy=multi-user.target
```

Tâche 3 :
Créer un service

1. Créez un script qui fera office de démon.

```
[guest@localhost ~]$ sudo vi /usr/local/bin/uptime.sh
#!/bin/sh
# uptime.sh
while : ; do
        uptime >> /var/log/uptime.log 2>&1
        sleep 60
done
[guest@localhost ~]$ sudo chmod 755 /usr/local/bin/uptime.sh
```

2. Créez le fichier qui décrit le service qui gère le démon précédent.

```
[guest@localhost ~]$ sudo vi /usr/lib/systemd/system/uptime.service
[Unit]
Description=Uptime command
After=syslog.target

[Service]
ExecStart=/usr/local/bin/uptime.sh

[Install]
WantedBy=multi-user.target
```

3. Gérez le service.

a) Affichez l'état du service.

```
[guest@localhost ~]$ sudo systemctl status uptime.service
uptime.service - Uptime command
   Loaded: loaded (/usr/lib/systemd/system/uptime.service; disabled)
   Active: inactive (dead)
```

Remarque : dans les versions précédentes de Systemd, il fallait prévenir le démon pour qu'il relise les fichiers décrivant les unités.

---

b) Activez le service.

```
[guest@localhost ~]$ sudo systemctl enable uptime.service
ln -s '/usr/lib/systemd/system/uptime.service' '/etc/systemd/system/multi-
user.target.wants/uptime.service'
[guest@localhost ~]$ sudo systemctl status uptime.service
uptime.service - Uptime command
   Loaded: loaded (/usr/lib/systemd/system/uptime.service; enabled)
   Active: inactive (dead)
```

c) Démarrez le service.

```
[guest@localhost ~]$ sudo systemctl start uptime.service
[guest@localhost ~]$ sudo systemctl status uptime.service
uptime.service - Uptime command
   Loaded: loaded (/usr/lib/systemd/system/uptime.service; enabled)
   Active: active (running) since Sun 2014-02-02 20:59:17 CET; 2s ago
 Main PID: 2844 (uptime.sh)
   CGroup: /system.slice/uptime.service
           ├─2844 /bin/sh /usr/local/bin/uptime.sh
           └─2846 sleep 60

Feb 02 20:59:17 localhost.localdomain systemd[1]: Started Uptime command.
[guest@localhost ~]$ ps -e |grep uptime
 2844 ?        00:00:00 uptime.sh
[guest@localhost ~]$ tail /var/log/uptime.log
```

d) Arrêtez le service.

```
[guest@localhost ~]$ sudo systemctl stop uptime.service
[guest@localhost ~]$ ps -e |grep uptime
[guest@localhost ~]$ sudo systemctl status uptime.service
...
```

e) Désactivez le service.

```
[guest@localhost ~]$ sudo systemctl disable uptime.service
rm '/etc/systemd/system/multi-user.target.wants/uptime.service'
[guest@localhost ~]$ sudo systemctl status uptime.service
```

4. Créez un service associé à un script RC SV (compatibilité ascendante).

a) Créez un service SV (RC).

```
[guest@localhost ~]$ sudo vi /etc/init.d/uptime_SV
#!/bin/sh
# chkconfig: 2345 20 80
# description: uptime_SV
rc=0
case "$1" in
start)
        /usr/local/bin/uptime.sh &
```

```
        rc=0   # on pourrait tester la presence du processus ...
        ;;
stop)
        pkill uptime.sh
        rc=0
        ;;
esac
exit $rc
[guest@localhost ~]$ sudo chmod 755 /etc/init.d/uptime_SV
```

b) Après un redémarrage, le ficher est chargé mais non activé.

```
[guest@localhost ~]$ sudo reboot
[guest@localhost ~]$ systemctl -all|grep uptime
uptime_SV.service
loaded inactive dead        SYSV: uptime_SV
```

c) Activez le service : la vraie commande chkconfig est utilisée, des liens sont créés.

```
[guest@localhost ~]$ sudo systemctl enable uptime_SV.service
uptime_SV.service is not a native service, redirecting to /sbin/chkconfig.
Executing /sbin/chkconfig uptime_SV on
[guest@localhost ~]$ sudo systemctl status uptime_SV.service
uptime_SV.service - SYSV: uptime_SV
   Loaded: loaded (/etc/rc.d/init.d/uptime_SV)
   Active: inactive (dead)

[guest@localhost ~]$ ls -l /etc/rc5.d/S20uptime_SV
lrwxrwxrwx. 1 root root 19 Feb  2 22:30 /etc/rc5.d/S20uptime_SV ->
../init.d/uptime_SV
```

d) Démarrez le service.

```
[guest@localhost ~]$ sudo systemctl start uptime_SV.service  # ou service start
uptime_SV
[guest@localhost ~]$ sudo systemctl status uptime_SV.service
uptime_SV.service - SYSV: uptime_SV
   Loaded: loaded (/etc/rc.d/init.d/uptime_SV)
   Active: active (running) since Sun 2014-02-02 22:31:42 CET; 11s ago
  Process: 2894 ExecStart=/etc/rc.d/init.d/uptime_SV start (code=exited,
status=0/SUCCESS)
   CGroup: /system.slice/uptime_SV.service
           ├─2895 /bin/sh /usr/local/bin/uptime.sh
           └─2897 sleep 60

Feb 02 22:31:42 localhost.localdomain systemd[1]: Started SYSV: uptime_SV.
```

Tâche 4 :
Arrêt/redémarrage du système

1. Provoquez l'arrêt complet du système dans 20 minutes.

```
[guest@localhost ~]$ sudo shutdown -h +20
Shutdown scheduled for Sun 2014-02-02 22:57:23 CET, use 'shutdown -c' to cancel.
```

2. Arrêtez le shutdown précédent à partir d'un autre terminal (ou du même terminal).

```
[guest@localhost ~]$ sudo shutdown -c
Broadcast message from root@localhost.localdomain (Sun 2014-02-02 22:37:39 CET):
The system shutdown has been cancelled at Sun 2014-02-02 22:38:39 CET!
```

3. Passez en mode maintenance immédiatement et ensuite revenez au niveau normal.

```
[guest@localhost ~]$ sudo telinit 1
Welcome to rescue mode! Type "systemctl default" or ^D to enter default mode.
Type "journalctl -xb" to view system logs. Type "systemctl reboot" to reboot.
Give root password for maitnenance
(or type Control-F to continue): secret
[guestlocalhost ~]$ sudo telinit 5
```

Remarque : après le passage en mode maintenance, on ne peut entrer de commandes que sur le terminal virtuel associé à la console maîtresse.

```
sh-3.00# telinit 5
```

4. Redémarrez le système dans trois minutes en affichant le message « reboot pour maintenance ».

```
[guest@localhost ~]$ sudo shutdown -r +3 "reboot pour maintenance"
Shutdown scheduled for Mon 2014-02-03 10:53:02 CET, use 'shutdown -c' to cancel.
[guest@localhost ~]$
Broadcast message from root@localhost.localdomain (Mon 2014-02-03 10:50:02 CET):

reboot pour maintenance
The system is going down for reboot at Mon 2014-02-03 10:53:02 CET!
```

Remarque : périodiquement (à la fin de chaque minute), la commande shutdown prévient les utilisateurs de l'arrêt imminent.

5. Les commandes d'arrêt font appel à systemctl.

```
[guest@localhost ~]$ ls -l /usr/sbin/shutdown
lrwxrwxrwx. 1 root root 16 Jan 18 15:07 /usr/sbin/shutdown -> ../bin/systemctl
[guest@localhost ~]$ ls -l /usr/sbin/poweroff /usr/sbin/halt /usr/sbin/reboot
lrwxrwxrwx. 1 root root 16 Jan 18 15:07 /usr/sbin/halt -> ../bin/systemctl
lrwxrwxrwx. 1 root root 16 Jan 18 15:07 /usr/sbin/poweroff -> ../bin/systemctl
lrwxrwxrwx. 1 root root 16 Jan 18 15:07 /usr/sbin/reboot -> ../bin/systemctl
```

6. Arrêtez le système via la commande systemctl.

```
[guest@localhost ~]$ more /usr/lib/systemd/system/poweroff.target
[Unit]
Description=Power-Off
Documentation=man:systemd.special(7)
DefaultDependencies=no
Requires=systemd-poweroff.service
After=systemd-poweroff.service
AllowIsolate=yes

[Install]
Alias=ctrl-alt-del.target

[guest@localhost ~]$ sudo systemctl isolate poweroff.target
```

Red Hat - Le réseau

Tâche 1 : Tester, visualiser la configuration réseau .... 20 mn

Tâche 2 : Configurer une carte réseau .... 10 mn

Tâche 3 : Les services réseau .... 10 mn

Tâche 4 : Configurer le service Xinetd... 10 mn

Tâche 5 : Les commandes SSH .... 10 mn

Tâche 1 :
Tester, visualiser la configuration réseau

1. Affichez les adresses IP et les masques réseau de vos cartes réseau actives.

```
[guest@localhost ~]$ ifconfig
lo: flags=73<UP,LOOPBACK,RUNNING>  mtu 65536
        inet 127.0.0.1  netmask 255.0.0.0
        inet6 ::1  prefixlen 128  scopeid 0x10<host>
        loop  txqueuelen 0  (Local Loopback)
        RX packets 42614  bytes 3699861 (3.5 MiB)
        RX errors 0  dropped 0  overruns 0  frame 0
        TX packets 42614  bytes 3699861 (3.5 MiB)
        TX errors 0  dropped 0 overruns 0  carrier 0  collisions 0


p2p1: flags=4163<UP,BROADCAST,RUNNING,MULTICAST>  mtu 1500
...
[guest@localhost ~]$ ip addr
1: lo: <LOOPBACK,UP,LOWER_UP> mtu 65536 qdisc noqueue state UNKNOWN
    link/loopback 00:00:00:00:00:00 brd 00:00:00:00:00:00
    inet 127.0.0.1/8 scope host lo
       valid_lft forever preferred_lft forever
    inet6 ::1/128 scope host
       valid_lft forever preferred_lft forever
2: p2p1: <BROADCAST,MULTICAST,UP,LOWER_UP> mtu 1500 qdisc pfifo_fast state UP
qlen 1000
    link/ether 08:00:27:8c:29:28 brd ff:ff:ff:ff:ff:ff
    inet 10.0.2.15/24 brd 10.0.2.255 scope global p2p1
       valid_lft forever preferred_lft forever
    inet6 fe80::a00:27ff:fe8c:2928/64 scope link
       valid_lft forever preferred_lft forever
3: p7p1: <BROADCAST,MULTICAST,UP,LOWER_UP> mtu 1500 qdisc pfifo_fast state UP
qlen 1000
    link/ether 08:00:27:b4:cb:9f brd ff:ff:ff:ff:ff:ff
    inet 192.168.56.102/24 scope global dynamic p7p1
       valid_lft 766sec preferred_lft 766sec
    inet6 fe80::a00:27ff:feb4:cb9f/64 scope link
       valid_lft forever preferred_lft forever
```

2. Affichez les configurations de toutes vos cartes.

```
[guest@localhost ~]$ sudo ifconfig -a
[guest@localhost ~]$ ip addr
```

Remarque : avec la commande `ip`, les cartes inactives apparaissent avec le drapeau DOWN.

3. Affichez les tables de routage (et donc l'adresse de la passerelle par défaut).

```
[guest@localhost ~]$ netstat -nr
Kernel IP routing table
Destination     Gateway         Genmask         Flags   MSS Window  irtt Iface
0.0.0.0         10.0.2.2        0.0.0.0         UG        0 0         0 p2p1
10.0.2.0        0.0.0.0         255.255.255.0   U         0 0         0 p2p1
192.168.56.0    0.0.0.0         255.255.255.0   U         0 0         0 p7p1
[guest@localhost ~]$ ip route
default via 10.0.2.2 dev p2p1
10.0.2.0/24 dev p2p1  proto kernel  scope link  src 10.0.2.15
192.168.56.0/24 dev p7p1  proto kernel  scope link  src 192.168.56.102
```

Remarque : l'adresse de la passerelle par défaut est associée à la destination 0.0.0.0. Dans l'exemple, elle a pour valeur 10.0.2.2.

4. Affichez le nom réseau du système.

```
[guest@localhost ~]$ uname -n
localhost.localdomain
[guest@localhost ~]$ hostname
localhost.localdomain
[guest@localhost ~]$ cat /etc/hostname
localhost.localdomain
[guest@localhost ~]$ dnsdomainname
[guest@localhost ~]$ hostname -f
localhost
```

Remarque : dans l'exemple ci-dessus, nous n'utilisons pas de serveur DNS. En production, il est indispensable d'en utiliser un. Dans ce cas, les commandes précédentes affichent des données différentes. Les commandes hostname et uname -n affichent le nom réseau, par exemple venus. En revanche, la commande hostname -f affiche le FQDN (Full Qualified Domain Name), par exemple venus.exemple.fr, dnsdomainname affichant le domaine DNS, par exemple exemple.fr.

5. Affichez la configuration DNS (adresses des serveurs...).

```
[guest@localhost ~]$ cat /etc/resolv.conf
# Generated by NetworkManager
domain home
search home
nameserver 192.168.218.22
```

6. Testez la connectivité réseau.

a) Avec un poste présent sur Internet (et qui répond aux messages ICMP).

```
[guest@localhost ~]$ ping www.free.fr
PING www.free.fr (212.27.48.10) 56(84) bytes of data.
64 bytes from www.free.fr (212.27.48.10): icmp_seq=1 ttl=55 time=26.3 ms
64 bytes from www.free.fr (212.27.48.10): icmp_seq=2 ttl=55 time=47.0 ms
64 bytes from www.free.fr (212.27.48.10): icmp_seq=3 ttl=55 time=27.7 ms
64 bytes from www.free.fr (212.27.48.10): icmp_seq=4 ttl=55 time=27.6 ms
64 bytes from www.free.fr (212.27.48.10): icmp_seq=5 ttl=55 time=26.4 ms
^C
--- www.free.fr ping statistics ---
6 packets transmitted, 5 received, 16% packet loss, time 5007ms
rtt min/avg/max/mdev = 26.386/31.074/47.075/8.022 ms
```

Remarque : si l'on ne précise pas le nombre de paquets envoyés, la commande envoie des paquets à l'infini. On appuie sur Ctrl+C pour interrompre les envois et visualiser les statistiques.

b) Idem, mais on utilise l'adresse IP au lieu du nom de la machine.

```
[guest@localhost ~]$ ping -c1 212.27.48.10
PING 212.27.48.10 (212.27.48.10) 56(84) bytes of data.
64 bytes from 212.27.48.10: icmp_seq=1 ttl=55 time=315 ms

--- 212.27.48.10 ping statistics ---
1 packets transmitted, 1 received, 0% packet loss, time 0ms
rtt min/avg/max/mdev = 315.348/315.348/315.348/0.000 ms
```

c) Testez la connectivité en utilisant une adresse IPv6 (celle d'un poste du LAN courant).

```
[guest@localhost ~]$ ping6  fe80::a00:27ff:feb4:cb9f%p7p1
```

Remarque : Comme on utilise une adresse de lien locale on doit spécifier le nom ou le numéro de la carte (préfixé du caractère %).

7. Testez le DNS.

a) Testez la résolution DNS (on indique le nom d'un poste : celui de votre binôme, celui du serveur Web de Linux.org...).

```
[guest@localhost ~]$ nslookup www.redhat.com
Server:         192.168.218.22
Address:        192.168.218.22#53

Non-authoritative answer:
www.redhat.com  canonical name = wildcard.redhat.com.edgekey.net.
wildcard.redhat.com.edgekey.net canonical name =
wildcard.redhat.com.edgekey.net.globalredir.akadns.net.
wildcard.redhat.com.edgekey.net.globalredir.akadns.net  canonical name =
e1890.b.akamaiedge.net.
Name:   e1890.b.akamaiedge.net
Address: 2.19.87.214
[guest@localhost ~]$ dig www.redhat.com
...
www.redhat.com.         55      IN      CNAME   wildcard.redhat.com.edgekey.net.
...
e1890.b.akamaiedge.net. 16      IN      A       2.19.87.214
```

b) Testez la résolution reverse-DNS.

```
[guest@localhost ~]$ nslookup 212.27.48.10
Server:         192.168.218.22
Address:        192.168.218.22#53

Non-authoritative answer:
10.48.27.212.in-addr.arpa       name = www.free.fr.

Authoritative answers can be found from:
[guest@localhost ~]$ dig -x 212.27.48.10
...
;; ANSWER SECTION:
10.48.27.212.in-addr.arpa. 83812 IN     PTR     www.free.fr.
```

c) Obtenez une adresse IPv6 à partir d'un nom de type AAAA, on spécifie l'adresse du serveur DNS.

```
[guest@localhost ~]$ dig @194.2.0.20 www.v6.facebook.com AAAA
...
;; ANSWER SECTION:
www.v6.facebook.com.    3600    IN      CNAME   v6.t.facebook.com.
```

```
v6.t.facebook.com.        300      IN       AAAA
2a03:2880:2110:6f00:face:b00c:0:1
```

8. Affichez la liste des passerelles traversées pour atteindre un système distant.

```
[guest@localhost ~]$ sudo traceroute www.redhat.com
traceroute to www.redhat.com (23.3.215.203), 30 hops max, 60 byte packets
 1  * * *
 2  * * *
[guest@localhost ~]$ tracepath -n www.free.fr
 1:  10.0.2.15                                          0.096ms pmtu 1500
 1:  10.0.2.2                                           0.321ms
```

9. Affichez les mécanismes de résolution de noms utilisés et le fichier local de résolution des noms.

```
[guest@localhost ~]$ grep hosts /etc/nsswitch.conf
#hosts:      db files nisplus nis dns
hosts:       files dns
[guest@localhost ~]$ cat /etc/hosts
127.0.0.1    localhost localhost.localdomain localhost4 localhost4.localdomain4
::1          localhost localhost.localdomain localhost6 localhost6.localdomain6
```

10. Le Network Manager (NM).

a) Renseignez-vous sur l'état du service NM.

```
[guest@localhost ~]$ sudo service NetworkManager status
Redirecting to /bin/systemctl status  NetworkManager.service
NetworkManager.service - Network Manager
   Loaded: loaded (/usr/lib/systemd/system/NetworkManager.service; enabled)
   Active: active (running) since Tue 2014-02-04 00:17:30 CET; 11h ago
 Main PID: 18300 (NetworkManager)
   CGroup: /system.slice/NetworkManager.service
           ├─18300 /usr/sbin/NetworkManager --no-daemon
           └─19410 /sbin/dhclient -d -sf /usr/libexec/nm-dhcp-helper -pf /var...
```

b) Affichez les identifiants et le type des connexions (Ethernet, Wifi...).

```
[guest@localhost ~]$ sudo nmcli connection show configured
NAME            UUID                                   TYPE            TIMESTAMP-
REAL
p7p1            5c8358e9-6113-4f81-b7db-c6f4c66a8cba  802-3-ethernet  Tue 04 Feb
2014 12:17:31 PM CET
p2p1            ab9807eb-a455-4fcc-b8cb-7a2371fb476e  802-3-ethernet  Sat 01 Feb
2014 08:46:08 PM CET
Auto Ethernet  bf042fb0-457d-4074-87bb-72910570ad50  802-3-ethernet  Mon 03 Feb
2014 11:18:33 PM CET
```

c) Affichez les connexions actives et l'état des connexions gérées par NM.

```
[guest@localhost ~]$ sudo nmcli -p connection show active
===============================================================================
                        List of active connections
===============================================================================
NAME  UUID                                   DEVICES  DEFAULT  VPN  MASTER-PATH
-------------------------------------------------------------------------------
p7p1  5c8358e9-6113-4f81-b7db-c6f4c66a8cba  p7p1     no       no   --
[guest@localhost ~]$ sudo nmcli device status
DEVICE  TYPE      STATE
p7p1    ethernet  connected
p2p1    ethernet  connected
lo      loopback  unmanaged
```

d) Affichez la configuration globale.

```
[guest@localhost ~]$ cat /etc/NetworkManager/NetworkManager.conf
[main]
plugins=ifcfg-rh
```

11. Affichez la connectivité d'une carte Ethernet avec le switch Ethernet.

```
[guest@localhost ~]$ sudo ethtool p7p1
Settings for p7p1:
        Supported ports: [ TP ]
        Supported link modes:   10baseT/Half 10baseT/Full
                                100baseT/Half 100baseT/Full
                                1000baseT/Full
        Supported pause frame use: No
        Supports auto-negotiation: Yes
        Advertised link modes:  10baseT/Half 10baseT/Full
                                100baseT/Half 100baseT/Full
                                1000baseT/Full
        Advertised pause frame use: No
        Advertised auto-negotiation: Yes
        Speed: 1000Mb/s
        Duplex: Full
        Port: Twisted Pair
        PHYAD: 0
        Transceiver: internal
        Auto-negotiation: on
        MDI-X: off (auto)
        Supports Wake-on: umbg
        Wake-on: d
        Current message level: 0x00000007 (7)
                               drv probe link
        Link detected: yes
```

Remarque : concrètement, la dernière ligne est la plus importante : elle indique si l'on est branché ou non au réseau Ethernet.

Tâche 2 :
Configurer une carte réseau

1. Réactivez une connexion associée à une carte réseau gérée par le NM.

a) En mode graphique : on utilise l'applet graphique présente dans la barre supérieure.

b) En mode texte :

```
[guest@localhost ~]$ sudo nmcli -p con up 2 ifname p2p1
Connection successfully activated (D-Bus active path:
/org/freedesktop/NetworkManager/ActiveConnection/1)
```

2. Modifiez une configuration rémanente pour une connexion gérée de manière statique.

```
[guest@localhost ~]$ sudo vi /etc/sysconfig/network-scripts/ifcfg-p7p1
DEVICE=p7p1
BOOTPROTO=none
ONBOOT=yes
NETMASK=255.255.255.0
IPADDR=192.168.56.11
USERCTL=no
NM_CONTROLLED=yes
```

Remarques :

1) La prise en compte de cette nouvelle configuration sera réalisée après le redémarrage du service NetworkManager ou plus simplement après le redémarrage du système.

2) Il est possible d'indiquer que la carte ne sera pas gérée par le NM en spécifiant NM_CONTROLLED=no. Il faut que le service network.service soit actif (il gère les scripts ifup).

3. Changez le nom du système.

```
[guest@localhost ~]$ sudo vi /etc/hostname
redhat_un
[guest@localhost ~]$ sudo vi /etc/hosts
127.0.0.1    localhost localhost.localdomain localhost4 localhost4.localdomain4
::1          localhost localhost.localdomain localhost6 localhost6.localdomain6
192.168.56.11    redhat_un.pinguins redhat_un
192.168.56.12    redhat_deux.pinguins redhat_deux
```

4. Prenez les modifications en compte (nom du système, ...).

Modifiez la configuration (nom, adresse réseau) également sur le poste du binôme : nom=redhat_deux, adresse=192.168.56.12,

```
[guest@localhost ~]$ sudo reboot
[guest@redhat_un ~]$ ip addr
```

Remarque : l'invite de commande indique que le nom a bien changé.

5. On ajoute à la volée une adresse réseau à une carte.

a) On ajoute une adresse IPv4 (172.16.0.11). On ajoute une adresse également sur le poste du binôme (172.16.0.12).

```
[guest@redhat_un ~]$ sudo ip addr add 172.16.0.11/16 brd + dev p7p1
[guest@redhat_un ~]$ ip addr show dev p7p1
3: p7p1: <BROADCAST,MULTICAST,UP,LOWER_UP> mtu 1500 qdisc pfifo_fast state UP
qlen 1000
    link/ether 08:00:27:b4:cb:9f brd ff:ff:ff:ff:ff:ff
    inet 172.16.0.11/16 brd 172.16.255.255 scope global p7p1
       valid_lft forever preferred_lft forever
    inet 192.168.56.11/24 brd 192.168.56.255 scope global secondary p7p1
       valid_lft forever preferred_lft forever
    inet6 fe80::a00:27ff:feb4:cb9f/64 scope link
       valid_lft forever preferred_lft forever
```

b) On teste la connectivité avec le poste distant.

```
[guest@redhat_un ~]$ ping -c1 172.16.0.12
PING 172.16.0.12 (172.16.0.12) 56(84) bytes of data.
64 bytes from 172.16.0.12: icmp_seq=1 ttl=64 time=1.07 ms

--- 172.16.0.12 ping statistics ---
1 packets transmitted, 1 received, 0% packet loss, time 0ms
rtt min/avg/max/mdev = 1.072/1.072/1.072/0.000 ms
```

c) On ajoute une adresse IPv6 (fc00::11) au poste et au poste distant (fc00::12).

```
[guest@redhat_un ~]$ sudo ip addr add fc00::11/64 dev p7p1
[guest@redhat_un ~]$ ip addr show dev p7p1
3: p7p1: <BROADCAST,MULTICAST,UP,LOWER_UP> mtu 1500 qdisc pfifo_fast state UP
qlen 1000
    link/ether 08:00:27:b4:cb:9f brd ff:ff:ff:ff:ff:ff
    inet 192.168.56.102/24 brd 192.168.56.255 scope global p7p1
       valid_lft forever preferred_lft forever
    inet 172.16.0.11/16 brd 172.16.255.255 scope global p7p1
```

```
        valid_lft forever preferred_lft forever
    inet 192.168.56.11/24 brd 192.168.56.255 scope global secondary p7p1
       valid_lft forever preferred_lft forever
    inet6 fc00::11/64 scope global
       valid_lft forever preferred_lft forever
    inet6 fe80::a00:27ff:feb4:cb9f/64 scope link
       valid_lft forever preferred_lft forever
```

d) On teste la connectivité avec le poste distant.

```
[guest@redhat_un ~]$ ping6 fc00::12
PING fc00::12(fc00::12) 56 data bytes
64 bytes from fc00::12: icmp_seq=1 ttl=64 time=1.02 ms
```

e) On supprime les adresses que l'on vient d'ajouter.

```
[guest@redhat_un ~]$ sudo ip addr del 172.16.0.11/16 dev p7p1
[guest@redhat_un ~]$ sudo ip addr del fc00::11/64 dev p7p1
[guest@redhat_un ~]$ ip addr show dev p7p1
3: p7p1: <BROADCAST,MULTICAST,UP,LOWER_UP> mtu 1500 qdisc pfifo_fast state UP
qlen 1000
    link/ether 08:00:27:28:13:5b brd ff:ff:ff:ff:ff:ff
    inet 192.168.56.11/24 brd 192.168.56.255 scope global p7p1
       valid_lft forever preferred_lft forever
    inet6 fe80::a00:27ff:fe28:135b/64 scope link
       valid_lft forever preferred_lft forever
```

Tâche 3 :
Les services réseau

1. Listez les services réseau actifs.

```
[guest@redhat_un ~]$ netstat -an |more
Active Internet connections (servers and established)
Proto Recv-Q Send-Q Local Address           Foreign Address         State
...
tcp        0        0 127.0.0.1:631          0.0.0.0:*               LISTEN
tcp        0        0 127.0.0.1:25           0.0.0.0:*               LISTEN
tcp        0       64 192.168.56.11:22       192.168.56.1:49335      ESTABLISHED
tcp6       0        0 :::5900                :::*                    LISTEN
tcp6       0        0 :::111                 :::*                    LISTEN
tcp6       0        0 :::6000                :::*                    LISTEN
tcp6       0        0 :::22                  :::*                    LISTEN
...
udp        0        0 0.0.0.0:111            0.0.0.0:*
udp        0        0 0.0.0.0:123            0.0.0.0:*
udp6       0        0 :::43298               :::*
udp6       0        0 ::1:323                :::*
udp6       0        0 :::615                 :::*
udp6       0        0 :::111                 :::*
udp6       0        0 :::123                 :::*
Active UNIX domain sockets (servers and established)
Proto RefCnt Flags       Type      State         I-Node   Path
unix  2      [ ACC ]     STREAM    LISTENING     18198    @/tmp/dbus-eiGOV5h8
...
unix  26     [ ]         DGRAM                   5477     /dev/log
...
[guest@redhat_un ~]$ ls -l /dev/log
srw-rw-rw-. 1 root root 0 Mar 12 16:49 /dev/log
```

Remarque : la commande `netstat -a` affiche les sockets aussi bien TCP/IP que locales (Unix). L'option `-n` évite de déclencher la résolution DNS ; elle permet de voir les données brutes (numériques). Les sockets TCP/IP se répartissent en sockets TCP et UDP IPv4 (tcpn, udp) ou IPv5 (tcp6, udp6).

Un socket TCP peut avoir plusieurs états. L'état LISTEN correspond à un socket en attente de connexion. Il est créé à la demande d'un service. L'état ESTABLISHED correspond à un socket qui relie une application cliente à une application serveur. La ligne affiche le quadruplet adresse_IP_locale:port_TCP_local-adresse_IP_distante:port_TCP_distant.

Un socket d'écoute d'un serveur peut recevoir des demandes de connexion à partir de n'importe quelle carte réseau ou bien d'une carte spécifique. Ainsi, le port 111, correspondant à un serveur RPCBIND, est associé à l'adresse IP 0.0.0.0, ce qui signifie que le serveur répondra aux requêtes de connexion quelle que soit leur origine. Inversement, le port 631, correspondant à l'impression, est associé à l'adresse 127.0.0.1, ce qui signifie que le serveur ne répondra qu'aux requêtes provenant d'une application locale.

Les sockets Unix sont des fichiers locaux. Ils permettent de faire du client/serveur mais uniquement entre une application cliente et une application serveur présentes sur le serveur même.

2. Listez les services réseau actifs, soit UDP, soit TCP (IPv4 ou IPv6) ou les sockets locales.

a) Les sockets Unix.

```
[guest@redhat_un ~]$ netstat -ax
Active UNIX domain sockets (servers and established)
Proto RefCnt Flags       Type      State        I-Node    Path
unix  2      [ ACC ]     STREAM    LISTENING    18198     @/tmp/dbus-eiGOV5h8
...
```

b) Les sockets UDP.

```
[guest@redhat_un ~]$ netstat -anu
Active Internet connections (servers and established)
Proto Recv-Q Send-Q Local Address           Foreign Address         State
...
udp        0      0 0.0.0.0:123             0.0.0.0:*
udp6       0      0 :::43298                :::*
```

c) Les sockets UDP IPv6.

```
[guest@redhat_un ~]$ netstat -anu6
Active Internet connections (servers and established)
Proto Recv-Q Send-Q Local Address           Foreign Address         State
udp6       0      0 :::43298                :::*
```

d) Les sockets UDP IPv4.

```
[guest@redhat_un ~]$ netstat -anu4
Active Internet connections (servers and established)
Proto Recv-Q Send-Q Local Address           Foreign Address         State
udp        0      0 0.0.0.0:177             0.0.0.0:*
udp        0      0 0.0.0.0:5353            0.0.0.0:*
```

e) Les sockets TCP.

```
[guest@redhat_un ~]$ netstat -ant
Active Internet connections (servers and established)
Proto Recv-Q Send-Q Local Address           Foreign Address         State
tcp        0      0 0.0.0.0:5900            0.0.0.0:*               LISTEN
tcp        0      0 0.0.0.0:111             0.0.0.0:*               LISTEN
```

3. Est-ce qu'un service est actif sur le poste local ?

a) Le service Portmapper (ou sunrpc) associé au port 111. Le port est ouvert.

```
[guest@redhat_un ~]$ netstat -ant |grep ':111'
tcp        0      0 0.0.0.0:111          0.0.0.0:*                 LISTEN
tcp6       0      0 :::111               :::*                      LISTEN
[guest@redhat_un ~]$ netstat -at |grep 'sunrpc'
tcp        0      0 0.0.0.0:sunrpc       0.0.0.0:*                 LISTEN
tcp6       0      0 [::]:sunrpc          [::]:*           :*
```

b) Le service Shell (utilisé par rsh) associé au port 514. Le port est fermé.

```
[guest@redhat_un ~]$ netstat -an |grep 514
[guest@redhat_un ~]$ netstat -a |grep shell
```

4. Quel est le numéro de port réseau associé au service sunrpc (rpcbind) ?

```
[guest@redhat_un ~]$ grep -i sunrpc /etc/services
sunrpc          111/tcp         portmapper rpcbind     # RPC 4.0 portmapper TCP
sunrpc          111/udp         portmapper rpcbind     # RPC 4.0 portmapper UDP
```

5. Est-ce que le service SSH est actif sur le poste de votre binôme ?

a) On vérifie si l'application nmap est installée. Si ce n'est pas le cas, on l'installe.

```
[guest@redhat_un ~]$ rpm -q nmap
nmap-6.40-2.el7.x86_64
[guest@redhat_un ~]$ sudo yum -q -y install nmap
```

b) Tester si le port 22 est ouvert (le port SSH) avec ou sans ping (-Pn) préalable.

```
[guest@redhat_un ~]$ nmap -p 22 redhat_deux

Starting Nmap 6.40 ( http://nmap.org ) at 2014-02-06 12:31 CET
Note: Host seems down. If it is really up, but blocking our ping probes, try -Pn
Nmap done: 1 IP address (0 hosts up) scanned in 0.04 seconds
[guest@redhat_un ~]$ nmap -Pn -p 22 redhat_deux

Starting Nmap 6.40 ( http://nmap.org ) at 2014-02-06 12:31 CET
Nmap scan report for redhat_deux (192.168.56.12)
Host is up (0.00072s latency).
rDNS record for 192.168.56.12: redhat_deux.pinguins
PORT   STATE SERVICE
22/tcp open  ssh

Nmap done: 1 IP address (1 host up) scanned in 0.04 seconds
```

6. Listez les ports réseau actifs du serveur DNS.

```
[guest@redhat_un ~]$ nmap 192.168.218.22

Starting Nmap 6.40 ( http://nmap.org ) at 2014-03-12 19:18 CET
Nmap scan report for livebox.home (192.168.218.22)
Host is up (0.0090s latency).
Not shown: 995 filtered ports
PORT      STATE SERVICE
23/tcp    open  telnet
80/tcp    open  http
139/tcp   open  netbios-ssn
2222/tcp  open  EtherNet/IP-1
9000/tcp  open  cslistener

Nmap done: 1 IP address (1 host up) scanned in 5.34 seconds
```

Remarque : explorer (« scanner ») les ports d'un système distant est répréhensible sauf si on est le responsable du système distant ou si on a l'accord de son administrateur.

7. Le pare-feu.

a) Le pare-feu est-il actif ?

```
[guest@redhat_un ~]$ sudo iptables -L
Chain INPUT (policy ACCEPT)
target     prot opt source        destination
ACCEPT     all  --  anywhere      anywhere         ctstate RELATED,ESTABLISHED
...
REJECT     all  --  anywhere      anywhere         reject-with icmp-host-prohibited
```

Remarque : le pare-feu est actif. Quand il est inactif, il n'y a pas de règles (ACCEPT, REJECT, ...), mais juste l'intitulé des colonnes.

b) Installez Apache sur le poste distant et démarrez le service.

```
[guest@redhat_deux ~]$ sudo yum install httpd
[guest@redhat_deux ~]$ sudo systemctl start httpd.service
[guest@redhat_deux ~]$ sudo netstat -anpe |grep :::80
tcp6       0       0 :::80                  :::*                    LISTEN
0          29565       3553/httpd
[guest@redhat_deux ~]$ sudo lsof |grep httpd |grep -i tcp
httpd      3553             root    3u    sock           0,6         0t0
29564 protocol: TCP
...
```

c) Autorisez l'accès au port 80 (Web) sur le poste distant.

```
[guest@redhat_deux ~]$ sudo firewall-cmd --state
running
[guest@redhat_deux ~]$ sudo firewall-cmd --get-active-zone
public
  interfaces: p2p1 p7p1
[guest@redhat_deux ~]$ sudo firewall-cmd --zone=public --list-all
public (default, active)
  interfaces: p2p1 p7p1
  sources:
  services: dhcpv6-client ssh
  ports:
  masquerade: no
  forward-ports:
  icmp-blocks:
  rich rules:
[guest@redhat_deux ~]$ sudo firewall-cmd --zone=public --add-port=80/tcp
success
[guest@redhat_deux ~]$ sudo firewall-cmd --zone=public --list-all |grep -e
services -e ports
  services: dhcpv6-client ssh
  ports: 80/tcp
  forward-ports:
```

Remarque : le pare-feu de RHEL 7 utilise le concept de zone. Une carte réseau appartient à une zone et des règles autorisent ou interdisent l'accès à un port mais pour une zone donnée. Cela permet de configurer un poste servant de pare-feu et où les zones correspondent à la DMZ, Internet ou au LAN. Dans le cas d'un serveur, on peut utiliser la zone par défaut (public) qui comprend par défaut l'ensemble des cartes réseau, ce qui est suffisant pour un pare-feu local.

d) Testez l'accès à partir du poste local, en IPv4 et en IPv6.

```
[guest@redhat_un tmp]$ lynx -dump 'http://redhat_deux'
                  Red Hat Enterprise Linux Test Page
```

```
[guest@redhat_un tmp]$ lynx -dump 'http://[fc00::12]'
                    Red Hat Enterprise Linux Test Page
```

Tâche 4 :
Configurer le service Xinetd

1. Est-ce que `xinetd` et le serveur `tftp` sont installés ? Si besoin, on les installe sur le poste distant.

```
[guest@redhat_deux ~]$ sudo yum install tftp-server tftp
```

Remarque : xinetd est installé en dépendance.

2. Activez le service `tftp` : on modifie la ligne disable du fichier décrivant le service.

```
[guest@redhat_deux ~]$ sudo vi /etc/xinetd.d/tftp
# default: off
# description: The tftp server serves files using the trivial file transfer \
#       protocol.  The tftp protocol is often used to boot diskless \
#       workstations, download configuration files to network-aware printers, \
#       and to start the installation process for some operating systems.
service tftp
{
        socket_type             = dgram
        protocol                = udp
        wait                    = yes
        user                    = root
        server                  = /usr/sbin/in.tftpd
        server_args             = -s /var/lib/tftpboot
        disable                 = no
        per_source              = 11
        cps                     = 100 2
        flags                   = IPv4
}
[guest@redhat_deux ~]$ sudo systemctl restart xinetd
```

3. Testez la présence du service `tftp`.

```
[guest@redhat_deux ~]$ netstat -anu |grep 69
udp        0      0 0.0.0.0:69              0.0.0.0:*
```

4. Peuplez le répertoire contenant les fichiers téléchargeables.

```
[guest@redhat_deux ~]$ sudo cp /etc/hostname /var/lib/tftpboot/
```

5. Autorisez le service `tftp` au niveau du pare-feu.

```
[guest@redhat_deux ~]$ sudo firewall-cmd --zone=public --add-service=tftp
success
```

6. Testez un accès à partir du poste local.

```
[guest@redhat_un ~]$ sudo yum -q -y install tftp
[guest@redhat_un ~]$ sudo firewall-cmd --zone=public --add-service=tftp
[guest@redhat_un ~]$ tftp redhat_deux
tftp> get hostname
tftp> quit
[guest@redhat_un ~]$ cat hostname
redhat_deux
```

Remarque : dans ce cas, il faut aussi autoriser le service `tftp` au niveau du pare-feu.

Tâche 5 :
Les commandes SSH

1. Sur chaque poste, vérifiez que le service SSH est installé et opérationnel (actif et démarré).

```
[guest@redhat_un ~]$ rpm -q openssh-server
openssh-server-6.4p1-1.el7.x86_64
[guest@redhat_un ~]$ sudo systemctl status sshd
sshd.service - OpenSSH server daemon
   Loaded: loaded (/usr/lib/systemd/system/sshd.service; enabled)
   Active: active (running) since Thu 2014-02-06 11:58:33 CET; 2h 55min ago
```

2. On se connecte sur le poste distant en étant connecté localement sous le compte guest.

```
[guest@redhat_un ~]$ ssh redhat_deux
The authenticity of host 'redhat_deux (192.168.56.12)' can't be established.
RSA key fingerprint is 8f:90:7a:ee:0b:3f:c4:1c:85:3d:63:df:b7:97:7e:78.
Are you sure you want to continue connecting (yes/no)? yes
Warning: Permanently added 'redhat_deux,192.168.56.12' (RSA) to the list of
known hosts.
guest@redhat_deux's password: guest
Last login: Thu Feb  6 12:02:42 2014 from 192.168.56.1
[guest@redhat_deux ~]$ hostname
redhat_deux
[guest@redhat_deux ~]$ exit
logout
Connection to redhat_deux closed.
[guest@redhat_un ~]$ ssh redhat_deux
guest@redhat_deux's password: guest
Last login: Thu Feb  6 14:56:26 2014 from 192.168.56.102
[guest@redhat_deux ~]$ exit
logout
Connection to redhat_deux closed.
```

Remarque : la première fois que l'on se connecte, le serveur affiche l'empreinte de sa clé publique. Elle sert à authentifier le serveur. Si on continue la session, c'est que l'on a confiance en l'identité de ce dernier. La clé est ensuite mémorisée dans le fichier ~/.ssh/know_hosts. Lors des connexions ultérieures, cette clé n'est plus affichée.

2. Idem, mais on se connecte sous le compte root sur le poste distant.

```
[guest@redhat_un ~]$ ssh root@redhat_deux
root@redhat_deux's password: secret
Last login: Thu Feb  6 12:36:10 2014
[root@redhat_deux ~]# exit
logout
Connection to redhat_deux closed.
```

3. On copie des fichiers.

a) On télécharge un fichier avec les droits de l'utilisateur homonyme (guest).

```
[guest@redhat_un ~]$ scp redhat_deux:/etc/hostname /tmp
guest@redhat_deux's password: guest
hostname                                        100%   12     0.0KB/s   00:00
```

b) On télécharge un fichier avec les droits de l'utilisateur distant root.

```
[guest@redhat_un ~]$ scp root@redhat_deux:/etc/shadow /tmp
root@redhat_deux's password: secret
shadow                                          100% 1180     1.2KB/s   00:00
```


4. On exécute une commande distante.

```
[guest@redhat_un ~]$ ssh redhat_deux uptime
guest@redhat_deux's password: guest
 15:04:28 up  3:13,  4 users,  load average: 0.00, 0.01, 0.05
```

5. L'authentification par clé publique.

a) L'utilisateur crée un couple de clés publiques/privées de type RSA.

```
[guest@redhat_un ~]$ ssh-keygen -t rsa
Generating public/private rsa key pair.
Enter file in which to save the key (/home/guest/.ssh/id_rsa):
Enter passphrase (empty for no passphrase): guest
Enter same passphrase again: guest
Your identification has been saved in /home/guest/.ssh/id_rsa.
Your public key has been saved in /home/guest/.ssh/id_rsa.pub.
The key fingerprint is:
28:d6:75:96:13:4e:d2:2a:c8:ae:35:3b:96:91:9f:bf guest@redhat_un
The key's randomart image is:
+--[ RSA 2048]----+
|          ..o    |
|          +.o    |
|       .  ..*    |
|     o..o.o .    |
|     .o.o.S      |
|     .*.         |
|     o * .       |
|     . = o       |
|      . . .E.    |
+-----------------+
```

b) L'utilisateur copie sa clé publique sur le système distant.

```
[guest@redhat_un ~]$ ssh-copy-id redhat_deux
/usr/bin/ssh-copy-id: INFO: attempting to log in with the new key(s), to filter
out any that are already installed
/usr/bin/ssh-copy-id: INFO: 1 key(s) remain to be installed -- if you are
prompted now it is to install the new keys
guest@redhat_deux's password: guest

Number of key(s) added: 1

Now try logging into the machine, with:   "ssh 'redhat_deux'"
and check to make sure that only the key(s) you wanted were added.
```

c) On teste l'accès distant.

```
[guest@redhat_un ~]$ ssh redhat_deux uptime
Enter passphrase for key '/home/guest/.ssh/id_rsa': guest
 15:08:06 up  3:16,  4 users,  load average: 0.00, 0.01, 0.05
```

Remarque : la passphrase n'est utilisée qu'en local pour accéder à sa clé privée. Elle ne transite pas sur le réseau.

d) On utilise un agent (qui va mémoriser la clé privée durant la session).

```
[guest@redhat_un ~]$ eval $(ssh-agent)
Agent pid 6948
[guest@redhat_un ~]$ ssh-add
Enter passphrase for /home/guest/.ssh/id_rsa: guest
Identity added: /home/guest/.ssh/id_rsa (/home/guest/.ssh/id_rsa)
```

```
[guest@redhat_un ~]$ ssh redhat_deux uptime
 15:10:28 up  3:19,  4 users,  load average: 0.00, 0.01, 0.05
```

Remarques :

1) Maintenant, on n'a plus besoin de saisir de mot de passe (passphrase).

2) Dans le mode graphique, l'agent est activé automatiquement. La première fois que l'on accède au système distant, une fenêtre popup s'affiche et vous demande votre passphrase.

Red Hat - L'impression

Tâche 1 : Configurer une file d'attente sans pilote, tester le spooler..................... 10 mn

Tâche 2 : Installer un nouveau pilote.. 5 mn

Tâche 3 : Configurer une file d'attente utilisant un pilote, tester le spooler.......... 15 mn

Tâche 4 : Gérer les classes d'imprimantes, compléments.................................... 5 mn

Tâche 5 : Tester physiquement une imprimante, compléments .... 10 mn

Tâche 6 : Utiliser l'interface graphique, compléments.. 5 mn

Tâche 1 :
Configurer une file d'attente sans pilote, tester le spooler

1. Créez une imprimante réseau fictive (de type JetDirect) qui imprime dans des fichiers.

```
[guest@redhat_un ~]$ lpstat -t
scheduler is running
no system default destination
lpstat: No destinations added.
[guest@localhost ~]$ vi imp_sock.pl
#!/usr/bin/perl
## reference http://aplawrence.com/MacOSX/macosxcupstofile.html
use IO::Socket::INET;
$myport=9100;
$pserve=IO::Socket::INET->new(LocalPort=>$myport,Type=>SOCK_STREAM,
        Reuse=>1,Listen=>1) or die "can't do that $!\n";
while($pjob=$pserve->accept()) {
        open(J,">>/tmp/jetdirect.txt") or print "having issues $!\n";
        print J "New job...\n";
        while ( <$pjob> ) {
                print J "$_";
        }
        close J;
        close $pjob;
}
[guest@redhat_un ~]$ chmod +x imp_sock.pl
[guest@redhat_un ~]$ ./imp_sock.pl &
[1] 2727
```

2. Créez la file d'attente sans utiliser de pilote (pilote « raw » = cru) et activez-la.

a) Listez les backends disponibles.

```
[guest@redhat_un ~]$ sudo lpinfo -v
network lpd
network http
network https
network ipps
network ipp
network socket
network smb
[guest@redhat_un ~]$ ls /usr/lib/cups/backend/
dnssd  https  ipps  ncp       serial  snmp  usb
http   ipp    lpd   parallel  smb     socket
```

b) Créez une file d'attente de nom `imp1`, sans pilote (raw) qui nous permet d'imprimer sur l'imprimante réseau reliée au serveur local (localhost) selon le protocole JetDirect sur le port 12000.

```
[guest@redhat_un ~]$ sudo lpadmin -p imp1 -v socket://localhost:9100 -m raw
```

Remarque : si l'on disposait d'une imprimante reliée au serveur local par la sortie centronics (port parallèle), il suffirait d'utiliser l'option device suivante : `-v parallel:/dev/lp0`.

c) Est-ce que le démon d'impression est actif ?

```
[guest@redhat_un ~]$ ps -e |grep cupsd
 2712 ?        00:00:00 cupsd
[guest@redhat_un ~]$ netstat -an |grep 631
tcp        0      0 127.0.0.1:631           0.0.0.0:*               LISTEN
tcp6       0      0 ::1:631                 :::*                    LISTEN
[guest@redhat_un ~]$ sudo tail /var/log/cups/error_log
```

d) Autorisez le dépôt de requêtes pour notre imprimante.

```
[guest@redhat_un ~]$ sudo accept imp1
```

e) Activez la prise en compte des requêtes par l'imprimante. Affichez l'état courant du système.

```
[guest@redhat_un ~]$ sudo cupsenable imp1
[guest@redhat_un ~]$ lpstat -t
scheduler is running
no system default destination
device for imp1: socket://localhost:9100
imp1 accepting requests since Fri 31 Jan 2014 11:05:42 AM CET
printer imp1 is idle.  enabled since Fri 31 Jan 2014 11:05:42 AM CET
        Waiting for printer to finish.
```

Remarque : la commande `lpstat -t` nous donne beaucoup d'informations. Elle nous indique que le démon d'impression (cupsd) est actif (scheduler is running). Elle nous prévient qu'il n'y a pas d'imprimante par défaut. Elle nous donne la liste des imprimantes (ici uniquement l'imprimante imp1). Pour chaque imprimante, elle affiche le backend, elle précise si elle accepte le dépôt de requêtes et si ces dernières seront honorées ou non. Pour le moment, l'imprimante imp1 n'accepte pas de requêtes et elle est désactivée.

3. Testez l'imprimante.

```
[guest@redhat_un ~]$ lp -d imp1 /etc/issue
request id is imp1-1 (1 file(s))
[guest@redhat_un ~]$ cat /tmp/jetdirect.txt
New job...
\S
Kernel \r on an \m
```

4. Définissez une imprimante par défaut.

a) L'absence d'imprimante par défaut génère une erreur.

```
[guest@redhat_un ~]$ lp /etc/group
lp: Error - no default destination available.
```

b) Définissez une imprimante par défaut au niveau de l'utilisateur.

```
[guest@redhat_un ~]$ export PRINTER=imp1
[guest@redhat_un ~]$ lp /etc/group
request id is imp1-3 (1 file(s))
[guest@redhat_un ~]$ unset PRINTER
[guest@redhat_un ~]$ lp /etc/group
lp: Error - no default destination available.
```

Remarque : comme toute variable d'environnement, PRINTER doit être définie dans le fichier ~/.bash_profile si l'on désire un paramétrage permanent.

c) Définissez une imprimante par défaut au niveau du système.

```
[guest@redhat_un ~]$ sudo lpadmin -d imp1
[guest@redhat_un ~]$ lpstat -t
scheduler is running
system default destination: imp1
...
[guest@redhat_un ~]$ lp /etc/group
request id is imp1-4 (1 file(s))
```

Tâche 2 :
Installer un nouveau pilote

1. Vérifiez l'absence du pilote.

```
[guest@redhat_un ~]$ lpinfo -m |grep HP_LaserJet_9000
```

2. Téléchargez le pilote (fichier PPD).

```
[guest@redhat_un ~]$ wget 'http://www.openprinting.org/ppd-o-
matic.php?driver=Postscript&printer=HP-LaserJet_9000&show=0'
[guest@redhat_un ~]$ mv ppd-o-matic.php\?driver\=Postscript\&printer\=HP-
LaserJet_9000\&show\=0  HP-LaserJet_9000.ppd
[guest@redhat_un ~]$ file HP-LaserJet_9000.ppd
HP-LaserJet_9000.ppd: PPD file, version "4.3"
[guest@redhat_un ~]$ head HP-LaserJet_9000.ppd
*PPD-Adobe: "4.3"
*%
*% For information on using this, and to obtain the required backend
*% script, consult http://www.openprinting.org/
```

Remarque : www.openprinting.org est le site par excellence pour trouver un pilote.

3. Installez le pilote dans le répertoire model.

```
[guest@redhat_un ~]$ sudo cp HP-LaserJet_9000.ppd /usr/share/cups/model
```

4. Redémarrez CUPS.

```
[guest@redhat_un ~]$ sudo service cups restart
Redirecting to /bin/systemctl restart  cups.service
```

5. Vérifiez la présence du pilote.

```
[guest@redhat_un ~]$ lpinfo -m |grep HP-LaserJet_9000
HP-LaserJet_9000.ppd HP LaserJet 9000 Foomatic/Postscript
```

6. Vérifiez la présence d'un pilote d'une imprimante non-PostScript.

On recherche si notre système prend en charge les imprimantes Officejet/Deskjet.

```
[guest@redhat_un ~]$ sudo find / |grep -E '\.ppd(|\.gz)$'  |grep -i officejet
/usr/share/ppd/HP/hp-officejet_pro_8000_enterprise_a811a-ps.ppd.gz
/usr/share/ppd/HP/hp-officejet_pro_251dw_printer-ps.ppd.gz
/usr/share/ppd/HP/hp-officejet_pro_276dw_mfp-ps.ppd.gz
/usr/share/ppd/HP/hp-officejet_pro_451_series-ps.ppd.gz
/usr/share/ppd/HP/hp-officejet_pro_476_576_series-ps.ppd.gz
/usr/share/ppd/HP/hp-officejet_pro_551_series-ps.ppd.gz
[guest@redhat_un ~]$ gs --help |grep deskjet
   bmp256 bmp32b bmpgray bmpmono bmpsep1 bmpsep8 ccr cdeskjet cdj1600 cdj500
   deskjet devicen dfaxhigh dfaxlow display dj505j djet500 djet500c dl2100
[guest@redhat_un ~]$ gs --help |head -20
GPL Ghostscript 9.07 (2013-02-14)
Copyright (C) 2012 Artifex Software, Inc.  All rights reserved.
Usage: gs [switches] [file1.ps file2.ps ...]
```

```
Most frequently used switches: (you can use # in place of =)
 -dNOPAUSE             no pause after page   | -q        `quiet', fewer messages
 -g<width>x<height>  page size in pixels   | -r<res>  pixels/inch resolution
 -sDEVICE=<devname>  select device         | -dBATCH  exit after last file
 -sOutputFile=<file> select output file: - for stdout, |command for pipe,
                                          embed %d or %ld for page #
Input formats: PostScript PostScriptLevel1 PostScriptLevel2 PostScriptLevel3 PDF
Default output device: x11alpha
Available devices:
   alc1900 alc2000 alc4000 alc4100 alc8500 alc8600 alc9100 ap3250 appledmp
   atx23 atx24 atx38 bbox bit bitcmyk bitrgb bitrgbtags bj10e bj10v bj10vh
   bj200 bjc600 bjc800 bjc880j bjccmyk bjccolor bjcgray bjcmono bmp16 bmp16m
```

Remarque : dans le cas d'une imprimante PostScript (comme la HP LaserJet 9050), le fichier PPD
suffit en tant que pilote. Pour toute imprimante non-PostScript, il faut, en plus du fichier PPD, que le
logiciel GhostScript possède le module de gestion de votre imprimante. Ce module traduit le
PostScript dans le format de l'imprimante. Il est indispensable.

Tâche 3 :
Configurer une file d'attente utilisant un pilote, tester le spooler

1. Vérifiez la présence du pilote.

```
[guest@redhat_un ~]$ sudo lpinfo -m |grep HP-LaserJet
HP-LaserJet_9000.ppd HP LaserJet 9000 Foomatic/Postscript
```

2. Créez la file d'attente et activez-la.

```
[guest@redhat_un ~]$ sudo lpadmin -p hp9000 -v socket://localhost:9100 -m HP-
LaserJet_9000.ppd -E
[guest@redhat_un ~]$ lpstat -t  | grep hp9000
device for hp9000: socket://redhat_un:9100
hp9000 accepting requests since Fri 31 Jan 2014 01:51:40 PM CET
printer hp9000 is idle. enabled since Fri 31 Jan 2014 01:51:40 PM CET -
```

3. Testez le spooler.

```
[guest@redhat_un ~]$ cal | lp -d hp9000
request id is hp9000-5 (0 file(s))
[guest@redhat_un ~]$ more /tmp/jetdirect.txt
...
New job...
2345X@PJL
@PJL SET PS:MBT=AUTO
@PJL SET DENSITY=3
@PJL SET RET=MEDIUM
@PJL SET COPIES=1
@PJL SET ECONOMODE=OFF
@PJL SET BITSPERPIXEL=1
@PJL SET MANUALFEED=OFF
%!PS-Adobe-3.0
%Produced by poppler pdftops version: 0.22.5 (http://poppler.freedesktop.org)
%%Creator: paps version 0.6.7 by Dov Grobgeld
%%LanguageLevel: 2
...
```

Remarque : le format PostScript (PS) est un format texte (ASCII). Une impression PS commence par
`%!PS-Adobe...`

4. Quelques opérations de gestion.

a) Fixez l'imprimante par défaut.

```
[root@redhat_un ~]$ lpadmin -d hp9000
[root@redhat_un ~]$ lpstat -d
system default destination: hp9000
```

b) Bloquez les impressions (on voit les requêtes s'accumuler).

```
[guest@redhat_un ~]$ sudo cupsdisable hp9000
[guest@redhat_un ~]$ lpstat -t | grep hp9000
device for hp9000: socket://localhost:9100
hp9000 accepting requests since Fri 31 Jan 2014 01:51:40 PM CET
printer hp9000 disabled since Fri 31 Jan 2014 01:51:40 PM CET -
[guest@redhat_un ~]$ lp -d hp9000 /etc/issue
request id is hp9000-8 (1 file(s))
[guest@redhat_un ~]$ lpstat
hp9000-8                 guest              1024    Fri 31 Jan 2014 01:52:58 PM CET
```

c) Supprimez une ou plusieurs impressions.

Pour supprimer une impression, il suffit de spécifier l'identifiant de la requête en argument de la commande `cancel`. L'option –a de cette même commande supprime l'ensemble des travaux d'une imprimante.

```
[guest@redhat_un ~]$ cancel hp9000-8
[guest@redhat_un ~]$ lp -d hp9000 /etc/issue
request id is hp9000-9 (1 file(s))
[guest@redhat_un ~]$ sudo cancel -a hp9000
[guest@redhat_un ~]$ lpstat
```

d) Interdisez, acceptez le dépôt de requêtes ; autorisez les impressions.

```
[guest@redhat_un ~]$ sudo reject hp9000
[guest@redhat_un ~]$ lpstat -t |grep hp9000
device for hp9000: socket://localhost:9100
hp9000 not accepting requests since Fri 31 Jan 2014 01:51:40 PM CET -
printer hp9000 disabled since Fri 31 Jan 2014 01:51:40 PM CET -
[guest@redhat_un ~]$ lp -d hp9000 /etc/group
lp: Destination "hp9000" is not accepting jobs.
[guest@redhat_un ~]$ sudo accept hp9000
[guest@redhat_un ~]$ sudo cupsenable hp9000
[guest@redhat_un ~]$ lpstat -t |grep hp9000
device for hp9000: socket://localhost:9100
hp9000 accepting requests since Fri 31 Jan 2014 01:58:22 PM CET
printer hp9000 is idle.  enabled since Fri 31 Jan 2014 01:58:22 PM CET
```

5. Détruisez une file d'attente.

```
[guest@redhat_un ~]$ sudo lpadmin -x hp9000
```

Tâche 4 :
Gérer les classes d'imprimantes, compléments

1. On crée la classe d'imprimante cl1.

```
[guest@redhat_un ~]$ sudo lpadmin -p imp1 -c cl1
```

Remarque : une classe est créée lorsqu'on lui ajoute la première imprimante.

---

2. Affichez la liste des classes et pour chacune la liste de ses membres.

```
[guest@redhat_un ~]$ lpstat -t
. . .
```

```
members of class cl1:
        imp1
device for cl1: ///dev/null
cl1 not accepting requests since Fri 31 Jan 2014 02:00:55 PM CET -
        reason unknown
printer cl1 disabled since Fri 31 Jan 2014 02:00:55 PM CET -
        reason unknown
...
```

3. Activez la classe (comme n'importe quelle imprimante).

```
[guest@redhat_un ~]$ sudo accept cl1
[guest@redhat_un ~]$ sudo cupsenable cl1
```

4. Imprimez un fichier sur la classe cl1.

```
[guest@redhat_un ~]$ ls -l | lp -d cl1
request id is cl1-10 (0 file(s))
[guest@redhat_un ~]$ tail /tmp/jetdirect.txt
drwxrwxr-x. 2 guest guest       6 Jan 21 21:51 sauve
-rw-rw-r--. 1 guest guest     143 Jan 21 21:51 sauve.sh
-rw-rw-r--. 1 guest guest     358 Jan 21 21:51 sauve.toto
...
```

Remarque : comme notre classe ne comporte qu'une seule imprimante, l'impression est dirigée vers elle.

5. Supprimez la classe cl1.

```
[guest@redhat_un ~]$ sudo lpadmin -p imp1 -r cl1
[guest@redhat_un ~]$ lpstat -t |grep cl1
[guest@redhat_un ~]$
```

Remarque : une classe est automatiquement détruite si elle n'a plus d'imprimante.

Tâche 5 :
Tester physiquement une imprimante, compléments

1. On crée un fichier dans un format reconnu par l'imprimante (PS, PDF, PCL...) .

a) Créez et visualisez un fichier PostScript.

```
[guest@redhat_un ~]$ vi bonjour.ps
%!PS-Adobe-2.0
%%Title: Hello
%%BeginSetup
 10 20 div dup scale
%%EndSetup

% quelque procedures
 /CM { 0.0351 div } def
 /RP { findfont 5 CM scalefont setfont } def

% corps du programme
/Times-Roman RP
 2 CM 27 CM moveto
(Hello World) show

showpage
%%Trailer
%%EOF
```

```
[guest@redhat_un ~]$ file bonjour.ps
bonjour.ps: PostScript document text conforming DSC level 2.0
[guest@redhat_un ~]$ gs -sDEVICE=x11alpha bonjour.ps
[guest@redhat_un ~]$ evince bonjour.ps
[guest@redhat_un:~$ enscript -p issue.ps /etc/issue
[guest@redhat_un:~$ evince issue.ps
[guest@redhat_un ~]$ ps2ascii bonjour.ps |more


Hello World^L
```

Remarques :

1) Au lieu de créer un fichier PostScript ex nihilo, nous pouvions en utiliser un déjà existant, par exemple `/usr/share/doc/man-db-2.6.3/man-db-manual.ps`. On peut aussi en créer un avec la commande `enscript`.

2) La commande `gs` visualise un fichier PS ou PDF. Il faut bien sûr travailler dans un environnement graphique. On peut également utiliser la commande `evince`.

3) La commande `ps2ascii` convertit un fichier PS ou PDF en ASCII.

b) Créez un fichier PDF.

```
[guest@redhat_un ~]$ ps2pdf bonjour.ps > bonjour.pdf
[guest@redhat_un ~]$ file bonjour.pdf
bonjour.pdf: PDF document, version 1.4
[guest@redhat_un ~]$ evince bonjour.pdf
```

Remarque : la commande `ps2pdf` convertit un fichier PS en PDF, inversement, la commande `pdf2ps` convertit un fichier PDF en PS.

c) Créez un fichier PCL.

```
[guest@redhat_un ~]$ gs -q sDEVICE=ljet4 -dNOPAUSE -dBATCH
-sOutputFile="sortie.pcl" bonjour.ps
...
[guest@redhat_un ~]$ file sortie.pcl
sortie.pcl: HP PCL printer data - US letter page size
```

2. Testez l'imprimante (si vous avez réellement une imprimante connectée sur le port //).

Il suffit de copier le fichier (qui est dans un des formats reconnus par l'imprimante) directement sur le périphérique associé à l'imprimante (dans l'exemple, l'imprimante est connectée via le port parallèle).

```
[root@redhat_un ~]# cat bonjour.ps > /dev/lp0
```

Tâche 6 :
Utiliser l'interface graphique, compléments

1. Administrez en mode graphique.

On active le navigateur et on se connecte au serveur cupsd en tant qu'administrateur (root) via l'URL suivante : http://localhost:631.

Ensuite il est possible d'administrer le service, les imprimantes, les classes et les travaux d'impression.

2. Imprimez à partir de logiciels graphiques. Exemple avec `gedit`.

a) Nettoyez le fichier contenant le résultat de l'impression.

```
[guest@redhat_un ~]$ > /tmp/jetdirect.txt
```

b) Imprimez à partir du logiciel gedit.

On active l'éditeur et ensuite on imprime via le menu [File][Print…]. On choisit l'imprimante (imp1) et on valide.

```
[guest@redhat_un ~]$ gedit ~/.bash_profile
```

c) Visualisez le résultat.

```
[guest@redhat_un ~]$ more /tmp/jetdirect.txt
New job...
%!PS-Adobe-3.0
%%Creator: Gnome Print Version 2.12.1
...
```

Remarque : les logiciels graphiques privilégient le PostScript.

Red Hat - L'environnement graphique

Tâche 1 : Activer une application graphique .... 10 mn

Tâche 2 : Le X dépouillé .... 20 mn

Tâche 3 : Configurer un serveur de connexions graphiques .... 15 mn

Tâche 4 : Choisir son bureau .... 20 mn

Tâche 5 : Configurer un serveur X VNC .... 10 mn

Tâche 1 :
Activer une application graphique

1. On active une application à partir d'un menu du bureau graphique.

```
Menu [Applications]->[Accessories]->[gedit]
```

2. On affiche la variable DISPLAY et on active une application dans une fenêtre terminal en mode graphique.

```
[guest@redhat_un ~]$ env |grep DISPLAY
DISPLAY=:0
[guest@redhat_un ~]$ gedit toto.txt &
[1] 6919
```

Remarque : lorsque l'on active une application graphique à partir d'un terminal (en étant en mode graphique !) il suffit d'indiquer son nom ou son chemin et de l'activer en tâche de fond. L'application s'exécutera en parallèle avec le shell qui l'aura activée. L'application connaît le serveur X grâce à la variable d'environnement DISPLAY.

3. On active un client X à partir d'un terminal texte en dehors d'une session graphique.

Dans ce cas, il faut préciser l'adresse (le DISPLAY) du serveur X.

Par exemple, basculons dans un terminal texte (Ctrl-Alt-F2) et connectons-nous.

```
[guest@redhat_un ~]$ DISPLAY=:0 gedit &
[1] 7057
```

Ensuite, nous rebasculons dans l'environnement graphique (Ctrl-Alt-F1) pour voir notre horloge.

Remarque : l'opération précédente n'est possible que si l'on est connecté sous le même compte dans l'environnement graphique et dans la session texte.

4. Activez un client à partir d'un autre poste.

Étant connecté en local en mode graphique, on se connecte sur le poste distant avec le client ssh avec l'option X et ensuite on active une application graphique. Elle s'affiche sur le poste graphique courant.

```
[guest@redhat_un ~]$ ssh -X redhat_deux
guest@redhat_deux's password: guest
Last login: Tue Feb  4 09:49:06 2014
/usr/bin/xauth:  file /home/guest/.Xauthority does not exist
[guest@redhat_deux ~]$ echo $DISPLAY
redhat_un:10.0
[guest@redhat_deux ~]$ gnome-terminal &
[1] 2814
```

5. Mieux comprendre X Window.

a) Est-ce que le serveur X fonctionne en local ?

Évidemment s'il ne fonctionnait pas, nous ne verrions pas l'interface graphique.

```
[guest@redhat_un ~]$ ps -e |grep X
```

```
 7639 tty1      00:00:08 Xorg
```

b) Visualisez le socket Unix utilisé dans la communication client/serveur X.

```
[guest@redhat_un ~]$ sudo netstat -anpe |grep Xorg
unix  2        [ ACC ]   STREAM  LISTENING  55980  7639/Xorg     @/tmp/.X11-unix/X0
...
```

c) Affichez la configuration du serveur X.

```
[guest@redhat_un ~]$ cat /etc/X11/xorg.conf.d/00-keyboard.conf
# Read and parsed by systemd-localed. It's probably wise not to edit this file
# manually too freely.
Section "InputClass"
        Identifier "system-keyboard"
        MatchIsKeyboard "on"
        Option "XkbLayout" "fr,us"
        Option "XkbVariant" "oss,"
EndSection
```

Remarque : l'intégralité de la configuration du serveur peut être absente. Certaines sections (comme celle correspondant au clavier) peuvent être stockées dans le répertoire /etc/X11/xorg.conf.d/.

d) Recréez la configuration du serveur X.

```
[guest@redhat_un ~]$ sudo X  -configure
...
(++) Using config file: "/root/xorg.conf.new"
(==) Using config directory: "/etc/X11/xorg.conf.d"
(==) Using system config directory "/usr/share/X11/xorg.conf.d"
(EE)
[guest@redhat_un ~]$ sudo cat /root/xorg.conf.new
Section "ServerLayout"
        Identifier     "X.org Configured"
        Screen      0  "Screen0" 0 0
        InputDevice    "Mouse0" "CorePointer"
        InputDevice    "Keyboard0" "CoreKeyboard"
EndSection
....
```

Remarque : on peut utiliser le fichier /root/xorg.conf.new comme fichier /etc/X11/xorg.conf.

Tâche 2 :
Le X dépouillé

1. On arrête le serveur X.

```
[root@redhat_un ~]# telinit 3
```

2. On active un serveur X (à partir du 1er écran virtuel : Ctrl+Alt+F1).

```
[root@redhat_un ~]# X -ac
...
(==) Log file: "/var/log/Xorg.0.log", Time: Thu Mar 13 00:50:51 2014
(==) Using config directory: "/etc/X11/xorg.conf.d"
(==) Using system config directory "/usr/share/X11/xorg.conf.d"
```

Remarque : dans les messages du serveur, on voit le nom du fichier de configuration et celui du fichier journal de bord.

3. On active un client.

À partir d'un autre écran virtuel, Ctrl+Alt+F2 par exemple, on précise le DISPLAY local (:0) sur la ligne de commande.

```
[root@redhat_un ~]# DISPLAY=:0  gedit &
[1] 12432
```

4. On active un gestionnaire de fenêtres.

```
[root@redhat_un ~]# DISPLAY=:0  metacity &
```

5. On utilise l'interface.

On revient dans le mode graphique (Ctrl-Alt-F7).

Ensuite, par exemple, on active une fenêtre xterm via le menu racine (clic droit en dehors d'une fenêtre), on déplace des fenêtres (on fait glisser la barre de titre), on iconifie des fenêtres (clic sur le rond à gauche dans la barre de titre), on agrandit une fenêtre (clic sur le symbole à droite dans la barre de titre, et on fait glisser les bords)…

6. Votre binôme essaye d'activer une application X sur votre serveur à partir de son poste.

```
[root@redhat_deux ~]# DISPLAY=redhat_un:0.0 gedit &
[1] 5097
```

Remarques :

1) Comme le serveur X n'a pas été activé par gdm, l'accès externe est possible sans changer sa configuration (mais il faut désactiver ou configurer le pare-feu).

2) Comme on agit en dehors d'une session graphique, il n'y a pas besoin d'autoriser avec xhost les accès externes. Nous avons un simple terminal X acceptant des clients de partout. C'est très pratique mais pas sécurisé.

---

7. On arrête le serveur par Ctrl+C

Après être revenu dans l'écran virtuel où l'on a activé le serveur, on revient en mode graphique.

```
Ctrl-C
[root@redhat_un ~]# telinit 5
```

Tâche 3 :
Configurer un serveur de connexions graphiques

On travaille en binôme.

1. Sur le serveur, on ouvre le port XDMCP.

On change la valeur du paramètre Enable de la section [xdmcp] du fichier gdm.conf.

```
[guest@redhat_un ~]$ sudo cp /etc/gdm/custom.conf /etc/gdm/custom.conf.old
[guest@redhat_un ~]$ sudo vi /etc/gdm/custom.conf
[security]
DisallowTCP=false

[xdmcp]
Enable=true
```

Après le redémarrage du mode graphique, on vérifie l'ouverture du port :

```
[guest@redhat_un ~]$ netstat -an |grep 177
udp        0        0 0.0.0.0:177           0.0.0.0:*
[guest@redhat_un ~]$ netstat -an |grep 6000
tcp        0        0 0.0.0.0:6000          0.0.0.0:*              LISTEN
tcp6       0        0 :::6000               :::*                   LISTEN
```

2. Sur le poste client :

a) On arrête le serveur X local.

```
[root@redhat_deux ~]# telinit 3
```

b) On active un serveur X local qui dialogue avec le serveur.

```
[root@redhat_deux ~]# X  -query  redhat_un
```

Remarque : dans l'absolu, on n'est pas obligé d'arrêter le serveur X local. Simplement c'est plus prudent, car les serveurs X consomment de la mémoire. Si votre système possède beaucoup de mémoire (au moins 2048 Mo), il est possible d'activer un deuxième serveur X local, mais il ne faut pas oublier de préciser un autre DISPLAY : X   :1 -query redhat_un

3. On se connecte sous le compte guest sur le poste du binôme.

4. Après s'être déconnecté, on redémarre le système local.

```
[root@redhat_deux ~]# reboot
```

5. On active une session X distante à l'intérieur de notre session graphique courante.

a) Après s'être connecté en mode graphique sur le poste du binôme, on active une session distante à l'intérieur du serveur X imbriqué Xnest.

```
[root@redhat_deux ~]# Xnest :1  -query  redhat_un &
```

b) On se connecte au système redhat_un. On exécute quelques commandes et on se déconnecte. On termine en mettant fin à la fenêtre Xnest.

Tâche 4 :
Choisir son bureau

1. Le bureau KDE.

Si on a installé KDE (à partir du groupe de paquets KDE Plasma workspaces) on peut tester ce bureau. À partir de la fenêtre de connexion graphique, choisissez le bureau KDE et connectez-vous. Testez l'environnement : explorez les menus, activez une fenêtre terminal, le KDE control central, etc. Enfin, déconnectez-vous.

2. Le bureau Gnome.

À partir de la fenêtre de connexion graphique, les deux bureaux Gnome ou Gnome Classic sont disponibles. Testez ces deux environnements.

Tâche 5 :
Configurer un serveur X VNC

1. Installez le client et le serveur VNC sur le poste local et sur le poste distant.

```
[guest@redhat_deux ~]$ sudo yum install tigervnc tigervnc-server
```

2. Activez le serveur X Xvnc grâce au script perl vncserver.

```
[root@redhat_deux ~]# vncserver :1

You will require a password to access your desktops.

Password: secret
Verify: secret
New 'redhat_deux:1 (root)' desktop is redhat_deux:1

Creating default startup script /root/.vnc/xstartup
Starting applications specified in /root/.vnc/xstartup
Log file is /root/.vnc/redhat_deux:1.log
[root@redhat_deux ~]# systemctl stop firewalld
```

Remarques :

1) Il est possible ultérieurement de changer le mot de passe par la commande vncpasswd.

2) Au lieu d'arrêter le pare-feu, on peut autoriser le port 5901 (5900+N°Display).

3. Activez un client VNC à partir du poste du binôme.

a) Activer le client VNC.

```
[root@redhat_un ~]# vncviewer redhat_deux:1
```

b) Saisissez le mot de passe (secret) dans la fenêtre d'authentification qui s'affiche.

c) Travaillez sur votre poste à partir du poste du binôme et ensuite fermez la fenêtre cliente.

4. Arrêtez le serveur.

```
[root@redhat_deux ~]# vncserver -kill  :1
Killing Xvn process ID 5109
```

Red Hat - La sécurité

Tâche 1 : Les failles et les correctifs .... 10 mn

Tâche 2 : Quelques éléments de sécurité .... 10 mn

Tâche 3 : La sécurité de connexion .... 10 mn

Tâche 1 :
Les failles et les correctifs

1. Consultez des sites informatiques qui nous informent sur des alertes.

a) Explorez le site http://www.us-cert.gov/ ou plus spécifiquement le site
http://www.us-cert.gov/ncas/alerts et visualisez quelques alertes.

b) Les différentes failles sont référencées par un numéro CVE. Explorez les sites suivants :
http://cve.mitre.org/, http://www.us-cert.gov/ncas/bulletins/SB14-027

http://web.nvd.nist.gov/view/vuln/detail?vulnId=CVE-2014-0494

c) Un éditeur comme Red Hat ou Ngix, publie des alertes de sécurité :

https://access.redhat.com/site/security/updates

http://nginx.org/en/security_advisories.html

2. Quelle est la version de la distribution, du noyau, de la libc ?

```
[guest@redhat_un ~]$ cat /etc/redhat-release
Red Hat Enterprise Linux Everything release 7.0 Beta (Maipo)
[guest@redhat_un ~]$ uname -r
3.10.0-54.0.1.el7.x86_64
[guest@redhat_un ~]$ uname -a
Linux redhat_un.localdomain 3.10.0-54.0.1.el7.x86_64 #1 SMP Tue Nov 26 16:51:22
EST 2013 x86_64 x86_64 x86_64 GNU/Linux
[guest@redhat_un ~]$ ls  /lib64/libc.so*
libc.so    libc.so.6
[guest@redhat_un ~]$ ls -l /lib64/libc.so*
-rw-r--r--. 1 root root 253 Nov  9 08:26 /lib64/libc.so
lrwxrwxrwx. 1 root root  12 Jan 18 15:05 /lib64/libc.so.6 -> libc-2.17.so
```

Remarque : la bibliothèque du langage C (libc) est la bibliothèque la plus importante. Toutes les
applications l'utilisent.

3. Quelle est la version du logiciel Gnu tar et celle du package associé ?

```
[guest@redhat_un ~]$ tar --version
tar (GNU tar) 1.26
...
[guest@redhat_un ~]$ rpm -q tar
tar-1.26-26.el7.x86_64
```

Tâche 2 :
Quelques éléments de sécurité

1. Quels sont les ports réseau ouverts et les applications qui y accèdent ?

```
[guest@redhat_un ~]$ sudo netstat -anpe
Active Internet connections (servers and established)
```

```
Proto Recv-Q Send-Q Local Address           Foreign Address          State
User          Inode         PID/Program name
tcp      0         0 0.0.0.0:57901           0.0.0.0:*                LISTEN
29       19424         1546/rpc.statd
tcp      0         0 0.0.0.0:111             0.0.0.0:*                LISTEN
0        18057         966/rpcbind
tcp      0         0 0.0.0.0:22              0.0.0.0:*                LISTEN
0        19123         1039/sshd
tcp      0         0 127.0.0.1:631           0.0.0.0:*                LISTEN
0        77440         6737/cupsd
tcp      0         0 127.0.0.1:25            0.0.0.0:*                LISTEN
0        20918         2347/master
...
```

2. Dois-je mettre à jour mon système ?

a) Est-ce qu'il y a des mises à jour disponibles ?

```
[guest@redhat_un ~]$ sudo yum check-update
```

b) Affichez des informations concernant les mises à jour.

```
[guest@redhat_un ~]$ sudo yum updateinfo
```

c) Réalisez une mise à jour du système pour corriger les failles de sécurité.

```
[guest@redhat_un ~]$ sudo yum --security  upgrade
...
No packages needed for security; 0 packages available
No packages marked for update
```

3. Mettez en place une déconnexion automatique.

```
[guest@redhat_un ~]$ echo "TMOUT=120" >> ~/.bash_profile
[guest@redhat_un ~]$ ssh -l guest redhat_un
guest@redhat_un's password: guest
Last login: Sat Feb  1 11:55:28 2014 from redhat_un
[guest@redhat_un ~]$ date
Sat Feb  1 11:56:51 CET 2014
```

… Quelques minutes plus tard, on a une déconnexion automatique.

```
[guest@redhat_un ~]$ timed out waiting for input: auto-logout
Connection to redhat_un closed.
```

4. Vérifiez un paquet.

```
[guest@redhat_un ~]$ sudo chmod u+s /bin/more
[guest@redhat_un ~]$ ls -l /bin/more
-rwsr-xr-x. 1 root root 43872 Oct  7 12:25 /bin/more
[guest@redhat_un ~]$ rpm -qf /bin/more
util-linux-2.23.2-6.el7.x86_64
[guest@redhat_un ~]$ rpm -V util-linux
..?......     /usr/bin/chfn
..?......     /usr/bin/chsh
.M.......     /usr/bin/more
[guest@redhat_un ~]$ sudo chmod u-s /bin/more
[guest@redhat_un ~]$ rpm -V util-linux
..?......     /usr/bin/chfn
..?......     /usr/bin/chsh
```

Tâche 3 :
La sécurité de connexion

1. Visualisez le mot de passe de guest.

a) En étant un simple utilisateur.

```
[guest@redhat_un ~]$ grep guest /etc/shadow
grep: /etc/shadow: Permission denied
```

b) En étant connecté sous le compte de l'administrateur ou en utilisant sudo.

On constate qu'il est crypté.

```
[guest@redhat_un ~]$ sudo grep guest /etc/shadow
guest:$6$ulTD6cXwLhXLe0b0$xRUDt.olciLb5NyiBhPLQcRJgwuwK78PCdARcRomQWmcKLfk9X2ARa
qHIZerFmkluS81fmLEgLDZ92ePTwALf/:16088:0:99999:7:::
```

2. Changez la période de validité du mot de passe de guest à 30 jours.

```
[guest@redhat_un ~]$ sudo chage -l guest
Last password change                                  : Jan 18, 2014
Password expires                                      : never
Password inactive                                     : never
Account expires                                       : never
Minimum number of days between password change        : 0
Maximum number of days between password change        : 99999
Number of days of warning before password expires     : 7
[guest@redhat_un ~]$ sudo chage -M 30 guest
[guest@redhat_un ~]$ sudo chage -l guest |grep -i '^password'
Password expires                                      : Feb 17, 2014
Password inactive                                     : never
```

3. Changez le mot de passe d'un utilisateur.

```
[guest@redhat_un ~]$ sudo useradd -m userx
[guest@redhat_un ~]$ sudo passwd userx
Changing password for user userx.
New password: userx
BAD PASSWORD: The password is shorter than 8 characters
Retype new password: userx
passwd: all authentication tokens updated successfully.
```

4. Verrouillez le mot de passe de userx.

Affichez son état, et essayez de vous connecter. Enfin, déverrouillez le compte ; vous pouvez alors vous connecter.

```
[guest@redhat_un ~]$ sudo passwd -l userx
Locking password for user userx.
passwd: Success
[guest@redhat_un ~]$ sudo passwd -S userx
userx LK 2014-02-01 0 99999 7 -1 (Password locked.)
[guest@redhat_un ~]$ su - userx
Password: userx
su: Authentication failure
[guest@redhat_un ~]$ sudo passwd -u userx
Unlocking password for user userx.
passwd: Success
[guest@redhat_un ~]$ sudo passwd -S userx
userx PS 2014-02-01 0 99999 7 -1 (Password set, SHA512 crypt.)
[guest@redhat_un ~]$ su - userx
Password: userx
Last failed login: Sat Feb  1 12:36:24 CET 2014 on pts/0
```

```
There was 1 failed login attempt since the last successful login.
[userx@redhat_un ~]$ id
uid=1005(userx) gid=1006(userx) groups=1006(userx)
context=unconfined_u:unconfined_r:unconfined_t:s0-s0:c0.c1023
[userx@redhat_un ~]$ exit
```

Remarque : au lieu d'utiliser su, on pouvait essayer de se connecter via ssh ou à partir d'une console virtuelle.

5. Visualisez les dernières connexions qui ont réussi/échoué.

```
[guest@redhat_un ~]$ sudo last | head -5
guest      pts/3         localhost          Sat Feb  1 11:56 - 11:58  (00:02)
root       pts/1         192.168.56.1       Sat Feb  1 11:56 - 12:07  (00:11)
guest      pts/1         localhost          Sat Feb  1 11:55 - 11:55  (00:00)
root       pts/2         :0                 Sat Feb  1 11:31    still logged in
guest      pts/0         192.168.56.1       Sat Feb  1 00:01    still logged in
[guest@redhat_un ~]$ sudo lastb |head -5
userx      pts/0                            Sat Feb  1 12:36 - 12:36  (00:00)

btmp begins Sat Feb  1 12:36:24 2014
```

Remarque : la commande lastb ne fonctionne que si le fichier /var/log/btmp existe. Il faut éventuellement le créer : touch /var/log/btmp

PARTIE 3
ATELIERS DEBIAN

Debian - Introduction

(À faire après l'installation)

Tâche 1 : Connexion, déconnexion et quelques commandes d'information .... 10 mn

Tâche 2 : Recherche d'informations sur le Web .... 10 mn

Tâche 3 : Utiliser, configurer le manuel .... 5 mn

Tâche 4 : Complément : utiliser la commande script .... 5 mn

Tâche 1 :
Connexion, déconnexion et quelques commandes d'information

1. Connexion.

En mode graphique (le mode par défaut après notre installation), on se connecte en entrant son nom et son mot de passe (guest et guest). On peut également se connecter à distance ou en mode texte en local. Pour faire apparaître les écrans texte, on appuie sur Ctrl+Alt+F1 ou F2, F3... Pour revenir à l'écran graphique, on appuie sur Ctrl+Alt+F7. Dans l'écran graphique, après la connexion, on peut faire apparaître une fenêtre shell grâce à un clic droit et ensuite en choisissant « Open Terminal » dans le menu qui s'affiche.

Dans l'exemple qui suit, on se connecte dans un écran texte :

```
login as: guest
guest@192.168.56.101's password: guest
Linux debian 3.2.0-4-486 #1 Debian 3.2.51-1 i686

The programs included with the Debian GNU/Linux system are free software;
the exact distribution terms for each program are described in the
individual files in /usr/share/doc/*/copyright.

Debian GNU/Linux comes with ABSOLUTELY NO WARRANTY, to the extent
permitted by applicable law.
You have mail.
guest@debian:~$
```

Remarque : le mot de passe n'apparaît pas à l'écran.

2. Affichez votre identité : sous quel compte vous êtes-vous connecté ?

```
guest@debian:~$ who am i
guest    pts/0      2014-01-19 20:44 (192.168.56.1)
```

3. Affichez votre identité : quels sont vos droits ?

```
guest@debian:~$ id
uid=1000(guest) gid=1000(guest)
groupes=1000(guest),24(cdrom),25(floppy),29(audio),30(dip),44(video),46(plugdev)
,105(scanner),110(bluetooth),112(netdev)
```

4. Quelles sont la date et l'heure système ?

```
guest@debian:~$ date
dimanche 19 janvier 2014, 20:45:41 (UTC+0100)
```

5. Affichez le calendrier courant.

```
guest@debian:~$ CAL
-bash: CAL : commande introuvable
guest@debian:~$ cal
```

```
    Janvier 2014
di lu ma me je ve sa
             1  2  3  4
 5  6  7  8  9 10 11
12 13 14 15 16 17 18
19 20 21 22 23 24 25
26 27 28 29 30 31
```

Remarque : les systèmes Linux font la différence au niveau de la casse. Si on ne la respecte pas, le shell ne trouve pas la commande et affiche un message d'erreur. Normalement, la plupart des commandes sont en minuscules.

6. Quelle est la version de votre noyau Linux ?

```
guest@debian:~$ uname -a
Linux debian 3.2.0-4-486 #1 Debian 3.2.51-1 i686 GNU/Linux
```

7. Quelle est votre distribution et sa version ?

```
guest@debian:~$ cat /etc/issue
Debian GNU/Linux 7 \n \l

guest@debian:~$ lsb_release -a
No LSB modules are available.
Distributor ID: Debian
Description:    Debian GNU/Linux 7.3 (wheezy)
Release:        7.3
Codename:       wheezy
```

8. Connectez-vous au compte administrateur. Transformez l'utilisateur guest en administrateur.

Lors de l'invite de connexion, on saisit le nom d'utilisateur « root » et le mot de passe associé (secret dans notre cas). Il est possible aussi d'activer une session shell d'administration au-dessus d'une session d'un utilisateur avec la commande su. La commande exit la termine.

```
guest@debian:~$ su -
Mot de passe : secret
root@debian:~# id
uid=0(root) gid=0(root) groupes=0(root)
root@debian:~# grep sudo /etc/sudoers
%sudo    ALL=(ALL:ALL) ALL
root@debian:~# usermod -G sudo -a guest
root@debian:~# id guest
root@debian:~# exit
déconnexion
guest@debian:~$ exit
```

Après s'être reconnecté, l'utilisateur guest possède les prérogatives de root via l'usage de la commande sudo. Cette augmentation de privilège découle de l'appartenance de guest au group sudo.

```
guest@debian:~$ sudo head /etc/shadow
[sudo] password for guest: guest
root:$6$dYmSsxfd$Lcvu2G6/ETOYUcFhInXiH8Ko6f.MMRC19Fop8OdG0hMUBevg3JqUihW2jBhHXbj
afC6X2ow0y3Mq8BtPVZ4gI/:16088:0:99999:7:::
guest@debian:~$
```

Remarques :

1) Dans la majorité des cas, on utilisera l'option « - » de su pour retrouver l'environnement natif de l'administrateur. Dans le cas contraire on conserve celui de l'utilisateur courant.

2) L'invite de commande (prompt) de l'administrateur se termine par « # », celui d'un utilisateur ordinaire par « $ ». Dans la suite, observez ces invites ; elles indiquent sous quel compte vous devez être.

3) La commande `sudo` demande par défaut le mot de passe de l'utilisateur. Si on ne veut pas cette demande, il faut modifier le fichier /etc/sudoers (avec la commande `visudo`) et modifier la ligne autorisant les membres du groupe sudo : `%sudo ALL=(ALL) NOPASSWD:ALL`

9. Déconnectez-vous.

```
[guest@linux1 ~]$ exit
```

Remarque : comme on le voit, se déconnecter en mode texte est simple, il suffit d'entrer la commande `exit`. Si l'on est dans une fenêtre shell, la commande ne fait que fermer la fenêtre. Pour se déconnecter du mode graphique, il suffit (sous l'interface Gnome) de choisir le menu `Desktop > Log out`. Le menu qui s'affiche alors vous permet aussi bien de vous déconnecter que d'arrêter ou de redémarrer le système.

Tâche 2 :
Recherche d'informations sur le Web

Remarque préalable : le navigateur Iceweasel (clone de Firefox) peut être activé à partir des menus graphiques (Application->Internet->Navigateur Web).

1. Recherchez des informations sur une distribution, par exemple Debian.

a) Grâce à un navigateur, on va sur le site Google (www.google.fr). Si l'on rentre le mot « Debian », on trouve, dans les premiers résultats, le lien suivant : www.debian.org/index.fr.html

b) On peut aussi aller sur le site Distrowatch qui référence les distributions Linux (http://distrowatch.com/index.php?language=FR) Ensuite, dans la page d'accueil, dans la zone de recherche on saisit le mot `debian`. On obtient la page suivante : http://distrowatch.com/table.php?distribution=debian. On peut aussi rechercher une distribution sur le site de Wikipedia : http://fr.wikipedia.org/wiki/Liste_des_distributions_Linux/. Comme Debian fait partie des distributions majeures, elle est cité en premier : http://fr.wikipedia.org/wiki/Debian.

2. Parcourez un Howto, par exemple le « User and Group Howto ».

Les Howto sont rassemblés sous différents formats sur le site www.tldp.org . Par exemple, le Howto demandé, au format HTML est accessible à l'adresse suivante :

http://www.tldp.org/HOWTO/User-Group-HOWTO.html

3. Parcourez le manuel de référence du système Debian.

On part du site https://www.debian.org/doc/ et on arrive sur le site du manuel de référence :

https://www.debian.org/doc/manuals/debian-reference/

Tâche 3 :
Utiliser, configurer le manuel

1. Affichez la page de manuel de la commande cal.

```
guest@debian:~$ man cal
CAL(1)                     BSD General Commands Manual                     CAL(1)

NAME
     cal, ncal — displays a calendar and the date of Easter

SYNOPSIS
     cal [-3hjy] [-A number] [-B number] [[month] year]
     cal [-3hj] [-A number] [-B number] -m month [year]
     ncal [-3bhjJpwySM] [-A number] [-B number] [-s country_code] [[month]
         year]
     ncal [-3bhJeoSM] [-A number] [-B number] [year]
     ncal [-CN] [-H yyyy-mm-dd] [-d yyyy-mm]
```

```
DESCRIPTION
     The cal utility displays a simple calendar in traditional format and
     ncal offers an alternative layout, more options and the date of Easter.
     The new format is a little cramped but it makes a year fit on a 25x80
     terminal.  If arguments are not specified, the current month is dis-
     played.

     The options are as follows:

     -h       Turns off highlighting of today.

 Manual page cal(1) line 1 (press h for help or q to quit)
```

Remarque : on passe à la page suivante en appuyant sur la barre d'espace. La touche « b » permet de revenir en arrière et la touche « q » permet d'abandonner le manuel.

2. Mettez à jour l'index du manuel (tâche réservée à l'administrateur).

```
guest@debian:~$ sudo mandb
```

3. Recherchez les pages qui ont un rapport avec un mot-clé, par exemple « manual ».

```
guest@debian:~$ man -k manual
2to3-2.6 (1)              - manual page for 2to3-2.6 2.6
apropos (1)              - search the manual page names and descriptions
catman (8)              - create or update the pre-formatted manual pages
itweb-settings (1)      - manual page for Unknown command - version
man (1)                 - an interface to the on-line reference manuals
manconv (1)             - convert manual page from one encoding to another
mandb (8)               - create or update the manual page index caches
manpath (1)             - determine search path for manual pages
missing (7)             - missing manual pages
...
guest@debian:~$ man -k 'manual.*index'
mandb (8)               - create or update the manual page index caches
```

Remarque : il est possible de mettre plusieurs mots en argument de man –k. Il faut les séparer par . * qui signifie « n'importe quelle suite de caractères ».

4. Affichez la page passwd(5).

```
guest@debian:~$ man 5 passwd
PASSWD(5)                    Formats et conversions de fich              PASSWD(5)

NOM
       passwd - fichier des mots de passe

DESCRIPTION
       /etc/passwd contient différentes informations sur les comptes
       utilisateurs. Ces informations consistent en sept champs séparés par
...
```

Tâche 4 :
Complément : utiliser la commande script

1. On enregistre les commandes.

On active la commande script. Les commandes que l'on saisit et leur résultat sont enregistrés. On met fin à l'enregistrement des commandes par la commande exit.

```
guest@debian:~$ script -a
Le script a débuté, le fichier est typescript
guest@debian:~$ date
dimanche 19 janvier 2014, 21:28:14 (UTC+0100)
```

```
guest@debian:~$ id
uid=1000(guest) gid=1000(guest)
groupes=1000(guest),24(cdrom),25(floppy),27(sudo),29(audio),30(dip),44(video),46(plugdev),
105(scanner),110(bluetooth),112(netdev)
guest@debian:~$ exit
exit
Script terminé, le fichier est typescript
```

Remarques :

1) La commande script peut être activée automatiquement en début de session si elle est présente dans le fichier ~/.profile de l'utilisateur.

2) L'option –a demande que la session soit ajoutée au fichier typescript.

2. On visualise la session enregistrée.

```
guest@debian:~$ more typescript
Le script a débuté sur dim. 19 janv. 2014 21:28:11 CET
guest@debian:~$ date
dimanche 19 janvier 2014, 21:28:14 (UTC+0100)
guest@debian:~$ id
uid=1000(guest) gid=1000(guest) groupes=1000(guest),24(cdrom),25(floppy),27(sud
o),29(audio),30(dip),44(video),46(plugdev),105(scanner),110(bluetooth),112(netd
ev)
guest@debian:~$ exit
exit

Script terminé sur dim. 19 janv. 2014 21:28:18 CET
guest@debian:~$
```

Debian – L'installation

Tâche : Installer Linux.. 2 h

1. Téléchargez le 1ᵉʳ CD

On va sur le site de téléchargement de Debian (http://cdimage.debian.org/debian-cd/7.3.0/i386/iso-cd/) et on télécharge le 1ᵉʳ CD-rom (debian-7.3.0-i386-CD-1.iso)

2. On grave le CD-rom (ou on l'utilise directement si on opte pour une machine virtuelle).

3. On démarre (boot) à partir de ce premier CD-rom.

Le menu suivant s'affiche :

```
Install
Graphical Install
Advanced Options
Help
Install with speech synthesis
```

On choisit l'option par défaut (Install).

4. Pour la langue, on choisit « French ». Pour le pays, on choisit « France ».

5. Pour le clavier, on choisit « Français ».

Remarque : des composants supplémentaires sont chargés.

6. Configuration du réseau.

a) Nom de machine : on choisit « debian ».

b) Domaine : on choisit « pinguins ».

7. Créez des utilisateurs et choisissez les mots de passe.

a) Mot de passe du superutilisateur « root » : on choisit « secret »

Remarque : il faut saisir deux fois les mots de passe pour contrôle.

b) Nom complet du nouvel utilisateur : on choisit « guest »

c) Identifiant pour le compte utilisateur (on garde le choix par défaut « guest »).

d) Mot de passe pour le nouvel utilisateur : on choisit « guest ».

Remarque : des composants supplémentaires sont chargés.

8. Partitionnez les disques.

a) On choisit l'option par défaut (Assisté – utiliser un disque entier).

b) On choisit le disque à partitionner (a priori, il n'y en a qu'un).

c) Schéma de partitionnement : on choisit l'option par défaut *Tout dans une seule partition*, recommandée pour les débutants.

d) Terminez le partitionnement et appliquez les changements.

e) Le programme vous demande : « Faut-il appliquer les changements sur les disques ? » ; on répond « oui ».

Remarque : ensuite, le programme réalise l'installation du système de base.

9. Configurez l'outil de gestion des paquets.

À cette étape il est possible d'inspecter d'autres CD/DVD ou bien de configurer l'accès à des dépôts présents sur Internet. Ces différentes sources de paquets permettront l'installation de logiciels.

a) Faut-il analyser un autre CD ou DVD ? On répond « Non ».

b) Faut-il utiliser un miroir sur le réseau ? On répond « Oui ».

c) On choisit le miroir (par exemple, France, ftp.fr.debian.org).

d) Mandataire HTTP (laisser vide si aucun) :

Si le programme d'installation réussit à se connecter au miroir, il télécharge la description de son contenu. Cette étape peut prendre un certain temps.

10. Configuration du popularity-contest.

Souhaitez-vous participer à l'étude statistique sur l'utilisation des paquets ? On répond « Non ».

11. Sélection des logiciels.

Le menu suivant s'affiche :

```
[*] environnement de bureau Debian
[ ] serveur web
[*] serveur d'impression
[ ] base de données SQL
[ ] serveur de fichiers
[ ] serveur de courriels
[ ] serveur SSH
[ ] ordinateur portable
[*] Utilisataires usuels du système
```

On laisse les choix par défaut mais on ajoute le choix « serveur SSH ».

12. Installez le programme de démarrage GRUB sur le disque dur.

Installez le programme de démarrage sur le secteur d'amorçage ? On répond «Oui ».

13. Terminez l'installation.

Le programme vous prévient de retirer le CD/DVD du lecteur avant de choisir « Continuer ». Ce que l'on fait.

14. Redémarrage du système

Automatiquement, le système redémarre et affiche en final une mire de connexion dans laquelle on peut se connecter sous le compte utilisateur que l'on a créé (guest) ou sous un autre compte (Autre...).

Debian - Les commandes

Tâche 1 : Les commandes de gestion de fichiers et de répertoires........................ 15 mn

Tâche 2 : Les utilitaires .... 20 mn

Tâche 3 : Le shell .... 10 mn

Tâche 4 : L'éditeur vi .... 15 mn

Tâche 5 : La commande find (complément).. 10 mn

Tâche 1 :
Les commandes de gestion de fichiers et de répertoires

1. Dans quel répertoire êtes-vous ?

```
guest@debian:~$ pwd
/home/guest
```

2. Copiez le fichier /etc/passwd dans le répertoire courant et nommez la copie mot_de_passe. Dans un premier temps, faîtes volontairement une erreur dans le nom du fichier.

```
guest@debian:~$ cp /etc/password mot_de_passe
cp: impossible d'évaluer « /etc/password »: Aucun fichier ou dossier de ce type
guest@debian:~$ cp /etc/passwd mot_de_passe
```

Remarques :

1) Les commandes Linux ne sont pas bavardes quand elles se terminent correctement (qui ne dit mot consent). Inversement, une erreur provoque l'affichage d'un message explicatif.

2) Il est possible grâce au shell Bash de rappeler une commande en utilisant les flèches (haut et bas) et ensuite d'éditer une commande avec les flèches (droite et gauche), les touches Suppr, Retour arrière (backspace). De plus, si l'on saisit du texte, celui-ci s'insère à partir du curseur.

---

3. Copiez les fichiers /etc/group et /etc/profile dans le répertoire courant (« . »). On conserve leur nom d'origine.

```
guest@debian:~$ cp /etc/group /etc/profile .
```

4. Listez les fichiers présents dans le répertoire.

```
guest@debian:~$ ls
Bureau      group    Modèles       Musique   Public          typescript
Documents   Images   mot_de_passe  profile   Téléchargements  Vidéos
```

5. Listez les fichiers en affichant leurs attributs.

```
guest@debian:~$ ls -l
total 48
drwxr-xr-x 2 guest guest 4096 janv. 18 15:13 Bureau
drwxr-xr-x 2 guest guest 4096 janv. 18 15:13 Documents
-rw-r--r-- 1 guest guest  838 janv. 19 22:42 group
```

6. Listez l'ensemble des fichiers du répertoire, y compris les fichiers cachés (ceux dont le nom commence par « . »).

```
guest@debian:~$ ls -a
.             .dbus        Images    .pulse
..            Documents    .local    .pulse-cookie
...
guest@debian:~$ ls -a -l
guest@debian:~$ ls -al
```

Remarque : quand on spécifie plusieurs options, il est possible de les rassembler derrière le caractère moins (« - »).

7. Créez le répertoire `un_rep`, listez les fichiers ; votre nouveau répertoire apparaît.

```
guest@debian:~$ mkdir un_rep
guest@debian:~$ ls -l
...
drwxr-xr-x 2 guest guest 4096 janv. 20 00:24 un_rep
guest@debian:~$ ls -F
Bureau/       Images/      Musique/   Téléchargements/  Vidéos/
Documents/    Modèles/     profile    typescript
group         mot_de_passe Public/    un_rep/
```

Remarque : l'option –F de la commande `ls` ajoute un suffixe aux fichiers. Ce suffixe est un slash (« / ») dans le cas des répertoires et une étoile (« * ») dans le cas d'une commande.

8. Copiez le fichier group en g2, détruisez le fichier group et renommez g2 en group.

```
guest@debian:~$ ls
Bureau       group   Modèles       Musique  Public          typescript Vidéos
Documents    Images  mot_de_passe  profile  Téléchargements un_rep
guest@debian:~$ cp group g2
guest@debian:~$ ls
Bureau       g2      Images    mot_de_passe profile Téléchargements un_rep
Documents    group   Modèles   Musique      Public  typescript      Vidéos
guest@debian:~$ rm -i group
rm : supprimer fichier « group » ? n
guest@debian:~$ alias rm='rm -i'
guest@debian:~$ rm group
rm : supprimer fichier « group » ? n
guest@debian:~$ unalias rm
guest@debian:~$ rm group
guest@debian:~$ ls
Bureau       g2      Modèles       Musique  Public          typescript Vidéos
Documents    Images  mot_de_passe  profile  Téléchargements un_rep
guest@debian:~$ mv g2 group
guest@debian:~$ ls
Bureau       group   Modèles       Musique  Public          typescript Vidéos
Documents    Images  mot_de_passe  profile  Téléchargements un_rep
```

ATTENTION ! La destruction d'un fichier par la commande `rm` est très dangereuse. Il n'y a pas de possibilité de faire machine arrière. Le plus souvent, la commande ne vous demande aucune confirmation. Si l'on veut être sûr d'en avoir une, il faut utiliser l'option –i. Une autre possibilité est de protéger le fichier en écriture. L'emploi d'alias peut masquer l'utilisation d'une option et la rendre implicite. Les alias ne sont valables que pour la session, il faut donc les sauvegarder (dans `~/.profile` par exemple).

9. On se déplace dans le répertoire `/usr/bin`, on visualise les caractéristiques du fichier `who` et on revient dans son répertoire d'accueil.

```
guest@debian:~$ cd /usr/bin
guest@debian:/usr/bin$ pwd
/usr/bin
guest@debian:/usr/bin$ ls -l who
-rwxr-xr-x 1 root root 50820 janv. 26  2013 who
guest@debian:/usr/bin$ cd
```

10. Visualisez le type des fichiers `/usr/bin/who` (une commande) et `/etc/issue` (un fichier texte).

```
guest@debian:~$ file /usr/bin/who
```

```
/usr/bin/who: ELF 32-bit LSB executable, Intel 80386, version 1 (SYSV),
dynamically linked (uses shared libs), for GNU/Linux 2.6.26,
BuildID[sha1]=0x0c3c51f38889ab3ff4c5d26d89b6fda965bc804f, stripped
guest@debian:~$ file /etc/issue
/etc/issue: ASCII text
```

Remarque : la commande file nous renseigne sur le type d'un fichier. Le mot-clé « text » spécifie que c'est un fichier texte (ASCII). Dans l'exemple, le mot ASCII est indiqué par défaut. Normalement la commande spécifie en outre la nature du fichier (commande, texte en français, en allemand, en Fortran, en Cobol…).

11. Visualisez le contenu d'un fichier page par page.

```
guest@debian:~$ more /etc/issue
Debian GNU/Linux 7 \n \l
```

Tâche 2 :
Les utilitaires

1. Affichez les premières lignes du fichier /etc/services.

```
guest@debian:~$ head /etc/services
# Network services, Internet style
#
# Note that it is presently the policy of IANA to assign a single well-known
# port number for both TCP and UDP; hence, officially ports have two entries
# even if the protocol doesn't support UDP operations.
#
# Updated from http://www.iana.org/assignments/port-numbers and other
# sources like http://www.freebsd.org/cgi/cvsweb.cgi/src/etc/services .
# New ports will be added on request if they have been officially assigned
# by IANA and used in the real-world or are needed by a debian package.
```

Remarque : quand on saisit un chemin de fichier, il suffit de taper les premiers caractères (par exemple /etc/serv) et ensuite on peut le compléter en appuyant sur la touche tabulation. S'il y une ambiguïté (par exemple, suite à la saisie seulement de /etc/se), il suffit d'appuyer une deuxième fois sur tabulation pour voir les différents choix possibles.

2. Affichez les dernières lignes du fichier /etc/services.

```
guest@debian:~$ tail /etc/services
vboxd          20012/udp
binkp          24554/tcp                    # binkp fidonet protocol
asp            27374/tcp                    # Address Search Protocol
asp            27374/udp
csync2         30865/tcp                    # cluster synchronization tool
dircproxy      57000/tcp                    # Detachable IRC Proxy
tfido          60177/tcp                    # fidonet EMSI over telnet
fido           60179/tcp                    # fidonet EMSI over TCP

# Local services
```

3. Affichez les lignes du fichier /etc/services qui contiennent la chaîne « HTTP ».

```
guest@debian:~$ grep HTTP /etc/services
http           80/tcp          www          # WorldWideWeb HTTP
hkp            11371/tcp                     # OpenPGP HTTP Keyserver
```

4. Idem, mais on ne tient pas compte de la casse.

```
guest@debian:~$ grep -i HTTP /etc/services
# Updated from http://www.iana.org/assignments/port-numbers and other
# sources like http://www.freebsd.org/cgi/cvsweb.cgi/src/etc/services .
```

```
http            80/tcp          www             # WorldWideWeb HTTP
http            80/udp                          # HyperText Transfer Protocol
https           443/tcp                         # http protocol over TLS/SSL
https           443/udp
http-alt        8080/tcp        webcache        # WWW caching service
http-alt        8080/udp
hkp             11371/tcp                       # OpenPGP HTTP Keyserver
```

5. Affichez les lignes du fichier `/etc/services` qui commencent par « http ».

```
guest@debian:~$ grep '^http' /etc/services
http            80/tcp          www             # WorldWideWeb HTTP
http            80/udp                          # HyperText Transfer Protocol
```

6. Affichez les 3 dernières lignes du fichier `/etc/services` trié.

```
guest@debian:~$ sort /etc/services |tail -3
zope-ftp        8021/tcp                        # zope management by ftp
zserv           346/tcp                         # Zebra server
zserv           346/udp
```

7. Affichez triées, page par page, les lignes du fichier `/etc/services` qui ne commencent pas par « # ».

```
guest@debian:~$ grep -v '^#' /etc/services |sort |more

acr-nema        104/tcp         dicom           # Digital Imag. & Comm. 300
acr-nema        104/udp         dicom
afbackup        2988/tcp                        # Afbackup system
```

8. Affichez le nombre de lignes, de mots et de caractères du fichier `/etc/services`.

```
guest@debian:~$ wc /etc/services
  608   2642 19398 /etc/services
```

9. Affichez uniquement le nombre de lignes du fichier `/etc/services`.

```
guest@debian:~$ wc -l /etc/services
608 /etc/services
```

Tâche 3 :
Le shell

1. Utilisation des redirections.

a) On redirige le résultat de la commande `cal` dans un fichier. On visualise le fichier ainsi créé.

```
guest@debian:~$ cal > cal.txt
guest@debian:~$ more cal.txt
     Janvier 2014
di lu ma me je ve sa
          1  2  3  4
 5  6  7  8  9 10 11
12 13 14 15 16 17 18
19 20 21 22 23 24 25
26 27 28 29 30 31
```

b) On redirige le résultat de la commande `date` dans le même fichier. On perd l'ancien contenu.

```
guest@debian:~$ date > cal.txt
guest@debian:~$ cat cal.txt
lundi 20 janvier 2014, 00:48:40 (UTC+0100)
```

c) On redirige le résultat de la commande `cal` dans un fichier. On y ajoute le résultat de la commande `date`.

```
guest@debian:~$ cal > histo.txt
guest@debian:~$ date >> histo.txt
guest@debian:~$ more histo.txt
     Janvier 2014
di lu ma me je ve sa
          1  2  3  4
 5  6  7  8  9 10 11
12 13 14 15 16 17 18
19 20 21 22 23 24 25
26 27 28 29 30 31

lundi 20 janvier 2014, 00:49:01 (UTC+0100)
```

d) On supprime le contenu du fichier histo.txt par une redirection.

```
guest@debian:~$ > histo.txt
guest@debian:~$ more histo.txt
```

e) On affiche le résultat d'une commande page par page.

```
guest@debian:~$ cal 2000 | more
                            2000
       Janvier              Février                  Mars
di lu ma me je ve sa  di lu ma me je ve sa  di lu ma me je ve sa
                  1            1  2  3  4  5            1  2  3  4
 2  3  4  5  6  7  8   6  7  8  9 10 11 12   5  6  7  8  9 10 11
 9 10 11 12 13 14 15  13 14 15 16 17 18 19  12 13 14 15 16 17 18
16 17 18 19 20 21 22  20 21 22 23 24 25 26  19 20 21 22 23 24 25
23 24 25 26 27 28 29  27 28 29              26 27 28 29 30 31
30 31
--Plus--
```

2. Utilisation des jokers.

a) On affiche les commandes commençant par e du répertoire /bin.

```
guest@debian:~$ cd /bin
guest@debian:/bin$ ls e*
echo  egrep
```

b) On affiche les commandes composées de 5 caractères.

```
guest@debian:/bin$ ls ????
bash  cpio  date  grep  kill  less  nano  ping  sync  vdir  zcmp
chvt  dash  echo  gzip  kmod  more  open  stty  true  zcat  znew
```

c) On affiche les commandes de 2 caractères et commençant par m.

```
guest@debian:/bin$ ls m?
mt  mv
```

d) On affiche les commandes commençant par un w, ou par un x, ou par un y, ou par un z.

```
guest@debian:/bin$ ls [wxyz]*
which          zcat  zdiff   zfgrep  zgrep  zmore
ypdomainname   zcmp  zegrep  zforce  zless  znew
guest@debian:/bin$ ls [w-z]*
which          zcat  zdiff   zfgrep  zgrep  zmore
ypdomainname   zcmp  zegrep  zforce  zless  znew
```

Remarque : dans le joker crochet ([…]), un ensemble de caractères peut être précisé en spécifiant les bornes séparées par le caractère moins.

e) On affiche les commandes qui ne commencent pas par une lettre comprise entre a et v.

```
guest@debian:/bin$ ls [!a-v]*
which          zcat  zdiff   zfgrep  zgrep  zmore
ypdomainname  zcmp  zegrep  zforce  zless  znew
guest@debian:/bin$ cd
```

Remarque : dans le joker crochet ([...]), le caractère point d'exclamation (« ! ») signifie la négation.

3. Utilisation des caractères de protection.

a) Le backslash « \ » demande au shell de ne pas interpréter le caractère suivant. Dans l'exemple, on essaye de créer un fichier commençant par un « # » qui normalement débute un commentaire.

```
guest@debian:~$ touch #commentaire
touch: opérande fichier manquant
Saisissez « touch --help » pour plus d'informations.
guest@debian:~$ touch \#commentaire
guest@debian:~$ ls -l *comme*
-rw-r--r-- 1 guest guest 0 janv. 20 01:09 #commentaire
```

b) Les simples quotes ('...') protègent un ensemble de caractères. Dans l'exemple, on crée un fichier dont le nom contient des espaces.

```
guest@debian:~$ touch 'Fichier dont le nom contient des espaces'
guest@debian:~$ ls -l *espace*
-rw-r--r-- 1 guest guest 0 janv. 20 01:09 Fichier dont le nom contient des
espaces
```

c) Les doubles quotes ("...") fonctionnent comme les simples quotes excepté que le caractère $, qui référence les variables, est interprété (de même que les quotes anti-quotes et le backslash).

```
guest@debian:~$ echo "Mon repertoire de connexion: $HOME"
Mon repertoire de connexion: /home/guest
```

4. Quelques autres caractères.

a) Le point-virgule sépare les commandes.

```
guest@debian:~$ echo "voici la date : " ; date
voici la date :
lundi 20 janvier 2014, 01:10:17 (UTC+0100)
```

b) Les anti-quotes permettent d'interpréter une commande dans une commande. On génère ainsi dynamiquement des arguments.

```
guest@debian:~$ echo "Voici la date : $(date)"
Voici la date : lundi 20 janvier 2014, 01:10:34 (UTC+0100)
guest@debian:~$ echo "Voici la date : `date`"
Voici la date : lundi 20 janvier 2014, 01:10:49 (UTC+0100)
```

c) Visualisez la variable HOME.

```
guest@debian:~$ echo $HOME
/home/guest
```

d) Visualisez le répertoire de connexion (autre technique).

```
guest@debian:~$ echo ~
/home/guest
```

5. Activez une commande, utilisation du PATH.

a) On essaye de connaître la version de la commande d'administration `ifconfig`, qui normalement affiche la configuration IP.

```
guest@debian:~$ echo $PATH
/usr/local/bin:/usr/bin:/bin:/usr/local/games:/usr/games
guest@debian:~$ ifconfig --version
-su: ifconfig : commande introuvable
```

Remarque : la commande a échoué, car elle ne fait pas partie des répertoires mentionnés dans la variable PATH.

b) On recommence, mais on précise le chemin absolu. On recherche d'abord l'emplacement de la commande grâce à la commande whereis.

```
guest@debian:~$ whereis ifconfig
ifconfig: /sbin/ifconfig /usr/share/man/man8/ifconfig.8.gz
guest@debian:~$ /sbin/ifconfig --version
net-tools 1.60
ifconfig 1.42 (2001-04-13)
```

c) On recommence, mais au préalable, on se déplace dans le répertoire /sbin.

```
guest@debian:~$ cd /sbin
guest@debian:/sbin$ ifconfig --version
-su: ifconfig : commande introuvable
guest@debian:/sbin$ ./ifconfig --version
net-tools 1.60
ifconfig 1.42 (2001-04-13)
```

Remarque : même quand on se trouve dans le répertoire où est la commande, on doit indiquer son emplacement (par exemple en indiquant le chemin relatif « ./ »).

d) On affiche et on modifie le PATH avant d'essayer de nouveau l'activation de la commande ifconfig.

```
guest@debian:/sbin$ echo $PATH
/usr/local/bin:/usr/bin:/bin:/usr/local/games:/usr/games
guest@debian:/sbin$ PATH=$PATH:/sbin
guest@debian:/sbin$ ifconfig --version
net-tools 1.60
ifconfig 1.42 (2001-04-13)
guest@debian:/sbin$ cd
guest@debian:~$
```

Remarque : la modification du PATH est ici transitoire. Si l'on veut qu'elle soit permanente, il faut la mettre dans le fichier ~/.profile qui est exécuté automatiquement en début de chaque session.

Tâche 4 :
L'éditeur vi

1. Créez un fichier texte qui décrit les principales commandes.

(Essayez d'utiliser au moins deux fois chacune des principales commandes vi.)

```
guest@debian:~$ vi cmd.txt
ls   Liste les fichiers d'un répertoire, affiche les attributs d'un fichier
cp   Copie de fichier
rm   Supprime un fichier
mv   Deplace ou renomme un fichier
ln   Crée un lien
pwd  Affiche le répertoire courant
cd   Change de répertoire
mkdir     Créer un répertoire
```

2. Ajoutez à la fin de votre fichier .profile l'affichage du calendrier.

Ensuite déconnectez-vous. Le calendrier s'affichera lors de votre prochaine connexion.

```
guest@debian:~$ vi ~/.profile
...
cal
```

```
guest@debian:~$ exit
```

Tâche 5 :
La commande find (complément)

1. Créez une arborescence de fichiers.

Elle sera utilisée dans les exemples suivants.

```
guest@debian:~$ cd ; mkdir -p f/images f/pages
guest@debian:~$ cp /etc/group f/images/f1.png
guest@debian:~$ cp /etc/group f/images/f2.png
guest@debian:~$ cal > f/README
guest@debian:~$ cal > f/images/README
guest@debian:~$ man bash |col -b > f/pages/README
```

2. Affichez l'arborescence de fichiers créée précédemment.

a) On utilise un chemin absolu.

```
guest@debian:~$ find /home/guest/f
/home/guest/f
/home/guest/f/pages
/home/guest/f/pages/README
/home/guest/f/images
/home/guest/f/images/f1.png
/home/guest/f/images/f2.png
/home/guest/f/images/README
/home/guest/f/README
```

b) On utilise un chemin relatif.

```
guest@debian:~$ find f
f
f/pages
f/pages/README
f/images
f/images/f1.png
f/images/f2.png
f/images/README
f/README
```

3. Recherchez des fichiers en utilisant leur nom comme critère de recherche.

a) On spécifie le nom exact du fichier.

```
guest@debian:~$ find f -name README
f/pages/README
f/images/README
f/README
```

b) On utilise des jokers pour spécifier le nom des fichiers recherchés.

```
guest@debian:~$ find f -name '*.png'
f/images/f1.png
f/images/f2.png
```

4. Recherchez des fichiers selon leur type.

a) Recherchez les répertoires.

```
guest@debian:~$ find f -type d
f
f/pages
f/images
```

b) Recherchez les fichiers ordinaires.

```
guest@debian:~$ find f -type f
```



```
f/pages/README
f/images/f1.png
f/images/f2.png
f/images/README
f/README
```

5. Recherchez des fichiers selon leur date de modification.

```
guest@debian:~$ find f -mtime +5
```

Remarque : dans l'exemple, on recherche des fichiers modifiés il y a plus de cinq jours. Comme on vient de créer les fichiers, le résultat est vide.

6. Recherchez des fichiers selon leur taille, par exemple les fichiers de plus de 100 ko.

```
guest@debian:~$ find f -size +100k
f/pages/README
guest@debian:~$ find f -size +100000c
f/pages/README
guest@debian:~$ find f -size +200
f/pages/README
```

Remarque : l'unité par défaut est le secteur de 512 octets.

7. Recherchez des fichiers dont le nom ne se termine pas par .png.

```
guest@debian:~$ find f/images ! -name '*.png'
f/images
f/images/README
```

8. Recherchez des fichiers dont la taille est inférieure à 100 ko et dont le nom est README.

```
guest@debian:~$ find f -size -100k -name README
f/images/README
f/README
```

9. Recherchez des fichiers dont le nom commence par f ou dont le nom est README.

```
guest@debian:~$ find f/images -name 'f*' -o -name 'README'
f/images/f1.png
f/images/f2.png
f/images/README
```

10. Listez les caractéristiques des fichiers dont le nom est README.

```
guest@debian:~$ find f -name README -exec ls -lh {} \;
-rw-r--r-- 1 guest guest 188 janv. 20 01:55 f/README
-rw-r--r-- 1 guest guest 349K janv. 20 01:57 f/pages/README
-rw-r--r-- 1 guest guest 188 janv. 20 01:55 f/images/README
```

Debian - La lecture de scripts shell

Tâche 1 : L'exécution de scripts .... 15 mn

Tâche 2 : Les variables .... 20 mn

Tâche 3 : Les structures de contrôle .... 40 mn

Tâche 4 : Les sous-programmes .... 10 mn

Tâche 1 :
L'exécution de scripts

1. Créez un script et exécutez-le via le shell standard.

```
guest@debian:~$ vi un_script.sh
#!/bin/sh
# un_script : mon premier script

date             # affiche la date et l'heure
uptime           # affiche la charge systeme
uname -a         # affiche la version du systeme

guest@debian:~$ /bin/sh un_script.sh
lundi 20 janvier 2014, 20:10:18 (UTC+0100)
 20:10:18 up  4:24,  2 users,  load average: 0,00, 0,01, 0,04
Linux debian 3.2.0-4-486 #1 Debian 3.2.51-1 i686 GNU/Linux
```

Remarque : /bin/sh est le chemin conventionnel du shell POSIX (ISO).

2. Exécutez le script en affichant la phase d'interprétation et la trace des commandes.

```
guest@debian:~$ bash -x un_script.sh
+ date
lundi 20 janvier 2014, 20:11:17 (UTC+0100)
+ uptime
 20:11:17 up  4:25,  2 users,  load average: 0,00, 0,01, 0,04
+ uname -a
Linux debian 3.2.0-4-486 #1 Debian 3.2.51-1 i686 GNU/Linux
```

3. Exécutez le script sous forme d'une commande à partir du répertoire courant.

```
guest@debian:~$ chmod +x un_script.sh
guest@debian:~$ ./un_script.sh
lundi 20 janvier 2014, 20:11:42 (UTC+0100)
...
```

Remarques :

1) La commande chmod ajoute le droit d'exécution au script.

On est obligé d'indiquer le chemin du script (en l'occurrence le répertoire courant), car le répertoire où se trouve le script ne fait pas partie de la variable PATH. Cette dernière contient la liste des répertoires (séparés par :) dans lesquels sont recherchées les commandes.

2) C'est le pseudo commentaire #!/bin/sh indiquant à la commande qui active le script quel interpréteur elle doit activer pour exécuter le script.

4. Exécutez le script à partir d'un répertoire quelconque.

```
guest@debian:~$ echo $PATH
/usr/local/bin:/usr/bin:/bin:/usr/local/games:/usr/games
```

```
guest@debian:~$ sudo cp un_script.sh /usr/local/bin
guest@debian:~$ un_script.sh
lundi 20 janvier 2014, 20:14:15 (UTC+0100)
 20:14:15 up  4:28,  2 users,  load average: 0,00, 0,01, 0,04
Linux debian 3.2.0-4-486 #1 Debian 3.2.51-1 i686 GNU/Linux
```

5. Exécutez le script en utilisant le shell Dash (qui est installé).

```
guest@debian:~$ dash un_script.sh
...
```

6. Exécutez le script en utilisant le shell Ksh (qui n'est pas installé).

```
guest@debian:~$ sudo aptitude install ksh
guest@debian:~$ ksh un_script.sh
...
```

Remarque : si l'on veut installer des applications dès maintenant, il est conseillé de réaliser l'atelier sur l'installation des applications (la tâche concernant aptitude). On y apprend à désactiver le dépôt CD-rom ce qui simplifie l'installation des logiciels.

Tâche 2 :
Les variables

1. Créez une variable et utilisez-la.

```
guest@debian:~$ CONFIG_SHELL=/etc/profile
guest@debian:~$ ls -l $CONFIG_SHELL
-rw-r--r-- 1 root root 851 juil. 29  2011 /etc/profile
```

2. Créez une variable, affichez-la, affichez toutes les variables et détruisez une variable.

```
guest@debian:~$ A="bonjour Mr"
guest@debian:~$ echo $A
bonjour Mr
guest@debian:~$ set | head
A='bonjour Mr'
BASH=/bin/bash
 ...
guest@debian:~$ unset A
guest@debian:~$ set |grep A=
```

Remarque : il ne faut pas mettre d'espace entre le nom de la variable et le caractère « = ». La valeur d'une variable peut contenir des espaces, mais ils doivent être mis entre quotes.

3. Comprendre l'environnement.

a) On affiche la date et l'heure avec la commande date. Elles s'affichent en français si l'on a installé le système en français.

```
guest@debian:~$ env |grep LANG
LANG=fr_FR.UTF-8
guest@debian:~$ date
lundi 20 janvier 2014, 20:18:32 (UTC+0100)
```

b) En modifiant la variable LANG, on indique à la commande date d'utiliser une autre langue. Si l'on désire un comportement standard et portable, il faut utiliser la langue ISO (valeur « C »), c'est-à-dire l'anglais.

```
guest@debian:~$ LANG=C ; export LANG # Langue ISO (POSIX)
guest@debian:~$ date
Mon Jan 20 20:21:39 CET 2014
guest@debian:~$ env |grep LANG
LANG=C
```

4. Créez un script interactif qui saisit une variable et l'affiche.

```
guest@debian:~$ vi bonjour.sh
#!/bin/sh
# bonjour.sh

printf "Votre nom ? "
read nom
echo "Bonjour Mr ou Mme $nom"

guest@debian:~$ sh bonjour.sh
Votre nom ? Dupond
Bonjour Mr ou Mme Dupond
[guest@localhost ~]$
```

Remarque : le shell est bloqué au niveau de la commande read. Il se poursuit dès que l'on appuie sur la touche <Entrée>. La chaîne saisie est stockée dans la variable donnée en argument de la commande read. Dans le cas présent nom.

5. Créez un script qui affiche les paramètres.

```
guest@debian:~$ vi param
#!/bin/sh
# param

echo "Le nom du script   :        $0"
echo "Le 1er parametre   :        $1"
echo "Le 2ieme parametre :        $2"
echo "Tous les parametres :       $*"
echo "Le nombre de parametres : $#"

guest@debian:~$ chmod +x param
guest@debian:~$ ./param un deux trois
Le nom du script        :           ./param
Le 1er parametre   :      un
Le 2ieme parametre :     deux
Tous les parametres :    un deux trois
Le nombre de parametres :      3
```

Tâche 3 :
Les structures de contrôle

1. Écrivez un script utilisant une alternative.

```
guest@debian:~$ vi cree_rep.sh
#!/bin/sh
# cree un repertoire

echo "Nom du repertoire a creer ? "
read nom_rep

if mkdir $nom_rep 2> /dev/null
then
        echo "Operation reussie"
else
        echo "Echec"
fi
```

```
guest@debian:~$ sh cree_rep.sh
Nom du repertoire a creer ?
sauve
Operation reussie
guest@debian:~$ sh cree_rep.sh
Nom du repertoire a creer ?
sauve
Echec
[guest@localhost ~]$
```

Remarques :

1) La redirection « 2> /dev/null » renvoie les messages d'erreur dans le périphérique /dev/null qui est une sorte d'incinérateur. En conséquence les messages d'erreur sont supprimés.

2) On ne peut créer un répertoire s'il existe déjà. Si l'on essaye de le faire, la commande mkdir échoue et normalement affiche un message d'erreur. La commande renvoie le code erreur 1.

2. Alternative avec utilisation de la commande test.

```
guest@debian:~$ vi heureux.sh
#!/bin/sh
# heureux.sh

printf "Etes-vous heureux ? "
read reponse

if [ "$reponse" = "oui" ]
then
        echo "BRAVO"
else
        echo "manger du chocolat (anti-depresseur)"
fi

guest@debian:~$ sh heureux.sh
Etes-vous heureux ? oui
BRAVO
[guest@localhost ~]$
```

Remarques :

1) L'usage de la commande « [» est plus habituelle que l'utilisation de la commande test.

2) Une erreur commune est d'oublier les crochets ([…]). Dans ce cas, le contenu de la variable (ici reponse) est considéré comme une commande. Le shell essaye de l'exécuter.

3. Exemple de boucle while.

On crée un script qui teste l'existence du fichier flag toutes les dix secondes. On lance le script en tâche de fond et, au bout d'un moment, on crée le fichier flag. Le script signale sa présence et se termine.

```
guest@debian:~$ vi flag_existe.sh
#!/bin/sh
# flag_existe.sh

while [ ! -f flag ]
do
        sleep 10
done
echo "Le fichier flag existe"
```

```
guest@debian:~$ rm flag
rm: cannot remove 'flag': No such file or directory
guest@debian:~$ sh flag_existe.sh &
[1] 4281
guest@debian:~$ touch flag
guest@debian:~$ Le fichier flag existe
[1]+  Done                      sh flag_existe.sh
guest@debian:~$ vi flag_existebis.sh
#!/bin/sh
# flag_existebis.sh

while :
do
        sleep 10
        if test -f flag ;then
                break
        fi
done
echo "Le fichier flag existe"
[guest@localhost ~]$
```

Remarques :

1) La commande `sleep` crée une temporisation. Sa durée en secondes est spécifiée en argument.

2) L'activation du script `flag_existe.sh` est réalisée en tâche de fond grâce au caractère « & ». Il est possible aussi de l'exécuter en avant-plan et de créer le fichier `flag` dans une autre fenêtre.

3) La commande « while : » correspond à une boucle infinie. La commande `break` permet d'en sortir.

4. Exemple d'une boucle `for`.

```
guest@debian:~$ vi bcl_for.sh
# bcl_for

for i in 5 4 3 2 1
do
        echo "====> $i"
        sleep 1
done
echo "FEU!"

guest@debian:~$ sh bcl_for.sh
====> 5
====> 4
====> 3
====> 2
====> 1
FEU!
[guest@localhost ~]$
```

5. Écrivez un menu avec l'instruction `case`.

```
guest@debian:~$ vi menu.sh
#!/bin/sh
# menu.sh : un menu ecrit avec case

echo "1 - Afficher la date et l'heure"
echo "2 - Afficher la charge systeme"
```

```
echo "3 - Afficher la version du systeme"

echo -n "Votre choix ? "
read choix

case "$choix" in
1)
        date
        ;;
2)
        uptime
        ;;
3)
        uname -a
        ;;
*)
        echo "Choix incorrect"
        ;;
esac

guest@debian:~$ sh menu.sh
1 - Afficher la date et l'heure
2 - Afficher la charge systeme
3 - Afficher la version du systeme
Votre choix ? 2
 20:25:30 up  4:39,  2 users,  load average: 0.00, 0.01, 0.05
[guest@localhost ~]$
```

Remarque : le modèle « *) » n'est pas obligatoire mais souvent utile. Il correspond à une chaîne quelconque. Il propose un choix alternatif général (pour tous les autres cas).

6. Exemple d'utilisation de calculs dans un script.

```
guest@debian:~$ vi arith.sh
# arith.sh
I=0
while [ "$I" -lt 5 ]
do
        echo BONJOUR
        : $((I=I+1))
done

guest@debian:~$ sh arith.sh
BONJOUR
BONJOUR
BONJOUR
BONJOUR
BONJOUR
 [guest@localhost ~]$
```

Tâche 4 :
Les sous-programmes

1. Écrivez un script utilisant une fonction de présentation.

```
guest@debian:~$ vi affiche.sh
# affiche.sh
```

```
presente()
{
        for i
        do
                echo "===== $i"
        done
        echo
}


# ---- debut du programme

presente "Bonjour" "Ce matin" "nous affichons" "la date"
date
presente "au revoir" "ches amis"

guest@debian:~$ sh affiche.sh
===== Bonjour
===== Ce matin
===== nous affichons
===== la date

Mon Jan 20 20:25:57 CET 2014
===== au revoir
===== ches amis

[guest@localhost ~]$
```

Remarque : en mettant les arguments entre guillemets, on les délimite. Ainsi, dans le premier appel à la fonction presente, il y a sept mots, donc en principe sept arguments. Mais avec les guillemets, il n'y en a que quatre.

2. Écrivez un script qui affiche un menu. La sortie du programme est contrôlée par une fonction qui demande confirmation.

```
guest@debian:~$ vi menu2.sh
#!/bin/sh
# menu2.sh : un menu dans une boucle

confirm()
{
        printf "Are-you sure $* (y/n) ? "
        read reponse
        if [ "$reponse" = "y" ];then return 0 ;else return 1;fi
}
export LANG=C
while :;do
        clear   # clear screen
        echo "1 - print the date and time"
        echo "2 - print the system load"
        echo "3 - print the system release"
        echo "99- END"
        echo -n "Votre choix ? "
        read choix

        case "$choix" in
```

```
        1) date ;;
        2) uptime ;;
        3) uname -a ;;
        99)
                if confirm "to want to quit" ;then
                        break
                else
                        continue
                fi
                ;;
        *) echo "Choix incorrect" ;;
        esac
        sleep 3
done
exit 0
[guest@localhost ~]$ sh menu2.sh

1 - print the date and time
2 - print the system load
3 - print the system release
99- END
Votre choix ? 99
Are-you sure to want to quit (y/n) ? y
[guest@localhost ~]$
```

Debian - Les utilisateurs et les droits

Tâche 1 : Les tâches essentielles de gestion des utilisateurs .... 10 mn

Tâche 2 : L'essentiel de la gestion des droits .... 15 mn

Tâche 3 : La gestion des utilisateurs, compléments .... 10 mn

Tâche 4 : La gestion des droits, compléments .... 15 mn

Tâche 5 : Spécificités Debian .... 5 mn

Tâche 1 :
Les tâches essentielles de gestion des utilisateurs

1. Est-ce que les comptes utilisateur `daemon` et `luke` existent et, si oui, quels sont leurs `uid`, `gid` et leurs groupes ?

```
[guest@debian:~$ id daemon
uid=1(daemon) gid=1(daemon) groupes=1(daemon)
guest@debian:~$ id luke
id: luke : utilisateur inexistant
```

2. Créez les groupes `jedi` et `rebelles`.

```
guest@debian:~$ sudo groupadd jedi
guest@debian:~$ sudo groupadd rebelles
```

3. Créez des comptes utilisateur.

Le compte `luke`, appartenant au groupe `jedi` (comme groupe principal) et au groupe `rebelles` (comme groupe secondaire). Le compte `vador` appartenant au groupe `jedi`. Et enfin, le compte `solo` faisant partie du groupe `rebelles`. On visualise ensuite les comptes.

```
guest@debian:~$ man useradd
guest@debian:~$ sudo useradd -g jedi -G rebelles -m luke
guest@debian:~$ sudo useradd -g jedi -m vador
guest@debian:~$ sudo useradd -g rebelles -m solo
guest@debian:~$ id luke
uid=1001(luke) gid=1001(jedi) groupes=1001(jedi),1002(rebelles)
guest@debian:~$ id vador
uid=1002(vador) gid=1001(jedi) groupes=1001(jedi)
guest@debian:~$ id solo
uid=1003(solo) gid=1002(rebelles) groupes=1002(rebelles)
guest@debian:~$ tail -3 /etc/passwd
luke:x:1001:1001::/home/luke:/bin/sh
vador:x:1002:1001::/home/vador:/bin/sh
solo:x:1003:1002::/home/solo:/bin/sh
guest@debian:~$ tail -2 /etc/group
jedi:x:1001:
rebelles:x:1002:luke
```

Remarque : le shell par défaut sous Debian est le shell ISO (qui est un lien sur le shell Dash). Si l'on veut attribuer le shell bash lors de la création de l'utilisateur, il faut utiliser l'option `-s` :

```
useradd -s /bin/bash -m utilisateur.
```

4. Mettez le mot « password » comme mot de passe à l'utilisateur `luke`.

```
guest@debian:~$ sudo passwd luke
Entrez le nouveau mot de passe UNIX : password
Retapez le nouveau mot de passe UNIX : password
passwd : le mot de passe a été mis à jour avec succès
```

5. Essayez de vous connecter sous le compte de `luke`.

On se connecte en utilisant la commande de connexion à distance `ssh` (localhost = la machine locale).

```
guest@debian:~$ ssh localhost -l luke
luke@localhost's password: password
...
$ id
uid=1001(luke) gid=1001(jedi) groupes=1001(jedi),1002(rebelles)
$ exit
Connection to localhost closed.
```

Remarque : la commande `id` sans argument indique l'identité de l'utilisateur courant.

Tâche 2 :
L'essentiel de la gestion des droits

1. On crée une arborescence de fichiers.

```
guest@debian:~$ su -
Mot de passe : secret
root@debian:~# mkdir /home/etoilenoire
root@debian:~# cd /home/etoilenoire
root@debian:/home/etoilenoire# echo "voici les plans" > plans
root@debian:/home/etoilenoire# echo "c'est ouvert" > entree_secrete
```

2. On change les caractéristiques du répertoire `etoilenoire`.

Son propriétaire sera `luke`, son groupe `jedi`. Il sera accessible en lecture, écriture et accès au propriétaire. Il sera accessible en lecture et accès au groupe mais pas aux autres.

```
root@debian:/home/etoilenoire# cd
root@debian:~# chown luke /home/etoilenoire/
root@debian:~# chgrp jedi /home/etoilenoire/
root@debian:~# chmod 750 /home/etoilenoire/
root@debian:~# ls -ld /home/etoilenoire/
drwxr-x--- 2 luke jedi 4096 janv. 21 11:57 /home/etoilenoire/
```

3. On change les caractéristiques des fichiers.

Ils seront accessibles en lecture seule pour le groupe et n'auront aucun droit pour les autres. On utilise la notation symbolique. On affilie le fichier `plans` au groupe `jedi` et le fichier `entree_secrete` au groupe `rebelles`.

```
root@debian:~# chmod g=r,o=- /home/etoilenoire/*
root@debian:~# chgrp jedi /home/etoilenoire/plans
root@debian:~# chgrp rebelles /home/etoilenoire/entree_secrete
root@debian:~# ls -l /home/etoilenoire/
total 8
-rw-r----- 1 root rebelles 13 janv. 21 11:57 entree_secrete
-rw-r----- 1 root jedi     16 janv. 21 11:57 plans
```

4. On teste les accès :

a) À partir du compte `luke` :

L'utilisateur `luke`, en tant que propriétaire, a tous les droits sur le répertoire `etoilenoire` : il peut le lister, créer ou supprimer des fichiers dedans et il a accès aux fichiers qu'il contient. En tant que membre du groupe `jedi`, il peut lire le fichier `plans`, et en tant que membre du groupe `rebelles`, il peut lire le fichier `entree_secrete`. Par contre, il ne peut modifier le fichier `plans`, seul `root` peut le faire.

```
root@debian:~# su - luke
$ ls /home/etoilenoire
```



```
entree_secrete  plans
$ bash
luke@debian:~$ cat /home/etoilenoire/plans
voici les plans
luke@debian:~$ cat /home/etoilenoire/entree_secrete
c'est ouvert
luke@debian:~$ cal > /home/etoilenoire/fichier
luke@debian:~$ ls /home/etoilenoire/
entree_secrete  fichier  plans
luke@debian:~$ rm /home/etoilenoire/fichier
luke@debian:~$ echo "=========" >> /home/etoilenoire/plans
bash: /home/etoilenoire/plans: Permission non accordée
luke@debian:~$ exit
exit
$ exit
```

Remarque : l'administrateur (root) n'a pas besoin de mot de passe quand il se connecte sous un compte avec la commande su.

b) À partir du compte vador :

L'utilisateur vador, en tant que membre du groupe jedi, peut lister le répertoire etoilenoire : il a accès également aux fichiers qu'il contient. Par contre, il ne peut ni créer ni supprimer des fichiers dedans. En tant que membre du groupe jedi, il peut lire le fichier plans mais pas le fichier entree_secrete. Il ne peut modifier le fichier plans, seul root peut le faire.

```
root@debian:~# su - -s /bin/bash vador
vador@debian:~$ ls /home/etoilenoire/
entree_secrete  plans
vador@debian:~$ rm /home/etoilenoire/plans
rm : supprimer fichier (protégé en écriture) « /home/etoilenoire/plans » ? y
rm: impossible de supprimer « /home/etoilenoire/plans »: Permission non accordée
vador@debian:~$ cal > /home/etoilenoire/fichier
-su: /home/etoilenoire/fichier: Permission non accordée
vador@debian:~$ cat /home/etoilenoire/plans
voici les plans
vador@debian:~$ cat /home/etoilenoire/entree_secrete
cat: /home/etoilenoire/entree_secrete: Permission non accordée
vador@debian:~$ echo "=======" >> /home/etoilenoire/plans
-su: /home/etoilenoire/plans: Permission non accordée
vador@debian:~$ exit
```

c) À partir du compte solo :

L'utilisateur solo n'a aucun droit sur le répertoire etoilenoire : il ne peut pas connaître son contenu, il ne peut ni ajouter ni supprimer des fichiers à l'intérieur. Il n'a aucun accès aux fichiers de ce répertoire quels que soient leurs droits. Mais avant de faire ces tests, l'administrateur change le shell de solo.

```
root@debian:~# chsh -s /bin/bash solo
root@debian:~# su - solo
solo@debian:~$ ls /home/etoilenoire/
ls: impossible d'ouvrir le répertoire /home/etoilenoire/: Permission non
accordée
solo@debian:~$ cal > /home/etoilenoire/fichier
-su: /home/etoilenoire/fichier: Permission non accordée
solo@debian:~$ rm -f /home/etoilenoire/entree_secrete
rm: impossible de supprimer « /home/etoilenoire/entree_secrete »: Permission non
accordée
```

```
solo@debian:~$ cat /home/etoilenoire/entree_secrete
cat: /home/etoilenoire/entree_secrete: Permission non accordée
solo@debian:~$ exit
```

5. Supprimez temporairement le droit d'exécution à la commande `uptime`.

Testez les conséquences à partir du compte `luke`.

```
root@debian:~# whereis uptime
uptime: /usr/bin/uptime /usr/bin/X11/uptime /usr/share/man/man1/uptime.1.gz
root@debian:~# ls -l /usr/bin/uptime
-rwxr-xr-x 1 root root 9636 mars  28  2013 /usr/bin/uptime
root@debian:~# chmod o-x /usr/bin/uptime
root@debian:~# ls -l /usr/bin/uptime
-rwxr-xr-- 1 root root 9636 mars  28  2013 /usr/bin/uptime
root@debian:~# su - -s /bin/bash luke
luke@debian:~$ uptime
-su: /usr/bin/uptime: Permission non accordée
luke@debian:~$ exit
déconnexion
root@debian:~# chmod o+x /usr/bin/uptime
root@debian:~# su - -s /bin/bash luke
luke@debian:~$ uptime
 12:09:27 up  3:42,  2 users,  load average: 0,00, 0,01, 0,05
luke@debian:~$ exit
déconnexion
root@debian:~# exit
```

Tâche 3 :
La gestion des utilisateurs, compléments

1. Affichez les caractéristiques de l'utilisateur `luke` et du groupe `rebelles`.

```
guest@debian:~$ getent passwd luke
luke:x:1001:1001::/home/luke:/bin/sh
guest@debian:~$ getent group jedi
jedi:x:1001:
guest@debian:~$ grep luke /etc/passwd
luke:x:1001:1001::/home/luke:/bin/sh
guest@debian:~$ grep jedi /etc/group
jedi:x:1001:
```

Remarque : grâce à la commande `getent` on interroge les annuaires locaux et réseau (si ces derniers sont définis).

2. Affichez les caractéristiques de l'utilisateur local `luke` et du groupe local `rebelles`.

```
guest@debian:~$ grep luke /etc/passwd
luke:x:1001:1001::/home/luke:/bin/sh
guest@debian:~$ grep rebelles /etc/group
rebelles:x:1002:luke
```

3. Affichez les annuaires utilisés pour gérer les comptes et les mots de passe.

```
guest@debian:~$ grep -e passwd -e group -e shadow /etc/nsswitch.conf
passwd:         compat
group:          compat
shadow:         compat
netgroup:       nis
```

Remarque : le mot-clé compat signifie que l'on utilise les fichiers locaux (/etc/passwd..) mais que les caractères +/- sont interprétés pour permettre d'ajouter/exclure des informations provenant d'autres annuaires, typiquement le NIS.

4. On crée l'utilisateur `leia`, quel est son groupe principal ?

```
guest@debian:~$ sudo useradd -m leia
guest@debian:~$ id leia
uid=1004(leia) gid=1004(leia) groupes=1004(leia)
```

Remarque : par défaut, la création d'un compte utilisateur entraîne la création d'un compte groupe de même nom, qui correspond au groupe principal du nouvel utilisateur.

5. Gérez les groupes secondaires.

a) On veut affecter l'utilisateur leia au groupe rebelles (comme groupe secondaire).

```
guest@debian:~$ sudo usermod -G rebelles leia
guest@debian:~$ id leia
uid=1004(leia) gid=1004(leia) groupes=1004(leia),1002(rebelles)
```

b) On veut affecter leia au groupe jedi. leia quitte le groupe rebelles.

```
guest@debian:~$ sudo usermod -G jedi leia
guest@debian:~$ id leia
uid=1004(leia) gid=1004(leia) groupes=1004(leia),1001(jedi)
```

c) On veut que leia appartienne aux groupes jedi et rebelles.

```
guest@debian:~$ sudo usermod -G jedi,rebelles leia
guest@debian:~$ id leia
uid=1004(leia) gid=1004(leia) groupes=1004(leia),1001(jedi),1002(rebelles)
```

d) On veut que leia n'appartienne plus à aucun groupe secondaire.

```
guest@debian:~$ sudo usermod -G "" leia
guest@debian:~$ id leia
uid=1004(leia) gid=1004(leia) groupes=1004(leia)
```

e) On veut ajouter un groupe secondaire (option –a).

```
guest@debian:~$ sudo usermod -a -G jedi leia
guest@debian:~$ sudo usermod -a -G rebelles leia
guest@debian:~$ id leia
uid=1004(leia) gid=1004(leia) groupes=1004(leia),1001(jedi),1002(rebelles)
```

6. Attribuez un mot de passe de manière scriptable à l'utilisateur `leia`.

```
guest@debian:~$ sudo echo "leia:pass" | sudo chpasswd
```

7. Recherchez les fichiers de l'utilisateur `leia` et les fichiers appartenant au groupe `rebelles`.

```
guest@debian:~$ sudo find /home -user leia
/home/leia
/home/leia/.bash_logout
/home/leia/.profile
/home/leia/.bashrc
guest@debian:~$ sudo find /home -group rebelles
/home/etoilenoire/entree_secrete
/home/solo
/home/solo/.bash_logout
```

Remarque : on pouvait aussi utiliser son uid.

8. Supprimez un compte utilisateur et les fichiers de son répertoire de connexion.

```
guest@debian:~$ sudo userdel -r leia
userdel : l'emplacement de boîte aux lettres de leia (/var/mail/leia) n'a pas
été trouvé
guest@debian:~$ ls -l ~leia
ls: impossible d'accéder à ~leia: Aucun fichier ou dossier de ce type
```

```
guest@debian:~$ id leia
id: leia : utilisateur inexistant
```

9. On veut recréer le compte `leia` à l'identique (il doit avoir le même `uid` et `gid`).

```
guest@debian:~$ sudo groupadd -g 1004 leia
guest@debian:~$ sudo useradd -u  1004 -g leia leia
guest@debian:~$ id leia
uid=1004(leia) gid=1004(leia) groupes=1004(leia)
```

10. Créez le compte `toor` ayant les mêmes droits que `root`.

```
guest@debian:~$ sudo useradd -u 0 -o -d /root toor
guest@debian:~$ id toor
uid=0(root) gid=1005(toor) groupes=0(root)
```

Remarques :

1) Si l'on affecte un mot de passe à cet utilisateur, il devient une sorte de secours dans le cas où l'on perd le mot de passe de `root`.

2) L'option `-u` permet de fixer l'`uid`, mais on ne peut utiliser un `uid` existant... sauf si l'on utilise l'option `-o`.

Tâche 4 :
La gestion des droits, compléments

1. Ajoutez des droits spéciaux au répertoire `etoilenoire` (SGID et sticky- bit).

Ensuite, pour vérifier l'impact de ces droits, on crée des fichiers dans le répertoire `etoilenoire`. Sous le compte `root`, on crée le fichier `f1`. Sous le compte `luke`, on crée le fichier `f2`. Et sous le compte `vador`, on crée le fichier `f3`.

```
guest@debian:~$ sudo chmod 3770 /home/etoilenoire/
guest@debian:~$ ls -ld /home/etoilenoire/
drwxrws--T 2 luke jedi 4096 janv. 21 12:01 /home/etoilenoire/
guest@debian:~$ su -
Mot de passe : secret
root@debian:~# echo "fichier un" > /home/etoilenoire/f1
root@debian:~# su luke -c "echo bonjour > /home/etoilenoire/f2"
root@debian:~# su vador -c "echo bonjour > /home/etoilenoire/f3"
root@debian:~# ls -l /home/etoilenoire/f?
-rw-r--r-- 1 root  jedi 11 janv. 21 13:57 /home/etoilenoire/f1
-rw-r--r-- 1 luke  jedi  8 janv. 21 13:58 /home/etoilenoire/f2
-rw-r--r-- 1 vador jedi  8 janv. 21 13:58 /home/etoilenoire/f3
```

Remarques :

1) Du fait du droit SGID, tous les fichiers sont affiliés au groupe `jedi`, le groupe du répertoire.

2) La commande `su -c` permet à `root` d'exécuter une commande avec les droits d'un utilisateur ordinaire.

2. `Vador` va essayer de détruire le fichier de `luke`.

a) On conserve le droit sticky-bit.

```
root@debian:~# su - vador
$ rm /home/etoilenoire/f2
rm : supprimer fichier (protégé en écriture) « /home/etoilenoire/f2 » ? y
rm: impossible de supprimer « /home/etoilenoire/f2 »: Opération non permise
$ exit
```

b) On supprime le sticky-bit.

```
root@debian:~# chmod -t /home/etoilenoire/
```

```
root@debian:~# su - vador
$ rm /home/etoilenoire/f2
rm : supprimer fichier (protégé en écriture) « /home/etoilenoire/f2 » ? y
$ ls -l /home/etoilenoire/f2
ls: impossible d'accéder à /home/etoilenoire/f2: Aucun fichier ou dossier de ce
type
$ exit
```

Remarque : dans tous les cas, luke n'a pas besoin du sticky-bit pour détruire le fichier de vador. Il est propriétaire du répertoire !

3. Qui peut formater la partition /dev/sda1 ?

```
root@debian:~# ls -l /dev/sda1
brw-rw---T 1 root disk 8, 1 janv. 21 08:27 /dev/sda1
```

Seul root peut formater cette partition.

Remarque : les périphériques se comportent comme des fichiers. Ils possèdent comme eux des droits d'accès.

4. L'administrateur copie les fichiers du répertoire etoilenoire dans /tmp en conservant leurs attributs.

```
root@debian:~# cp -p /home/etoilenoire/* /tmp
root@debian:~# ls -l /tmp/plans /tmp/entree_secrete
-rw-r----- 1 root rebelles 13 janv. 21 11:57 /tmp/entree_secrete
-rw-r----- 1 root jedi     16 janv. 21 11:57 /tmp/plans
```

Remarque : normalement, quand on copie un fichier, la copie appartient à celui qui copie. Ici, l'administrateur conserve le propriétaire d'origine grâce à l'option -p de cp.

5. L'administrateur donne le fichier entree_secrete à luke.

```
root@debian:~# chown luke /tmp/entree_secrete
root@debian:~# ls -l /tmp/entree_secrete
-rw-r----- 1 luke rebelles 13 janv. 21 11:57 /tmp/entree_secrete
```

6. On teste les accès (r,w,x) au fichier /tmp/entree_secrete.

a) À partir du compte luke :

```
root@debian:~# su - -s /bin/bash luke
luke@debian:~$ cat /tmp/entree_secrete
c'est ouvert
luke@debian:~$ echo "==========" >> /tmp/entree_secrete
luke@debian:~$ /tmp/entree_secrete
-su: /tmp/entree_secrete: Permission non accordée
luke@debian:~$ exit
```

b) À partir du compte solo :

```
root@debian:~# su - -s /bin/bash solo
solo@debian:~$ cat /tmp/entree_secrete
c'est ouvert
==========
solo@debian:~$ echo "++++++++" >> /tmp/entree_secrete
-su: /tmp/entree_secrete: Permission non accordée
solo@debian:~$ exit
```

c) À partir du compte root :

```
root@debian:~# echo "c'est ouvert" > /tmp/entree_secrete
root@debian:~# cat /tmp/entree_secrete
c'est ouvert
```

```
root@debian:~# echo "+=+=+=+=" >> /tmp/entree_secrete
root@debian:~# /tmp/entree_secrete
bash: /tmp/entree_secrete: Permission non accordée
```

Remarque : les droits des utilisateurs ne s'appliquent pas à l'administrateur. Seule restriction : comme tout le monde, root a besoin du droit d'exécution pour activer une commande.

7. On visualise les droits du fichier shadow et de la commande passwd.

```
root@debian:~# ls -l /etc/shadow
-rw-r----- 1 root shadow 1333 janv. 21 13:56 /etc/shadow
root@debian:~# ls -l /usr/bin/passwd
-rwsr-xr-x 1 root root 45396 mai   25  2012 /usr/bin/passwd
```

Remarque : tout le monde a le droit d'exécuter la commande passwd. Avec son droit SUID, un utilisateur endosse les droits de root, ce qui lui permet d'accéder au fichier shadow.

8. Visualisez les effets de la commande umask.

```
root@debian:~# rm /tmp/f?
root@debian:~# umask 0
root@debian:~# umask
0000
root@debian:~# echo bonjour > /tmp/f1
root@debian:~# umask 77
root@debian:~# echo bonjour > /tmp/f2
root@debian:~# ls -l /tmp/f?
-rw-rw-rw- 1 root root 8 janv. 21 14:07 /tmp/f1
-rw------- 1 root root 8 janv. 21 14:07 /tmp/f2
root@debian:~# exit
```

Remarques :

1) L'effet de la commande umask est limité à la durée de vie du shell. Pour avoir un effet permanent, il faut mettre cette commande dans le fichier .profile de l'utilisateur.

2) En plus de l'action du umask, la plupart des commandes (mais pas un compilateur !) suppriment le droit d'exécution.

Tâche 5 :
Spécificités Debian

1. Ajoutez un groupe d'utilisateurs.

```
guest@debian:~$ sudo addgroup empereurs
Ajout du groupe « empereurs » (GID 1003)...
Fait.
```

2. Ajoutez un utilisateur.

```
guest@debian:~$ sudo adduser auguste
Ajout de l'utilisateur « auguste » ...
Ajout du nouveau groupe « auguste » (1006) ...
Ajout du nouvel utilisateur « auguste » (1005) avec le groupe « auguste » ...
Création du répertoire personnel « /home/auguste »...
Copie des fichiers depuis « /etc/skel »...
Entrez le nouveau mot de passe UNIX : auguste
Retapez le nouveau mot de passe UNIX : auguste
passwd : le mot de passe a été mis à jour avec succès
Modification des informations relatives à l'utilisateur auguste
Entrez la nouvelle valeur ou « Entrée » pour conserver la valeur proposée
        Nom complet []: Octave Auguste
```

```
        N° de bureau []: 63
        Téléphone professionnel []: 43-33-31-30-29
        Téléphone personnel []: 28-27-26-25-24
        Autre []: 23-5-2
Cette information est-elle correcte ? [O/n]O
guest@debian:~$ getent passwd auguste
auguste:x:1005:1006:Octave Auguste,63,43-33-31-30-29,28-27-26-25-24,23-5-
2:/home/auguste:/bin/bash
guest@debian:~$ sudo adduser --ingroup empereurs adrien
...
```

Debian - Les disques et les systèmes de fichiers

Tâche 1 : Visualiser les disques et les partitions .... 5 mn

Tâche 2 : Visualiser les FS, utiliser un CD-Rom .... 10 mn

Tâche 3 : Créer un FS dans un fichier .... 20 mn

Tâche 3 bis : Créer un FS dans une partition (exercice alternatif) .... 20 mn

Tâche 4 : LVM et FS .... 20 mn

Tâche 5 : Gestion des partitions (niveau avancé) .... 20 mn

Tâche 6 : Les inodes (niveau avancé) .... 10 mn

Tâche 1 :
Visualiser les disques et les partitions

1. Listez les différents disques.

```
guest@debian:~$ sudo sfdisk -s
/dev/sda:   8388608
/dev/sdb:   1048576
total : 9437184 blocs
```

2. Listez l'ensemble des partitions.

```
guest@debian:~$ sudo fdisk -l

Disque /dev/sda : 8589 Mo, 8589934592 octets
255 têtes, 63 secteurs/piste, 1044 cylindres, total 16777216 secteurs
Unités = secteurs de 1 * 512 = 512 octets
Taille de secteur (logique / physique) : 512 octets / 512 octets
taille d'E/S (minimale / optimale) : 512 octets / 512 octets
Identifiant de disque : 0x00023f06

Périphérique Amorce  Début      Fin        Blocs      Id  Système
/dev/sda1    *         2048     15988735    7993344   83  Linux
/dev/sda2           15990782    16775167     392193    5  Étendue
/dev/sda5           15990784    16775167     392192   82  partition d'échange Linu
x / Solaris

Disque /dev/sdb : 1073 Mo, 1073741824 octets
255 têtes, 63 secteurs/piste, 130 cylindres, total 2097152 secteurs
Unités = secteurs de 1 * 512 = 512 octets
Taille de secteur (logique / physique) : 512 octets / 512 octets
taille d'E/S (minimale / optimale) : 512 octets / 512 octets
Identifiant de disque : 0x00000000

guest@debian:~$ sudo aptitude install parted
guest@debian:~$ sudo parted -l
Model: ATA VBOX HARDDISK (scsi)
Disk /dev/sda: 8590MB
Sector size (logical/physical): 512B/512B
Partition Table: msdos

Number  Start   End     Size    Type     File system  Flags
 1      1049kB  8186MB  8185MB  primary  ext4         boot
```

```
2        8187MB   8589MB   402MB    extended
5        8187MB   8589MB   402MB    logical   linux-swap(v1)

Error: /dev/sdb: unrecognised disk label
```

Remarque : le disque /dev/sdb ne contient pas de table de partition.

3. Listez les partitions d'un disque particulier.

```
guest@debian:~$ sudo fdisk -l /dev/sda
guest@debian:~$ sudo parted /dev/sda print
```

Tâche 2 :
Visualiser les FS, utiliser un CD-rom

1. Listez les FS montés et, pour chacun, affichez la place libre.

```
guest@debian:~$ df -Th
Sys. fich.                                                   Type      Taille Util.
Dispo Uti% Monté sur
rootfs                                                       rootfs    7,6G   4,2G
3,1G  58% /
udev                                                         devtmpfs  10M    0
10M   0% /dev
tmpfs                                                        tmpfs     127M   612K
126M  1% /run
/dev/disk/by-uuid/bcd84e13-e6e1-4138-a484-bcc1f12e9b31 ext4      7,6G   4,2G
3,1G  58% /
tmpfs                                                        tmpfs     5,0M   0
5,0M  0% /run/lock
tmpfs                                                        tmpfs     330M   72K
330M  1% /run/shm home
```

2. À quel FS appartient un fichier (ici /home/luke/.bash_profile) ?

```
guest@debian:~$ df /home/luke/.profile
Sys. fich.                                                   1K-blocks  Util.
Disponible Uti% Monté sur
/dev/disk/by-uuid/bcd84e13-e6e1-4138-a484-bcc1f12e9b31   7867856 4302376
3165816  58% /
```

3. On utilise un CD-rom.

On met un CD-rom dans le lecteur, il est monté automatiquement, mais où ?

```
guest@debian:~$ df
Sys. fich.              1K-blocks   Util. Disponible Uti%  Monté sur
...
/dev/sr0                    62658   62658          0 100%  /media/cdrom0
```

4. On veut le monter à un emplacement précis.

On le démonte, et on le remonte sur /mnt/cdrom.

```
guest@debian:~$ sudo umount /dev/sr0
guest@debian:~$ sudo mkdir /mnt/cdrom
guest@debian:~$ sudo mount -t iso9660 -o ro /dev/cdrom /mnt/cdrom
guest@debian:~$ df |grep /mnt
/dev/sr0                   663552  663552          0 100% /mnt/cdrom
```

5. On active un nouveau shell et, dedans, on se déplace sur le CD-rom et on liste son contenu.

```
guest@debian:~$ sh
$ cd /mnt/cdrom
$ ls
autorun.inf  firmware    isolinux    README.mirrors.html  tools
```

```
css          g2ldr          md5sum.txt    README.mirrors.txt    win32-loader.ini
```

6. On le démonte.

```
$ sudo umount /mnt/cdrom
démontage : /mnt/cdrom : périphérique occupé.
        (Dans certains cas, des infos sur les processus l'utilisant
         sont récupérables par lsof(8) ou fuser(1))
$ lsof |grep /mnt/cdrom
sh       9982         guest  cwd        DIR        11,0      4096    2240 /mnt/cdrom
...
$ sudo kill -9 9982
Processus arrêté
guest@debian:~$ sudo eject /mnt/cdrom
```

Remarque : la première tentative échoue car le shell a ouvert un fichier (en l'occurrence un répertoire) sur le CD-Rom. La commande lsof affiche le PID de cette application, c'est-à-dire notre shell. On peut le supprimer et ainsi permettre de démonter notre CD-Rom.

---

7. Visualisez les caractéristiques d'une partition abritant un système de fichiers.

```
guest@debian:~$ sudo blkid /dev/sda1
/dev/sda1: UUID="bcd84e13-e6e1-4138-a484-bcc1f12e9b31" TYPE="ext4"
```

8. Visualisez le contenu des différents disques (ou partitions ou LV).

```
guest@debian:~$ sudo blkid
/dev/sda5: UUID="a52ab072-154f-44af-adbe-e9df66a21cd3" TYPE="swap"
/dev/sda1: UUID="bcd84e13-e6e1-4138-a484-bcc1f12e9b31" TYPE="ext4"
```

Tâche 3 :
Créer un FS dans un fichier

1. On crée un fichier de taille 1 Giga.

```
guest@debian:~$ sudo dd if=/dev/zero of=/root/fs_ext4.img bs=1M count=1024
1024+0 enregistrements lus
1024+0 enregistrements écrits
1073741824 octets (1,1 GB) copiés, 5,59751 s, 192 MB/s
guest@debian:~$ sudo ls -lh /root/fs_ext4.img
-rw-r--r-- 1 root root 1,0G févr.  3 19:16 /root/fs_ext4.img
```

Remarque : la commande dd sert à copier des fichiers. Elle est plus utile que cp si la source et/ou la destination sont des périphériques, car elle réalise des copies bloc à bloc. La source est indiquée par l'option if= et la destination par l'option of=. Dans l'exemple on ne copie que 1024 blocs, chacun d'une taille (*block size*) d'un mega-octet (bs=1M). La source est le périphérique /dev/zero qui génère des zéros binaires. Cette syntaxe est usuelle quand on désire créer ou pré-allouer un gros fichier.

---

2. On formate le fichier en ext3.

```
guest@debian:~$ sudo mkfs -t ext4 -F /root/fs_ext4.img
mke2fs 1.42.5 (29-Jul-2012)
...
```

Remarque : on a utilisé l'option -F pour forcer le formatage. En effet, par défaut la commande ne s'applique qu'à des partitions.

---

3. On monte le FS sur le répertoire /mnt/disk et on crée quelques fichiers dessus.

```
guest@debian:~$ sudo mkdir /mnt/disk
guest@debian:~$ sudo mount -t ext4 -o loop /root/fs_ext4.img /mnt/disk
guest@debian:~$ df -Th |grep /mnt/disk
/dev/loop0                          ext4      1008M   34M   924M    4% /mnt/disk
guest@debian:~$ su -
```

```
Mot de passe : secret
root@debian:~# date > /mnt/disk/f1
root@debian:~# cal > /mnt/disk/f2
root@debian:~# mkdir /mnt/disk/rep
root@debian:~# uname -a > /mnt/disk/rep/fic
```

Remarque : l'option loop est nécessaire quand on monte un FS stocké dans un fichier.

4. Visualisez le nombre de blocs et d'inodes libres présents sur le FS.

```
root@debian:~# df
Sys. fich.                     1K-blocks    Util. Disponible Uti% Monté sur
...
/dev/loop0                      1032088    34068     945592   4% /mnt/disk
root@debian:~# df -i
Sys. fich.                                Inodes IUtil. ILibre IUti% Monté sur
...
/dev/loop0                                 65536     15  65521    1% /mnt/disk
root@debian:~# exit
```

Remarque : contrairement au FS ext4 ci-dessus, les FS ext3 sont limités en nombre d'inodes.

5. Vérifiez le FS.

```
guest@debian:~$ sudo fsck -t ext4 /dev/loop0
fsck de util-linux 2.20.1
e2fsck 1.42.5 (29-Jul-2012)
/dev/loop0 is mounted.
e2fsck: Ne peut continuer, arrêt immédiat.
guest@debian:~$ sudo umount /mnt/disk
guest@debian:~$ sudo fsck -t ext4 /root/fs_ext4.img
fsck de util-linux 2.20.1
e2fsck 1.42.5 (29-Jul-2012)
/root/fs_ext4.img : propre, 15/65536 fichiers, 12639/262144 blocs
guest@debian:~$ sudo fsck -t ext4 -f /root/fs_ext4.img
fsck de util-linux 2.20.1
e2fsck 1.42.5 (29-Jul-2012)
Passe 1 : vérification des i-noeuds, des blocs et des tailles
Passe 2 : vérification de la structure des répertoires
Passe 3 : vérification de la connectivité des répertoires
Passe 4 : vérification des compteurs de référence
Passe 5 : vérification de l'information du sommaire de groupe
/root/fs_ext4.img : 15/65536 fichiers (0.0% non contigüs), 12639/262144 blocs
```

Remarques :

1) Un FS doit être démonté pour être vérifié. Par défaut, la vérification est légère (est-ce que le FS a bien été démonté ?).

2) On utilise l'option -f pour forcer une vérification en profondeur.

6. On monte le FS automatiquement au démarrage (cf. l'atelier suivant).

Tâche 3 bis :
Créer un FS dans une partition (exercice alternatif)

1. On formate le disque complet sdb en ext4.

```
guest@debian:~$ sudo mkfs -t ext4 /dev/sdb
mke2fs 1.42.5 (29-Jul-2012)
/dev/sdb est le périphérique en intégralité, pas seulement une partition !
Procéder malgré tout ? (o,n) o
```

```
Étiquette de système de fichiers=
Type de système d'exploitation : Linux
Taille de bloc=4096 (log=2)
Taille de fragment=4096 (log=2)
...
```

3. On monte le FS sur le répertoire /mnt/disk et on crée quelques fichiers dessus.

```
guest@debian:~$ sudo mkdir /mnt/disk
guest@debian:~$ sudo sh -c 'cal > /mnt/disk/toto'
guest@debian:~$ sudo mount -t ext4 /dev/sdb /mnt/disk
guest@debian:~$ df -Th |grep /mnt/disk
/dev/sdb                          ext4      1008M   34M  924M   4% /mnt/disk
guest@debian:~$ sudo sh -c 'date > /mnt/disk/f1'
guest@debian:~$ sudo sh -c 'cal > /mnt/disk/f2'
guest@debian:~$ sudo mkdir /mnt/disk/rep
guest@debian:~$ sudo sh -c 'uname -a > /mnt/disk/rep/fic'
guest@debian:~$ find /mnt/disk
/mnt/disk
/mnt/disk/f2
/mnt/disk/lost+found
find: "/mnt/disk/lost+found": Permission non accordée
/mnt/disk/f1
/mnt/disk/rep
/mnt/disk/rep/fic
```

Remarques :

1) Le fichier toto n'apparaît plus dans le répertoire /mnt/disk, il est occulté par le FS contenu dans le disque /dev/sdb. Il réapparaîtra après son démontage.

2) Le répertoire lost+found est créé automatiquement par la commande mkfs. Si la commande fsck récupère des fichiers, elle les stocke dans ce répertoire.

4. Visualisez le nombre de blocs et d'inodes libres présents sur le FS.

```
guest@debian:~$ df /dev/sdb
Sys. fich.      1K-blocks Util. Disponible Uti% Monté sur
/dev/sdb          1032088 34068     945592   4% /mnt/disk
guest@debian:~$ df -i /dev/sdb
Sys. fich.      Inodes IUtil. ILibre IUti% Monté sur
/dev/sdb         65536     15  65521    1% /mnt/disk
```

5. Vérifiez le FS.

```
guest@debian:~$ sudo fsck -t ext4 /dev/sdb
fsck de util-linux 2.20.1
e2fsck 1.42.5 (29-Jul-2012)
/dev/sdb is mounted.
e2fsck: Ne peut continuer, arrêt immédiat.
guest@debian:~$ sudo umount /dev/sdb
guest@debian:~$ ls -l /mnt/disk
total 4
-rw-r--r-- 1 root root 188 mars  11 00:31 toto
guest@debian:~$ sudo fsck -t ext4 /dev/sdb
fsck de util-linux 2.20.1
e2fsck 1.42.5 (29-Jul-2012)
/dev/sdb : propre, 15/65536 fichiers, 12639/262144 blocs
guest@debian:~$ sudo fsck -t ext4 -f /dev/sdb
fsck de util-linux 2.20.1
e2fsck 1.42.5 (29-Jul-2012)
```

```
Passe 1 : vérification des i-noeuds, des blocs et des tailles
Passe 2 : vérification de la structure des répertoires
Passe 3 : vérification de la connectivité des répertoires
Passe 4 : vérification des compteurs de référence
Passe 5 : vérification de l'information du sommaire de groupe
/dev/sdb : 15/65536 fichiers (0.0% non contigüs), 12639/262144 blocs
```

Remarque : le fichier `toto` réapparaît après le démontage du FS.

6. On monte le FS automatiquement au démarrage.

(On ajoute au fichier `fstab` la ligne en italique.)

```
guest@debian:~$ sudo blkid /dev/sdb
/dev/sdb: UUID="ead40d85-ab0e-4586-bd61-7b3b4e034c5d" TYPE="ext4"
guest@debian:~$ sudo cp /etc/fstab /etc/fstab.old
guest@debian:~$ sudo vi /etc/fstab
...
UUID=ead40d85-ab0e-4586-bd61-7b3b4e034c5d /www ext4      defaults          0 0

guest@debian:~$ sudo mkdir /www
guest@debian:~$ sudo reboot
```

Après le redémarrage :

```
guest@debian:~$ df -Th |grep /www
/dev/sdb                                      ext4      1008M   34M   924M   4% /www
```

7. On efface tout.

```
guest@debian:~$ sudo umount /www
guest@debian:~$ sudo cp /etc/fstab.old /etc/fstab
guest@debian:~$ sudo wipefs -a /dev/sdb
2 octets ont été écrasés à l'index 0x438 (ext4)
ils étaient : 53 ef
guest@debian:~$ sudo blkid /dev/sdb
guest@debian:~$
```

Tâche 4 :
LVM et FS

1. Installez le logiciel lvm2 qui permet la gestion du LVM.

```
guest@debian:~$ sudo aptitude install lvm2
```

2. Transformez le disque sdb en PV (formatez-le en PV).

```
guest@debian:~$ sudo pvcreate /dev/sdb
  Writing physical volume data to disk "/dev/sdb"
  Physical volume "/dev/sdb" successfully created
```

3. Listez les PV, affichez le type de contenu du disque sdb.

```
guest@debian:~$ sudo pvs
  PV         VG   Fmt  Attr PSize PFree
  /dev/sdb        lvm2 a--  1,00g 1,00g
guest@debian:~$ sudo blkid /dev/sdb
/dev/sdb: UUID="qwqsgh-mgBR-g18f-0E21-dUDU-nhIy-Pk1Oyz" TYPE="LVM2_member"
```

4. Créez le VG web constitué du PV sdb.

```
guest@debian:~$ sudo vgcreate web /dev/sdb
  Volume group "web" successfully created
```

5. Listez les VG.

```
guest@debian:~$ sudo vgs
```

```
   VG   #PV #LV #SN Attr   VSize     VFree
   web   1   0    0 wz--n- 1020,00m 1020,00m
```

6. Créez des LV.

a) Créez un LV de 200 Mo dans le VG web. Le LV sera nommé par défaut lvol#.

```
guest@debian:~$ sudo lvcreate -L 200M web
  Logical volume "lvol0" created
```

b) Créez un LV de 300 Mo dans le VG web. On le nomme htdocs.

```
guest@debian:~$ sudo lvcreate -L 300M -n htdocs web
  Logical volume "htdocs" created
```

7. Listez les LV.

```
guest@debian:~$ sudo lvs
  LV     VG   Attr    LSize   Pool Origin Data% Move Log Copy%  Convert
  htdocs web  -wi-a--- 300,00m
  lvol0  web  -wi-a--- 200,00m
```

8. Affichez toute l'architecture LVM : les VG, leurs LV, leurs PV.

```
guest@debian:~$ sudo vgdisplay -v
    Finding all volume groups
    Finding volume group "web"
  --- Volume group ---
  VG Name               web
  System ID
  Format                lvm2
...
  --- Logical volume ---
  LV Path               /dev/web/lvol0
  LV Name               lvol0
...
  --- Physical volumes ---
  PV Name               /dev/sdb
  PV UUID               qwqsgh-mgBR-g18f-0E21-dUDU-nhIy-Pk1Oyz
  PV Status             allocatable
  Total PE / Free PE    255 / 130
```

9. Utilisez des LV pour stocker des FS

a) Formatez le LV /dev/web/lvol0 en Ext4.

```
guest@debian:~$ sudo mkfs -t ext4 /dev/web/lvol0
```

b) Formatez le LV /dev/web/htdocs en XFS. Installez les outils XFS au préalable.

```
guest@debian:~$ sudo aptitude install xfsprogs
guest@debian:~$ sudo mkfs -t xfs /dev/web/htdocs
...
guest@debian:~$ sudo blkid
/dev/sda5: UUID="a52ab072-154f-44af-adbe-e9df66a21cd3" TYPE="swap"
/dev/sda1: UUID="bcd84e13-e6e1-4138-a484-bcc1f12e9b31" TYPE="ext4"
/dev/sdb: UUID="qwqsgh-mgBR-g18f-0E21-dUDU-nhIy-Pk1Oyz" TYPE="LVM2_member"
/dev/mapper/web-lvol0: UUID="18622374-33e3-44b1-8e07-017e572e675d" TYPE="ext4"
/dev/mapper/web-htdocs: UUID="888c46a7-fb20-4926-be70-15e5684556e0" TYPE="xfs"
```

c) Montez le FS /dev/web/lvol0 (Ext4).

```
guest@debian:~$ sudo mkdir /mnt/disk
guest@debian:~$ sudo mount -t ext4 /dev/web/lvol0 /mnt/disk
guest@debian:~$ df -Th /mnt/disk/
```

```
Sys. fich.              Type Taille Util. Dispo Uti% Monté sur
/dev/mapper/web-lvol0 ext4   194M  5,6M  179M   4% /mnt/disk
```

c) Étendez le LV (préalable à l'extension du FS).

```
guest@debian:~$ sudo lvextend -L +100M /dev/web/lvol0
  Extending logical volume lvol0 to 300,00 MiB
  Logical volume lvol0 successfully resized
```

Remarque : s'il n'y a plus d'espace dans le VG il est possible d'en ajouter en incorporant un nouveau PV au VG avec la commande vgextend.

---

d) Étendez un FS de type Ext4 (ou Ext2 ou Ext3).

```
guest@debian:~$ sudo resize2fs /dev/web/lvol0
resize2fs 1.42.5 (29-Jul-2012)
Le système de fichiers de /dev/web/lvol0 est monté sur /mnt/disk ; le changement
de taille doit être effectué en ligne
old_desc_blocks = 1, new_desc_blocks = 2
En train d'effectuer un changement de taille en ligne de /dev/web/lvol0 vers
307200 (1k) blocs.
Le système de fichiers /dev/web/lvol0 a maintenant une taille de 307200 blocs.

guest@debian:~$ df -Th /mnt/disk/
Sys. fich.              Type Taille Util. Dispo Uti% Monté sur
/dev/mapper/web-lvol0 ext4   291M  6,1M  270M   3% /mnt/disk
```

e) Montez le FS /dev/web/htdocs (XFS).

```
guest@debian:~$ sudo umount /mnt/disk
guest@debian:~$ sudo mount -t xfs /dev/web/htdocs /mnt/disk
guest@debian:~$ df -Th /mnt/disk
Sys. fich.              Type Taille Util. Dispo Uti% Monté sur
/dev/mapper/web-htdocs xfs    296M   16M  281M   6% /mnt/disk
```

f) Étendez le LV /dev/web/htdocs.

```
guest@debian:~$ sudo lvextend -L +100M /dev/web/htdocs
  Extending logical volume htdocs to 400,00 MiB
  Logical volume htdocs successfully resized
```

g) Étendez d'un FS de type XFS.

```
guest@debian:~$ sudo xfs_growfs /mnt/disk
meta-data=/dev/mapper/web-htdocs isize=256    agcount=4, agsize=19200 blks
...
data blocks changed from 76800 to 102400
guest@debian:~$ df -Th /mnt/disk
Sys. fich.              Type Taille Util. Dispo Uti% Monté sur
/dev/mapper/web-htdocs xfs    396M   16M  381M   4% /mnt/disk
```

10. Détruisez tout.

a) Démontez les FS.

```
guest@debian:~$ sudo umount /mnt/disk
```

b) Supprimez les LV.

```
guest@debian:~$ sudo lvremove /dev/web/htdocs
Do you really want to remove active logical volume htdocs? [y/n] : y
  Logical volume "htdocs" successfully removed
```

c) Supprimez le VG.

```
guest@debian:~$ sudo vgremove web
```

```
Do you really want to remove volume group "web" containing 1 logical volumes?
[y/n]: y
Do you really want to remove active logical volume lvol0? [y/n]: y
  Logical volume "lvol0" successfully removed
  Volume group "web" successfully removed
guest@debian:~$ sudo vgdisplay -v
    Finding all volume groups
  No volume groups found
```

d) Supprimez l'en-tête PV du PV sdb.

```
guest@debian:~$ sudo pvremove /dev/sdb
  Labels on physical volume "/dev/sdb" successfully wiped
guest@debian:~$ sudo blkid /dev/sdb
guest@debian:~$ sudo pvs
guest@debian:~$
```

Tâche 5 :
Gestion des partitions (niveau avancé)

1. Gérez les partitions d'un disque avec `fdisk`.

a) Visualisez l'aide (commande m).

b) Créez une table de partition vide (commande o).

c) Créez la partition primaire n°1 de taille 200 Méga (commande n).

d) Créez la partition primaire n°2 occupant le reste du disque.

e) Affichez la table des partitions (commande p).

f) Sauvegardez les actions (commande w).

```
guest@debian:~$ sudo fdisk /dev/sdb
Le périphérique ne contient pas une table de partitions DOS ou Sun, SGI, OSF
valable
Création d'une nouvelle étiquette DOS avec id de disque 0x8fadd53b.
Les modifications restent en mémoire jusqu'à ce que vous les écriviez.
Après quoi, bien sûr, le contenu précédent sera irrécupérable.

Avertissement : indicateur 0x0000 incorrect dans la table de partitions 4, sera
corrigé par w (écriture)

Commande (m pour l'aide): m
Commande d'action
   a   basculer l'indicateur d'amorçage
   b   éditer l'étiquette BSD du disque
   c   basculer l'indicateur de compatibilité DOS
   d   supprimer la partition
   l   lister les types de partitions connues
   m   afficher ce menu
   n   ajouter une nouvelle partition
   o   créer une nouvelle table vide de partitions DOS
   p   afficher la table de partitions
   q   quitter sans enregistrer les changements
   s   créer une nouvelle étiquette vide pour disque de type Sun
   t   modifier l'identifiant de système de fichiers d'une partition
   u   modifier les unités d'affichage/saisie
   v   vérifier la table de partitions
   w   écrire la table sur le disque et quitter
```

```
  x   fonctions avancées (pour experts seulement)

Commande (m pour l'aide): o
Création d'une nouvelle étiquette DOS avec id de disque 0xabad79b6.
Les modifications restent en mémoire jusqu'à ce que vous les écriviez.
Après quoi, bien sûr, le contenu précédent sera irrécupérable.

Avertissement : indicateur 0x0000 incorrect dans la table de partitions 4, sera
corrigé par w (écriture)

Commande (m pour l'aide): n
Type de partition :
   p   primaire (0 primaire(s), 0 étendue(s), 4 libre(s))
   e   étendue
Sélection (p par défaut) : p
Numéro de partition (1-4, par défaut 1): 1
Premier secteur (2048-2097151, par défaut 2048):
Utilisation de la valeur par défaut 2048
Dernier secteur, +secteurs or +taille{K,M,G} (2048-2097151, par défaut 2097151):
+200M

Commande (m pour l'aide): n
Type de partition :
   p   primaire (1 primaire(s), 0 étendue(s), 3 libre(s))
   e   étendue
Sélection (p par défaut) : p
Numéro de partition (1-4, par défaut 2): 2
Premier secteur (411648-2097151, par défaut 411648):
Utilisation de la valeur par défaut 411648
Dernier secteur, +secteurs or +taille{K,M,G} (411648-2097151, par défaut
2097151):
Utilisation de la valeur par défaut 2097151

Commande (m pour l'aide): p

Disque /dev/sdb : 1073 Mo, 1073741824 octets
255 têtes, 63 secteurs/piste, 130 cylindres, total 2097152 secteurs
Unités = secteurs de 1 * 512 = 512 octets
Taille de secteur (logique / physique) : 512 octets / 512 octets
taille d'E/S (minimale / optimale) : 512 octets / 512 octets
Identifiant de disque : 0xabad79b6

Périphérique Amorce  Début        Fin        Blocs     Id  Système
/dev/sdb1            2048       411647     204800    83  Linux
/dev/sdb2          411648      2097151     842752    83  Linux

Commande (m pour l'aide): w
La table de partitions a été altérée.

Appel de ioctl() pour relire la table de partitions.
Synchronisation des disques.
guest@debian:~$
```

Remarque : si l'on manipule la table des partitions du disque système (après l'installation), il est nécessaire de redémarrer le système pour que le noyau voie la nouvelle table. Lorsque l'on rentre la commande w, fdisk affiche le message suivant :

```
WARNING: Re-reading the partition table failed with error 16: Device or resource
busy.
The kernel still uses the old table.
The new table will be used at the next reboot.
```

Au lieu de redémarrer, il est également possible d'utiliser la commande partprobe pour demander au noyau de relire la table des partitions.

2. Gérez les partitions avec parted.

```
guest@debian:~$ sudo parted /dev/sdb
GNU Parted 2.3
Using /dev/sdb
Welcome to GNU Parted! Type 'help' to view a list of commands.
```

a) Affichez l'aide.

```
(parted) help
  align-check TYPE N                        check partition N for TYPE(min|opt)
        alignment
  check NUMBER                              do a simple check on the file system
  cp [FROM-DEVICE] FROM-NUMBER TO-NUMBER    copy file system to another partition
  help [COMMAND]                            print general help, or help on
COMMAND
  mklabel,mktable LABEL-TYPE                create a new disklabel (partition
table)
  mkfs NUMBER FS-TYPE                       make a FS-TYPE file system on
partition
        NUMBER
  mkpart PART-TYPE [FS-TYPE] START END      make a partition
  mkpartfs PART-TYPE FS-TYPE START END      make a partition with a file system
  move NUMBER START END                     move partition NUMBER
  name NUMBER NAME                          name partition NUMBER as NAME
  print [devices|free|list,all|NUMBER]      display the partition table,
available
        devices, free space, all found partitions, or a particular partition
  quit                                      exit program
  rescue START END                          rescue a lost partition near START
and END
  resize NUMBER START END                   resize partition NUMBER and its file
system
  rm NUMBER                                 delete partition NUMBER
  select DEVICE                             choose the device to edit
  set NUMBER FLAG STATE                     change the FLAG on partition NUMBER
  toggle [NUMBER [FLAG]]                    toggle the state of FLAG on partition
        NUMBER
  unit UNIT                                 set the default unit to UNIT
  version                                   display the version number and
copyright
        information of GNU Parted
(parted)
```

b) Affichez l'aide sur une commande.

```
(parted) help mklabel
  mklabel,mktable LABEL-TYPE                create a new disklabel
```

```
                    (partition table)

            LABEL-TYPE is one of: aix, amiga, bsd, dvh, gpt, mac,
            msdos, pc98, sun, loop
```

c) Créez une table de partitions de type msdos (MBR).

```
(parted) mklabel msdos
Warning: The existing disk label on /dev/sdb will be destroyed and all data on this
disk will be lost. Do you want to continue?
Yes/No? yes
```

Remarque : si l'on dispose d'un disque d'un taille supérieure à 2 To, on peut créer une table de type GPT.

d) Créez une partition primaire qui occupe tout le disque (unité en Mo).

```
(parted) mkpart primary 0 1074
Warning: The resulting partition is not properly aligned for best performance.
Ignore/Cancel? I
```

d) Affichez la table des partitions.

```
(parted) print
Model: ATA VBOX HARDDISK (scsi)
Disk /dev/sdb: 1074MB
Sector size (logical/physical): 512B/512B
Partition Table: msdos

Number  Start  End     Size    Type     File system  Flags
 1      512B   1074MB  1074MB  primary
```

d) Quittez.

```
(parted) quit
Information: You may need to update /etc/fstab.
```

Tâche 6 :
Les inodes (niveau avancé)

1. On crée un répertoire et, dedans, on crée deux fichiers.

```
guest@debian:~$ mkdir liens
guest@debian:~$ cd liens/
guest@debian:~/liens$ cal > f1
guest@debian:~/liens$ date > f2
guest@debian:~/liens$ ls -li
total 8
164409 -rw-r--r-- 1 guest guest 189 févr.  3 18:35 f1
164411 -rw-r--r-- 1 guest guest  43 févr.  3 18:35 f2
```

2. On crée un lien sur le fichier f1 que l'on appelle f1bis.

```
guest@debian:~/liens$ ln f1 f1bis
guest@debian:~/liens$ ls -li
total 12
164409 -rw-r--r-- 2 guest guest 189 févr.  3 18:35 f1
164409 -rw-r--r-- 2 guest guest 189 févr.  3 18:35 f1bis
164411 -rw-r--r-- 1 guest guest  43 févr.  3 18:35 f2
```

Remarques :

1) Les noms `f1` et `f1bis` se réfèrent au même fichier.

2) Le nombre de liens apparaît après les droits dans le résultat du `ls`.

3. On modifie le contenu de f1 ainsi que ses droits.

```
guest@debian:~/liens$ echo "=======" >> f1
guest@debian:~/liens$ chmod 600 f1
guest@debian:~/liens$ tail -1 f1bis
=======
guest@debian:~/liens$ ls -l f1 f1bis
-rw------- 2 guest guest 197 févr.  3 18:35 f1
-rw------- 2 guest guest 197 févr.  3 18:35 f1bis
```

Remarque : dans le résultat des commandes, on constate bien qu'il s'agit d'un seul et même fichier.

4. On affiche les numéros d'inodes de l'ensemble des fichiers du répertoire.

```
guest@debian:~/liens$ ls -lia
164287 .
164254 ..
164409 f1
164409 f1bis
164411 f2
```

Remarques :

1) Les fichiers `f1` et `f1bis` ont bien le même numéro d'inode.

2) Un répertoire a au moins 2 liens : son père le référence par son nom, et il s'autoréférence sous le nom « . ». S'il a des sous-répertoires, chacun le référence par le nom « .. ».

5. On détruit un lien.

```
guest@debian:~/liens$ rm f1
guest@debian:~/liens$ ls -li f1bis
164409 -rw------- 1 guest guest 197 févr.  3 18:35 f1bis
```

Remarque : la commande `rm` ne détruit pas forcément un fichier, elle détruit un lien. Si l'inode n'a plus de lien, le système détruit alors le fichier.

6. On déplace (renomme) un lien.

```
guest@debian:~/liens$ mv f1bis f1
guest@debian:~/liens$ ls -li f1
164409 -rw------- 1 guest guest 197 févr.  3 18:35 f1
```

7. On crée un lien symbolique.

```
guest@debian:~/liens$ ln -s f1 f1ter
guest@debian:~/liens$ ls -l
total 8
-rw------- 1 guest guest 197 févr.  3 18:35 f1
lrwxrwxrwx 1 guest guest   2 févr.  3 18:38 f1ter -> f1
-rw-r--r-- 1 guest guest  43 févr.  3 18:35 f2
guest@debian:~/liens$ ls -lL f1ter
-rw------- 1 guest guest 197 févr.  3 18:35 f1ter
```

Remarques :

1) Un lien symbolique offre également un nouveau chemin pour accéder à un fichier, mais il peut s'affranchir de la limite des systèmes de fichiers et il permet aussi de référencer un répertoire. Par contre il utilise un inode à part entière de type lien.

2) L'option –L de `ls` permet de suivre les liens symboliques.

8. On détruit le fichier lié.

```
guest@debian:~/liens$ rm f1
guest@debian:~/liens$ ls -l
total 4
lrwxrwxrwx 1 guest guest  2 févr.  3 18:38 f1ter -> f1
-rw-r--r-- 1 guest guest 43 févr.  3 18:35 f2
guest@debian:~/liens$ more f1ter
f1ter: Aucun fichier ou dossier de ce type
guest@debian:~/liens$ cd
```

Remarque : le lien existe toujours, mais il ne pointe plus sur un fichier. Le système le traite donc comme un fichier non existant. Ce comportement n'est pas possible avec les liens matériels.

Debian - La sauvegarde

Tâche 1 : La commande tar, les fondamentaux.. 10 mn

Tâche 2 : tar, compléments .... 10 mn

Tâche 3 : La commande cpio (complément)... 5 mn

Tâche 4 : La commande pax (complément).. 5 mn

Tâche 1 :
La commande tar, les fondamentaux

1. On se connecte sous le compte `guest` et on sauvegarde ses fichiers dans une archive contenue dans un fichier.

```
guest@debian:~$ tar -cvf /tmp/sauve.tar /home/guest # ou ~
tar: Suppression de « / » au début des noms des membres
/home/guest/
/home/guest/.gnome2/
/home/guest/.gnome2/keyrings/
/home/guest/.gnome2/keyrings/login.keyring
```

2. On visualise la liste des fichiers sauvegardés.

```
guest@debian:~$ tar -tvf /tmp/sauve.tar
drwxr-xr-x guest/guest       0 2014-01-21 15:29 home/guest/
drwx------ guest/guest       0 2014-01-18 15:13 home/guest/.gnome2/
drwx------ guest/guest       0 2014-01-21 10:08 home/guest/.gnome2/keyrings/
```

3. On restaure un fichier dans /tmp, on le compare avec le fichier d'origine.

```
guest@debian:~$ cd /tmp
guest@debian:/tmp$ tar -xvf /tmp/sauve.tar home/guest/.profile
home/guest/.profile
guest@debian:/tmp$ cmp /home/guest/.profile /tmp/home/guest/.profile
```

4. On détruit un fichier et on le restaure.

```
guest@debian:/tmp$ rm ~/.profile
guest@debian:/tmp$ cd /
guest@debian:/$ tar -xvf /tmp/sauve.tar home/guest/.profile
home/guest/.profile
guest@debian:/$ cd
guest@debian:~$ ls -l .profile
-rw-r--r-- 1 guest guest 675 janv. 18 14:09 .profile
```

5. On détruit tous ses fichiers et on les restaure.

```
guest@debian:~$ rm -rf * .[!.]*
guest@debian:~$ cd /
guest@debian:/$ tar -xf /tmp/sauve.tar
```

6. On sauvegarde tous ses fichiers en relatif et avec ou sans compression.

```
guest@debian:/$ cd
guest@debian:~$ tar -cf /tmp/sauveBis.tar .
guest@debian:~$ tar -tvf /tmp/sauveBis.tar
drwxr-xr-x guest/guest       0 2014-01-21 15:29 ./
drwx------ guest/guest       0 2014-01-18 15:13 ./.gnome2/
drwx------ guest/guest       0 2014-01-21 10:08 ./.gnome2/keyrings/
...
```

```
guest@debian:~$ cd /home
guest@debian:/home$ tar -czf /tmp/sauveTer.tar.gz guest
guest@debian:/home$ ls -lh /tmp/sauve.tar /tmp/sauveTer.tar.gz
-rw-r--r-- 1 guest guest 3,8M janv. 21 22:05 /tmp/sauve.tar
-rw-r--r-- 1 guest guest 795K janv. 21 23:03 /tmp/sauveTer.tar.gz
guest@debian:/home$ tar -tvf /tmp/sauveTer.tar.gz
drwxr-xr-x guest/guest         0 2014-01-21 15:29 guest/
drwx------ guest/guest         0 2014-01-18 15:13 guest/.gnome2/
drwx------ guest/guest         0 2014-01-21 10:08 guest/.gnome2/keyrings/
...
guest@debian:/home$ cd
```

Remarque : ne pas oublier le « . » qui signifie répertoire courant.

Tâche 2 :
tar, compléments

1. Sauvegardez les fichiers modifiés dans la journée.

```
guest@debian:~$ find . -mtime 0 -type f | tar -c -T - -f /tmp/journal.tar
guest@debian:~$ tar -tvf /tmp/journal.tar
```

2. Réalisez une sauvegarde incrémentale.

On sauvegarde les fichiers créés ou modifiés depuis le 21/01 à 15h00 (01211500).

```
guest@debian:~$ touch -t 01211500 .ref
guest@debian:~$ find ~ -newer .ref -type f |tar -c -T - -f /tmp/incr.tar
tar: Suppression de « / » au début des noms des membres
guest@debian:~$ tar -tvf /tmp/incr.tar
```

Remarque : sans l'option –t, la commande touch met le fichier à la date et à l'heure courantes. Si cette commande se trouve dans un script de sauvegarde, automatiquement on ne sauvegardera que les fichiers modifiés ou créés depuis la dernière sauvegarde.

3. Quel est le format de l'archive créée précédemment ?

```
guest@debian:~$ file /tmp/incr.tar
/tmp/incr.tar: POSIX tar archive (GNU)
```

Remarque : si l'archive avait été présente sur une cartouche, il aurait fallu d'abord copier l'archive (ou une partie) dans un fichier texte avant d'utiliser la commande file. Dans l'exemple suivant, on copie les 100 premiers blocs d'une cartouche dans un fichier.
dd if=/dev/st0 of=/tmp/archive bs=1k count=100

4. Créez un script qui sauvegarde le répertoire de connexion en excluant certains répertoires.

```
guest@debian:~$ vi sauve.sh
tar -c \
        --exclude .aptitude/ \
        --exclude .cache/ \
        --exclude .config/ \
        --exclude .dbus/ \
        --exclude .gconf/ \
        --exclude .gnome2/ \
        --exclude .gvfs/ \
        --exclude .local/ \
        --exclude .mission-control/ \
        --exclude .pulse/ \
        --exclude .ssh/ \
-f /tmp/s2.tar ~
guest@debian:~$ sh sauve.sh
```

```
tar: Suppression de « / » au début des noms des membres
guest@debian:~$ tar -tvf /tmp/s2.tar
```

5. Réalisez une sauvegarde absolue, listez son contenu.

```
guest@debian:~$ tar -cPf /tmp/absolue.tar /home/guest
guest@debian:~$ tar -tf /tmp/absolue.tar
tar: Suppression de « / » au début des noms des membres
/home/guest/
/home/guest/.gnome2/
/home/guest/.gnome2/keyrings/
/home/guest/.gnome2/keyrings/login.keyring
```

Remarque : si l'on veut restaurer un fichier à son emplacement d'origine, il faut préciser l'option –P, sinon tar supprime le « / » du début et réalise donc une restauration relative.

6. Le cas des liens symboliques.

a) On crée un lien symbolique.

```
guest@debian:~$ ln -s /etc/profile etc_profile
guest@debian:~$ ls -l etc_profile
lrwxrwxrwx 1 guest guest 12 janv. 21 23:16 etc_profile -> /etc/profile
```

b) On sauvegarde le lien.

```
guest@debian:~$ tar -cf /tmp/sauve.tar /home/guest
tar: Suppression de « / » au début des noms des membres
guest@debian:~$ tar -tvf /tmp/sauve.tar | grep etc
lrwxrwxrwx guest/guest       0 2014-01-21 23:16 home/guest/etc_profile ->
/etc/profile
```

c) On sauvegarde le fichier lié.

```
guest@debian:~$ tar -chf /tmp/sauve.tar /home/guest
tar: Suppression de « / » au début des noms des membres
tar: /home/guest/.pulse/3755666760040878a772e49652da759d-runtime : fichier
supprimé avant d'avoir été lu
guest@debian:~$ tar -tvf /tmp/sauve.tar | grep etc
-rw-r--r-- root/root       851 2011-07-29 19:03 home/guest/etc_profile
```

7. Le problème de la date de dernière modification.

a) On sauvegarde et on restaure un fichier sans option particulière. On conserve la date de dernière modification.

```
guest@debian:~$ tar -cf /tmp/sauve.tar /home/guest
tar: Suppression de « / » au début des noms des membres
guest@debian:~$ cd /tmp
guest@debian:/tmp$ tar -xvf /tmp/sauve.tar home/guest/.profile
home/guest/.profile
guest@debian:/tmp$ ls -l home/guest/.profile
-rw-r--r-- 1 guest guest 675 janv. 18 14:09 home/guest/.profile
```

b) On restaure un fichier avec l'option -m. La date de dernière modification du fichier correspond alors à l'époque de la restauration.

```
guest@debian:/tmp$ tar -xvmf /tmp/sauve.tar home/guest/.profile
home/guest/.profile
guest@debian:/tmp$ ls -l home/guest/.profile
-rw-r--r-- 1 guest guest 675 janv. 21 23:22 home/guest/.profile
```

8. Utilisation de la variable d'environnement TAPE.

```
guest@debian:~$ export TAPE=/tmp/sauve.tar
guest@debian:~$ tar c ~
```

```
tar: Suppression de « / » au début des noms des membres
guest@debian:~$ tar t
home/guest/
home/guest/.gnome2/
...
guest@debian:/tmp$ cd
```

Tâche 3 :
La commande cpio (complément)

1. Sauvegardez les fichiers du compte guest.

```
guest@debian:~$ find /home/guest | cpio -o > /tmp/guest.cpio
7570 blocs
guest@debian:~$ file /tmp/guest.cpio
/tmp/guest.cpio: cpio archive
```

2. Sauvegardez les fichiers du compte guest dans une autre archive. On compresse la sauvegarde. On utilise le format ASCII des en-têtes cpio.

```
guest@debian:~$ find ~|cpio -oc | gzip > /tmp/guest2.cpio.gz
7584 blocs
guest@debian:~$ gunzip < /tmp/guest2.cpio.gz > /tmp/archive
guest@debian:~$ file /tmp/archive
/tmp/archive: ASCII cpio archive (pre-SVR4 or odc)
```

3. Listez le contenu des sauvegardes.

```
guest@debian:~$ cpio -itv < /tmp/guest.cpio
drwxr-xr-x  24 guest      guest           0 Jan 21 23:16 /home/guest
drwx------   3 guest      guest           0 Jan 18 15:13 /home/guest/.gnome2
drwx------   2 guest      guest           0 Jan 21 10:08
/home/guest/.gnome2/keyrings
...
guest@debian:~$ gunzip < /tmp/guest2.cpio.gz | cpio -itcv
drwxr-xr-x  24 guest      guest           0 Jan 21 23:16 /home/guest
drwx------   3 guest      guest           0 Jan 18 15:13 /home/guest/.gnome2
drwx------   2 guest      guest           0 Jan 21 10:08
/home/guest/.gnome2/keyrings
...
```

4. Restaurez un fichier.

```
guest@debian:~$ rm ~/.profile
guest@debian:~$ cpio -i /home/guest/.profile < /tmp/guest.cpio
7570 blocs
guest@debian:~$ ls -l .profile
-rw-r--r-- 1 guest guest 675 janv. 21 23:33 .profile
```

5. Restaurez une arborescence de fichiers.

```
guest@debian:~$ rm -rf * .[!.]*
guest@debian:~$ gunzip < /tmp/guest2.cpio.gz | cpio -idc 2> /dev/null
guest@debian:~$ find
```

6. Lisez une archive TAR.

```
[guest@localhost ~]$ cpio -itv -H ustar < /tmp/s2.tar  |head
730 blocks
drwx------   1 guest      guest           0 Jan 21 21:21 home/guest/
-rw-r--r--   1 guest      guest          18 Aug  9 13:40 home/guest/.bash_logout
-rw-r--r--   1 guest      guest         193 Aug  9 13:40 home/guest/.bash_profile
```

Tâche 4 :
La commande pax (complément)

1. Sauvegardez les fichiers du compte guest. Au préalable installez le logiciel pax.

```
guest@debian:~$ sudo aptitude install pax
guest@debian:~$ pax -w -f /tmp/guest.tar /home/guest
```

2. Sauvegardez les fichiers du compte guest dans une autre archive. On compresse la sauvegarde.

```
[guest@debian:~$ find /home/guest |pax -w |gzip > /tmp/guest2.tar.gz
```

3. Listez le contenu des sauvegardes.

```
guest@debian:~$ pax -f /tmp/guest.tar | head -5
/home/guest
/home/guest/.gnome2
/home/guest/.gnome2/keyrings
/home/guest/.gnome2/keyrings/login.keyring
/home/guest/.gnome2/keyrings/user.keystore
guest@debian:~$ pax -v -f /tmp/guest.tar |head -5
drwxr-xr-x  2 guest      guest            0 Jan 21 23:36 /home/guest
drwx------  2 guest      guest            0 Jan 21 23:36 /home/guest/.gnome2
drwx------  2 guest      guest            0 Jan 21 23:36
/home/guest/.gnome2/keyrings
-rw-------  1 guest      guest          109 Jan 21 23:36
/home/guest/.gnome2/keyrings/login.keyring
-rw-------  1 guest      guest          207 Jan 21 23:36
/home/guest/.gnome2/keyrings/user.keystore
guest@debian:~$ gunzip < /tmp/guest2.tar.gz |pax
/home/guest
/home/guest/.gnome2
/home/guest/.gnome2/keyrings
guest@debian:~$ tar -tvf /tmp/guest.tar | head
tar: Suppression de « / » au début des noms des membres
drwxr-xr-x guest/guest       0 2014-01-21 23:36 /home/guest
drwx------ guest/guest       0 2014-01-21 23:36 /home/guest/.gnome2
```

Remarque : comme la commande tar utilise le format ISO, on peut l'utiliser pour manipuler une archive créée par la commande pax et inversement.

---

4. Restaurez un fichier.

```
guest@debian:~$ rm ~/.profile
guest@debian:~$ pax -r -f /tmp/guest.tar ~/.profile
guest@debian:~$ ls -l .profile
-rw-r--r-- 1 guest guest 675 janv. 21 23:36 .profile
```

5. Restaurez une arborescence de fichiers.

```
guest@debian:~$ rm -rf * .[!.]*
guest@debian:~$ gunzip < /tmp/guest2.tar.gz | pax -r
guest@debian:~$ find |head
```

Remarque : le comportement est différent de la commande pax de Redhat (chemin absolus conservés)

Debian - Les applications

Tâche 1 : Les processus .... 10 mn

Tâche 2 : Crontab .... 10 mn

Tâche 3 : Syslog .... 5 mn

Tâche 4 : Les processus, compléments .... 20 mn

Tâche 5 : Crontab, compléments .... 20 mn

Tâche 6 : Syslog, compléments .... 10 mn

Tâche 7 : Compléments sur les processus : les zombies .... 10 mn

Tâche 1 :
Les processus

1. Listez les processus associés au terminal courant.

```
guest@debian:~$ ps
  PID TTY          TIME CMD
 4062 pts/1    00:00:00 bash
 4940 pts/1    00:00:00 ps
```

Remarque : la commande affiche pour chaque processus : son identifiant (PID), son terminal (TTY), le temps CPU consommé (TIME) et la commande (CMD).

2. Est-ce que l'application crond est active ? Quel est son PID ?

```
guest@debian:~$ ps -e |grep cron
 2410 ?        00:00:00 cron
```

Remarques :

1) L'option –e liste la totalité des processus (liste exhaustive) ; par défaut, la commande ne liste que les processus associés au terminal courant.

2) Le PID apparaît en première colonne ; ici, il est égal à 1798.

3. Activez une application en tâche de fond, visualisez les principales caractéristiques des applications associées au terminal (la tâche que l'on vient d'activer en fait partie).

```
guest@debian:~$ sleep 300 &
[1] 4943
guest@debian:~$ ps -f
UID        PID  PPID  C STIME TTY          TIME CMD
guest     4062  4061  0 janv.21 pts/1  00:00:00 -bash
guest     4943  4062  0 05:14 pts/1     00:00:00 sleep 300
guest     4944  4062  0 05:14 pts/1     00:00:00 ps -f
```

Remarques :

1) L'option –f affiche l'UID, le PID, le PPID, le STIME (l'heure de démarrage), le TTY, la commande et ses arguments.

2) L'application sleep est une temporisation. On donne en argument la durée en secondes.

3) Normalement, avec le shell, on active des applications en avant-plan (foreground). C'est-à-dire que le shell attend leur fin avant de faire autre chose. Si l'on active une tâche en arrière-plan (background) en terminant la commande avec « & », le shell vous rend la main immédiatement après avoir activé l'application.

4. Tuez la tâche précédente.

```
guest@debian:~$ kill -TERM 4943
[1]+  Complété              sleep 300
```

Remarque : le signal TERM, équivalent à 15, est le signal par défaut lancé par la commande `kill`.

5. Listez les principales caractéristiques de tous les processus.

```
guest@debian:~$ ps -ef | head
UID          PID  PPID  C STIME TTY          TIME CMD
root           1     0  0 janv.21 ?      00:00:01 init [2]
root           2     0  0 janv.21 ?      00:00:00 [kthreadd]
root           3     2  0 janv.21 ?      00:00:00 [ksoftirqd/0]
...
```

6. Activez une session Dash shell, et ensuite tuez-la.

```
guest@debian:~$ dash
$ ps
  PID TTY          TIME CMD
 4062 pts/1    00:00:00 bash
 4947 pts/1    00:00:00 dash
 4948 pts/1    00:00:00 ps
$ kill 4947
$ kill -9 4947
Processus arrêté
guest@debian:~$
```

Remarque : le premier `kill` est inopérant car le shell ignore le signal TERM (envoyé par défaut). Le signal 9 envoyé par le deuxième `kill`, lui, est efficace : on revient sous le shell bash.

7. Gérez le service Apache.

a) Installez le logiciel Apache (l'installation entraine le démarrage du service).

```
guest@debian:~$ sudo aptitude install apache2
```

b) Arrêtez le service Apache.

```
guest@debian:~$ sudo service apache2 stop
[ ok ] Stopping web server: apache2 ... waiting .
```

b) Est-ce que le service Apache est actif ?

```
guest@debian:~$ ps -e |grep apache2
```

d) Démarrez le service Apache.

```
guest@debian:~$ sudo service apache2 start
[ ok ] Starting web server: apache2.
guest@debian:~$ ps -e |grep apache2
 5815 ?        00:00:00 apache2
 5818 ?        00:00:00 apache2
 5819 ?        00:00:00 apache2
 5820 ?        00:00:00 apache2
```

Tâche 2 :
Crontab

1. Connectez-vous sous le compte de guest et vérifiez s'il possède un crontab.

```
guest@debian:~$ crontab -l
no crontab for guest
```

2. Créez, sous ce compte, un crontab qui accomplit les tâches suivantes :

a) Écrire la date toutes les minutes à la fin du fichier /tmp/date.log.

b) Écrire la liste des processus tous les quarts d'heure de 9h à 16h45 du lundi au vendredi, à la fin du fichier /tmp/process.log.

```
guest@debian:~$ EDITOR=/usr/bin/vi crontab -e
```

```
* * * * * date >> /tmp/date.log 2>&1
0,15,30,45 9-16 * * 1-5 ps -ef >> /tmp/process.log 2>&1
guest@debian:~$
```

Remarques :

1) L'expression « 2>&1 » est une syntaxe shell signifiant que les écritures d'erreurs sont fusionnées avec la sortie normale. En conséquence, le fichier /tmp/date.log, par exemple, contiendra aussi bien le résultat normal de la commande que les erreurs.

2) Par défaut, crontab utilise l'éditeur nano. Si l'on veut utiliser l'éditeur vi, on le précise grâce à la variable d'environnement EDITOR. On peut la définir et l'exporter dans son fichier ~/.profile.

3) Pour indiquer une périodicité de tous les quarts d'heure, on pouvait utiliser la notation */15 au lieu de l'indication explicite 0,15,30,45.

3. Visualisez son crontab actif.

```
guest@debian:~$ crontab -l
...
* * * * * date >> /tmp/date.log 2>&1
0,15,30,45 9-16 * * 1-5 ps -ef >> /tmp/process.log 2>&1
```

Remarque : en tête du Crontab, il y a la syntaxe de création d'un Crontab mise en commentaire.

4. Visualisez l'effet de la première commande.

```
guest@debian:~$ tail -f /tmp/date.log
mercredi 22 janvier 2014, 05:21:01 (UTC+0100)
mercredi 22 janvier 2014, 05:22:01 (UTC+0100)
^C
```

Remarque : l'option –f de la commande tail permet de garder le fichier ouvert en attente de nouvelles écritures. On arrête la commande par Ctrl+C.

5. Supprimez son crontab.

```
guest@debian:~$ crontab -r
guest@debian:~$ crontab -l
no crontab for guest
```

Tâche 3 :
Syslog

1. Quels sont les fichiers où sont consignés les messages de journalisation associés au courrier ?

Visualisez la dernière ligne du fichier consignant les erreurs de messagerie.

```
guest@debian:~$ grep mail /etc/rsyslog.conf /etc/rsyslog.d/*
/etc/rsyslog.conf:mail.*                              -/var/log/mail.log
/etc/rsyslog.conf:# Logging for the mail system.  Split it up so that
/etc/rsyslog.conf:mail.info                           -/var/log/mail.info
/etc/rsyslog.conf:mail.warn                           -/var/log/mail.warn
/etc/rsyslog.conf:mail.err                            /var/log/mail.err
/etc/rsyslog.conf:          news.none;mail.none       -/var/log/debug
/etc/rsyslog.conf:          mail,news.none            -/var/log/messages
/etc/rsyslog.conf:#daemon,mail.*;\
/etc/rsyslog.conf:daemon.*;mail.*;\
grep: /etc/rsyslog.d/*: Aucun fichier ou dossier de ce type

guest@debian:~$ sudo tail /var/log/mail.err
```

Remarque : Rsyslog utilise des tampons pour les fichiers précédés d'un « - ». Inversement, les autres fichiers sont écrits de manière synchrone.

2. On envoie un message de niveau warning à destination du sous-système user.

```
guest@debian:~$ logger -p user.warn "Message a RSYSLOG"
guest@debian:~$ sudo tail -1 /var/log/syslog
Jan 22 05:28:36 debian guest: Message a RSYSLOG
```

Tâche 4 :
Les processus, compléments

1. Affichez les caractéristiques d'un processus dont on connaît le PID.

```
guest@debian:~$ pidof cron
2410
guest@debian:~$ ps -f -p 2410
UID         PID  PPID  C STIME TTY          TIME CMD
root        2410    1  0 janv.21 ?       00:00:00 /usr/sbin/cron
```

2. Affichez la généalogie des processus.

```
guest@debian:~$ pstree | head
init-+-NetworkManager-+-2*[dhclient]
     |                 `-2*[{NetworkManager}]
     |-accounts-daemon---{accounts-daemon}
     |-acpid
     |-apache2-+-apache2
     |         `-2*[apache2---26*[{apache2}]]
```

3. Listez les processus appartenant à un compte donné (par exemple guest).

```
guest@debian:~$ ps -u guest
  PID TTY          TIME CMD
 4061 ?        00:00:01 sshd
 4062 pts/1    00:00:00 bash
 5948 pts/1    00:00:00 ps
```

4. Listez l'ensemble des processus, faites ressortir l'usage des ressources.

```
guest@debian:~$ ps aux | head
USER       PID %CPU %MEM    VSZ    RSS TTY      STAT START   TIME COMMAND
root         1  0.0  0.0   2280    752 ?        Ss   janv.21  0:01 init [2]
root         2  0.0  0.0      0      0 ?        S    janv.21  0:00 [kthreadd]
root         3  0.0  0.0      0      0 ?        S    janv.21  0:00 [ksoftirqd/0]
```

Remarque : les colonnes %CPU, %MEM donnent, respectivement, le pourcentage d'utilisation du CPU et de la mémoire par la commande.

5. Affichez les processus les plus consommateurs de ressources.

```
guest@debian:~$ top
top - 05:32:47 up 14:06,  2 users,  load average: 0,00, 0,01, 0,05
Tasks:  91 total,   1 running,  90 sleeping,   0 stopped,   0 zombie
%Cpu(s):  0,0 us,  0,0 sy,  0,0 ni,100,0 id,  0,0 wa,  0,0 hi,  0,0 si,  0,0 st
KiB Mem:   1294688 total,    375712 used,    918976 free,     36428 buffers
KiB Swap:   392188 total,         0 used,    392188 free,    263408 cached

  PID USER      PR  NI  VIRT  RES  SHR S  %CPU %MEM    TIME+  COMMAND
    1 root      20   0  2280  752  648 S   0,0  0,1  0:01.31 init
    2 root      20   0     0    0    0 S   0,0  0,0  0:00.00 kthreadd
...
  118 root      20   0     0    0    0 S   0,0  0,0  0:00.00 kworker/u:3
  156 root      20   0     0    0    0 S   0,0  0,0  0:00.12 jbd2/sda1-8
```

Remarques :

1) La liste affichée par top est rafraîchie périodiquement.

2) On met fin à la commande en tapant sur Ctrl+C (comme pour toute commande lancée en avant-plan [foreground]).

3) En tête, la commande affiche également la charge système et l'utilisation de la mémoire.

6. Gérez les priorités.

a) Activez une application avec une valeur NICE de 10.

```
guest@debian:~$ nice -10 sleep 300 &
[1] 5953
```

b) Listez les processus liés au terminal, affichez leur NICE.

```
guest@debian:~$ ps -l
F S   UID   PID  PPID  C PRI  NI ADDR SZ WCHAN  TTY          TIME CMD
0 S  1000  4062  4061  0  80   0 -  1516 -      pts/1    00:00:00 bash
0 S  1000  5953  4062  0  90  10 -   840 -      pts/1    00:00:00 sleep
0 R  1000  5954  4062  0  80   0 -  1032 -      pts/1    00:00:00 ps
```

c) Modifiez la valeur du NICE, positionnez-la à 20, visualisez le résultat.

```
guest@debian:~$ renice 20 5953
5953 (identifiant de processus) priorité précédente 10, nouvelle priorité 19
guest@debian:~$ ps -l
F S   UID   PID  PPID  C PRI  NI ADDR SZ WCHAN  TTY          TIME CMD
0 S  1000  4062  4061  0  80   0 -  1516 -      pts/1    00:00:00 bash
0 S  1000  5953  4062  0  99  19 -   840 -      pts/1    00:00:00 sleep
0 R  1000  5956  4062  0  80   0 -  1032 -      pts/1    00:00:00 ps
```

Remarque : les commandes nice et renice modifient la valeur NICE qui rentre en ligne de compte dans le calcul de la priorité. Elle peut prendre une valeur entre -20 et +20. Une valeur positive abaisse la priorité. Une valeur négative l'augmente, il faut être root pour l'utiliser. Habituellement, on diminue la valeur NICE des applications lancées en tâche de fond et qui consomment beaucoup de CPU. Cela permet de ne pas pénaliser des applications interactives comme le shell.

7. Visualisez les fichiers ouverts par le démon rsyslogd.

```
guest@debian:~$ sudo lsof |head -2
COMMAND    PID  TID      USER   FD      TYPE    DEVICE SIZE/OFF    NODE
NAME
init         1           root   cwd     DIR        8,1    4096       2 /
guest@debian:~$ sudo lsof |grep rsyslogd | head
rsyslogd  2014           root   cwd     DIR        8,1    4096       2 /
rsyslogd  2014           root   rtd     DIR        8,1    4096       2 /
rsyslogd  2014           root   txt     REG        8,1  388520    7534
/usr/sbin/rsyslogd
rsyslogd  2014           root   mem     REG        8,1   38556  267660
/lib/i386-linux-gnu/i686/cmov/libnss_nis-2.13.so
```

Remarque : la commande lsof apporte à l'exploitant de précieuses informations. Pour chaque fichier ouvert, elle affiche une ligne pour chacun des processus qui l'a ouverte. À chaque fois, elle donne le nom de l'exécutable (COMMAND), son identifiant (PID), le compte sous lequel le processus s'exécute (USER), d'autres informations techniques (cf. le man) et enfin le chemin du fichier (NODE NAME).

8. Quelles sont les applications qui accèdent au fichier /var/log/syslog ?

```
guest@debian:~$ sudo fuser /var/log/syslog
/var/log/syslog:         2014
guest@debian:~$ ps -f -p 2014
```

```
UID        PID  PPID  C STIME TTY          TIME CMD
root      2014    1  0 janv.21 ?       00:00:00 /usr/sbin/rsyslogd -c5
```

9. Listez les bibliothèques utilisées par une application (par exemple bash).

```
guest@debian:~$ whereis bash
bash: /bin/bash /etc/bash.bashrc /usr/share/man/man1/bash.1.gz
guest@debian:~$ ldd /bin/bash
        linux-gate.so.1 =>  (0xb777e000)
        libtinfo.so.5 => /lib/i386-linux-gnu/libtinfo.so.5 (0xb7749000)
        libdl.so.2 => /lib/i386-linux-gnu/i686/cmov/libdl.so.2 (0xb7745000)
        libc.so.6 => /lib/i386-linux-gnu/i686/cmov/libc.so.6 (0xb75e1000)
        /lib/ld-linux.so.2 (0xb777f000)
```

10. Vérifiez si le fichier /bin/bash est un exécutable.

```
guest@debian:~$ file /bin/bash
/bin/bash: ELF 32-bit LSB executable, Intel 80386, version 1 (SYSV), dynamically
linked (uses shared libs), for GNU/Linux 2.6.26,
BuildID[sha1]=0x6c2d022503edd4e409032f33bffbcb66d2546ea5, stripped
```

11. Le manuel dit tout.

Le manuel (man) d'une commande, y compris celui d'un démon gérant un service, donne normalement toutes les informations nécessaires à l'exploitation.

a) Les arguments (les options) du démon.

```
guest@debian:~$ man rsyslogd
RSYSLOGD(8)          Linux System Administration                      RSYSLOGD(8)


NAME
        rsyslogd - reliable and extended syslogd

SYNOPSIS
        rsyslogd [ -4 ] [ -6 ] [ -A ] [ -d ] [ -f config file ]
        [ -i pid file ] [ -l hostlist ] [ -n ] [ -N level ]
        [ -q ] [ -Q ] [ -s domainlist ] [ -u userlevel ] [ -v ] [ -w ] [ -x ]

DESCRIPTION
        Rsyslogd  is  a  system utility providing support for message logging.
        Support of both internet and unix domain sockets enables this utility to
        support both local and  remote logging.
OPTIONS
...
```

b) L'action des signaux sur le démon.

```
guest@debian:~$ man rsyslogd
...
SIGNALS
        Rsyslogd  reacts  to  a set of signals.  You may easily send a signal to
        rsyslogd using the following:


            kill -SIGNAL $(cat /var/run/rsyslogd.pid)


        Note that -SIGNAL must be replaced with the actual signal you are trying
        to send,  e.g.  with HUP. So it then becomes:


            kill -HUP $(cat /var/run/rsyslogd.pid)
```

　　

```
       HUP    This  lets  rsyslogd  perform  close all open files.  Also, in v3
              a full restart will be done in order to read changed configuration
              files.  Note that this means
```

c) Des informations complémentaires : menaces liées à la sécurité, dépannage, conformité aux standards, les auteurs, les bugs...

```
guest@debian:~$ man rsyslogd
...
SECURITY THREATS
       There is the potential for the rsyslogd daemon to be used as a conduit
       for a denial  of service  attack.  A rogue program(mer) could very easily
       flood the rsyslogd daemon with...
DEBUGGING
       When debugging is turned on using -d option then rsyslogd will be very
       verbose by writ-ing much of what it does on stdout.
```

d) Les fichiers gérés par un démon.

```
guest@debian:~$ man rsyslogd
...
FILES
       /etc/rsyslog.conf
              Configuration file for rsyslogd.  See rsyslog.conf(5) for exact
              information.
       /dev/log
              The Unix domain socket to from where local syslog messages are
              read.
       /var/run/rsyslogd.pid
              The file containing the process id of rsyslogd.
...
```

Remarque : dans le cas présent, le fichier de configuration (`/etc/rsyslog.conf`) n'est pas décrit dans le manuel du démon (ce qui est fréquent), mais la page de manuel le décrivant est indiquée (rsyslog.conff(5)).

---

e) Les variables d'environnement d'une commande ou d'un démon.

```
guest@debian:~$ man rsyslogd
...
ENVIRONMENT
       RSYSLOG_DEBUG
              Controls  runtime  debug support.It contains an option string with
              the following options possible (all are case insensitive):

              LogFuncFlow
                     Print out the logical flow of functions (entering and
                     exiting them)
```

f) Le renvoi à d'autres pages de manuel (SEE ALSO) ou à d'autres sources d'information.

```
guest@debian:~$ man rsyslogd
...
Further Information
       Please visit http://www.rsyslog.com/doc for additional  information,
       tutorials  and  a support forum.

SEE ALSO
       rsyslog.conf(5), logger(1), syslog(2), syslog(3), services(5), savelog(8)
```

g) Les codes retour de la commande.

```
guest@debian:~$ man pax
...
EXIT STATUS
     The pax utility exits with one of the following values:
         0          All files were processed successfully.
         1          An error occurred.
```

h) Des exemples d'utilisation (très rares!).

```
guest@debian:~$ man pax
...
EXAMPLES
     Copy the contents of the current directory to the device /dev/rst0:
             $ pax -w -f /dev/rst0
```

12. Activez le service Apache (httpd) et affichez le PGID des processus activés.

```
guest@debian:~$ sudo service apache2 status
Apache2 is running (pid 5815).
guest@debian:~$ ps -o pid,pgid,cmd -e |grep apache2
 5815  5815 /usr/sbin/apache2 -k start
 5818  5815 /usr/sbin/apache2 -k start
 5819  5815 /usr/sbin/apache2 -k start
 5820  5815 /usr/sbin/apache2 -k start
 7813  7812 grep apache2
guest@debian:~$ ps -j -e |grep apache2
 5815  5815  5815 ?          00:00:00 apache2
 5818  5815  5815 ?          00:00:00 apache2
 5819  5815  5815 ?          00:00:00 apache2
 5820  5815  5815 ?          00:00:00 apache2
guest@debian:~$ ps -j -e |head -2
  PID  PGID    SID TTY          TIME CMD
    1     1      1 ?          00:00:01 init
```

Remarque : en supposant que le processus superviseur d'Apache soit bogué, on peut utiliser le PGID pour tuer l'ensemble des processus Apache en une seule commande kill, en mettant « - » devant le PGID : `kill -TERM -5815`.

13. Configurez les services.

Certains RC sont configurés par des fichiers. Ils permettent principalement de positionner les options du démon gérant le service sous forme de variable d'environnement.

```
guest@debian:~$ more /etc/init.d/apache2
...
if [ -z "$APACHE_ENVVARS" ] ; then
        APACHE_ENVVARS=$APACHE_CONFDIR/envvars
fi
export APACHE_CONFDIR APACHE_ENVVARS
guest@debian:~$ more /etc/apache2/envvars
...
export APACHE_RUN_USER=www-data
export APACHE_RUN_GROUP=www-data
```

14. Affichez l'identifiant des threads.

```
guest@debian:~$ ps -eL |head
  PID  LWP TTY          TIME CMD
    1    1 ?          00:00:01 init
    2    2 ?          00:00:00 kthreadd
```

```
. . .
 2413  2413 ?        00:00:00 apache2
 2413  2421 ?        00:00:00 apache2
 2413  2422 ?        00:00:00 apache2
```

Remarque : l'application apache2 a été écrite sous forme d'une application multiprocess ou multithread. La plupart des applications Linux actuelles sont plutôt encore de type multiprocess.

15. Affichez la charge système.

```
guest@debian:~$ uptime
 06:49:50 up 15:23,  2 users,  load average: 0,00, 0,01, 0,05
```

Les trois dernières valeurs donnent respectivement la charge système dans la dernière minute, les cinq dernières minutes et le dernier quart d'heure. On voit ainsi la tendance : la charge augmente ou diminue. Une charge de « 1 » signifie 100% d'utilisation des processeurs. Ici, la deuxième valeur est 0.01, c'est-à-dire 1%, ce qui est une charge système très faible.

16. Affichez la mémoire vive et la mémoire de swap totale, utilisée et libre.

```
guest@debian:~$ free
             total       used       free     shared    buffers     cached
Mem:       1294688     384888     909800          0      37584     267976
-/+ buffers/cache:      79328    1215360
Swap:       392188          0     392188
```

17. Affichez les espaces de swap actifs.

```
guest@debian:~$ sudo swapon -s
Filename                                Type       Size    Used   Priority
/dev/sda5                               partition  392188  0      -1
```

Tâche 5 :
Crontab, compléments

1. Est-ce que le service crontab est actif ?

```
guest@debian:~$ ps -e |grep cron
 2410 ?          00:00:00 cron
```

2. On crée une requête crontab dans un fichier, on la soumet pour le compte guest et, après quelques minutes, on la supprime.

```
guest@debian:~$ su -
Mot de passe : secret
root@debian:~# echo "* * * * * date >> /tmp/date2.log 2>&1" > requete
root@debian:~# crontab -u guest requete
root@debian:~# crontab -u guest -l
* * * * * date >> /tmp/date2.log 2>&1
root@debian:~# crontab -u guest -r
```

3. Visualisez la fin du journal de bord de cron.

```
root@debian:~# sudo grep -i cron /var/log/syslog
Jan 21 15:27:02 debian anacron[3049]: Normal exit (0 jobs run)
. . .
Jan 22 05:18:55 debian crontab[5895]: (guest) LIST (guest)
Jan 22 05:19:22 debian crontab[5896]: (guest) BEGIN EDIT (guest)
Jan 22 05:20:36 debian crontab[5896]: (guest) REPLACE (guest)
Jan 22 05:20:36 debian crontab[5896]: (guest) END EDIT (guest)
Jan 22 05:20:54 debian crontab[5899]: (guest) LIST (guest)
Jan 22 05:21:01 debian /USR/SBIN/CRON[5901]: (guest) CMD (date >> /tmp/date.log
2>&1)
```

Remarque : par défaut, les systèmes Debian n'ont pas de fichier journal concernant Cron. Les messages sont envoyés dans `/var/log/syslog`.

4. Listez les différents crontabs existants.

```
root@debian:~# crontab -u guest requete
root@debian:~# ls /var/spool/cron/crontabs/
guest
root@debian:~# crontab -u guest -r
```

5. Créez un `crontab` pour guest à la fin du fichier /etc/crontab, visualisez et supprimez le résultat.

```
root@debian:~# cp /etc/crontab /etc/crontab.old
root@debian:~# echo "* * * * * guest date >> /tmp/date2.log 2>&1" >>
/etc/crontab
root@debian:~# tail -3 /etc/crontab
52 6    1 * *    root    test -x /usr/sbin/anacron || ( cd / && run-parts --
report /etc/cron.monthly )
#
* * * * * guest date >> /tmp/date2.log 2>&1
root@debian:~# service cron reload
[ ok ] Reloading configuration files for periodic command scheduler: cron.
root@debian:~# tail -f /tmp/date2.log
mercredi 22 janvier 2014, 06:58:02 (UTC+0100)
mercredi 22 janvier 2014, 06:59:01 (UTC+0100)
^C
root@debian:~# cp /etc/crontab.old /etc/crontab
root@debian:~# service cron reload
[ ok ] Reloading configuration files for periodic command scheduler: cron.
```

6. Idem que précédemment mais en utilisant un fichier dans /etc/cron.d

```
root@debian:~# echo "* * * * * guest date >> /tmp/date2.log 2>&1" >
/etc/cron.d/requete
root@debian:~# service cron reload
[....] Reloading configuration files for periodic command schedul[ ok ron.
root@debian:~# tail /tmp/date2.log
mardi 11 mars 2014, 06:12:01 (UTC+0100)
root@debian:~# ls -l /tmp/date2.log
-rw-r--r-- 1 guest guest 40 mars  11 06:12 /tmp/date2.log
root@debian:~# rm /etc/cron.d/requete
root@debian:~# service cron reload
[....] Reloading configuration files for periodic command schedul[ ok ron.
```

7. Autorisez tout le monde à utiliser crontab, sauf vador et solo.

```
root@debian:~# rm /etc/cron.allow
rm: impossible de supprimer « /etc/cron.allow »: Aucun fichier ou dossier de ce
type
root@debian:~# echo "vador" >> /etc/cron.deny
root@debian:~# echo "solo" >> /etc/cron.deny
root@debian:~# su - vador
$ crontab -e
You (vador) are not allowed to use this program (crontab)
See crontab(1) for more information
$ exit
```

8. Interdisez à tout le monde d'utiliser crontab, sauf à guest et à solo.

```
root@debian:~# rm /etc/cron.deny
root@debian:~# echo "guest" >> /etc/cron.allow
```

```
root@debian:~# echo "solo" >> /etc/cron.allow
root@debian:~# su - solo
solo@debian:~$ crontab -l
no crontab for solo
solo@debian:~$ exit
déconnexion
root@debian:~# su - vador
$ crontab -l
You (vador) are not allowed to use this program (crontab)
See crontab(1) for more information
$ exit
root@debian:~# rm /etc/cron.allow
root@debian:~# exit
```

Tâche 6 :
Syslog, compléments

1. Redirigez les messages d'Apache à partir du niveau debug vers le sous-système local4.

```
guest@debian:~$ sudo -s
root@debian:~# grep -ri errorlog /etc/apache2/
/etc/apache2/sites-available/default:    ErrorLog ${APACHE_LOG_DIR}/error.log
/etc/apache2/sites-available/default-ssl:        ErrorLog
${APACHE_LOG_DIR}/error.log
/etc/apache2/apache2.conf:# ErrorLog: The location of the error log file.
/etc/apache2/apache2.conf:# If you do not specify an ErrorLog directive within a
<VirtualHost>
/etc/apache2/apache2.conf:ErrorLog ${APACHE_LOG_DIR}/error.log
root@debian:~# cp /etc/apache2/apache2.conf /etc/apache2/apache2.conf.000
root@debian:~# vi /etc/apache2/apache2.conf
ErrorLog syslog:local4
LogLevel debug
#LogLevel warn
root@debian:~# apache2ctl configtest
Syntax OK
root@debian:~# exit
```

Remarque : la commande précédente vérifie la syntaxe du fichier de configuration d'Apache.

2. On crée une destination pour recueillir les messages de journalisation d'Apache.

```
guest@debian:~$ sudo vi /etc/rsyslog.d/apache2.conf
local4.info      /var/log/apache2.log
local4.=debug    /var/log/web_debug
guest@debian:~$ sudo service rsyslog restart
[ ok ] Stopping enhanced syslogd: rsyslogd.
[ ok ] Starting enhanced syslogd: rsyslogd.
```

3. On active Apache et on visualise les journaux.

```
guest@debian:~$ sudo service apache2 restart
[ ok ] Restarting web server: apache2 ... waiting .
guest@debian:~$ sudo grep apache2 /var/log/syslog
Jan 23 21:28:51 debian apache2[10019]: [info] removed PID file
...
guest@debian:~$ sudo tail /var/log/apache2.log
Jan 23 21:28:51 debian apache2[10019]: [info] removed PID file
/var/run/apache2.pid (pid=10019)
Jan 23 21:28:51 debian apache2[10019]: [notice] caught SIGTERM, shutting down
```

```
Jan 23 21:28:52 debian apache2[10221]: [notice] Apache/2.2.22 (Debian)
configured -- resuming normal operations
Jan 23 21:28:52 debian apache2[10221]: [info] Server built: Mar  4 2013 21:32:32
guest@debian:~$ sudo tail /var/log/web_debug
Jan 23 21:28:52 debian apache2[10221]: [debug] worker.c(1757): AcceptMutex:
sysvsem (default: sysvsem)
```

Remarques :

1) Le fichier `syslog` contient encore l'ensemble des messages concernant Apache, mais d'un niveau égal ou supérieur à info (*.info).

2) Le fichier `apache.log` contient les messages de niveau info et supérieur : info, notice, warn… (demon.info).

3) Le fichier `web_debug` ne contient que les messages de niveau debug (daemon.=debug).

Tâche 7 :
Compléments sur les processus : les zombies

1. On saisit le code source de l'application en langage C qui suit et on le compile.

```
guest@debian:~$ vi zombie.c
/* zombie.c */
# include <stdio.h>
# include <stdlib.h>
# include <unistd.h>
# include <sys/types.h>
# include <sys/wait.h>

int main(int argc, char ** argv) {
        int status;
        if ( fork() == 0 )
                execlp("cal","cal",argv[1],argv[2],0);
        else {
                sleep(20);
                wait(&status);
                printf("code retour:%d\n", WEXITSTATUS(status));
                return 0;
        }
}
guest@debian:~$ gcc zombie.c
```

2. On exécute l'application en tâche de fond.

Cette application active elle-même la commande `cal`. Cette dernière se termine immédiatement, inversement l'application de supervision attend 20 secondes avant de récupérer le code retour. Pendant cette période, le processus `cal` est un zombie. Il apparaît sous l'appellation <defunct> quand on liste les processus. Même le signal 9 n'arrive pas à le tuer. Il disparaît lors de la terminaison de l'application.

```
guest@debian:~$ ./a.out &
[1] 9323
guest@debian:~$    Janvier 2014
di lu ma me je ve sa
          1  2  3  4
 5  6  7  8  9 10 11
12 13 14 15 16 17 18
19 20 21 22 23 24 25
26 27 28 29 30 31
```

```
guest@debian:~$ ps -u guest
  PID TTY          TIME CMD
 4061 ?        00:00:04 sshd
 4062 pts/1    00:00:00 bash
 9323 pts/1    00:00:00 a.out
 9324 pts/1    00:00:00 cal <defunct>
 9325 pts/1    00:00:00 ps
guest@debian:~$ kill -9 9324
guest@debian:~$ ps -u guest
  PID TTY          TIME CMD
 4061 ?        00:00:04 sshd
 4062 pts/1    00:00:00 bash
 9323 pts/1    00:00:00 a.out
 9324 pts/1    00:00:00 cal <defunct>
 9326 pts/1    00:00:00 ps
guest@debian:~$ code retour:0

[1]+  Fini                    ./a.out 6 1944
guest@debian:~$
```

3. On relance l'application en avant-plan.

On met fin à l'application de supervision par Ctrl+C. On constate que le zombie disparaît avec elle.
C'est normal : si son père (son superviseur) disparaît, le zombie n'a plus de raison d'être.

```
guest@debian:~$ ./a.out 9 1732
    Septembre 1732
di lu ma me je ve sa
               1  2
 3  4  5  6  7  8  9
10 11 12 13 14 15 16
17 18 19 20 21 22 23
24 25 26 27 28 29 30

^C
guest@debian:~$ ps -u guest |grep a.out
guest@debian:~$
```

Debian - Installer des applications

Tâche 1 : Installer une application à partir des sources .... 20 mn

Tâche 2 : Installer une application à partir des sources sans compilateur .... 5 mn

Tâche 3 : Gérer les applications et leur installation avec la commande dpkg .... 25 mn

Tâche 4 : Gérer des applications et leur installation avec la commande aptitude . 15 mn

Tâche 5 : Ajouter un dépôt non officiel .... 10 mn

Tâche 1 :
Installer une application à partir des sources

1. On télécharge les sources du serveur Web Nginx.

```
guest@debian:~$ wget 'http://hg.nginx.org/nginx/archive/tip.tar.gz'
--2014-01-24 05:38:17--  http://hg.nginx.org/nginx/archive/tip.tar.gz
Résolution de hg.nginx.org (hg.nginx.org)... 206.251.255.64
Connexion vers hg.nginx.org (hg.nginx.org)|206.251.255.64|:80...connecté.
requête HTTP transmise, en attente de la réponse...200 Script output follows
Longueur: non spécifié [application/x-gzip]
Sauvegarde en : «tip.tar.gz»

    [                          <=>                              ] 816 467
175K/s   ds 5,4s

2014-01-24 05:38:28 (147 KB/s) - «tip.tar.gz» sauvegardé [816467]
```

Remarque : il est plus simple d'utiliser le navigateur graphique et de se connecter au site
http://hg.nginx.org pour récupérer le logiciel.

2. On décompresse et on détare l'archive.

```
guest@debian:~$ tar -xf tip.tar.gz
```

3. On crée le fichier `Makefile` qui contrôle la compilation.

a) On se déplace dans le répertoire créé et on lit la documentation.

```
guest@debian:~$ cd nginx-a387ce36744a/
guest@debian:~/nginx-a387ce36744a$ ls
auto  conf  contrib  docs  misc  src
guest@debian:~/nginx-a387ce36744a$ ls docs/
dtd GNUmakefile html man text xml xsls xslt
guest@debian:~/nginx-a387ce36744a$ ls docs/text/
LICENSE  README
guest@debian:~/nginx-a387ce36744a$ more docs/text/README

Documentation is available at http://nginx.org

guest@debian:~/nginx-a387ce36744a$ ls auto/
cc        define     feature  have_headers  include  install  make    nohave
os        stubs      types
configure endianness have     headers       init     lib      modules options
sources   summary    unix
```

b) On essaye de créer le fichier `Makefile` grâce à la commande `configure`.

```
guest@debian:~/nginx-a387ce36744a$ auto/configure
...
```

```
checking for PCRE library in /usr/pkg/ ... not found
checking for PCRE library in /opt/local/ ... not found

auto/configure: error: the HTTP rewrite module requires the PCRE library.
You can either disable the module by using --without-http_rewrite_module
option, or install the PCRE library into the system, or build the PCRE library
statically from the source with nginx by using --with-pcre=<path> option.
```

c) On installe les prérequis.

```
guest@debian:~/nginx-a387ce36744a$ sudo aptitude install libpcre3-dev
guest@debian:~/nginx-a387ce36744a$ sudo aptitude install libghc-zlib-dev
```

d) On essaye de nouveau de créer le Makefile.

```
guest@debian:~/nginx-a387ce36744a$ auto/configure
...
checking for zlib library ... found
creating objs/Makefile
...
guest@debian:~/nginx-a387ce36744a$ ls
auto  conf  contrib  docs  Makefile  misc  objs  src
guest@debian:~/nginx-a387ce36744a$ more Makefile
...
```

4. On compile les sources de l'application.

```
guest@debian:~/nginx-a387ce36744a$ make
make -f objs/Makefile
make[1]: entrant dans le répertoire « /home/guest/nginx-a387ce36744a »
cc -c -pipe  -O -W -Wall -Wpointer-arith -Wno-unused-parameter -Werror -g  -I
src/core -I src/event -I src/event/modules -I src/os/unix -I objs \
            -o objs/src/core/nginx.o \
...
```

Remarque : les sources sont compilées par la commande gcc.

---

5. On installe l'application.

```
guest@debian:~/nginx-a387ce36744a$ sudo make install
make -f objs/Makefile install
make[1]: entrant dans le répertoire « /home/guest/nginx-a387ce36744a »
test -d '/usr/local/nginx' || mkdir -p '/usr/local/nginx'
...
```

6. On active l'application, on teste sa présence, on l'arrête.

```
guest@debian:~/nginx-a387ce36744a$ su -
Mot de passe : secret
root@debian:~# cd /usr/local/nginx/
root@debian:/usr/local/nginx# ls
conf  html  logs  sbin
root@debian:/usr/local/nginx# cd sbin/
root@debian:/usr/local/nginx/sbin# service apache2 stop
[ ok ] Stopping web server: apache2.
root@debian:/usr/local/nginx/sbin# ./nginx
root@debian:/usr/local/nginx/sbin# ps -e |grep nginx
21470 ?        00:00:00 nginx
21471 ?        00:00:00 nginx
root@debian:/usr/local/nginx/sbin# aptitude install lynx
root@debian:/usr/local/nginx/sbin# lynx -dump 'http://localhost'
                         Welcome to nginx!
```

```
root@debian:/usr/local/nginx/sbin# ./nginx -s stop
root@debian:/usr/local/nginx/sbin# ps -e |grep nginx
root@debian:/usr/local/nginx/sbin# service apache2 start
[ ok ] Starting web server: apache2.
root@debian:/usr/local/nginx/sbin# exit
déconnexion
guest@debian:~/nginx-a387ce36744a$ cd
```

Remarques :

1) Si le paquet apache2 est installé et si le serveur associé est en fonction, il faut l'arrêter par la commande `service apache2 stop`.

2) Le serveur que l'on vient d'installer peut devenir un service automatiquement activé lors du démarrage du système. Il faut créer un service (cf. ateliers suivants).

3) Si l'on veut désinstaller Nginx, il suffit d'arrêter le logiciel et de supprimer l'arborescence `/usr/local/nginx` (`rm -rf /usr/local/nginx`).

Tâche 2 :
Installer une application à partir des sources sans compilateur

Un système en exploitation ne dispose pas de compilateur. Si l'on désire installer une application Open Source il faut la compiler sur un poste dédié à cette fin et identique au poste en exploitation (même version, mêmes bibliothèques...). Il suffit ensuite de transférer l'application sur le poste cible.

1. Téléchargez, compilez et installez Nginx sur un poste dédié.

Nous réalisons ces opérations sur le poste du binôme. Le détail des opérations est décrit dans la tâche 1.

2. Créez un tarball contenant Nginx 1.5.10 sous forme binaire.

```
guest@debian:~$ su -
Mot de passe : secret
root@debian:~# cd /usr/local
root@debian:/usr/local# tar -czf /tmp/nginx-1.5.10.tar.gz nginx/
```

3. Transférez le tarbal sur le poste cible.

```
root@debian:/usr/local# scp /tmp/nginx-1.5.10.tar.gz 192.168.56.105:/tmp
...
root@192.168.56.105's password: secret
nginx-1.5.10.tar.gz                      100% 1187KB   1.2MB/s   00:00
```

4. Récupérez le tarball à partir du poste cible (linux1).

```
guest@debian:~$ su -
Mot de passe : secret
root@debian:~# cd /usr/local
```

5. Installez le logiciel Nginx.

a) Il faut au préalable supprimer l'application si l'on a soi-même effectué la tâche 1.

```
root@debian:/usr/local# rm -rf nginx/
```

b) Détarez l'application.

```
root@debian:/usr/local# tar -xf /tmp/nginx-1.5.10.tar.gz
root@debian:/usr/local# cd nginx/sbin/
```

6. Testez l'application (cf. item 6 de la tâche 1).

```
root@debian:/usr/local/nginx/sbin# service apache2 stop
root@debian:/usr/local/nginx/sbin# ./nginx
root@debian:/usr/local/nginx/sbin# ps -e |grep nginx
 3769 ?        00:00:00 nginx
```

```
 3770 ?        00:00:00 nginx
root@debian:/usr/local/nginx/sbin# ./nginx -s stop
root@debian:/usr/local/nginx/sbin# cd
root@debian:/usr/local/nginx/sbin# service apache2 start
root@debian:~# exit
```

Tâche 3 :
Gérer les applications et leur installation avec la commande dpkg

1. Listez les applications installées.

```
guest@debian:~$ dpkg -l |head
Souhait=inconnU/Installé/suppRimé/Purgé/H=à garder
| État=Non/Installé/fichier-Config/dépaqUeté/échec-conFig/H=semi-
installé/W=attend-traitement-déclenchements
|/ Err?=(aucune)/besoin Réinstallation (État,Err: majuscule=mauvais)
||/ Nom                                             Version
Architecture Description
+++-=============================================-
=================================-=============-
=================================================================
ii   accountsservice                              0.6.21-8
i386         query and manipulate user account information
ii   acl                                          2.2.51-8
i386         Access control list utilities
ii   acpi                                         1.6-1
i386         displays information on ACPI devices
ii   acpi-support-base                            0.140-5
all          scripts for handling base ACPI events such as the power button
ii   acpid                                        1:2.0.16-1+deb7u1
i386         Advanced Configuration and Power Interface event daemon
```

Remarque : le préfixe « ii » signifie que le logiciel a été correctement installé.

2. Est-ce qu'une application, par exemple Apache, est installée ?

```
guest@debian:~$ dpkg -l '*apache*'
ii   apache2       2.2.22-13    i386      Apache HTTP Server metapackage
un   apache2-common <aucun>               (aucune description n'est disponi
guest@debian:~$ dpkg --get-selections |grep apache2
apache2                                  install
apache2-mpm-worker                       install
apache2-utils                            install
apache2.2-bin                            install
apache2.2-common                         install
libapache2-mod-dnssd                     install
```

Remarques :

1) Pour savoir qu'une application est installée, il faut connaître le nom du paquet. Ainsi, sur un système SUSE, le paquet d'Apache s'appelle apache2, mais sur un système RedHat, il s'appelle httpd.

2) La notion Debian de metapackage est similaire à la notion de groupe de paquets RedHat, c'est-à-dire un ensemble de paquets qui forment un tout.

3. Affichez les caractéristiques d'un paquet.

```
guest@debian:~$ dpkg -s apache2
Package: apache2
Status: install ok installed
Priority: optional
Section: httpd
```

```
Installed-Size: 29
Maintainer: Debian Apache Maintainers <debian-apache@lists.debian.org>
Architecture: i386
Version: 2.2.22-13
Depends: apache2-mpm-worker (= 2.2.22-13) | apache2-mpm-prefork (= 2.2.22-13) |
apache2-mpm-event (= 2.2.22-13) | apache2-mpm-itk (= 2.2.22-13), apache2.2-
common (= 2.2.22-13)
Description: Apache HTTP Server metapackage
 The Apache Software Foundation's goal is to build a secure, efficient and
 extensible HTTP server as standards-compliant open source software. The
 result has long been the number one web server on the Internet.
 .
 It features support for HTTPS, virtual hosting, CGI, SSI, IPv6, easy
 scripting and database integration, request/response filtering, many
 flexible authentication schemes, and more.
Homepage: http://httpd.apache.org/
```

4. Listez les fichiers appartenant à un paquet.

```
guest@debian:~$ dpkg -L apache2 |more
/.
/usr
/usr/share
/usr/share/doc
/usr/share/bug
/usr/share/bug/apache2
/usr/share/bug/apache2/control
/usr/share/doc/apache2
/usr/share/bug/apache2/script
```

5. À quel paquet appartient le fichier `apache2.conf` ?

```
guest@debian:~$ dpkg -S /etc/apache2/apache2.conf
apache2.2-common: /etc/apache2/apache2.conf
```

6. Installez le paquet Nginx.

a) On récupère le fichier paquet à partir du site officiel de Nginx.

```
guest@debian:~$ wget
'http://nginx.org/packages/debian/pool/nginx/n/nginx/nginx_1.4.4-
1~wheezy_i386.deb'
...
```

b) On installe le logiciel.

```
guest@debian:~$ sudo service apache2 stop
[ ok ] Stopping web server: apache2 ... waiting .
guest@debian:~$ sudo dpkg -i nginx_1.4.4-1~wheezy_i386.deb
Sélection du paquet nginx précédemment désélectionné.
(Lecture de la base de données... 147333 fichiers et répertoires déjà
installés.)
Dépaquetage de nginx (à partir de nginx_1.4.4-1~wheezy_i386.deb) ...
----------------------------------------------------------------

Thanks for using nginx!

Please find the official documentation for nginx here:
* http://nginx.org/en/docs/

Commercial subscriptions for nginx are available on:
```

```
* http://nginx.com/products/


------------------------------------------------------------------
Paramétrage de nginx (1.4.4-1~wheezy) ...
guest@debian:~$ ps -e|grep nginx
 4170 ?          00:00:00 nginx
 4171 ?          00:00:00 nginx
```

Remarque : l'installation d'un paquet Debian contenant un service provoque également son activation.

c) On vérifie sa présence.

```
guest@debian:~$ dpkg -l nginx

...
ii  nginx           1.4.4-1~whee i386          high performance web server
```

7. On désinstalle le logiciel précédent.

```
guest@debian:~$ sudo dpkg --remove nginx
(Lecture de la base de données... 147935 fichiers et répertoires
déjà installés.)
Suppression de nginx ...
guest@debian:~$ ls /etc/nginx
conf.d           koi-utf mime.types  scgi_params   win-utf
fastcgi_params koi-win nginx.conf  uwsgi_params
guest@debian:~$ sudo dpkg --purge nginx
(Lecture de la base de données... 147925 fichiers et répertoires
déjà installés.)
Suppression de nginx ...
guest@debian:~$ ls /etc/nginx
ls: impossible d'accéder à /etc/nginx: Aucun fichier ou dossier d          e
ce type
guest@debian:~$ dpkg -l nginx
dpkg-query: aucun paquet ne correspond à nginx
```

Remarque : la suppression d'un paquet n'entraine pas la suppression de ses fichiers de configuration. Celle-ci (et éventuellement la suppression du paquet lui-même) est réalisée par la commande dpkg --purge.

8. On s'informe sur le paquet lynx qui n'est pas installé.

a) On liste ses caractéristiques.

```
guest@debian:~$ dpkg-deb -I nginx_*.deb
 nouveau paquet Debian, version 2.0.
 taille 483088 octets : archive de contrôle=1918 octets.
     300 octets,    13 lignes      conffiles
     438 octets,    13 lignes      control
     513 octets,     8 lignes      md5sums
    1015 octets,    37 lignes    * postinst            #!/bin/sh
     507 octets,    26 lignes    * postrm              #!/bin/sh
    1178 octets,    58 lignes    * preinst             #!/bin/sh
     481 octets,    22 lignes    * prerm               #!/bin/sh
 Package: nginx
 Version: 1.4.4-1~wheezy
 Architecture: i386
 Maintainer: Sergey Budnevitch <sb@nginx.com>
 Installed-Size: 955
 Depends: libc6 (>= 2.10), libpcre3 (>= 8.10), libssl1.0.0 (>= 1.0.1), zlib1g
 (>= 1:1.2.0), lsb-base, adduser
```

```
Provides: httpd
Section: httpd
Priority: optional
Homepage: http://nginx.org
Description: high performance web server
 nginx [engine x] is an HTTP and reverse proxy server, as well as
 a mail proxy server.
```

b) On liste les fichiers qui le composent.

```
guest@debian:~$ dpkg-deb -c nginx_*.deb |head
drwxr-xr-x root/root        0 2013-11-19 14:44 ./
drwxr-xr-x root/root        0 2013-11-19 14:44 ./etc/
drwxr-xr-x root/root        0 2013-11-19 14:44 ./etc/default/
-rw-r--r-- root/root      125 2013-11-19 14:36 ./etc/default/nginx
drwxr-xr-x root/root        0 2013-11-19 14:44 ./etc/nginx/
-rw-r--r-- root/root     3463 2013-11-19 14:44 ./etc/nginx/mime.types
```

Tâche 4 :
Gérer des applications et leur installation avec la commande aptitude

1. On liste les dépôts définis. On supprime un dépôt (celui correspondant au DVD d'installation).

```
guest@debian:~$ cat /etc/apt/sources.list
deb cdrom:[Debian GNU/Linux 7.2.0 _Wheezy_ - Official i386 CD Binary-1 20131012-
12:56]/ wheezy main

deb http://ftp.fr.debian.org/debian/ wheezy main
deb-src http://ftp.fr.debian.org/debian/ wheezy main

deb http://security.debian.org/ wheezy/updates main
deb-src http://security.debian.org/ wheezy/updates main

# wheezy-updates, previously known as 'volatile'
deb http://ftp.fr.debian.org/debian/ wheezy-updates main
deb-src http://ftp.fr.debian.org/debian/ wheezy-updates main
guest@debian:~$ vi /etc/apt/sources.list
# deb cdrom:[Debian GNU/Linux 7.2.0 _Wheezy_ - Official i386 CD Binary-1
20131012-12:56]/ wheezy main
...
```

Remarques :

1) Par défaut, une distribution Debian est configurée pour s'adresser automatiquement à des dépôts présents sur Internet. Ainsi, si vous avez une connexion Internet, vous n'avez rien à configurer, ce qui est très pratique pour un particulier. Par contre, à l'intérieur d'une société, l'administrateur préfère le plus souvent créer son propre miroir Debian qu'il gère lui-même.

2) Dans l'exemple, on n'a pas supprimé le dépôt cdrom, on l'a juste commenté. Ainsi, vous pouvez le consulter et le dé-commenter si besoin.

3) Chaque ligne correspond à un dépôt. Le premier mot (deb) indique un dépôt de paquets binaires. Ensuite il y a l'URL de l'emplacement du dépôt. Le troisième indique le mot-clé spécifiant la distribution (wheezy) et les mots suivants indiquent le type de licence (main = GPL) de chaque sous-dépôt configuré.

2. Mettez à jour la vision locale (le cache) des dépôts.

```
guest@debian:~$ sudo aptitude update
Atteint http://ftp.fr.debian.org wheezy Release.gpg
Prendre : 1 http://ftp.fr.debian.org wheezy-updates Release.gpg [836 B]
Atteint http://ftp.fr.debian.org wheezy Release
```

```
Prendre :  2 http://security.debian.org wheezy/updates Release.gpg [836 B]
...
```

3. Recherchez le paquet zsh.

```
guest@debian:~$ aptitude search zsh
p    fatrat-czshare                    - fatrat plugin allowing download and upload
p    fizsh                             - interpréteur de commandes ergonomique ZShe
p    zsh                               - interpréteur de commandes doté de nombreus
```

4. Informez-vous sur un paquet non installé.

```
guest@debian:~$ aptitude show zsh
Paquet : zsh
État: installé
Automatiquement installé: non
Version : 4.3.17-1
Priorité : optionnel
Section : shells
Responsable : Debian Zsh Maintainers <pkg-zsh-devel@lists.alioth.debian.org>
Architecture : i386
Taille décompressée : 11,5 M
Dépend: libc6 (>= 2.4), libcap2 (>= 2.10), libtinfo5
Recommande: libc6 (>= 2.7), libncursesw5 (>= 5.6+20070908), libpcre3 (>= 8.10)
Suggère: zsh-doc
Description : interpréteur de commandes doté de nombreuses fonctionnalités
...
Site : http://www.zsh.org/
```

5. Installez le logiciel zsh.

```
uest@debian:~$ sudo aptitude install zsh
Les NOUVEAUX paquets suivants vont être installés :
  zsh
0 paquets mis à jour, 1 nouvellement installés, 0 à enlever et 0 non mis à jour.
Il est nécessaire de télécharger 4 868 ko d'archives. Après dépaquetage, 11,5 Mo
seront utilisés.
Prendre :  1 http://ftp.fr.debian.org/debian/ wheezy/main zsh i386 4.3.17-1 [4
868 kB]
...
```

6. Mettez à jour le paquet zsh.

```
guest@debian:~$ sudo aptitude upgrade zsh
Aucun paquet ne va être installé, mis à jour ou enlevé.
0 paquets mis à jour, 0 nouvellement installés, 0 à enlever et 0 non mis à jour.
Il est nécessaire de télécharger 0 o d'archives. Après dépaquetage, 0 o seront
utilisés.
```

7. Simulez une mise à jour de l'ensemble des paquets.

```
guest@debian:~$ sudo aptitude --simulate full-upgrade
Aucun paquet ne va être installé, mis à jour ou enlevé.
0 paquets mis à jour, 0 nouvellement installés, 0 à enlever et 0 non mis à jour.
Il est nécessaire de télécharger 0 o d'archives. Après dépaquetage, 0 o seront
utilisés.
```

Remarque : pour réaliser une véritable mise à jour, il suffit d'enlever l'option simulate.

8. Supprimez un paquet.

```
guest@debian:~$ sudo aptitude remove zsh
```

Remarque : la suppression d'un paquet conserve les fichiers de configuration. Si l'on veut supprimer le paquet ainsi que sa configuration, il faut utiliser le mot-clé purge au lieu de remove.

9. Listez tous les paquets disponibles.

La première colonne indique si le paquet est disponible (p), s'il est installé (i) ou virtuel (v).

Remarque : un paquet virtuel est une fonctionnalité. Différents paquets peuvent offrir une même fonctionnalité.

```
guest@debian:~$ aptitude search '.*'
p   0ad                           - jeu de stratégie en temps réel de guerres
p   0ad-data                      - jeu de stratégie en temps réel de guerres
p   0ad-dbg                       - jeu de stratégie en temps réel de guerres
p   2ping                         - Utilitaire de ping pour déterminer la dire
p   2vcard                        - Script Perl pour convertir un carnet d'adr
p   389-console                   - 389 Management Console
p   3dchess                       - jeu d'échec à trois plateaux
...
v   awk                           -
...
i   mawk                          - Langage de traitement de texte et de reche
```

10. Listez les paquets qui implémentent un paquet virtuel.

```
guest@debian:~$ aptitude search -F %p '?provides(awk)'
gawk
mawk
original-awk
```

11. Diverses opérations liées aux dépendances entre paquets.

a) Listez les dépendances d'un paquet.

```
guest@debian:~$ apt-cache depends apache2
apache2
  |Dépend: apache2-mpm-worker
  |Dépend: apache2-mpm-prefork
  |Dépend: apache2-mpm-event
   Dépend: apache2-mpm-itk
   Dépend: apache2.2-common
```

b) Listez les paquets qui dépendent d'un paquet.

```
guest@debian:~$ apt-cache rdepends apache2   |more
apache2
Reverse Depends:
  |wordpress
     apache2-mpm-itk
     apache2-mpm-event
     apache2-mpm-prefork
     apache2-mpm-worker
  |typo3-dummy
```

12. Recherchez quel paquet fournit tel fichier.

```
guest@debian:~$ sudo aptitude install apt-file
guest@debian:~$ apt-file search /usr/sbin/apache2
E: The cache is empty. You need to run 'apt-file update' first.
guest@debian:~$ sudo apt-file update
Downloading complete file
http://ftp.fr.debian.org/debian/dists/wheezy/main/Contents-i386.gz
  % Total    % Received % Xferd  Average Speed   Time    Time     Time  Current
```

```
                                          Dload  Upload   Total   Spent    Left  Speed
  2 20.6M    2  620k    0     0   143k      0  0:02:27  0:00:04  0:02:23  146k
guest@debian:~$ apt-file search /usr/sbin/apache2
...
apache2-mpm-event: /usr/sbin/apache2
apache2-mpm-itk: /usr/sbin/apache2
apache2-mpm-prefork: /usr/sbin/apache2
apache2-mpm-worker: /usr/sbin/apache2
...
guest@debian:~$ apt-file search apache2.conf
apache2.2-common: /etc/apache2/apache2.conf
apache2.2-common: /usr/share/doc/apache2.2-
common/examples/apache2/apache2.conf.gz
cardstories: /usr/share/cardstories/conf/apache2.conf
```

Remarque : le site http://www.debian.org/distrib/packages vous permet aussi d'effectuer ce type de recherche et bien d'autres.

Tâche 5 :
Ajouter un dépôt non officiel

1. Ajoutez la description du dépôt Nginx au fichier sources.list.

```
guest@debian:~$ sudo vi /etc/apt/sources.list
....
deb http://nginx.org/packages/debian/ wheezy nginx
```

2. Mettez à jour la vision (le cache) des dépôts.

```
guest@debian:~$ sudo aptitude update
...
Prendre :  3 http://nginx.org wheezy/nginx i386 Packages [669 B]
Ignoré http://nginx.org wheezy/nginx Translation-fr_FR
Ignoré http://nginx.org wheezy/nginx Translation-fr
Ignoré http://nginx.org wheezy/nginx Translation-en
 3 980 o téléchargés en 9s (408 o/s)
W: Erreur de GPG : http://nginx.org wheezy Release : Les signatures suivantes
n'ont pas pu être vérifiées car la clé publique n'est pas disponible : NO_PUBKEY
ABF5BD827BD9BF62

État actuel : 1 nouveau paquet [+1].
```

3. Installez Nginx.

```
guest@debian:~$ aptitude search nginx
p   nginx                          - high performance web server
p   nginx-common                   - small, powerful, scalable web/proxy server
...
guest@debian:~$ sudo aptitude install nginx
Les NOUVEAUX paquets suivants vont être installés :
  nginx
0 paquets mis à jour, 1 nouvellement installés, 0 à enlever et 0 non mis à jour.
Il est nécessaire de télécharger 483 ko d'archives. Après dépaquetage, 978 ko
seront utilisés.
ATTENTION : des versions non certifiées des paquets suivants vont
être installées.

Des paquets non certifiés peuvent compromettre la sécurité de votre
système. Vous ne devriez les installer que si vous êtes certain
```

```
que c'est bien votre intention.

  nginx

Voulez-vous ignorer cet avertissement et continuer quand même ?
Pour continuer, entrer « Oui ». Pour interrompre l'installation, entrer
« Non » :oui
```

Remarque : il faut installer les clés pour ne plus avoir d'alertes. Se renseigner sur le site :
http://nginx.org/en/linux_packages.html#stable

4. Vérifiez si nginx est bien installé.

```
guest@debian:~$ sudo /usr/sbin/nginx -v
nginx version: nginx/1.4.4
guest@debian:~$ dpkg -l nginx
...
ii  nginx             1.4.4-1~wheez i386          high performance web server
```

Remarque : les dépôts officiels Debian offraient la version 1.2.1.

5. Supprimez le logiciel nginx y compris sa configuration.

```
guest@debian:~$ sudo aptitude purge nginx
```

6. Supprimez le dépôt, mettez le cache à jour.

```
guest@debian:~$ sudo vi /etc/apt/sources.list
...
#deb http://nginx.org/packages/debian/ wheezy nginx
guest@debian:~$ sudo aptitude update
```

Debian – L'arrêt/démarrage

Tâche 1 : Les niveaux d'init, arrêt/redémarrage du système .... 10 mn

Tâche 2 : Les RC (les services SV) .... 30 mn

Tâche 3 : Systemd (alternative à Init SV) - exercice optionnel .... 10 mn

Tâche 1 :
Les niveaux d'init, arrêt/redémarrage du système

1. Quel est le niveau d'init courant ?

```
guest@debian:~$ sudo runlevel
N 2
```

Remarque : la commande affiche le niveau courant et le niveau antérieur. Si le niveau de démarrage est égal au niveau courant, l'ancien niveau est indiqué comme « new » (N).

2. Quel est le niveau d'init au démarrage (ici 2) ?

```
guest@debian:~$ grep initdefault /etc/inittab
id:2:initdefault:
```

3. Quelles sont les applications qui sont associées au niveau 2 d'init?

```
guest@debian:~$ grep -e '^[^:]*:[^:]*2' -e '^[^:]*::' /etc/inittab
# $Id: inittab,v 1.91 2002/01/25 13:35:21 miquels Exp $
id:2:initdefault:
si::sysinit:/etc/init.d/rcS
l2:2:wait:/etc/init.d/rc 2
ca:12345:ctrlaltdel:/sbin/shutdown -t1 -a -r now
#kb::kbrequest:/bin/echo "Keyboard Request--edit /etc/inittab to let this work."
pf::powerwait:/etc/init.d/powerfail start
pn::powerfailnow:/etc/init.d/powerfail now
po::powerokwait:/etc/init.d/powerfail stop
1:2345:respawn:/sbin/getty 38400 tty1
2:23:respawn:/sbin/getty 38400 tty2
3:23:respawn:/sbin/getty 38400 tty3
...
```

Remarques :

1) Ne pas oublier que l'absence de niveau (: :) est équivalente à la désignation de l'ensemble des niveaux, exception faite du niveau S.

2) La plupart des applications précédentes sont activées lors du passage dans le niveau 2. La commande shutdown, elle, est activée quand on est dans le niveau 2 et qu'il survient l'événement associé : ctrlaltdel, qui correspond à la frappe simultanée sur les touches Ctrl+Alt+Del.

4. Passez dans le niveau 1 (maintenance), changez la date système et revenez au niveau antérieur.

```
guest@debian:~$ sudo -i
root@debian:~# telinit 1
...
```

Sur la console maîtresse :

```
Give root password for maintenance
(or type Control-D to continue): secret
```

```
root@debian:~# runlevel
1 S
root@debian:~# tty
/dev/console
root@debian:~# exit
```

Remarques :

1) Quand on passe dans le niveau 1 (correspondant au mode maintenance), cela arrête l'interface graphique et les connexions réseau. On se retrouve sur la console maîtresse.

2) Inversement, quand on revient dans le niveau 2 (le niveau normal d'exploitation) en quittant le mode maintenance (via la commande `exit`), l'interface graphique est réactivée ainsi que les services réseau.

5. Programmez un arrêt complet du système effectif dans 20 minutes. Interrompez cet arrêt.

```
guest@debian:~$ sudo shutdown -h +20
```

Remarque : la tâche est bloquante (elle s'exécute en avant-plan). On peut donc l'interrompre avec un Ctrl-C.

Sur une autre console:

```
guest@debian:~$ sudo shutdown -c
```

Sur la console d'origine, le message suivant s'affiche :

```
Shutdown cancelled.
```

6. Passez en mode maintenance immédiatement.

```
root@debian:~# shutdown now

Broadcast message from root@debian (pts/0) (Tue Mar 18 19:59:28 2014):

The system is going down to maintenance mode NOW!
```

Sur la console maîtresse :

```
Give root password for maintenance
(or type Control-D to continue):
^D
```

Remarques :

1) Quand on passe en mode maintenance, on est positionné sur la console maîtresse.

2) On revient au niveau normal graphique (niv2) en sortant du mode maintenance ou en tapant Ctrl-D.

7. Programmez un redémarrage du système dans trois minutes.

```
guest@debian:~$ sudo shutdown -r +3 "reboot pour maintenance"

Broadcast message from root@debian (pts/0) (Sat Feb  1 11:07:05 2014):

reboot pour maintenance
The system is going DOWN for reboot in 3 minutes!
```

Tâche 2 :
Les RC (les services SV)

1. Listez les RC installés.

```
guest@debian:~$ ls /etc/init.d
acpid              kbd                 README
alsa-utils         keyboard-setup      reboot
anacron            killprocs           rmnologin
apache2            kmod                 rpcbind
```

```
atd                      minissdpd              rsyslog
...
```

2. Listez les RC activés au niveau 2 d'init.

```
guest@debian:~$ ls /etc/rc2.d/[KS]*
/etc/rc2.d/S01motd                /etc/rc2.d/S18nginx
/etc/rc2.d/S13rpcbind             /etc/rc2.d/S18speech-dispatcher
/etc/rc2.d/S14nfs-common          /etc/rc2.d/S18ssh
/etc/rc2.d/S16binfmt-support      /etc/rc2.d/S19avahi-daemon
/etc/rc2.d/S16rsyslog             /etc/rc2.d/S19bluetooth
/etc/rc2.d/S16sudo                /etc/rc2.d/S19network-manager
/etc/rc2.d/S16virtualbox-guest-utils  /etc/rc2.d/S20cups
/etc/rc2.d/S17apache2             /etc/rc2.d/S20gdm3
/etc/rc2.d/S18acpid               /etc/rc2.d/S20pulseaudio
/etc/rc2.d/S18anacron             /etc/rc2.d/S20saned
/etc/rc2.d/S18atd                 /etc/rc2.d/S21bootlogs
/etc/rc2.d/S18cron                /etc/rc2.d/S22minissdpd
/etc/rc2.d/S18dbus                /etc/rc2.d/S22rc.local
/etc/rc2.d/S18exim4               /etc/rc2.d/S22rmnologin
```

3. Quel est le RC qui active le démon `cron` (ou `crond`) ?

```
guest@debian:~$ grep -l cron /etc/rc2.d/*
/etc/rc2.d/S18anacron
/etc/rc2.d/S18cron
```

Remarque : le service `anacron` permet l'exécution périodique comme `cron`. La différence est que ce service vérifie l'exécution des tâches demandées dans le cas où le système a été arrêté.

---

4. Pour quels niveaux un RC (apache2) est actif ?

```
guest@debian:~$ sudo aptitude install sysv-rc-conf
guest@debian:~$ man sysv-rc-conf
guest@debian:~$ sudo sysv-rc-conf --list apache2
apache2      0:off      1:off   2:on    3:on    4:on    5:on    6:off
```

5. Le service apache2 est-il actif dans le niveau 2 (on se base uniquement sur les liens) ?

```
guest@debian:~$ ls /etc/rc2.d/*apache2
/etc/rc2.d/S17apache2
guest@debian:~$ ls -l /etc/rc2.d/S17apache2
lrwxrwxrwx 1 root root 17 janv. 22 05:17 /etc/rc2.d/S17apache2 ->
../init.d/apache2
```

6. Activez/désactivez un service au démarrage.

a) Visualisez le début d'un RC.

```
guest@debian:~$ head /etc/init.d/atd
#! /bin/sh
### BEGIN INIT INFO
# Provides:          atd
# Required-Start:    $syslog $time $remote_fs
# Required-Stop:     $syslog $time $remote_fs
# Default-Start:     2 3 4 5
# Default-Stop:      0 1 6
# Short-Description: Deferred execution scheduler
# Description:       Debian init script for the atd deferred executions
#                    scheduler
```

b) Vérifiez la présence du RC de démarrage du service `atd` dans le niveau 2.

```
guest@debian:~$ ls /etc/rc2.d/*atd
```

```
/etc/rc2.d/S18atd
```

c) Simulez la désactivation du service atd.

```
guest@debian:~$ sudo update-rc.d -n atd remove
update-rc.d: using dependency based boot sequencing
insserv: remove service /etc/init.d/../rc0.d/K01atd
insserv: remove service /etc/init.d/../rc1.d/K01atd
...
insserv: dryrun, not creating .depend.boot, .depend.start, and .depend.stop
```

d) Désactivez effectivement le service atd pour le prochain démarrage.

```
guest@debian:~$ sudo update-rc.d -f atd remove
update-rc.d: using dependency based boot sequencing
guest@debian:~$ ls /etc/rc2.d/*atd
ls: impossible d'accéder à /etc/rc2.d/*atd: Aucun fichier ou dossier de ce type
```

Remarque : il est possible également d'utiliser la commande sysv-rc-conf atd off pour supprimer les liens S18atd dans les répertoires /etc/rc[2345].d.

---

b) Activez le service atd pour le prochain démarrage.

```
guest@debian:~$ sudo update-rc.d -f atd defaults
update-rc.d: using dependency based boot sequencing
guest@debian:~$ ls /etc/rc2.d/*atd
/etc/rc2.d/S18atd
```

Remarque : il est possible également d'utiliser la commande sysv-rc-conf atd on pour recréer les liens S18atd dans les répertoires /etc/rc[2345].d.

---

7. Activez/désactivez immédiatement un service.

a) Arrêtez atd.

```
guest@debian:~$ sudo service atd status
[ ok ] atd is running.
guest@debian:~$ sudo service atd stop
[ ok ] Stopping deferred execution scheduler: atd.
guest@debian:~$ sudo service atd status
[FAIL] atd is not running ... failed!
```

b) Démarrez atd.

```
guest@debian:~$ sudo service atd start
[ ok ] Starting deferred execution scheduler: atd.
guest@debian:~$ sudo service atd status
[ ok ] atd is running.
```

8. Créez un RC, activez-le dans le niveau 2.

a) On crée un démon qui active la commande uptime toutes les minutes.

```
guest@debian:~$ sudo vi /usr/local/bin/uptime.sh
#!/bin/sh
# uptime.sh
while : ; do
        uptime >> /var/log/uptime.log 2>&1
        sleep 60
done
guest@debian:~$ sudo chmod 755 /usr/local/bin/uptime.sh
guest@debian:~$ sudo /usr/local/bin/uptime.sh
^C
guest@debian:~$ tail /var/log/uptime.log
```

```
 12:19:09 up  1:09,  2 users,  load average: 0,00, 0,01, 0,03
guest@debian:~$ sudo rm /var/log/uptime.log
```

b) On crée le RC qui permet l'activation et l'arrêt du démon.

```
guest@debian:~$ sudo vi /etc/init.d/uptime_SV
#!/bin/sh
# description: uptime_SV
rc=0
case "$1" in
start)
        /usr/local/bin/uptime.sh &
        rc=0  # on pourrait tester la presence du processus ...
        ;;
stop)
        pkill uptime.sh
        rc=0
        ;;
esac
exit $rc
guest@debian:~$ sudo chmod 755 /etc/init.d/uptime_SV
```

Remarques :

1) L'exemple ci-dessus montre un RC minimum : la commande qui suit start) active le service, et la commande qui suit stop) l'arrête. Le lancement en tâche de fond n'est généralement pas nécessaire, il est habituellement implicite pour un démon.

2) Si l'on veut créer un RC plus professionnel on peut se baser sur le modèle /etc/init.d/skeleton.

---

c) Activation manuelle du service.

```
guest@debian:~$ sudo service uptime_SV start
guest@debian:~$ ps -e |grep uptime
 4466 pts/0    00:00:00 uptime.sh
```

d) Activation automatique du service dans les niveaux 2,3,4 et 5, et arrêt automatique dans le niveau 0,1 et 6.

```
guest@debian:~$ sudo update-rc.d uptime_SV defaults
update-rc.d: using dependency based boot sequencing
insserv: warning: script 'uptime_SV' missing LSB tags and overrides
guest@debian:~$ ls /etc/rc2.d/*uptime*
/etc/rc2.d/S18uptime_SV
guest@debian:~$ ls /etc/rc0.d/*uptime*
/etc/rc0.d/K01uptime_SV
```

Tâche 3 :
Systemd (alternative à Init SV) - exercice optionnel

1. Affichez le système de démarrage utilisé (SysVInit, Upstart ou Systemd).

```
guest@debian:~$ grep init /etc/default/grub
guest@debian:~$ dpkg -S /sbin/init
sysvinit: /sbin/init
```

2. Installez Systemd.

a) Recherchez si les systèmes alternatifs à SysVInit sont disponibles.

```
guest@debian:~$ aptitude search upstart
p   live-config-upstart              - Live System Configuration Scripts (upstart
p   upstart                          - event-based init daemon
```

```
v    upstart-job                            -
guest@debian:~$ aptitude search systemd
...
p    systemd                               - system and service manager
p    systemd-gui                           - system and service manager - GUI
p    systemd-sysv                          - system and service manager - SysV links
```

b) Installez Systemd.

```
guest@debian:~$ sudo aptitude  install systemd
```

c) Mettez à jour de la configuration Grub : spécifiez le programme de démarrage. Redémarrez.

```
guest@debian:~$ sudo vi /etc/default/grub
...
#GRUB_CMDLINE_LINUX_DEFAULT="quiet"
GRUB_CMDLINE_LINUX_DEFAULT="quiet init=/lib/systemd/systemd"
guest@debian:~$ update-grub
guest@debian:~$ reboot
```

3. Listez les unités actives ayant démarré ou non.

```
guest@debian:~$ systemctl
UNIT                          LOAD   ACTIVE SUB         JOB DESCRIPTION
proc-sys...misc.automount loaded active running         Arbitrary Executable File
Formats File System Automount Point
sys-devi...ock-sr0.device loaded active plugged         VBOX_CD-ROM
...
```

Remarque : dans le cas des unités de type service, l'indication running précise que l'unité a démarré.

4. Listez l'ensemble des unités chargées actives ou non.

```
guest@debian:~$ systemctl --all
UNIT                          LOAD   ACTIVE      SUB        JOB DESCRIPTION
proc-sys...misc.automount loaded active      running        Arbitrary Executable
File Formats File System Automount Point
dev-cdrom.device          loaded active      plugged        VBOX_CD-ROM
dev-disk...1700376.device loaded active      plugged        VBOX_CD-ROM
dev-disk...faf1b2c.device loaded active      plugged        VBOX_HARDDISK
...
media-cdrom0.mount        loaded inactive dead            /media/cdrom0
```

Remarque : l'état actif d'une unité entraîne son démarrage automatique.

5. Listez les unités actives dont le démarrage a échoué.

```
guest@debian:~$ systemctl --failed
UNIT                          LOAD   ACTIVE SUB      JOB DESCRIPTION
virtualb...st-utils.service loaded failed failed      LSB: VirtualBox Linux Addit
```

6. Listez l'ensemble des unités installées.

```
guest@debian:~$ systemctl list-unit-files |head
UNIT FILE                                 STATE
proc-sys-fs-binfmt_misc.automount         static
dev-hugepages.mount                       static
dev-mqueue.mount                          static
proc-sys-fs-binfmt_misc.mount             static
run-lock.mount                            static
...
acpid.service                             enabled
autovt@.service                           disabled
avahi-daemon.service                      enabled
```

```
bluetooth.service                              enabled
bootlogd.service                               masked
```

7. Listez les unités de type cible (target).

```
guest@debian:~$ systemctl list-units --type=target
UNIT                    LOAD    ACTIVE SUB      JOB DESCRIPTION
basic.target            loaded active active       Basic System
cryptsetup.target       loaded active active       Encrypted Volumes
getty.target            loaded active active       Login Prompts
graphical.target        loaded active active       Graphical Interface
```

8. Affichez la cible par défaut.

```
guestt@debian:~$ sudo ls -l /lib/systemd/system/default.target
lrwxrwxrwx 1 root root 16 oct.   9 12:55 /lib/systemd/system/default.target ->
graphical.target
```

9. Affichez l'état d'une unité, en l'occurrence d'un service (de type SysV).

```
guest@debian:~$ systemctl status atd.service
atd.service - LSB: Deferred execution scheduler
        Loaded: loaded (/etc/init.d/atd)
        Active: active (running) since Mon, 03 Feb 2014 13:52:48 +0100; 12min
ago
        CGroup: name=systemd:/system/atd.service
              └ 662 /usr/sbin/atd
```

Remarque : actuellement, la majorité des services Debian sont de type SysV, de ce fait, toutes les possibilités de Systemd ne sont pas encore exploitées.

10. Créez une unité Systemd de type service.

```
guest@debian:~$ vi uptime.service
[Unit]
Description=Uptime command
After=syslog.target

[Service]
ExecStart=/usr/local/bin/uptime.sh

[Install]
WantedBy=multi-user.target

guest@debian:~$ sudo cp uptime.service /etc/systemd/system
guest@debian:~$ sudo systemctl status uptime.service
uptime.service - Uptime command
        Loaded: loaded (/etc/systemd/system/uptime.service; disabled)
        Active: inactive (dead)
        CGroup: name=systemd:/system/uptime.service
```

11. Activez l'unité : elle sera démarrée automatiquement lors du prochain démarrage.

```
guest@debian:~$ sudo systemctl enable uptime.service
ln -s '/etc/systemd/system/uptime.service' '/etc/systemd/system/multi-
user.target.wants/uptime.service'
guest@debian:~$ sudo systemctl status uptime.service
uptime.service - Uptime command
        Loaded: loaded (/etc/systemd/system/uptime.service; enabled)
        Active: inactive (dead)
        CGroup: name=systemd:/system/uptime.service
```

12. Démarrez immédiatement l'unité (le service uptime).

```
guest@debian:~$ sudo systemctl start uptime.service
guest@debian:~$ sudo systemctl status uptime.service
uptime.service - Uptime command
          Loaded: loaded (/etc/systemd/system/uptime.service; enabled)
          Active: active (running) since Mon, 03 Feb 2014 14:59:13 +0100; 1s ago
        Main PID: 2114 (uptime.sh)
          CGroup: name=systemd:/system/uptime.service
                  ├ 2114 /bin/sh /usr/local/bin/uptime.sh
                  └ 2116 sleep 60
guest@debian:~$ ps -e |grep uptime
 2114 ?          00:00:00 uptime.sh
```

13. Arrêtez le service uptime.

```
guest@debian:~$ sudo systemctl stop uptime.service
guest@debian:~$ ps -e |grep uptime
guest@debian:~$ sudo systemctl status uptime.service
uptime.service - Uptime command
          Loaded: loaded (/etc/systemd/system/uptime.service; enabled)
          Active: inactive (dead) since Mon, 03 Feb 2014 15:00:19 +0100; 4s ago
         Process: 2114 ExecStart=/usr/local/bin/uptime.sh (code=killed,
signal=TERM)
          CGroup: name=systemd:/system/uptime.service
```

14. Désactivez le service uptime : il ne sera pas démarré automatiquement.

```
guest@debian:~$ sudo systemctl disable uptime.service
rm '/etc/systemd/system/multi-user.target.wants/uptime.service'
guest@debian:~$ sudo systemctl status uptime.service
uptime.service - Uptime command
          Loaded: loaded (/etc/systemd/system/uptime.service; disabled)
          Active: inactive (dead)
          CGroup: name=systemd:/system/uptime.service
```

Debian - Le réseau

Tâche 1 : Tester, visualiser la configuration réseau .... 20 mn

Tâche 2 : Configurer une carte réseau de manière rémanente .... 10 mn

Tâche 3 : Ajout d'une adresse à une carte réseau à la volée .... 5 mn

Tâche 4 : Les services réseau .... 10 mn

Tâche 5 : Configurer le service Inetd .... 10 mn

Tâche 6 : Les commandes SSH .... 10 mn

Tâche 1 :
Tester, visualiser la configuration réseau

1. Affichez les adresses IP et les masques réseau de vos cartes réseau actives.

a) Grâce à la commande `ifconfig` (obsolète).

```
guest@debian:~$ /sbin/ifconfig
eth0      Link encap:Ethernet  HWaddr 08:00:27:be:4d:ae
          inet adr:10.0.2.15  Bcast:10.0.2.255  Masque:255.255.255.0
          adr inet6: fe80::a00:27ff:febe:4dae/64 Scope:Lien
          UP BROADCAST RUNNING MULTICAST  MTU:1500  Metric:1
          RX packets:3809 errors:0 dropped:0 overruns:0 frame:0
          TX packets:3279 errors:0 dropped:0 overruns:0 carrier:0
          collisions:0 lg file transmission:1000
          RX bytes:2568356 (2.4 MiB)  TX bytes:257433 (251.3 KiB)

eth1      Link encap:Ethernet  HWaddr 08:00:27:9d:69:85
...
lo        Link encap:Boucle locale
...
```

b) Grâce à le commande `ip`.

```
guest@debian:~$ ip addr
1: lo: <LOOPBACK,UP,LOWER_UP> mtu 16436 qdisc noqueue state UNKNOWN
    link/loopback 00:00:00:00:00:00 brd 00:00:00:00:00:00
    inet 127.0.0.1/8 scope host lo
    inet6 ::1/128 scope host
       valid_lft forever preferred_lft forever
2: eth0: <BROADCAST,MULTICAST,UP,LOWER_UP> mtu 1500 qdisc pfifo_fast state UP
qlen 1000
    link/ether 08:00:27:be:4d:ae brd ff:ff:ff:ff:ff:ff
    inet 10.0.2.15/24 brd 10.0.2.255 scope global eth0
    inet6 fe80::a00:27ff:febe:4dae/64 scope link
       valid_lft forever preferred_lft forever
3: eth1: <BROADCAST,MULTICAST,UP,LOWER_UP> mtu 1500 qdisc pfifo_fast state UP
qlen 1000
    link/ether 08:00:27:9d:69:85 brd ff:ff:ff:ff:ff:ff
    inet 192.168.56.105/24 brd 192.168.56.255 scope global eth1
    inet6 fe80::a00:27ff:fe9d:6985/64 scope link
       valid_lft forever preferred_lft forever
```

2. Affichez la configuration du client DHCP.

```
guest@debian:~$ cat /etc/dhcp/dhclient.conf
# Configuration file for /sbin/dhclient, which is included in Debian's
```

```
#          dhcp3-client package.
...
```

Remarque : le fichier donne des exemples commentés des possibilités de configuration. Il est précisé qu'il est rare de changer la configuration obtenue du serveur DHCP (l'objectif de ce fichier).

3. Affichez les tables de routage (et donc l'adresse de la passerelle par défaut).

a) Avec la commande netstat (disponible sous Unix et Windows).

```
guest@debian_un:~$ netstat -nr
Table de routage IP du noyau
Destination     Passerelle      Genmask          Indic   MSS Fenêtre irtt Iface
0.0.0.0         10.0.2.2        0.0.0.0          UG        0 0          0 eth0
10.0.2.0        0.0.0.0         255.255.255.0    U         0 0          0 eth0
192.168.56.0    0.0.0.0         255.255.255.0    U         0 0          0 eth1
```

b) Avec la commande ip.

```
guest@debian_un:~$ ip route
default via 10.0.2.2 dev eth0  proto static
10.0.2.0/24 dev eth0  proto kernel  scope link  src 10.0.2.15
192.168.56.0/24 dev eth1  proto kernel  scope link  src 192.168.56.21
```

Remarque : l'adresse de la passerelle par défaut est associée à la destination 0.0.0.0. Dans l'exemple, elle a pour valeur 10.0.2.2.

4. Affichez le nom réseau du système, son domaine DNS, son FQDN et enfin le fichier /etc/hosts.

```
guest@debian:~$ uname -n
debian
guest@debian:~$ hostname
debian
guest@debian:~$ cat /etc/hostname
debian
guest@debian:~$ dnsdomainname
pinguins
guest@debian:~$ hostname -f
debian.pinguins
guest@debian:~$ cat /etc/hosts
127.0.0.1       localhost
127.0.1.1       debian.pinguins debian

# The following lines are desirable for IPv6 capable hosts
::1      localhost ip6-localhost ip6-loopback
ff02::1 ip6-allnodes
ff02::2 ip6-allrouters
```

5. Affichez la configuration de la résolution de nom réseau (fichier /etc/hosts, DNS...).

a) Quels sont les annuaires utilisés (files=/etc/hosts, dns...).

```
guest@debian:~$ grep hosts /etc/nsswitch.conf
hosts:          files mdns4_minimal [NOTFOUND=return] dns mdns4
```

Remarque : le MDNS correspond au MultiCast DNS.

b) Affichez la configuration DNS (adresses des serveurs...).

```
guest@atelian:~$ cat /etc/resolv.conf
# Generated by NetworkManager
domain home
```

```
search home
nameserver 192.168.218.22
```

Remarque : ce fichier à été généré par le NetworkManager (NM).

6. Testez la connectivité réseau.

a) Avec un poste présent sur Internet. On arrête l'envoi de messages ICMP par Ctrl-C.

```
guest@debian:~$ ping www.debian.org
PING www.debian.org (5.153.231.4) 56(84) bytes of data.
64 bytes from senfter.debian.org (5.153.231.4): icmp_req=1 ttl=48 time=44.4 ms
64 bytes from senfter.debian.org (5.153.231.4): icmp_req=2 ttl=48 time=44.5 ms
^C
--- www.debian.org ping statistics ---
2 packets transmitted, 2 received, 0% packet loss, time 1001ms
rtt min/avg/max/mdev = 44.416/44.493/44.571/0.224 ms
```

b) Idem, mais on n'envoie qu'un seul message ICMP.

```
guest@debian:~$ ping -c1 www.debian.org
PING www.debian.org (5.153.231.4) 56(84) bytes of data.
64 bytes from senfter.debian.org (5.153.231.4): icmp_req=1 ttl=48 time=45.8 ms

--- www.debian.org ping statistics ---
1 packets transmitted, 1 received, 0% packet loss, time 0ms
rtt min/avg/max/mdev = 45.853/45.853/45.853/0.000 ms
```

c) On teste la connectivité réseau avec le poste du binôme en IPv6.

```
guest@debian:~$ ping6 fe80::a00:27ff:fe17:45ac -I eth1
PING fe80::a00:27ff:fe17:45ac(fe80::a00:27ff:fe17:45ac) from
fe80::a00:27ff:fe9d:6985 eth1: 56 data bytes
64 bytes from fe80::a00:27ff:fe17:45ac: icmp_seq=1 ttl=64 time=0.756 ms
64 bytes from fe80::a00:27ff:fe17:45ac: icmp_seq=2 ttl=64 time=0.375 ms
^C
```

Remarque : on utilise l'adresse de lien local. Dans ce cas, il faut préciser la carte réseau associée.

7. Testez le DNS.

a) Testez la résolution DNS avec la commande nslookup (présente sous Windows et Unix).

```
guest@debian:~$ nslookup www.debian.org
Server:         192.168.218.22
Address:        192.168.218.22#53

Non-authoritative answer:
Name:   www.debian.org
Address: 130.89.148.14
```

b) Testez la résolution reverse-DNS avec la commande nslookup.

```
guest@debian:~$ nslookup 130.89.148.14
Server:         192.168.218.22
Address:        192.168.218.22#53

Non-authoritative answer:
14.148.89.130.in-addr.arpa      name = klecker4.snt.utwente.nl.
Authoritative answers can be found from:
```

c) Testez la résolution DNS avec la commande dig.

```
guest@debian:~$ dig www.debian.org
...
```

```
;; QUESTION SECTION:
;www.debian.org.                          IN      A

;; ANSWER SECTION:
www.debian.org.          90      IN      A       130.89.148.14
www.debian.org.          90      IN      A       5.153.231.4
...
```

d) Testez la résolution reverse-DNS avec la commande dig.

```
guest@debian:~$ dig -x 130.89.148.14
...
14.148.89.130.in-addr.arpa. 85862 IN      PTR     klecker4.snt.utwente.nl.
...
```

e) Testez la résolution DNS d'adresse de type AAAA (IPv6). On s'adresse au serveur 4.4.4.4.

```
guest@debian_un:~$ dig @4.4.4.4 www.v6.facebook.com AAAA
...
;; QUESTION SECTION:
;www.v6.facebook.com.             IN      AAAA

;; ANSWER SECTION:
www.v6.facebook.com.     3600    IN      CNAME   v6.t.facebook.com.
v6.t.facebook.com.       300     IN      AAAA    2a03:2880:20:8f08:face:b00c:0:1
...
```

8. Affichez la liste des passerelles traversées pour atteindre un système distant.

a) On utilise la commande traditionnelle traceroute (disponible sous Unix).

```
guest@debian:~$ traceroute -n www.free.fr
traceroute to www.free.fr (212.27.48.10), 30 hops max, 60 byte packets
 1  * * *
 2  * * *
```

b) On utilise la commande tracepath qui permet en outre de découvrir le MTU.

```
guest@debian:~$ tracepath www.free.fr
 1:  debian-2.local                                     0.059ms pmtu 1500
 1:  10.0.2.2                                           0.240ms
```

Remarque : les commandes présentées échouent souvent à indiquer les passerelles traversées. En effet, ces dernières, pour des raisons de sécurité ne répondent pas aux messages d'interrogation.

9. Affichez le fichier local de résolution des noms.

```
guest@debian:~$ cat /etc/hosts
127.0.0.1       localhost
127.0.1.1       debian.pinguins debian
```

10. Affichez la configuration réseau traditionnelle d'un système Debian.

```
guest@debian:~$ cat /etc/network/interfaces
# This file describes the network interfaces available on your system
# and how to activate them. For more information, see interfaces(5).

# The loopback network interface
auto lo
iface lo inet loopback
```

Remarque : la configuration en DHCP est automatique via le NetworkManager.

11. Affichez la connectivité d'une carte Ethernet avec le switch Ethernet.

```
guest@debian:~$ sudo aptitude install ethtool
guest@debian:~$ sudo ethtool eth1
Settings for eth1:
```

```
        Supported ports: [ TP ]
        Supported link modes:   10baseT/Half 10baseT/Full
                                100baseT/Half 100baseT/Full
                                1000baseT/Full
        Supported pause frame use: No
        Supports auto-negotiation: Yes
        Advertised link modes:  10baseT/Half 10baseT/Full
                                100baseT/Half 100baseT/Full
                                1000baseT/Full
        Advertised pause frame use: No
        Advertised auto-negotiation: Yes
        Speed: 1000Mb/s
        Duplex: Full
        Port: Twisted Pair
        PHYAD: 0
        Transceiver: internal
        Auto-negotiation: on
        MDI-X: Unknown
        Supports Wake-on: umbg
        Wake-on: d
        Current message level: 0x00000007 (7)
                               drv probe link
        Link detected: yes
```

Remarque : concrètement, la dernière ligne est la plus importante : elle indique si l'on est branché ou non au réseau Ethernet.

12. Le NetworkManager (NM).

a) Est-ce que le service NM est actif ?

```
guest@debian:~$ sudo service network-manager status
[ ok ] NetworkManager is running.
guest@debian:~$ ls /etc/rc2.d/*network*
/etc/rc2.d/S19network-manager
```

b) Affichez l'état des connexions.

```
guest@debian:~$ nm-tool

NetworkManager Tool

State: connected (global)

- Device: eth1   [Wired connection 1] -------------------------------------------
  Type:              Wired
  Driver:            e1000
  State:             connected
  Default:           no
  HW Address:        08:00:27:9D:69:85

  Capabilities:
    Carrier Detect:  yes
    Speed:           1000 Mb/s

  Wired Properties
    Carrier:         on
```

```
  IPv4 Settings:
    Address:           192.168.56.105
    Prefix:            24 (255.255.255.0)
    Gateway:           0.0.0.0

- Device: eth0   [Wired connection 1] -----------------------------------------------
...
    DNS:               192.168.218.22
```

c) Affichez la configuration du NM.

```
guest@debian:~$ cat /etc/NetworkManager/NetworkManager.conf
[main]
plugins=ifupdown,keyfile


[ifupdown]
managed=false
```

Remarque : la configuration du NM indique que les cartes décrites dans le fichier `interface` ne sont
pas gérées par le NM.

Tâche 2 :
Configurer une carte réseau de manière rémanente

1. Réactivez une connexion réseau gérée par le NM.

```
guest@debian:~$ sudo nmcli con up id 'Wired connection 1'
```

Remarque : l'action réalisée est similaire à celle faisable via l'applet graphique.

2. Configurez le nom réseau du système.

```
guest@debian:~$ sudo vi /etc/hostname
debian_un
guest@debian:~$ sudo vi /etc/hosts
127.0.0.1        localhost
192.168.56.21    debian_un.pinguins       debian_un
192.168.56.22    debian_deux.pinguins     debian_deux
```

Remarques :

1) Le changement de nom sera effectif après le prochain redémarrage.

2) On effectue une configuration similaire sur le poste du binôme (hostname = debian_deux).

3. Configurez l'adresse du poste. On choisit une configuration statique.

```
guest@debian:~$ sudo vi /etc/network/interfaces
...
allow-hotplug eth1
iface eth1 inet static
 address 192.168.56.21
 netmask 255.255.255.0
 gateway 192.168.56.1
 dns-domain pinguins
 dns-nameservers 4.4.4.4
guest@debian:~$ sudo service networking restart
[....] Running /etc/init.d/networking restart is deprecated because it may not
r[warnble some interfaces ... (warning).
[....] Reconfiguring network interfaces...RTNETLINK answers: File exists
Failed to bring up eth1.
done.
guest@debian:~$ ip addr show dev eth1
```

```
3: eth1: <BROADCAST,MULTICAST,UP,LOWER_UP> mtu 1500 qdisc pfifo_fast state UP
qlen 1000
    link/ether 08:00:27:9d:69:85 brd ff:ff:ff:ff:ff:ff
    inet 192.168.56.21/24 brd 192.168.56.255 scope global eth1
    inet 192.168.56.103/24 brd 192.168.56.255 scope global eth1
    inet6 fe80::a00:27ff:fe9d:6985/64 scope link
       valid_lft forever preferred_lft forever
```

Remarques :

1) Dès que l'on a redémarré le service networking, l'adresse IP 192.168.56.21 a été ajoutée à la carte eth1 (l'adresse DHCP a été conservée). En revanche, après le redémarrage du poste, cette adresse disparaît et le nom du système change.

2) On effectue des opérations similaires sur l'autre poste (IP:192.168.56.22, hostname:debian_deux).

4. Testez la connectivité réseau avec votre binôme.

```
guest@debian:~$ ping -c1 192.168.56.22
PING 192.168.56.22 (192.168.56.22) 56(84) bytes of data.
64 bytes from 192.168.56.22: icmp_req=1 ttl=64 time=0.029 ms

--- 192.168.56.22 ping statistics ---
1 packets transmitted, 1 received, 0% packet loss, time 0ms
rtt min/avg/max/mdev = 0.029/0.029/0.029/0.000 ms
```

5. Redémarrez le système.

```
guest@debian:~$ sudo reboot
```

Tâche 3 :
Ajout d'une adresse à une carte réseau à la volée

1. On ajoute une adresse IP à la carte eth1.

On ajoute l'adresse IP 172.16.0.1 avec un masque de longueur 16 bits et on en déduit l'adresse de diffusion automatiquement (on effectue la même opération sur l'autre poste mais on utilise l'adresse 172.16.0.2).

```
guest@debian_un:~$ sudo ip addr add 172.16.0.1/16 brd + dev eth1
```

2. On affiche la configuration de la carte.

```
guest@debian_un:~$ ip addr show dev eth1
3: eth1: <BROADCAST,MULTICAST,UP,LOWER_UP> mtu 1500 qdisc pfifo_fast state UP
qlen 1000
    link/ether 08:00:27:9d:69:85 brd ff:ff:ff:ff:ff:ff
    inet 192.168.56.21/24 brd 192.168.56.255 scope global eth1
    inet 172.16.0.1/16 brd 172.16.255.255 scope global eth1
    inet6 fe80::a00:27ff:fe9d:6985/64 scope link
       valid_lft forever preferred_lft forever
```

3. On teste la connectivité réseau avec son binôme.

```
guest@debian_un:~$ ping 172.16.0.2
PING 172.16.0.2 (172.16.0.2) 56(84) bytes of data.
64 bytes from 172.16.0.2: icmp_req=1 ttl=64 time=1.16 ms
^C
```

4. On ajoute une adresse IPv6.

a) Ajout de l'adresse IPv6 (de type locale unique).

```
guest@debian_un:~$ sudo ip addr add fc00::1/64 dev eth1
guest@debian_un:~$ sudo ip route add fc00::/64 dev eth1
guest@debian_un:~$ ip addr show dev eth1
```

```
3: eth1: <BROADCAST,MULTICAST,UP,LOWER_UP> mtu 1500 qdisc pfifo_fast state UP
qlen 1000
    link/ether 08:00:27:9d:69:85 brd ff:ff:ff:ff:ff:ff
    inet 192.168.56.21/24 brd 192.168.56.255 scope global eth1
    inet 172.16.0.1/16 brd 172.16.255.255 scope global eth1
    inet6 fc00::1/64 scope global
       valid_lft forever preferred_lft forever
    inet6 fe80::a00:27ff:fe9d:6985/64 scope link
       valid_lft forever preferred_lft forever
```

b) On teste la connectivité avec le poste du binôme (sur lequel on a effectué des opérations similaires).

```
guest@debian_un:~$ ping6 fc00::2
PING fc00::2(fc00::2) 56 data bytes
64 bytes from fc00::2: icmp_seq=1 ttl=64 time=0.702 ms
...
```

5. On supprime les adresses que l'on vient d'ajouter (à effectuer à la fin de l'atelier).

```
guest@debian_un:~$ sudo ip addr del 172.16.0.1/16 dev eth1
guest@debian_un:~$ sudo ip addr del fc00::1/64 dev eth1
guest@debian_un:~$ ip addr show dev eth1
3: eth1: <BROADCAST,MULTICAST,UP,LOWER_UP> mtu 1500 qdisc pfifo_fast state UP
qlen 1000
    link/ether 08:00:27:9d:69:85 brd ff:ff:ff:ff:ff:ff
    inet 192.168.56.21/24 brd 192.168.56.255 scope global eth1
    inet6 fe80::a00:27ff:fe9d:6985/64 scope link
       valid_lft forever preferred_lft forever
```

Tâche 4 :
Les services réseau

1. Listez les services réseau actifs.

```
guest@debian_un:~$ netstat -an |more
Connexions Internet actives (serveurs et établies)
Proto Recv-Q Send-Q Adresse locale          Adresse distante       Etat
tcp        0      0 0.0.0.0:111             0.0.0.0:*              LISTEN
tcp        0      0 0.0.0.0:22              0.0.0.0:*              LISTEN
tcp        0      0 127.0.0.1:631           0.0.0.0:*              LISTEN
tcp        0      0 127.0.0.1:25            0.0.0.0:*              LISTEN
tcp        0      0 0.0.0.0:48283           0.0.0.0:*              LISTEN
tcp        0     64 192.168.56.21:22        192.168.56.1:49739    ESTABLISHED
tcp6       0      0 :::111                  :::*                  LISTEN
tcp6       0      0 :::80                   :::*                  LISTEN
tcp6       0      0 :::58260                :::*                  LISTEN
tcp6       0      0 :::22                   :::*                  LISTEN
tcp6       0      0 ::1:631                 :::*                  LISTEN
tcp6       0      0 ::1:25                  :::*                  LISTEN
udp        0      0 0.0.0.0:68              0.0.0.0:*
udp        0      0 127.0.0.1:617           0.0.0.0:*
udp        0      0 0.0.0.0:111             0.0.0.0:*
...
udp6       0      0 :::56426                :::*
udp6       0      0 :::111                  :::*
udp6       0      0 :::177                  :::*
udp6       0      0 :::5353                 :::*
udp6       0      0 :::39368                :::*
udp6       0      0 :::3028                 :::*
```



```
udp6          0       0 :::1009                    :::*
Sockets du domaine UNIX actives(serveurs et établies)
Proto RefCnt Flags         Type        State       I-Node  Chemin
unix  2      [ ACC ]       SEQPACKET   LISTENING   3090    /run/udev/control
unix  2      [ ACC ]       STREAM      LISTENING   5925
/var/run/apache2/cgisock.2378
...
unix  17     [ ]           DGRAM                   5546    /dev/log
...
guest@debian_un:~$ ls -l /dev/log
srw-rw-rw- 1 root root 0 févr.  5 07:15 /dev/log
```

Remarque : la commande `netstat -a` affiche les sockets aussi bien TCP/IP que locales (Unix).
L'option `-n` évite de déclencher la résolution DNS ; elle permet de voir les données brutes
(numériques). Les sockets TCP/IP se répartissent en sockets TCP et UDP, IPv4 et IPv6
(tcp,tcp6,udp,udp6).

Un socket TCP peut avoir plusieurs états. L'état LISTEN correspond à un socket en attente de
connexion. Il est créé à la demande d'un service. L'état ESTABLISHED correspond à un socket qui
relie une application cliente à une application serveur. La ligne affiche le quadruplet
adresse_IP_locale:port_TCP_local-adresse_IP_distante:port_TCP_distant.

Un socket d'écoute d'un serveur peut recevoir des demandes de connexion à partir de n'importe quelle
carte réseau ou bien d'une carte spécifique. Ainsi, le port 21, correspondant à un serveur FTP, est
associé à l'adresse IP 0.0.0.0, ce qui signifie que le serveur répondra aux requêtes de connexion quelle
que soit leur origine. Inversement, le port 631, correspondant à l'impression, est associé à l'adresse
127.0.0.1, ce qui signifie que le serveur ne répondra qu'aux requêtes provenant d'une application
locale.

Les sockets Unix sont des fichiers locaux. Elles permettent de faire du client/serveur, mais uniquement
entre une application cliente et une application serveur présentes sur le serveur même.

2. Est-ce qu'un service est actif sur le poste local ?

Le service SSH associé au port 22 est-il actif ?

```
guest@debian_un:~$ netstat -ant |grep :22
tcp       0       0 0.0.0.0:22                0.0.0.0:*              LISTEN
tcp       0      64 192.168.56.21:22          192.168.56.1:49739     ESTABLISHED
tcp6      0       0 :::22                     :::*                   LISTEN
guest@debian_un:~$ netstat -a |grep ssh
tcp       0       0 *:ssh                     *:*                    LISTEN
tcp       0      64 debian_un.pinguins:ssh    192.168.56.1:49739     ESTABLISHED
tcp6      0       0 [::]:ssh                  [::]:*                 LISTEN
```

3. Quel est le numéro de port réseau associé au service ssh (le shell sécurisé) ?

```
guest@debian_un:~$ grep -i ssh /etc/services
ssh             22/tcp                    # SSH Remote Login Protocol
ssh             22/udp
```

4. Est-ce que le service SSH est actif sur le poste de votre binôme ?

On vérifie au préalable si l'application nmap est installée. Si ce n'est pas le cas, on l'installe.

```
guest@debian_un:~$ sudo aptitude install nmap
guest@debian_un:~$ sudo nmap -p 22 192.168.56.22

Starting Nmap 6.00 ( http://nmap.org ) at 2014-02-05 09:12 CET
Nmap scan report for debian_deux.pinguins (192.168.56.22)
Host is up (0.00040s latency).
PORT   STATE SERVICE
22/tcp open  ssh
```

```
MAC Address: 08:00:27:17:45:AC (Cadmus Computer Systems)

Nmap done: 1 IP address (1 host up) scanned in 0.10 seconds
```

5. Listez les ports réseau actifs du poste du binôme.

```
guest@debian_un:~$ sudo nmap 192.168.56.22

Starting Nmap 6.00 ( http://nmap.org ) at 2014-02-05 09:13 CET
Nmap scan report for debian_deux.pinguins (192.168.56.22)
Host is up (0.00016s latency).
Not shown: 997 closed ports
PORT     STATE SERVICE
22/tcp   open  ssh
80/tcp   open  http
111/tcp  open  rpcbind
MAC Address: 08:00:27:17:45:AC (Cadmus Computer Systems)

Nmap done: 1 IP address (1 host up) scanned in 0.16 seconds
```

Remarque : explorer (« scanner ») les ports d'un système distant est répréhensible sauf si on est le responsable du système distant ou si on a l'accord de son administrateur.

6. Listez les ports réseau actifs du poste du binôme.

On active le service Apache sur le poste du binôme et on teste l'accès à partir du poste local via le navigateur `lynx` (ou le navigateur graphique) en IPv4 ou en IPv6.

```
guest@debian_deux:~$ sudo aptitude install apache2
guest@debian_deux:~$ sudo netstat -anpe |grep :::80
tcp6       0        0 :::80                    :::*                    LISTEN
0          6173          2444/apache2
guest@debian_deux:~$ sudo service apache2 status
guest@debian_un:~$ lynx -dump 'http://192.168.56.22'
                         It works!
guest@debian_un:~$ lynx -dump 'http://[fc00::2]'
                         It works!
guest@debian_deux:~$ sudo netstat -ant | grep TIME
tcp6       0        0 fc00::2:80               fc00::1:34037           TIME_WAIT
guest@debian_deux:~$ sudo lsof |grep apache2 |grep -i tcp
apache2 2444    root     4u     IPv6      6173        0t0   TCP *:http (LISTEN)
```

7. Listez les ports réseau actifs du poste du binôme.

a) Affichez l'état du pare-feu. Dans le cas présent, il n'est pas actif ; c'est le cas par défaut sur les systèmes Debian.

```
guest@debian_deux:~$ sudo iptables -L
Chain INPUT (policy ACCEPT)
target     prot opt source               destination

Chain FORWARD (policy ACCEPT)
target     prot opt source               destination

Chain OUTPUT (policy ACCEPT)
target     prot opt source               destination
```

b) Listez les logiciels pare-feu disponibles (qui génèrent des règles Iptables).

```
guest@debian_deux:~$ LANG=C apt-cache search firewall |grep -i -e iptables -e
netfilter
apf-firewall - easy iptables based firewall system
```

```
arno-iptables-firewall - single- and multi-homed firewall script with DSL/ADSL
support
firehol - An easy to use but powerful iptables stateful firewall
ipkungfu - iptables-based Linux firewall
iptables - administration tools for packet filtering and NAT
iptstate - top-like interface to your netfilter connection-tracking table
libiptables-parse-perl - Perl extension for parsing iptables firewall rulesets
python-netfilter - Python modules for manipulating netfilter rules
shorewall - Shoreline Firewall, netfilter configurator
shorewall-lite - Shorewall (lite version), a high-level tool for configuring
Netfilter
shorewall6 - Shoreline Firewall (IPv6 version), netfilter configurator
ufw - program for managing a Netfilter firewall
uif - Advanced iptables-firewall script
uruk - Very small firewall script, for configuring iptables
```

Tâche 5 :
Configurer le service Inetd

1. Recherchez les logiciels de type Inetd.

```
guest@debian_deux:~$ aptitude search inetd
p    inetutils-inetd          - internet super server
p    micro-inetd              - simple network service spawner
v    netkit-inetd             -
p    openbsd-inetd            - « superserveur » internet OpenBSD
p    reconf-inetd             - maintainer script for programmatic updates
p    rinetd                   - Internet TCP redirection server
p    rlinetd                  - gruesomely over-featured inetd replacement
i A  update-inetd             - programme de mise à jour du fichier inetd.
p    xinetd                   - replacement for inetd with many enhancemen
```

2. Recherchez des logiciels de type serveur telnet (telnetd).

```
guest@debian:~$ aptitude search telnetd
p    inetutils-telnetd        - telnet server
p    krb5-telnetd             - Secure telnet server supporting MIT Kerber
p    telnetd                  - Serveur telnet
p    telnetd-ssl              - telnet server with SSL encryption support
guest@debian_deux:~$ LANG=C sudo aptitude show inetutils-telnetd |grep inetd
         inetutils-syslogd | system-log-daemon, inetutils-inetd |
guest@debian_deux:~$ LANG=C sudo aptitude show telnetd |grep inetd
Depends: adduser, openbsd-inetd | inet-superserver, passwd, libc6 (>= 2.7-1)
```

Remarque : le logiciel telnetd dépend du service inetd openbsd-inetd et, inversement, le logiciel inetutils-telnetd dépend du service inetd inetutils-inetd.

---

3. Activez le service telnet sur le poste du binôme.

```
guest@debian_deux:~$ sudo aptitude install inetutils-telnetd
[warn] Not starting internet superserver: no services enabled. ... (warning).
guest@debian_deux:~$ more /etc/inetd.conf
#<off># telnet   stream  tcp     nowait  root    /usr/sbin/telnetd       telnetd
guest@debian_deux:~$ ls -l /usr/sbin/telnetd
-rwxr-xr-x 1 root root 121048 févr.  7  2013 /usr/sbin/telnetd
guest@debian_deux:~$ sudo update-inetd --enable telnet
guest@debian_deux:~$ grep telnet /etc/inetd.conf
telnet   stream  tcp     nowait  root    /usr/sbin/telnetd       telnetd
```

4. Testez la présence du service `telnet`.

```
guest@debian_deux:~$ netstat -ant |grep 23
tcp        0        0 0.0.0.0:23              0.0.0.0:*              LISTEN
guest@debian_deux:~$ grep -l inetd /etc/rc2.d/*
/etc/rc2.d/S18inetutils-inetd
```

5. Tentez une connexion sur le poste de votre binôme.

```
guest@debian_un:~$ telnet debian_deux
Trying 192.168.56.22...
Connected to debian_deux.pinguins.
Escape character is '^]'.

Linux 3.2.0-4-486 (debian_un.pinguins) (pts/3)

debian_deux login : guest
Mot de passe : guest
Dernière connexion : mardi  4 février 2014 à 13:19:16 CET de 192.168.56.1 sur
...
guest@debian_deux:~$ exit
déconnexion
Connection closed by foreign host.
guest@debian_un:~$
```

Tâche 6 :
Les commandes SSH

1. On se connecte sur le poste distant en étant connecté localement sous le compte `guest`.

```
guest@debian_un:~$ dpkg -l openssh-server
...
ii  openssh-server 1:6.0p1-4     i386        secure shell (SSH) server, for se
guest@debian_un:~$ ssh debian_deux
The authenticity of host 'debian_deux (192.168.56.22)' can't be established.
ECDSA key fingerprint is 12:34:88:c2:2e:84:7e:7d:04:6b:fb:61:9b:1b:7d:78.
Are you sure you want to continue connecting (yes/no)? yes
Warning: Permanently added 'debian_deux,192.168.56.22' (ECDSA) to the list of
known hosts.
guest@debian_deux's password: guest
Linux (none) 3.2.0-4-486 #1 Debian 3.2.51-1 i686

The programs included with the Debian GNU/Linux system are free software;
the exact distribution terms for each program are described in the
individual files in /usr/share/doc/*/copyright.

Debian GNU/Linux comes with ABSOLUTELY NO WARRANTY, to the extent
permitted by applicable law.
You have new mail.
Last login: Tue Feb  4 14:33:01 2014 from debian_un.pinguins
guest@debian_deux:~$ hostname
debian_deux
guest@debian_deux:~$ exit
déconnexion
Connection to debian_deux closed.
guest@debian_un:~$ ssh debian_deux
guest@debian_deux's password: guest
...
```

```
Last login: Tue Feb  4 14:37:20 2014 from debian_un.pinguins
guest@debian_deux:~$ exit
déconnexion
Connection to debian_deux closed.
```

Remarques :

1) Lors de la première connexion, le serveur affiche l'empreinte de sa clé publique. Cette information identifie le serveur. Si on pense que cette donnée est juste (car on la connaît par ailleurs), on authentifie le serveur en répondant yes.

2) Par défaut, on se connecte sous le compte homonyme (guest) sur le poste distant.

2. On se connecte sous un autre compte (par exemple root).

```
guest@debian_un:~$ ssh -l root debian_deux    # ou ssh root@debian_deux
root@debian_deux's password: secret
...
root@debian_deux:~# exit
déconnexion
Connection to debian_deux closed.
```

3. On copie des fichiers d'un poste à un autre.

a) On télécharge un fichier en gardant les droits de l'utilisateur homonyme.

```
guest@debian_un:~$ scp debian_deux:/etc/profile /tmp/
guest@debian_deux's password: guest
profile                                     100%  851     0.8KB/s   00:00
```

b) On télécharge un fichier en prenant les droits d'un autre utilisateur (root).

```
guest@debian_un:~$ scp root@debian_deux:/etc/shadow /tmp
root@debian_deux's password: secret
shadow                                      100% 1607     1.6KB/s   00:00
```

4. On exécute une commande distante.

```
guest@debian_un:~$ ssh debian_deux uptime
guest@debian_deux's password: guest
 14:42:54 up  1:26,  3 users,  load average: 0,00, 0,01, 0,05
```

5. On utilise l'authentification à clé publique.

a) On crée un couple de clés publique/privée.

```
guest@debian_un:~$ ssh-keygen -t rsa
Generating public/private rsa key pair.
Enter file in which to save the key (/home/guest/.ssh/id_rsa):
Enter passphrase (empty for no passphrase): guest
Enter same passphrase again: guest
Your identification has been saved in /home/guest/.ssh/id_rsa.
Your public key has been saved in /home/guest/.ssh/id_rsa.pub.
The key fingerprint is:
b7:4a:36:8f:07:ce:59:39:5b:b3:61:02:18:97:88:dc guest@debian_un
The key's randomart image is:
+--[ RSA 2048]----+
|   . o . .       |
|    o E o        |
|     +           |
|    . .          |
|       S...      |
|     ..=.=       |
|      o++.* +    |
```

```
|       o+=o .     |
|       o..        |
+-----------------+
```

b) On transfère une copie de sa clé publique sur le serveur cible.

```
guest@debian_un:~$ ssh-copy-id debian_deux
guest@debian_deux's password: guest
Now try logging into the machine, with "ssh 'debian_deux'", and check in:

  ~/.ssh/authorized_keys

to make sure we haven't added extra keys that you weren't expecting.
```

c) On exécute une commande distante en utilisant l'authentification à clé publique.

```
guest@debian_un:~$ ssh debian_deux uptime
Enter passphrase for key '/home/guest/.ssh/id_rsa': guest
 14:46:47 up  1:30,  3 users,  load average: 0,00, 0,01, 0,05
```

Remarque : pour réaliser l'accès distant, on fournit un mot de passe comme avant, mais ce mot de passe (passphrase) n'est utilisé qu'en local : il ne transite pas sur le réseau et sert à accéder à notre clé privée. On peut éviter de fournir une passphrase, soit en supprimant celle-ci (via ssh-keygen -p), mais cela n'est pas conseillé en termes de sécurité, soit en utilisant un agent.

6. On utilise un agent.

a) On active l'agent.

```
guest@debian_un:~$ eval $(ssh-agent)
Agent pid 4239
```

b) On ajoute une clé.

```
guest@debian_un:~$ ssh-add
Enter passphrase for /home/guest/.ssh/id_rsa: guest
Identity added: /home/guest/.ssh/id_rsa (/home/guest/.ssh/id_rsa)
guest@debian_un:~$ ps -u guest |grep ssh-agent
 4239 ?        00:00:00 ssh-agent
```

c) On active une commande distante sans donner de mot de passe (passphrase).

```
guest@debian_un:~$ ssh debian_deux uptime
 14:57:25 up  1:41,  3 users,  load average: 0,00, 0,01, 0,05
```

Remarques :

1) Les opérations d'activation de l'agent et de l'ajout des clés pourraient être déclenchées automatiquement via le fichier ~/.profile.

2) Dans le mode graphique, l'agent est activé automatiquement. La première fois que l'on accède au système distant, une fenêtre popup s'affiche et vous demande votre passphrase.

Debian - L'impression

Tâche 1 : Configurer une file d'attente sans pilote, tester le spooler.................... 10 mn

Tâche 2 : Installer un nouveau pilote.. 5 mn

Tâche 3 : Configurer une file d'attente utilisant un pilote, tester le spooler.......... 15 mn

Tâche 4 : Gérer les classes d'imprimantes, compléments...................................... 5 mn

Tâche 5 : Tester physiquement une imprimante, compléments .... 10 mn

Tâche 6 : Utiliser l'interface graphique, compléments.. 5 mn

Tâche 1 :
Configurer une file d'attente sans pilote, tester le spooler

1. Créez une imprimante réseau fictive (de type JetDirect) qui imprime dans des fichiers.

```
guest@debian:~$ lpstat -t
scheduler is running
no system default destination
lpstat: No destinations added.

guest@debian_un:~$ vi imp_sock.pl
#!/usr/bin/perl
## reference http://aplawrence.com/MacOSX/macosxcupstofile.html
use IO::Socket::INET;
$myport=9100;
$pserve=IO::Socket::INET->new(LocalPort=>$myport,Type=>SOCK_STREAM,
        Reuse=>1,Listen=>1) or die "can't do that $!\n";
while($pjob=$pserve->accept()) {
        open(J,">>/tmp/jetdirect.txt") or print "having issues $!\n";
        print J "New job...\n";
        while ( <$pjob> ) {
                print J "$_";
        }
        close J;
        close $pjob;
}
guest@debian_un:~$ chmod +x imp_sock.pl
guest@debian_un:~$ ./imp_sock.pl &
[1] 3829
```

2. Créez la file d'attente sans utiliser de pilote (pilote « raw » = cru) et activez-la.

a) Listez les backends disponibles.

```
guest@debian_un:~$ sudo lpinfo -v
network socket
network ipp
network lpd
network https
network ipps
network http
network beh
direct hp
network smb
direct hpfax
```

```
guest@debian_un:~$ ls /usr/lib/cups/backend
beh     hp      http    ipp     lpd     parallel  smb     socket
dnssd   hpfax   https   ipps    mdns    serial    snmp    usb
```

b) Créez une file d'attente de nom imp1, sans pilote (raw) qui nous permet d'imprimer sur l'imprimante réseau reliée au serveur local (localhost) selon le protocole JetDirect sur le port 9100.

```
guest@debian_un:~$ sudo lpadmin -p imp1 -v socket://localhost:9100 -m raw
```

Remarque : si l'on disposait d'une imprimante reliée au serveur local par la sortie centronics (port parallèle), il suffirait d'utiliser l'option device suivante : -v parallel:/dev/lp0.

c) Est-ce que le démon d'impression est actif ? Afficher l'état courant du système.

```
guest@debian_un:~$ ps -e |grep cupsd
 2550 ?        00:00:00 cupsd
guest@debian_un:~$ netstat -an |grep 631
tcp       0      0 127.0.0.1:631           0.0.0.0:*               LISTEN
tcp6      0      0 ::1:631                 :::*                    LISTEN
udp       0      0 0.0.0.0:631             0.0.0.0:*
guest@debian_un:~$ sudo tail /var/log/cups/error_log
guest@debian_un:~$ lpstat -t
scheduler is running
no system default destination
device for imp1: socket://localhost:9100
imp1 not accepting requests since ven. 31 janv. 2014 21:53:55 CET -
        reason unknown
printer imp1 disabled since ven. 31 janv. 2014 21:53:55 CET -
        reason unknown
```

Remarque : la commande lpstat -t nous donne beaucoup d'informations. Elle nous indique que le démon d'impression (cupsd) est actif (scheduler is running). Elle nous prévient qu'il n'y a pas d'imprimante par défaut. Elle nous donne la liste des imprimantes (ici uniquement l'imprimante imp1). Pour chaque imprimante, elle affiche le backend (device), elle précise si elle accepte le dépôt de requêtes et si ces dernières seront honorées ou non. Pour le moment, l'imprimante imp1 n'accepte pas de requêtes et elle est désactivée.

d) Autorisez le dépôt de requêtes pour votre imprimante.

```
guest@debian_un:~$ sudo accept imp1
```

e) Activez la prise en compte des requêtes par l'imprimante.

```
guest@debian_un:~$ sudo cupsenable imp1
guest@debian_un:~$ lpstat -t
scheduler is running
no system default destination
device for imp1: socket://localhost:9100
imp1 accepting requests since ven. 31 janv. 2014 21:55:32 CET
printer imp1 is idle.  enabled since ven. 31 janv. 2014 21:55:32 CET
```

3. Testez l'imprimante.

```
guest@debian_un:~$ lp -d imp1 /etc/issue
request id is imp1-1 (1 file(s))
guest@debian_un:~$ cat /tmp/jetdirect.txt
New job...
Debian GNU/Linux 7 \n \l
```

4. Définissez une imprimante par défaut.

a) L'utilisation de l'imprimante par défaut (qui n'est pas définie) provoque une erreur.

```
guest@debian_un:~$ lp /etc/group
lp: Error - no default destination available.
```

b) Créez une imprimante par défaut pour l'utilisateur courant.

```
guest@debian_un:~$ export PRINTER=imp1
guest@debian_un:~$ lp /etc/group
request id is imp1-2 (1 file(s))
guest@debian_un:~$ unset PRINTER
```

Remarque : comme toute variable d'environnement, PRINTER doit être définie dans le fichier
~/.profile si l'on désire un paramétrage permanent.

c) Créez une imprimante par défaut au niveau du système.

```
guest@debian_un:~$ lp /etc/group
lp: Error - no default destination available.
guest@debian_un:~$ sudo lpadmin -d imp1
guest@debian_un:~$ lpstat -t
scheduler is running
system default destination: imp1
...
guest@debian_un:~$ lp /etc/group
request id is imp1-3 (1 file(s))
```

Tâche 2 :
Installer un nouveau pilote

1. Vérifiez l'absence du pilote.

```
guest@debian_un:~$ sudo lpinfo -m |grep HP-LaserJet_9000.ppd
guest@debian_un:~$
```

2. Téléchargez le pilote (fichier PPD).

```
guest@debian_un:~$ wget 'http://www.openprinting.org/ppd-o-
matic.php?driver=Postscript&printer=HP-LaserJet_9000&show=0'
guest@debian_un:~$ mv ppd-o-matic.php\?driver\=Postscript\&printer\=HP-
LaserJet_9000\&show\=0 HP-LaserJet_9000.ppd
```

Remarque : le site www.openprinting.org est le site par excellence pour trouver un pilote.

3. Installez le pilote dans le répertoire model.

```
guest@debian_un:~$ sudo cp HP-LaserJet_9000.ppd /usr/share/cups/model/
```

4. Redémarrez CUPS.

```
guest@debian_un:~$ sudo service cups restart
[ ok ] Restarting Common Unix Printing System: cupsd.
```

5. Vérifiez la présence du pilote.

```
guest@debian_un:~$ sudo lpinfo -m |grep HP-LaserJet_9000.ppd
HP-LaserJet_9000.ppd HP LaserJet 9000 Foomatic/Postscript
```

6. Vérifiez la présence d'un pilote d'une imprimante non-PostScript.

On recherche si notre système prend en charge les imprimantes HP Deskjet.

```
guest@debian_un:~$ gs --help | grep -i deskjet
   bmp256 bmp32b bmpgray bmpmono bmpsep1 bmpsep8 ccr cdeskjet cdj1600 cdj500
   deskjet devicen dfaxhigh dfaxlow display dj505j djet500 djet500c dl2100
guest@debian_un:~$ sudo find / |grep -E '\.ppd(|\.gz)$' |grep -i deskjet
/usr/share/ppd/hp-ppd/HP/HP_DeskJet_630C.ppd
...
guest@debian_un:~$ gs --help |head -20
GPL Ghostscript 9.05 (2012-02-08)
Copyright (C) 2010 Artifex Software, Inc.  All rights reserved.
Usage: gs [switches] [file1.ps file2.ps ...]
```

```
Most frequently used switches: (you can use # in place of =)
 -dNOPAUSE               no pause after page   | -q          `quiet', fewer messages
 -g<width>x<height>  page size in pixels   | -r<res>  pixels/inch resolution
 -sDEVICE=<devname>  select device         | -dBATCH  exit after last file
 -sOutputFile=<file> select output file: - for stdout, |command for pipe,
                                     embed %d or %ld for page #
Input formats: PostScript PostScriptLevel1 PostScriptLevel2 PostScriptLevel3 PDF
Default output device: bbox
Available devices:
   alc1900 alc2000 alc4000 alc4100 alc8500 alc8600 alc9100 ap3250 appledmp
   atx23 atx24 atx38 bbox bit bitcmyk bitrgb bitrgbtags bj10e bj10v bj10vh
```

Remarque : dans le cas d'une imprimante PostScript (comme la HP LaserJet 9050), le fichier PPD
suffit en tant que pilote. Pour toute imprimante non-PostScript, il faut, en plus du fichier PPD, que le
logiciel GhostScript possède le module de gestion de votre imprimante. Ce module traduit le
PostScript dans le format de l'imprimante. Il est indispensable.

Tâche 3 :
Configurer une file d'attente utilisant un pilote, tester le spooler

1. Créez la file d'attente et activez-la.

```
guest@debian_un:~$ sudo lpadmin -p hp9000 -v socket://localhost:9100
-m HP-LaserJet_9000.ppd -E
guest@debian_un:~$ lpstat -t |grep 9000
device for hp9000: socket://localhost:9100
hp9000 accepting requests since ven. 31 janv. 2014 22:10:44 CET
printer hp9000 is idle.  enabled since ven. 31 janv. 2014 22:10:44 CET
```

2. Testez le spooler.

```
guest@debian_un:~$ cal | lp -d hp9000
request id is hp9000-4 (0 file(s))
guest@debian_un:~$ more /tmp/jetdirect.txt
...
New job...
2345X@PJL
@PJL SET PS:MBT=AUTO
@PJL SET DENSITY=3
@PJL SET RET=MEDIUM
@PJL SET COPIES=1
@PJL SET ECONOMODE=OFF
@PJL SET BITSPERPIXEL=1
@PJL SET MANUALFEED=OFF
%!PS-Adobe-3.0
%%Creator: GPL Ghostscript 905 (ps2write)
%%LanguageLevel: 2
%%CreationDate: D:20140131221110+01'00'
```

Remarque : le format PostScript (PS) est un format texte (ASCII). Une impression PS commence par
%!PS-Adobe...

3. Quelques opérations de gestion.

a) Bloquez les impressions (on voit les requêtes s'accumuler).

```
guest@debian_un:~$ sudo cupsdisable hp9000
guest@debian_un:~$ lpstat -t |grep 9000
device for hp9000: socket://localhost:9100
hp9000 accepting requests since ven. 31 janv. 2014 22:19:58 CET
```

```
printer hp9000 disabled since ven. 31 janv. 2014 22:19:58 CET -
```

c) Supprimez une ou plusieurs impressions.

Pour supprimer une impression, il suffit de spécifier l'identifiant de la requête en argument de la commande `cancel`. L'option –a de cette même commande supprime l'ensemble des travaux d'une imprimante ; seul l'administrateur peut utiliser cette option.

```
guest@debian_un:~$ lp -d hp9000 /etc/issue
request id is hp9000-6 (1 file(s))
guest@debian_un:~$ lpstat
hp9000-5                    guest                0    ven. 31 janv. 2014 22:20:32 CET
hp9000-6                    guest             1024    ven. 31 janv. 2014 22:20:45 CET
guest@debian_un:~$ cancel hp9000-6
guest@debian_un:~$ sudo cancel -a hp9000
guest@debian_un:~$ lpstat
```

d) Interdisez, acceptez le dépôt de requêtes ; autorisez les impressions.

```
guest@debian_un:~$ sudo reject hp9000
guest@debian_un:~$ lp -d hp9000 /etc/issue
lp: La destination « hp9000 » n'accepte pas de tâche.
guest@debian_un:~$ sudo accept hp9000
guest@debian_un:~$ lp -d hp9000 /etc/issue
request id is hp9000-7 (1 file(s))
guest@debian_un:~$ sudo cupsenable hp9000
guest@debian_un:~$ lpstat -t | grep hp9000
device for hp9000: socket://localhost:9100
hp9000 accepting requests since ven. 31 janv. 2014 22:24:19 CET
printer hp9000 is idle.  enabled since ven. 31 janv. 2014 22:24:19 CET#
```

4. Détruisez une file d'attente.

```
guest@debian_un:~$ sudo lpadmin -x hp9000
```

Tâche 4 :
Gérer les classes d'imprimantes, compléments

1. On crée la classe d'imprimante cl1.

```
guest@debian_un:~$ sudo lpadmin -p imp1 -c cl1
```

Remarque : une classe est créée lorsqu'on lui ajoute la première imprimante.

2. Affichez la liste des classes et, pour chacune, la liste de ses membres.

```
guest@debian_un:~$ lpstat -t
scheduler is running
system default destination: imp1
members of class cl1:
        imp1
device for cl1: ///dev/null
...
```

3. Activez la classe (comme n'importe quelle imprimante).

```
guest@debian_un:~$ sudo accept cl1
guest@debian_un:~$ sudo cupsenable cl1
```

4. Imprimez un fichier sur la classe cl1.

```
guest@debian_un:~$ ls -l / | lp -d cl1
request id is cl1-8 (0 file(s))
guest@debian_un:~$ tail -4 /tmp/jetdirect.txt
drwxrwxrwt  6 root root  4096 janv. 31 22:17 tmp
drwxr-xr-x 10 root root  4096 janv. 18 12:38 usr
```

```
drwxr-xr-x  13 root root  4096 janv. 22 05:17 var
lrwxrwxrwx   1 root root    24 janv. 18 12:39 vmlinuz -> boot/vmlinuz-3.2.0-4-
...
```

Remarque : comme notre classe ne comporte qu'une seule imprimante, l'impression est dirigée vers elle.

5. Retirez une imprimante d'une classe, supprimez une classe .

```
guest@debian_un:~$ sudo lpadmin -p imp1 -r cl1
guest@debian_un:~$ lpstat -t |grep cl1
```

Remarque : une classe est automatiquement détruite si elle n'a plus d'imprimante.

Tâche 5 :
Tester physiquement une imprimante, compléments

1. On crée un fichier dans un format reconnu par l'imprimante (PS, PDF, PCL...) .

a) Créez et visualisez un fichier PostScript.

```
guest@debian_un:~$ vi bonjour.ps
%!PS-Adobe-2.0
%%Title: Hello
%%BeginSetup
 10 20 div dup scale
%%EndSetup

% quelque procedures
 /CM { 0.0351 div } def
 /RP { findfont 5 CM scalefont setfont } def

% corps du programme
/Times-Roman RP
 2 CM 27 CM moveto
(Hello World) show

showpage
%%Trailer
%%EOF
guest@debian_un:~$ file bonjour.ps
bonjour.ps: PostScript document text conforming DSC level 2.0
guest@debian_un:~$ evince bonjour.ps
guest@debian_un:~$ ps2ascii bonjour.ps |more


Hello World^L
guest@debian_un:~$ sudo aptitude install enscript
guest@debian_un:~$ enscript -p issue.ps /etc/issue
guest@debian_un:~$ evince issue.ps
```

Remarques :

1) Au lieu de créer un fichier PostScript ex nihilo, nous pouvions en utiliser un déjà existant, ou en créer un via la commande enscript.

2) La commande evince visualise un fichier PS ou PDF. Il faut bien sûr travailler dans un environnement graphique.

3) La commande ps2ascii convertit un fichier PS ou PDF en ASCII.

b) Créez un fichier PDF.

```
guest@debian_un:~$ ps2pdf bonjour.ps > bonjour.pdf
guest@debian_un:~$ file bonjour.pdf
bonjour.pdf: PDF document, version 1.4
guest@debian_un:~$ evince bonjour.pdf
```

Remarque : la commande ps2pdf convertit un fichier PS en PDF ; inversement, la commande pdf2ps convertit un fichier PDF en PS.

c) Créez un fichier PCL.

```
guest@debian_un:~$ gs -q -sDEVICE=ljet4 -dNOPAUSE -dBATCH
-sOutputFile="sortie.pcl" bonjour.ps
guest@debian_un:~$ file sortie.pcl
sortie.pcl: HP PCL printer data - A4 page size
```

2. Testez l'imprimante (si vous avez réellement une imprimante connectée sur le port //).

Il suffit de copier le fichier (qui est dans un des formats reconnus par l'imprimante) directement sur le périphérique associé à l'imprimante (dans l'exemple, l'imprimante est connectée via le port parallèle).

```
guest@debian_un:~$ sudo sh -c 'cat bonjour.ps  > /dev/lp0'
```

Tâche 6 :
Utiliser l'interface graphique, compléments

1. Administrez en mode graphique.

On active le navigateur et on se connecte au serveur cupsd en tant qu'administrateur (root) via l'URL suivante : http://localhost:631.

Ensuite il est possible d'administrer le service, les imprimantes, les classes et les travaux d'impression.

2. Imprimez à partir de logiciels graphiques. Exemple avec gedit.

a) Nettoyez le fichier contenant le résultat de l'impression.

```
guest@debian_un:~$ > /tmp/jetdirect.txt
```

b) Imprimez à partir du logiciel gedit.

On active l'éditeur et ensuite on imprime via le menu [Fichier][Imprimer…]. On choisit l'imprimante (imp1) et on appuie sur le bouton imprimer.

```
guest@debian_un:~$ gedit ~/.profile
```

c) Visualisez le résultat.

```
guest@debian_un:~$ cp /tmp/jetdirect.txt /tmp/jetdirect.pdf
guest@debian_un:~$ sed -i 1d /tmp/jetdirect.pdf
guest@debian_un:~$ file /tmp/jetdirect.pdf
/tmp/jetdirect.txt: PDF document, version 1.5
guest@debian_un:~$ head -1 /tmp/jetdirect.pdf
%PDF-1.5
guest@debian_un:~$ evince /tmp/jetdirect.pdf
```

Remarque : les logiciels graphiques privilégient le PostScript.

Debian – L'environnement graphique

Tâche 1 : Activer une application graphique.. 10 mn

Tâche 2 : Le X dépouillé .... 20 mn

Tâche 3 : Configurer un serveur de connexions graphiques............................... 15 mn

Tâche 4 : Choisir son bureau .... 20 mn

Tâche 5 : Configurer une session graphique activée localement......................... 10 mn

Tâche 6 : Configurer les ressources d'une application graphique....................... 10 mn

Tâche 7 : Configurer un serveur X VNC... 10 mn

Tâche 1 :
Activer une application graphique

1. On active une application graphique (un client X) grâce aux menus du bureau.

```
Menu [Applications]->[Accessoires]->[Calculatrice]
```

2. On active un client X (une calculatrice, une fenêtre xterm ou un jeu comme le mahjongg).

```
guest@debian:~$ gnome-calculator &
[2] 4615
```

Remarque : lorsque l'on active une application graphique à partir d'un terminal (en étant en mode graphique !), il suffit d'indiquer son nom ou son chemin et de l'activer en tâche de fond. L'application s'exécutera en parallèle avec le shell qui l'aura activée. L'application connaît le serveur X grâce à la variable DISPLAY.

3. On active un client X à partir d'un terminal texte en dehors d'une session graphique.

Dans ce cas, il faut préciser l'adresse (le DISPLAY) du serveur X.

Par exemple, basculons dans un terminal texte (Ctrl-Alt-F1) et connectons-nous.

```
guest@debian_un:~$ DISPLAY=:0 gnome-calculator &
[1] 4726
```

Ensuite, nous rebasculons dans l'environnement graphique (Ctrl-Alt-F7) pour voir notre horloge.

Remarques :

1) L'opération précédente n'est possible que si l'on est connecté sous le même compte dans l'environnement graphique et dans la session texte.

2) L'écran graphique n'est pas forcément le 7e terminal, il faut dans ce cas en essayer d'autres : Ctrl-Alt-F8, Ctrl-Alt-F9, Ctrl-F1, ...

4. On active un client à partir d'un autre poste.

Étant connecté en local en mode graphique, on se connecte sur le poste distant avec le client ssh avec l'option X et ensuite on active une application graphique. Elle s'affiche sur le poste graphique courant.

```
guest@debian_un:~$ ssh -X debian_deux
Linux (none) 3.2.0-4-486 #1 Debian 3.2.51-1 i686
...
Last login: Thu Feb  6 12:05:20 2014 from 192.168.56.1
guest@debian_deux:~$ echo $DISPLAY
localhost:10.0
guest@debian_deux:~$ xterm &
[1] 7006
guest@debian_deux:~$ exit
déconnexion
```

```
Connection to debian_deux closed.
guest@debian_un:~$
```

Remarque : la déconnexion est effective quand il n'y plus de client graphique actifs, en l'occurrence quand on ferme la fenêtre xterm.

5. Mieux comprendre X Window.

a) Est-ce que le serveur X fonctionne en local ?

Évidemment : s'il ne fonctionnait pas, nous ne verrions pas l'interface graphique.

```
guest@debian_un:~$ ps -e |grep X
 2306 tty7      00:00:06 Xorg
```

b) Visualisez le socket Unix utilisé dans la communication client/serveur X.

```
guest@debian_un:~$ sudo netstat -anpe |grep Xorg |head
unix  2      [ ACC ]      STREAM     LISTENING     5856      2306/Xorg
@/tmp/.X11-unix/X0
unix  2      [ ACC ]      STREAM     LISTENING     5857      2306/Xorg
/tmp/.X11-unix/X0
```

c) Visualisez la configuration du serveur X.

```
guest@debian_un:~$ sudo find / -name 'xorg.conf'
guest@debian_un:~$
```

Remarque : sur les systèmes Linux récents, la configuration du serveur X est générée dynamiquement.

d) Créez une configuration du serveur X à partir d'une des consoles locales (tty1, tty2, ...).

```
guest@debian_un:~$ sudo -i
root@debian_un:~# tty
/dev/tty2
root@debian_un:~# X :1 -configure
        vesa
(++) Using config file: "/root/xorg.conf.new"
(==) Using system config directory "/usr/share/X11/xorg.conf.d"
...
root@debian_un:~# head /root/xorg.conf.new
Section "ServerLayout"
        Identifier     "X.org Configured"
        Screen      0  "Screen0" 0 0
        Screen      1  "Screen1" RightOf "Screen0"
        Screen      2  "Screen2" RightOf "Screen1"
        InputDevice    "Mouse0" "CorePointer"
        InputDevice    "Keyboard0" "CoreKeyboard"
EndSection
```

Remarque : même s'il n'y a plus de configuration par défaut on peut en créer une et l'utiliser (il suffit de la copier sous le nom /etc/X11/xorg.conf).

Tâche 2 :
Le X dépouillé

1. On arrête le service de connexion graphique (et donc le serveur X locale par conséquence).

```
uest@debian_un:~$ sudo service gdm3 stop
[ ok ] Stopping GNOME Display Manager: gdm3.
```

2. On active un serveur X (à partir du 1er écran virtuel : Ctrl+Alt+F1).

```
guest@debian_un:~$ sudo -s
root@debian_un:/home/guest# X -ac
...
```

```
(==) Log file: "/var/log/Xorg.0.log", Time: Wed Mar 12 17:45:15 2014
(==) Using system config directory "/usr/share/X11/xorg.conf.d"
```

Remarque : dans les messages du serveur, on voit le nom du fichier de configuration et le nom du fichier journal de bord.

3. On active des clients.

À partir d'un autre écran virtuel, Ctrl+Alt+F2 par exemple, on précise le DISPLAY local (:0) sur la ligne de commande.

```
guest@debian_un:~$ xclock -display :0 &
guest@debian_un:~$ DISPLAY=:0 gnome-calculator &
```

4. On active un gestionnaire de fenêtres.

```
guest@debian_un:~$ sudo aptitude install twm
guest@debian_un:~$ twm -display :0 &
```

Remarque : on peut aussi utiliser le gestionnaire par défaut (metacity).

5. On utilise l'interface.

On revient dans le mode graphique (Ctrl-Alt-F7).

Ensuite, par exemple, on active une fenêtre xterm via le menu racine (clic droit en dehors d'une fenêtre), on déplace des fenêtres (on fait glisser la barre de titre), on iconifie des fenêtres (clic sur le rond à gauche dans la barre de titre), on agrandit une fenêtre (clic sur le symbole à droite dans la barre de titre, et on fait glisser les bords)…

6. Votre binôme essaye d'activer une application X sur votre serveur à partir de son poste.

```
guest@debian_deux:~$ DISPLAY=debian_un:0.0 xterm &
[1] 23178
```

Remarques :

1) Comme le serveur X n'a pas été activé par gdm, l'accès externe est possible sans changer sa configuration.

2) Comme on agit en dehors d'une session graphique, il n'y a pas besoin d'autoriser avec xhost les accès externes. Nous avons un simple terminal X acceptant des clients de partout. C'est très pratique mais pas sécurisé.

7. On arrête le serveur par Ctrl+C

Après être revenu dans l'écran virtuel où l'on a activé le serveur, on revient en mode graphique.

```
Ctrl-C
root@debian_un:/home/guest# service gdm3 start
root@debian_un:/home/guest# exit
```

Tâche 3 :
Configurer un serveur de connexions graphiques

On travaille en binôme.

1. Sur le serveur (le poste du binôme), on ouvre le port XDMCP.

On change la valeur du paramètre Enable de la strophe [xdmcp] du fichier gdm.conf.

```
guest@debian_deux:~$ sudo cp /etc/gdm3/daemon.conf /etc/gdm3/daemon.conf.old
guest@debian_deux:~$ sudo vi /etc/gdm3/daemon.conf

...

[xdmcp]
Enable=true

guest@debian_deux:~$ sudo service gdm3 restart
[ ok ] Stopping GNOME Display Manager: gdm3.
```

```
[ ok ] Starting GNOME Display Manager: gdm3.
```

Après le redémarrage du mode graphique, on vérifie l'ouverture du port :

```
guest@debian_deux:~$ sudo netstat -an |grep 177
udp6       0        0 :::177                     :::*
```

2. Sur le poste client :

a) On arrête le serveur X local.

```
guest@debian_un:~$ sudo service gdm3 stop
```

b) On active un serveur X local qui dialogue avec le serveur.

```
guest@debian_un:~$ sudo X -query debian_deux
```

Remarques :

1) Dans l'absolu, on n'est pas obligé d'arrêter le serveur X local. Simplement c'est plus prudent, car les serveurs X consomment de la mémoire. Si votre système possède beaucoup de mémoire (au moins 512 Mo), il est possible d'activer un deuxième serveur X local, mais il ne faut pas oublier de préciser un autre DISPLAY : `X   :1 -query debian_deux`

2) Si on travaille sous VirtualBox, on peut être amené à ajouter le pilote `vboxvideo` pour Xorg (via le CD des Additions pour l'invité).

---

3. On se connecte sous le compte guest sur le poste du binôme.

4. Après s'être déconnecté, on redémarre le service de connexion graphique sur le client après avoir tué le serveur X.

```
guest@debian_un:~$ pkill Xorg
guest@debian_un:~$ sudo service gdm3 restart
```

5. On active une session X distante à l'intérieur de notre session graphique courante.

a) Après s'être connecté en mode graphique sur le poste du binôme, on active une session distante à l'intérieur du serveur X imbriqué Xnest.

```
guest@debian_un:~$ sudo aptitude install xnest
guest@debian_un:~$ Xnest :1   -query debian_deux &
```

Remarque : il faut choisir l'environnement TWM.

---

b) On se connecte au système `debian_un`. On exécute quelques commandes et on se déconnecte. On termine en mettant fin à la fenêtre Xnest.

Tâche 4 :
Choisir son bureau

1. Le choix du bureau.

Lorsqu'il se connecte, l'utilisateur a le choix entre plusieurs environnement, au minimum entre: Gnome et Gnome Classic. Si on installe les environnements suivants (TWM, XFCE, LXDE, KDE), on obtient le menu suivant: Gnome, Gnome Classic, Gnome/Openbox, KDE/Openbox, LXDE, Openbox, Session Xfce, TWM. Le gestionnaire de fenêtres (Window Manager) minimaliste Openbox peut être utilisé avec différents bureaux (Desktop).

2. Installez d'autres environnements.

```
guest@debian_un:~$ sudo aptitude install twm
guest@debian_un:~$ sudo aptitude install xfce4
guest@debian_un:~$ sudo aptitude install lxde
guest@debian_un:~$ sudo aptitude install kde-standard
```

3. Testez ces environnements.

Tâche 5 :
Configurer une session graphique activée localement

1. On crée un nouveau compte.

```
guest@debian_un:~$ sudo useradd -m -s /bin/bash david
guest@debian_un:~$ sudo passwd david
Entrez le nouveau mot de passe UNIX : david
Retapez le nouveau mot de passe UNIX : david
passwd : le mot de passe a été mis à jour avec succès
```

2. L'utilisateur nouvellement créé configure ses sessions graphiques.

```
guest@debian_un:~$ su - david
Mot de passe : david
david@debian_un:~$ vi .Xclients
#!/bin/sh
xsetroot -solid cyan
xrdb -merge ~/.Xressources
# -- on active des clients en arrierre plan
xterm -g 70x35+10+10 &
xclock -g -0-0 &
# -- on active le gestionnaire de fenetre en avant-plan
twm
david@debian_un:~$ chmod +x .Xclients
david@debian_un:~$ ln .Xclients .xsession
```

3. Le nouvel utilisateur active une session graphique locale à partir d'une session texte.

a) L'administrateur désactive le mode graphique.

```
guest@debian_un:~$ sudo service gdm3 stop
```

b) Le nouvel utilisateur, après s'être connecté en mode texte, active une session graphique :

```
david@debian_un:~$ startx
```

c) L'utilisateur met fin à la session graphique en utilisant le choix exit du menu .racine (le menu racine apparaît si on clique en dehors d'une fenêtre). Il revient dans sa session texte.

4. Le nouvel utilisateur active une session graphique à partir de la fenêtre de connexion graphique.

a) On revient dans le mode graphique.

```
guest@debian_un:~$ sudo service gdm3 start
```

b) Le nouvel utilisateur se connecte. Il retrouve le même environnement graphique que précédemment.

Tâche 6 :
Configurer les ressources d'une application graphique

À partir d'une session graphique d'un utilisateur (**david**), exécutez le client xclock.

```
david@debian_un:~$ xclock &
```

Relancez la commande après chacune des modifications suivantes :

a) Spécifiez la couleur de fond pour toutes les horloges de tous les utilisateurs (avec le compte root).

```
root@debian_un:~# cd /etc/X11/app-defaults/
root@debian_un:app-defaults# cp XClock  XClock.old
root@debian_un:app-defaults# echo "*background: blue" >> XClock
```

b) Remettez la configuration d'origine.

```
root@debian_un:app-defaults# mv  XClock.old  XClock
```

c) Spécifiez la couleur de fond uniquement pour l'utilisateur courant.

```
david@debian_un:~$ echo "*background: green" >> XClock
```

d) Spécifiez la couleur sur la ligne de commande.

```
david@debian_un:~$ xclock  -xrm "*background: red" &
```

e) Spécifiez la couleur au niveau du serveur X directement.

```
david@debian_un:~$ vi .Xressources
xclock*background: yellow
david@debian_un:~$ xrdb  -merge .Xressources
```

Tâche 7 :
Configurer un serveur X VNC

1. Installez le client et le serveur VNC sur les deux postes.

```
guest@debian_un:~$ sudo aptitude install vnc-server
« vnc-server » est un paquet virtuel fourni par :
  vnc4server tightvncserver
guest@debian_un:~$ sudo aptitude install vnc4server
guest@debian_un:~$ sudo aptitude install vnc-viewer
« vnc-viewer » est un paquet virtuel fourni par :
  xvnc4viewer xtightvncviewer
guest@debian_un:~$ sudo aptitude install xvnc4viewer
guest@debian_un:~$ file /usr/bin/vnc4server
/usr/bin/vnc4server: Perl script, ASCII text executable
```

Remarque : on peut modifier le script Perl pour choisir l'environnement graphique, le terminal, etc...

2. Activez le serveur X Xvnc grâce au script perl **vncserver** sur le poste du binôme.

```
guest@debian_deux:~$ vncserver :1


You will require a password to access your desktops.

Password: azerty
Verify: azerty


New 'debian_un:1 (guest)' desktop is debian_deux:1


Creating default startup script /home/guest/.vnc/xstartup
Starting applications specified in /home/guest/.vnc/xstartup
Log file is /home/guest/.vnc/debian_un:1.log
```

Remarque : il est possible ultérieurement de changer le mot de passe par la commande vncpasswd.

3. Activez un client VNC à partir du poste du binôme.

a) Activez le client VNC.

```
guest@debian_un:~$ vncviewer debian_deux:1


VNC Viewer Free Edition 4.1.1 for X - built Feb  4 2013 16:56:44
Copyright (C) 2002-2005 RealVNC Ltd.
See http://www.realvnc.com for information on VNC.


Thu Feb  6 03:12:21 2014
 CConn:       connected to host debian_deux port 5901
  CConnection: Server supports RFB protocol version 3.8
  CConnection: Using RFB protocol version 3.8
```

b) Saisissez le mot de passe (secret) dans la fenêtre d'authentification qui s'affiche.

```
Password: azerty
Thu Feb  6 03:12:24 2014
 TXImage:       Using default colormap and visual, TrueColor, depth 24.
 CConn:         Using pixel format depth 6 (8bpp) rgb222
 CConn:         Using ZRLE encoding
```

Remarque : si l'écran est noir, il suffit de saisir (à l'aveugle) xterm & pour avoir un terminal.

c) Travaillez sur son poste à partir du poste du binôme et ensuite fermez la fenêtre cliente.

4. Arrêtez le serveur.

```
guest@debian_deux:~$ vncserver -kill :1
Killing Xvnc4 process ID 8852
```

Debian - La sécurité

Tâche 1 : Les failles et les correctifs .... 10 mn

Tâche 2 : Quelques éléments de sécurité .... 10 mn

Tâche 3 : La sécurité de connexion .... 10 mn

Tâche 1 :
Les failles et les correctifs

1. Consultez des sites qui renseignent sur les alertes de sécurité.

a) Le site généraliste http://www.us-cert.gov/, et plus précisément http://www.us-cert.gov/ncas/alerts ou encore http://www.us-cert.gov/ncas/bulletins/.

Remarque : les alertes de sécurité sont identifiées le plus souvent par un numéro CVE.

---

b) Les sites suivants nous renseignent sur les CVE : le site officiel : http://cve.mitre.org/, http://web.nvd.nist.gov/view/vuln/detail?vulnId=CVE-2014-0494.

c) Les failles et les correctifs du système Debian : http://www.debian.org/security/.

2. Quelle est la version de la distribution, du noyau, de la libc ?

```
guest@debian_un:~$ cat /etc/issue
Debian GNU/Linux 7 \n \l
guest@debian_un:~$ lsb_release -a
No LSB modules are available.
Distributor ID: Debian
Description:    Debian GNU/Linux 7.3 (wheezy)
Release:        7.3
Codename:       wheezy

guest@debian_un:~$ uname -r
3.2.0-4-486
guest@debian_un:~$ uname -a
Linux debian_un 3.2.0-4-486 #1 Debian 3.2.51-1 i686 GNU/Linux

guest@debian_un:~$ ls -l /lib/i386-linux-gnu/libc.so.6
lrwxrwxrwx 1 root root 12 déc.  30  2012 /lib/i386-linux-gnu/libc.so.6 -> libc-
2.13.so
```

Remarque : la bibliothèque du langage C (libc) est la bibliothèque la plus importante. Toutes les applications l'utilisent.

---

3. Quelle est la version du logiciel Gnu tar et celle du package associé ?

```
guest@debian_un:~$ tar --version
tar (GNU tar) 1.26
...
guest@debian_un:~$ dpkg -l tar
...
ii  tar            1.26+dfsg-0. i386          GNU version of the tar archiving
```

Tâche 2 :
Quelques éléments de sécurité

1. Quels sont les ports réseau ouverts et les applications qui y accèdent ?

```
guest@debian_un:~$ sudo netstat -anpe |head
Connexions Internet actives (serveurs et établies)
Proto Recv-Q Send-Q Adresse locale          Adresse distante        Etat
User       Inode        PID/Program name
tcp        0        0 0.0.0.0:9100            0.0.0.0:*               LISTEN
1000       8752         3829/perl
tcp        0        0 0.0.0.0:111             0.0.0.0:*               LISTEN
0          5037         1664/rpcbind
tcp        0        0 0.0.0.0:22              0.0.0.0:*               LISTEN
0          8456         3723/sshd
tcp        0        0 127.0.0.1:631           0.0.0.0:*               LISTEN
0          9582         4034/cupsd
tcp        0        0 127.0.0.1:25            0.0.0.0:*               LISTEN
```

2. Dois-je mettre à jour mon système ?

```
guest@debian_un:~$ sudo aptitude --simulate full-upgrade
Les paquets suivants seront mis à jour :
  curl libcurl3 libcurl3-gnutls
3 paquets mis à jour, 0 nouvellement installés, 0 à enlever et 0 non mis à jour.
Il est nécessaire de télécharger 934 ko d'archives. Après dépaquetage, 116 ko
seront utilisés.
Voulez-vous continuer ? [Y/n/?] y
Charger/installer/enlever des paquets.
```

Remarque : je peux limiter les mises à jour à celles de sécurité en mettant en commentaire le dépôt
suivant (défini dans fichier `sources.list`) :
`deb http://ftp.fr.debian.org/debian/ wheezy-updates main`

---

3. Mettez en place une déconnexion automatique.

a) On configure la variable `TMOUT` au niveau de son fichier `.profile`.

```
guest@debian_un:~$ echo "TMOUT=120" >> ~/.profile
```

b) À partir d'une session d'administration, on se connecte sous le compte utilisateur.

```
root@debian_un:~# ssh -l guest localhost
guest@localhost's password: guest
...
Last login: Fri Jan 31 21:48:14 2014 from 192.168.56.1
guest@debian_un:~$ date
samedi 1 février 2014, 03:53:59 (UTC+0100)
```

… Quelques minutes plus tard, on a une déconnexion automatique.

```
guest@debian_un:~$ attente de données expirée : déconnexion automatique
Connection to localhost closed.
root@debian_un:~#
```

4. Vérifiez un paquet, l'ensemble des paquets.

```
guest@debian_un:~$ sudo aptitude install debsums
guest@debian_un:~$ debsums util-linux | head
/bin/dmesg                                                            OK
/bin/lsblk                                                            OK
/bin/more                                                             OK
/bin/tailf                                                            OK
guest@debian_un:~$ debsums util-linux | grep -v OK
guest@debian_un:~$ sudo debsums -ca
```

```
/etc/apache2/apache2.conf
/etc/sudoers
guest@debian_un:~$
```

Remarque : en fait, la commande debsums vérifie les sommes de contrôle MD5 des différents fichiers d'un paquet ou de l'ensemble des paquets.

Tâche 3 :
La sécurité de connexion

1. Visualisez le mot de passe de guest.

a) En étant un simple utilisateur.

```
guest@debian_un:~$ grep guest /etc/shadow
grep: /etc/shadow: Permission non accordée
```

b) En étant connecté sous le compte de l'administrateur. On constate qu'il est crypté.

```
guest@debian_un:~$ sudo grep guest /etc/shadow
guest:$6$kbmvs0SJ$QYU3K9hWjKs7CrCc5Rp.t5R4TZAUlD2F9AkR3YyK.2fYXe1UDcAYfqkahgk1LV
4gIMYAmbC8isS7PefC5hcA8/:16088:0:99999:7:::
```

2. Créez l'utilisateur userx, changez son mot de passe.

```
guest@debian_un:~$ sudo useradd -m userx
guest@debian_un:~$ sudo passwd userx
Entrez le nouveau mot de passe UNIX : userx
Retapez le nouveau mot de passe UNIX : userx
passwd : le mot de passe a été mis à jour avec succès
```

3. Affichez la configuration de la pérennité des mots de passe d'un utilisateur.

```
guest@debian_un:~$ sudo chage -l userx
Dernier changement de mot de passe                                    : févr.
01, 2014
Fin de validité du mot de passe                                 : jamais
Mot de passe désactivé                              : jamais
Fin de validité du compte                                       : jamais
Nombre minimum de jours entre les changements de mot de passe   : 0
Nombre maximum de jours entre les changements de mot de passe   : 99999
Nombre de jours d'avertissement avant la fin de validité du mot de passe   : 7
```

4. Changez la période de validité du mot de passe de userx à 30 jours.

```
guest@debian_un:~$ sudo chage -M 30 userx
guest@debian_un:~$ sudo chage -l userx | grep Fin
Fin de validité du mot de passe                         : mars 03, 2014
Fin de validité du compte                               : jamais
guest@debian_un:~$ sudo chage -l userx | grep 'maximum'
Nombre maximum de jours entre les changements de mot de passe   : 30
```

5. Verrouillez le mot de passe de userx.

Verrouillez le mot de passe de userx, affichez son état, et essayez de vous connecter. Enfin, déverrouillez le compte ; vous pouvez alors vous connecter.

```
guest@debian_un:~$ sudo passwd -l userx
passwd : expiration du mot de passe modifiée.
guest@debian_un:~$ sudo passwd -S userx
userx L 02/01/2014 0 30 7 -1
guest@debian_un:~$ su - userx
Mot de passe : userx
su : Échec d'authentification
guest@debian_un:~$ sudo passwd -u userx
```

```
passwd : expiration du mot de passe modifiée.
guest@debian_un:~$ sudo passwd -S userx
userx P 02/01/2014 0 30 7 -1
guest@debian_un:~$ su - userx
Mot de passe : userx
$ id
uid=1006(userx) gid=1007(userx) groupes=1007(userx)
$ exit
```

Remarque : au lieu d'utiliser su, on pouvait essayer de se connecter via ssh ou à partir d'une console virtuelle.

6. Visualisez les dernières connexions qui ont réussi/échoué.

```
guest@debian_un:~$ sudo last |head -5
guest     pts/3      localhost        Sat Feb  1 03:53 - 03:55  (00:02)
root      pts/2      192.168.56.1     Sat Feb  1 03:53     still logged in
guest     pts/1      :0.0             Fri Jan 31 22:36     still logged in
guest     tty7       :0               Fri Jan 31 22:36     still logged in
guest     pts/0      192.168.56.1     Fri Jan 31 21:48     still logged in
guest@debian_un:~$ sudo lastb |head -5
guest     tty7       :0               Sun Jan 19 20:19 - 20:19  (00:00)

btmp begins Sun Jan 19 20:19:33 2014
guest@debian_un:~$ sudo ls -l /var/log/btmp
-rw-rw---- 1 root utmp 384 janv. 19 20:19 /var/log/btmp
```

Remarque : la commande lastb ne fonctionne que si le fichier /var/log/btmp existe. Il faut éventuellement le créer : touch /var/log/btmp.

Index

&

&&	I-41

/

/etc/apt/sources.lst	I-101
/etc/cron.allow	I-81
/etc/cron.d/	I-81
/etc/cron.deny	I-81
/etc/crontab	I-81
/etc/cups/classes.conf	I-145
/etc/cups/client.conf	I-145
/etc/cups/cupsd.conf	I-145
/etc/cups/ppd/	I-145
/etc/cups/printers.conf	I-145
/etc/fstab	I-63, I-78
/etc/group	I-47
/etc/HOSTNAME	I-127
/etc/hosts	I-125
/etc/hosts.allow	I-132
/etc/hosts.deny	I-132
/etc/inetd.conf	I-131
/etc/init.d/	I-78, I-112
/etc/inittab	I-110
/etc/issue	I-12
/etc/lib.so.conf	I-79
/etc/network/interfaces	I-127
/etc/nologin	I-115
/etc/nsswitch.conf	I-47, I-125
/etc/passwd	I-47, I-163
/etc/profile	I-30
/etc/rc.sysinit	I-111
/etc/rc2.d/[KS]*	I-112
/etc/resolv.conf	I-125
/etc/services	I-130
/etc/shadow	I-47, I-163
/etc/shutdown.allow	I-115
/etc/sysconfig/network	I-126
/etc/sysconfig/rhn/systemid	I-96
/etc/sysconfig/rhn/up2date	I-96
/etc/syslog.conf	I-82
/etc/syslog-ng/syslog-ng.conf	I-85
/etc/X11/gdm/gdm.conf	I-154
/etc/X11/xdm/kdmrc	I-154
/etc/X11/xdm/xdm-config	I-154
/etc/X11/xorg.conf	I-150
/etc/xinetd.conf	I-132
/etc/xinetd.d/	I-132
/etc/yum.conf	I-96, I-105
/usr/share/cups/model/	I-145
/usr/share/fonts/	I-150
/var/lib/rpm/	I-91
/var/log/cron	I-81
/var/log/cups	I-145
/var/spool/cron/tabs/	I-81

|

||	I-41

~

~/.gnome/	I-158
~/.kde	I-156
~/.ssh/known_hosts	I-138
~/.Xclients	I-151
~/.Xdefaults	I-151
~/.xinitrc	I-150
~/.xsession	I-154

A

AAAA	I-122
accept	I-144
ACL	I-53
addgroup	I-49
adduser	I-49
alias	I-30
alien	I-88
anacron	I-80
API	I-10
application	I-76
apropos	I-16
APT	I-99
Apt4rpm	I-95
apt-cache	I-100
apt-file	I-100
apt-get	I-100
aptitude	I-100
apt-key	I-100
attributs	I-26

B

backend	I-143
background	I-36
Bacula	I-68
BASH	I-36
bibliothèques	I-76
BIOS	I-108
break	I-41
BSD	I-10
Build-in	I-36
bureau	I-149

C

cal	I-14
cancel	I-144
case	I-40
cat	I-27
cd	I-27
CentOS	
Dépôts	I-106
CERT	I-160
cfdisk	I-58
chage	I-163
charge système	I-77
chargeur	I-20, I-57, I-108
chemin	I-24
chfn	I-48
chgrp	I-51
chkconfig	I-113
chmod	I-51, I-52
chown	I-51
chpasswd	I-48, I-163
CHS	I-57
chsh	I-48
classe	
d'impimante	I-143
clé USB	I-62
CLI	I-14
commandes internes	I-36
commentaire	I-36
compte	I-47
configure	I-89
continue	I-41
cp	I-27, I-51
cpio	I-68, I-72
cron	I-80, I-81
crontab	I-80, I-81
C-Shell	I-36
CUPS	I-142, I-143
cups-lpd	I-144
Cupsomatic	I-144
cups-polld	I-144
curl	I-136
CVE	I-160
cygwin	I-137
cylindre	I-56

D

DAG	I-106
date	I-14
dd	I-68
deb	I-93
Debian	I-12
Debian (distributions)	I-99
démons	I-77
dépôt	I-95
df	I-64
DHCP	I-120
DISPLAY	I-148
Display Manager	I-153
disque	I-56
distribution	I-11
distributions Debian	I-99
dmesg	I-109
double pile	I-122
dpkg	I-93, I-100
dpkg-deb	I-93
dpkg-reconfigure	I-93
drakconf	I-14
droits	I-50, I-52
du	I-64
dump	I-68

E

e2label	I-64
echo	I-38
emacs	I-32
env	I-38, I-78
environnement	I-38, I-77
environnement APT	I-99
Epel	I-106
étendue	*Voir* partition
eth0	I-123
ethtool	I-123, I-126
exécutable	I-76
exit	I-15, I-41
exploits	I-160
export	I-38, I-78
expr	I-42
ext2	I-63
ext3	I-63

F

FAQ	I-16
fc-cache	I-150
fc-list	I-150
fdisk	I-58
FDQN	I-120
Fedora	I-11
file	I-27, I-88
File System	I-62
find	I-27, I-33
Firewall	*Voir* Pare-feu

Firmware	I-108
fonctions	I-43
FontConfig	I-149
Foomatic	I-144
for	I-40
free	I-78
FS	I-62, *Voir* File System
fsck	I-63
ftp	I-136
fuser	I-78

G

GCC	I-11
gdm	I-153
gestionnaire de connexions graphiques	I-153
gestionnaire de fenêtres	I-149
getent	I-48
ghost	I-68
GhostScript	I-144
GID	I-47
GNOME	I-158
GNU	I-11
GPL	I-11
GPT	I-56
grep	I-27
groupadd	I-48
groupdel	I-48
groupe	I-47
Groupe de volume	*Voir* VG
groupmod	I-48
grpck	I-48
Grub	I-20, I-108
GS	I-144, *Voir* GhistScript
GUI	I-14

H

halt	I-115
HDD	I-56
head	I-27
HOME	I-30, I-39
hostname	I-123, I-125, I-126
Howto	I-16

I

id	I-14, I-48
if	I-40
ifconfig	I-125
ifdown	I-125
ifup	I-125
impression	I-142
inetd	I-131
info	I-16
init	I-110
Init	I-108
Init Upstart	I-114

initctl	I-114
initdefault	I-111
inode	I-63
installation	I-20
installation d'une application	I-88
IPC	I-26
IPP	I-143
iptables	I-134
IPv6	I-121
iso9660	I-63
iwconfig	I-125

J

jokers	I-29

K

KDE	I-156
KDEHOME	I-156
kdm	I-153
Kerberos	I-136
Kernel	I-108
kill	I-78
killall	I-78
klogd	I-82
Knoppix	I-12
Korn-Shell	I-36

L

Label	I-56
LABEL	I-64
LAN	I-121
LANG	I-39
last	I-163
lastb	I-163
LBA	I-57
LDAP	I-47
ldconfig	I-79
ldd	I-78
le Network Manager	I-128
Le protocole FTP	I-137
Le protocole HTTP	I-137
Le protocole Login	I-137
Le protocole Rsync	I-137
Le protocole Shell	I-137
Le protocole SSH	I-137
Le protocole SSL	I-137
Le protocole Telnet	I-137
less	I-27
let	I-41
lien	I-66
linuxconf	I-14
live-cd	I-20
ln	I-27, I-66
loader	I-108
logger	I-84

login	I-163
logique	*Voir* partition
logiques	I-57
Logrotate	I-84
logwatch	I-84
loopback	I-120
lp	I-144
lpadmin	I-144, I-145
lpd	I-142
lpinfo	I-144
lpmove	I-144
lppasswd	I-144
lpr	I-144
LPRng	I-142
lpstat	I-144
ls	I-25, I-27, I-52, I-66
LSB	I-112
lsb_release	I-12
lsof	I-64, I-78
LV	I-60
lvs	I-61
LWP	I-76
lynx	I-136

M

magic filter	I-144
maintenance	I-110
make	I-89
Makefile	I-89
makewhatis	I-17
man	I-16, I-78
en français	I-17
mandb	I-17
MANPATH	I-17
MBR	I-57
md5sum	I-161
mémoire	I-77
metapackage	I-102
mkdir	I-27
mkfs	I-63
Mondo	I-68
mono-utilisateur	I-110
more	I-27
mount	I-63
MTU	I-125
multi-utilisateur	I-110
mv	I-27, I-66

N

nano	I-32
NAT	I-120
NetFilter	I-134
netstat	I-123, I-130, I-161
nfs	I-63
nice	I-78
NICE	I-77
NIS	I-47
niveau d'init	I-110
NM	*Voir* Network Manager
nmap	I-130
noyau	I-108
nslookup	I-123, I-126
ntfs	I-63

O

OS	I-10

P

PAM	I-163
paquet	I-88
paquets virtuels	I-102
paramètres	I-38
pare-feu	I-134
parted	I-58
partimage	I-68
partition	I-57
partprobe	I-58
passwd	I-15, I-48, I-163
patch	I-90
PATH	I-30, I-39
pax	I-68, I-73
PGID	I-76
pgrep	I-78
PID	I-76
ping	I-123, I-126
pistes	I-56
pkill	I-78
polices	
X Window	I-149
port réseau	I-129
PostScript	I-143
PPD	I-143
PPID	I-76
PPP	I-123
prefdm	I-154
PRINTER	I-145
printf	I-38
processeur	I-77
processus	I-76
protocole IPP	I-145
protocole JeTDirect	I-145
protocole Printer	I-145
protocole SSH	I-138
protocole Syslog	I-84
protocole X	I-151
protocole xfs	I-151
ps	I-78
PS	I-143, *Voir* PostScript
PS1	I-39
pstree	I-78
putty	I-136
PV	I-60

pvs — I-61
pwck — I-48
pwd — I-27

Q

Quickstart — I-16

R

raw — I-142
RC — I-78, I-112
rcp — I-136
rdesktop — I-150
RDP — I-150
read — I-38
reboot — I-115
Redhat — I-11
redirection — I-29
reiserfs — I-63
reject — I-144
renice — I-78
répertoire — I-63
ressources — I-149
restore — I-68
return — I-43
Ritchie — I-10
rlogin — I-136
rm — I-27, I-66
rmt — I-69
root — I-46, I-47
route — I-125
rpm — I-91, I-161
rsh — I-136
rshd — I-69
rsync — I-68, I-136, I-137
Rsyslog — I-86
rug — I-95
runlevel — I-110

S

sauvegarde — I-68
sax2 — I-151
scp — I-136, I-139
script — I-29, I-36
SCSI — I-68
secteurs — I-56
sécurité — I-160
service — I-77, I-79, I-112, I-113
Service — I-108
set — I-38
sfdisk — I-58
sftp — I-136
SGID — I-50
sh — I-29
sha1sum — I-161
shell — I-29

shutdown — I-115
signal — I-77, I-78
smbfs — I-63
socket — I-26, I-129
Socket — I-130
sockets — I-26
sort — I-27
source C — I-76
sous-programme — I-43
spool — I-142
SSD — I-56
ssh — I-136, I-139
SSH — I-136, I-138
SSH - clé publique — I-138
Stallman — I-11
sticky bit — I-50
su — I-15, I-163
sudo — I-15
SUID — I-50
super-bloc — I-63
SUSE — I-12
synaptic — I-100
syslogd — I-82
syslog-ng — I-85
System V — I-108
Systemd — I-116
système de fichiers — I-62, *Voir* File System

T

table des inodes — I-63
tail — I-27
TAPE — I-69
tar — I-70
tarball — I-89
tasksel — I-100
TCP — I-129
tcpd — I-132
telinit — I-110
telnet — I-134, I-136
terminal X — I-148
test — I-41
Thompson — I-10
thread — I-76
TMOUT — I-161
top — I-78
Torvald — I-10
traceroute — I-123, I-126
tsclient — I-150
TTY — I-77
tube — I-26
twm — I-150
type
   La commande — I-30

U

Ubuntu	I-12
Composants et dépôts	I-102
Différentes versions	I-102
Documentation	I-18
Guide	I-18
UDP	I-129
UEFI	I-108
UID	I-47, I-76
umask	I-51
umount	I-64
unalias	I-30
uname	I-12, I-14
Unix	I-10
unset	I-38
up2date	I-96
Up2date	I-95
update-rc.d	I-113
Upstart	*Voir* Init Upstart
uptime	I-78
urpmi	I-97
Urpmi	I-95
useradd	I-48
userdel	I-48
usermod	I-48
UUID	I-64

V

variable	I-38
versions du noyau	I-11
vfat	I-63
VG	I-60
vgdisplay	I-61
vgs	I-61
vi	I-32
vim	I-32
VLAN	I-121
VNC	I-149
vncpasswd	I-150
vncserver	I-150
vncviewer	I-150
vol_id	I-64
volume logique	*Voir* LV
volumes physiques	*Voir* PV

W

wait	I-36
wc	I-27
Webmin	I-14
wget	I-136
whatis	I-16
whereis	I-30
while	I-40
who	I-14, I-110
Window Manager	I-149
WinSCP	I-137
wrap	I-132

X

X	I-150
X11	
polices	I-149
xconv.pl	I-132
xdm	I-153
XDMCP	I-153, I-154
xf86config	I-150
Xfree86	I-148
xfs	I-63, I-150
X Font Server	I-149
xfsdump	I-68
xfsrestore	I-68
Xft	
polices	I-149
xhosts	I-150
xinetd	I-132
xlsfonts	I-150
Xnest	I-153
Xorg	I-148
xpp	I-144
xrdb	I-150
xterm	I-150
Xvnc	I-150
X-Window	I-148

Y

yast	I-14
yum	I-96, I-104
Yum	I-95

Z

ZML	I-95
Zombie	I-77
zypper	I-97

www.ingramcontent.com/pod-product-compliance
Lightning Source LLC
LaVergne TN
LVHW060114060726
842526LV00011B/2756